Schriftenreihe des Instituts für Rechnungslegung und Controlling

Band 3

D1677846

Herausgegeben von Prof. Dr. Reiner Fickert, Universität St. Gallen

Dr. Stephan Hostettler

Economic Value Added (EVA)

Darstellung und Anwendung
auf Schweizer Aktiengesellschaften

3., unveränderte Auflage

Verlag Paul Haupt
Bern · Stuttgart · Wien

Dr. *Stephan Hostettler* schloss sein Studium der Betriebswirtschaft an der Universität St. Gallen (HSG) mit der vorliegenden Dissertation ab. Während der Promotion war er bei SBC Warburg in Zürich und in London als Equity Research Analyst tätig. Seit März 1997 arbeitet er für die Unternehmensberatung Stern Stewart & Co. in New York.

1. Auflage: 1997
2. Auflage: 1997

Die Deutsche Bibliothek – CIP-Einheitsaufnahme

Hostettler, Stephan:
Economic Value Added (EVA) :
Darstellung und Anwendung auf Schweizer Aktiengesellschaften /
Stephan Hostettler. –
3., unveränd. Aufl.–
Bern ; Stuttgart ; Wien : Haupt, 1998
(Schriftenreihe des Instituts für Rechnungslegung und Controlling ; Bd. 3)
Zugl.: St. Gallen, Univ., Diss., 1997 u.d.T.:
Hostettler, Stephan: Das Konzept des Economic Value Added (EVA)
ISBN 3-258-05882-2

Den WG-Partnern,

Mitdoktoranden und Freunden

von der Genferstrasse 34

Hermann J. Stern

Thomas F. Ladner

Wolfgang Rathert

Vorwort

Zu grossem und aufrichtigem Dank bin ich meinem Doktorvater Herrn Prof. Dr. Giorgio Behr sowie Herrn Andreas Vogler, Head of Swiss Equity Research, SBC Warburg, verpflichtet. Prof. Behr war es, welcher im Herbst 1993 die Idee einer Dissertation im Bereich EVA aufbrachte und mir bei ihrer Ausarbeitung eine grosse akademische Freiheit zukommen liess. Andreas Vogler ermöglichte mir, neben der Realisierung der Dissertation als Finanzanalyst bei SBC Warburg tätig zu sein. Dort konnte ich mich in die notwendigen praktischen Grundlagen der Thematik einarbeiten. Ohne die Unterstützung dieser beiden Herren wäre die vorliegende Arbeit in dieser Form nicht zustande gekommen.

Grossen Dank schulde ich Herrn Prof. Dr. Reiner Fickert für die Übernahme des Co-Referats. Seine Anregung, einen Artikel zur Thematik EVA im Schweizer Treuhänder zu veröffentlichen, hat mir zahlreiche wertvolle Stellungnahmen und Hinweise aus der Praxis des Finanzwesens eingebracht.

Viele weitere Personen haben dazu beigetragen, dass diese Dissertation möglich wurde. Zuerst will ich meine Eltern erwähnen, die mir das Hochschulstudium überhaupt ermöglicht haben. Dann möchte ich neben den Interviewpartnern namentlich folgende Diskussionspartner, Motivatoren und Lektoren nennen: Patrick Blattmann, Sam V. Furrer, Christian Koller, Dr. Thomas F. Ladner, Dr. Florian Langegger, Franziska Langegger, Martin Meier-Pfister, Carlos Pinto, Dr. Hermann J. Stern, Wolfgang Rathert und Dr. Axel Risse. Auch will ich es nicht versäumen, dem gesamten Team des Swiss Equity Research von SBC Warburg in Zürich mein Dankeschön für die herzliche Aufnahme im Team und die zahlreichen lustigen Momente während unserer Zusammenarbeit auszusprechen.

Ein besonderes Wort des Dankes möchte ich an meine Freundin Mira Langegger richten. Sie hat mich während der letzten turbulenten Jahre begleitet und ist mir in schwierigen Zeiten immer zur Seite gestanden. Ich möchte ihr an dieser Stelle für ihre Liebe, Geduld und moralische Unterstützung, aber auch für die wunderschöne Zeit, die wir miteinander verbringen durften, von ganzem Herzen danken.

Zürich, im Dezember 1996   Stephan Hostettler

Vorwort zur 2. Auflage

An dieser Stelle möchte ich mich bei meinen Leserinnen und Lesern herzlich bedanken. Mit Freude habe ich festgestellt, dass die erste Auflage dieser Publikation innert kurzer Zeit vergriffen war. Das grosse Interesse zeigt, dass die in diesem Buch diskutierten Themen und Konzepte nicht nur in den USA sondern auch in Europa zunehmend an Bedeutung gewinnen. Um der Nachfrage gerecht zu werden, erscheint diese 2., unveränderte Auflage.

New York, im September 1997   *Stephan Hostettler*

Inhaltsübersicht

Inhaltsverzeichnis

XIV

XV

1. Ausgangslage

1.1. Einleitung

Das in den USA von der Unternehmensberatung Stern Stewart & Co. beschriebene Konzept des Economic Value Added (EVA)[1] sorgt seit geraumer Zeit auch in der Schweiz für Aufsehen. Primär als Kernelement zur Gestaltung der internen Corporate Governance entwickelt,[2] ist der Grund der steigenden Popularität von EVA in der Schweiz vor allem beim zunehmenden Einsatz im Rahmen der Aktienanalyse zu suchen.[3]

Die rasch zunehmende Verbreitung hat auch dazu geführt, dass die Diskussion des Konzeptes teilweise überhitzt und unsystematisch geführt wurde. Nicht zuletzt aus diesem Grund besteht die Gefahr, dass EVA als umfassendes Gedankenmodell mit seinen vielfältigen Einsatzmöglichkeiten nur begrenzt wahrgenommen wird. Spricht man von EVA, sollten grundsätzlich drei Anwendungsbereiche auseinandergehalten werden:

1. EVA als Instrument zur Unternehmensbewertung (Kapitel 6)

2. EVA als Massstab für finanzielle Performance (Kapitel 7)

3. EVA zur Gestaltung der internen Corporate Governance (Kapitel 8)

Jedes dieser Anwendungsgebiete bedarf einer anderen Ausarbeitung und Darstellung des Konzeptes. Dabei ist mitunter auf spezielle Bedürfnisse der Anwendergruppen Rücksicht zu nehmen. *Primäre* Zielgruppen sind unter anderem:

---

[1] Basiswerk: Stewart (1991).

[2] Stern Stewart & Co. „helps senior managers and board of directors to implement and customize a fully-integrated framework for financial management and incentive compensation. The heart of this framework is 'Economic Value Added', or 'EVA'" (Stern Stewart & Co. (1993) 2).
Für einen ersten Überblick zur Kennzahl EVA und deren Einsatzmöglichkeiten in der Schweiz siehe Hostettler (1995) 307ff. sowie Hostettler (1996) 36ff.

[3] Siehe unter anderem: CS Research (1996a, 1996b), Finanz und Wirtschaft (1996f, 1996g, 1996g), NZZ (1996b). Ähnliche Entwicklung auch in Grossbritannien. Siehe dazu auch Financial Times (1996b) 12.

- Verwaltungsrat

- Management (im speziellen Vorsitzender der Geschäftsführung und Finanzverantwortlicher)

- Aktionäre (im speziellen institutionelle Investoren)

- Finanzanalysten

EVA kann sowohl intern (durch das Management) als auch extern (durch die Aktionäre) errechnet werden. Ausserdem kann er zur Unternehmens- bzw. Projektbewertung wie auch zur historischen Leistungsmessung herangezogen werden. Dank dieser Kombination von Eigenschaften leistet EVA einen Lösungsbeitrag für die Probleme, welche sich aus der Trennung von Eigentum und Kontrolle ergeben:[4] Einerseits hilft die interne und externe Benutzbarkeit, die Diskussion zwischen Aktionären und Verwaltungsräten bzw. Top-Management zu erleichtern, und andererseits kann EVA durch die gleichzeitige Einsatzfähigkeit als Bewertungs- und als Leistungsmass als Basis für ein Anreizsystem innerhalb der Unternehmung herangezogen werden.[5]

---

[4]   Zur Agency-Problematik siehe Kapitel 8.1.3.
[5]   Nachfolgend diskutiert als Vorschlag eines EVA-basierten Anreizsystems in Kapitel 8.3.

2

1.2. Problemstellung

Der Begriff des Economic Value Added wird – nicht zuletzt wegen des gemeinsam benutzten Wortes „Value" – häufig mit dem *Shareholder Value*[6] assoziiert oder sogar verwechselt. Ausserdem ist er in Europa noch wenig verbreitet.[7] Somit ist das Konzept des Economic Value Added grundsätzlich mit folgenden zwei Problemkreisen konfrontiert:

1. *Eindruck der Komplexität:* Die neueren Konzepte des Free Cash Flow und des Shareholder Value haben in der Praxis mehr zur Verwirrung als zur Klärung von finanziellen Sachverhalten beigetragen. Discounted Cash Flow-Modelle gelten nach wie vor als komplex, aufwendig, nicht praktikabel und als schwer verständlich. Auch die Vielzahl unterschiedlicher Definitionen des Cash Flow-Begriffes[8] haben zu seiner schlechten Übernahme durch die Praxis beigetragen.[9]

2. *Fehlende Übersicht:* Zudem wurden die Finanzexperten in letzter Zeit mit immer neuen Konzepten, Kennzahlen und Begriffen überschwemmt. Typischerweise beruft sich jeder Beitrag auf seine Neuartigkeit und verschweigt seine Wurzeln in anderen Modellen bzw. seine Ähnlichkeit mit solchen.[10]

1.3. Zielsetzung

Das Ziel der vorliegenden Arbeit ist es, den Eindruck der Komplexität der Berechnung und Anwendung von EVA zu beseitigen und die Übersichtlichkeit dieser Materie zu verbessern.

---

[6] Zum Begriff des Shareholder Value siehe Kapitel 2.2.

[7] Publikationen mit expliziten Hinweisen zum Thema des Economic Value Added finden sich überwiegend in den USA.

[8] Überblick über Cash Flow-Definitionen bei Volkart (1994) 23ff.

[9] Dies mag wohl auch der Grund dafür sein, dass traditionelle Systeme nach wie vor ihre Stellung als Finanzkennzahlen halten: „Während der FCF in den Grossunternehmen nicht mehr wegzudenken ist, begründet kaum ein Anleger oder Analyst seine Anlageentscheide mit dieser Kennziffer. Selbst Kurs/Cash-flow-Verhältnisse vermögen die alteingesessene P/E (Kurs/Gewinn-Verhältnis) nicht zu verdrängen" (Solenthaler (1995) 23).

3

Im Vordergrund steht dabei die Darstellung des von Stern Stewart & Co. beschriebenen Konzeptes des Economic Value Added (EVA). Dieses wird als Unternehmungsanalyse- und -bewertungsinstrument systematisch beschrieben, gegenüber alternativen Instrumenten abgegrenzt und in seinen Anwendungen anhand einzelner praktischer Beispiele und in einer grosszahligen Anwendung dargestellt. Die Übertragung des hauptsächlich für den US-Markt beschriebenen Konzeptes auf schweizerische Verhältnisse bedeutet, dass nicht nur die unterschiedlichen Rechnungslegungs- und Publikationsvorschriften, sondern auch das andere Aktionärs-, Unternehmungsführungs- und Managementverständnis berücksichtigt werden müssen.

Bei der Diskussion des Konzeptes wird der Fokus auf folgende Punkte gerichtet:

- Ausarbeitung einer in der Literatur und den Publikationen teilweise vermissten Systematik bei der Diskussion von EVA.

- Klärung des Zusammenhanges mit dem „Shareholder Value".

- Detaillierte Darstellung der Einsatzmöglichkeiten von EVA als Instrument zur Unternehmensbewertung und Performancemessung.

- Positionierung des Konzeptes im Vergleich zu alternativen Bewertungsmodellen und Analyseinstrumenten.

- Erarbeitung eines Basiskonzeptes zur Gegenüberstellung von EVA mit direkt vergleichbaren Ansätzen wie z.B. Economic Profit, Cash Value Added (CVA) oder Added Value.

- Aufzeigen der Vergleichbarkeit der DCF-Methode mit der EVA-Methode zur Unternehmensbewertung.

- Definition von auf EVA basierenden Performance-Kennzahlen, wie beispielsweise value spread, relEVA und EVA-ROS.

---

[10] „Managers today are being bombarded by an endless barrage of sophisticated new management concepts, each with fancy name and its own glossary of technical jargon" (Rutledge (1993) 148).

- Prüfung des Zusammenhanges zwischen EVA-Performance und Aktienkurs-Performance am Kapitalmarkt.

- Darstellung eines auf EVA basierenden Anreizsystems unter Rücksichtnahme auf die Schweizerischen Rahmenbedingungen der Corporate Governance.

Die Arbeit versteht sich als *praktisch-konzeptioneller* Wissenschaftsbeitrag. Im Vordergrund steht die Darstellung eines anwendungsorientierten Bewertungs- und Analyseinstrumentariums. Auch auf (teilweise technische[11]) Detailfragen, welche in der Literatur häufig übergangen werden, die für die Anwendung der Konzepte jedoch von entscheidender Bedeutung sind, wird ausführlich eingegangen.

Generell wird aus der Perspektive eines *massgeblichen Minderheitsaktionärs einer Publikumsaktiengesellschaft* argumentiert. Ein solcher hat *erstens* die Stellung eines *bedeutsamen Eigentümers, zweitens* ist er ein *Outsider*.[12] Vom Kleinaktionär unterscheidet er sich insofern, als er sein Aktienpaket nicht jederzeit auf dem freien Markt ohne Kursverluste veräussern kann.[13] Vom Mehrheitsaktionär

---

[11] Knüsel (1995) 622 liegt nur teilweise richtig, wenn er sagt, dass „die Kunst der Unternehmensbewertung *nicht* im technisch richtigen Handhaben der Bewertungsmethode, sondern im realistischen Einschätzen der künftigen Entwicklung des Unternehmens liegt." Denn in der Praxis treten neben der Prognoseunsicherheit von finanziellen Daten sehr wohl Schwierigkeiten bei der technisch richtigen Anwendung von Unternehmensbeurteilungskonzepten auf. Siehe dazu auch Ausführungen in Kapitel 6.2.2.a.

[12] Outsider sind alle *Nicht-Insider*. Ein *Insider* ist derjenige, welcher gegenüber dem Publikum einen Wissensvorsprung über vertrauliche Tatsachen hat, deren Bekanntwerden den Börsenkurs in voraussehbarer Weise erheblich beeinflusst wird. Vgl. dazu den Insiderartikel im Strafgesetzbuch (Art. 161 StGB, gültig seit 1. Juli 1988). Namentlich erwähnt Art. 161 StGB als Insider Verwaltungsräte, Mitglieder der Geschäftsleitung, der Revisionsstelle, Beauftragte der Aktiengesellschaft (oder von einer beherrschten bzw. abhängigen Gesellschaft), Mitglieder einer Behörde, Beamte oder Hilfspersonen einer der vorgenannten Personen. (siehe dazu Trechsel (1989) 492ff.).
Anzumerken bleibt, dass neben der strafrechtlichen Norm auch *aktienrechtliche* Verhaltensregeln bei Wissenssprüngen herangezogen werden. Nach Böckli (1996) N 1632a kann eine Verwertung von Wissenssprüngen durch den Verwaltungsrat einer Verletzung der Treuepflicht nach Art. 717 Abs. 1 OR gleichgesetzt werden, obwohl das Gesellschaftsvermögen nicht direkt geschädigt wird, sondern nur indirekt über „die Stellung und das Ansehen der Gesellschaft".

[13] Vor allem mit Blick auf die illiquiden Aktienmärkte für Schweizer Nebenwerte. In diesem Sinne Ruffner (1995) 242: „Eine hohe Marktliquidität bedeutet, dass in einem Markt grössere Aktienblöcke schnell verkauft werden können, ohne dass aufgrund dieser Transaktion mit einem Druck auf die Preise gerechnet werden muss"; gleich Gottschlich/Meier-Scherling (1995) 25 und Weber-Thedy (1994) 23.

unterscheidet er sich durch seinen Status als Outsider.[14] Zu dieser Kategorie von Aktionären werden unter anderem die *institutionellen Anleger* gezählt.[15] Als charakteristisch für diese Anlegergruppe kann angesehen werden, dass sie innerhalb der für sie vorgegebenen Rahmenbedingungen[16] ihr Geld relativ *„emotionslos"*[17] anlegen. Ihre Interessen beschränken sich auf die Maximierung der Rendite der Anlage.[18]

---

[14] Nicht zuletzt wegen der einschränkenden Insider-Regelungen im Aktienhandel sehen auch massgebliche Minderheitsaktionäre davon ab, den Status des Outsiders zu verlassen. So besteht z.b. in den USA die Regelung, dass „jeder Verwaltungsrat, jedes Geschäftsleitungsmitglied oder jeder Aktionär mit mehr als 10% der Aktien [...] dem SEC Änderungen der Anzahl der gehaltenen Aktien bekanntgeben" muss (Bertschinger (1995) 272).

[15] Pensionskassen, Versicherungen, Universal- und Investmentbanken, Anlagefonds, Grossunternehmen, Stiftungen und öffentliche Körperschaften (vgl. Drill (1995) 17). Siehe dazu auch Ausführungen in Kapitel 8.1.4.b.

[16] Hier ist beispielsweise an gesetzliche Anlagevorschriften und auch an spezifische Charakteristiken eines jeden Anlagefonds oder Beteiligungsgesellschaft zu denken.

[17] Mühlemann (1995) 1047.

[18] Hier soll der *Börsenspekulant* als typischer Eigentümer ausgeschlossen werden. Der Unterschied zwischen einem emotionslosen Anleger und einem spekulativen Anleger ist, dass der spekulative Anleger ohne Rücksicht auf die unternehmensindividuelle Finanzlage Gelder investiert und vor allem auf der Suche nach kurzfristigen *Spekulationsgewinnen* ist, wogegen sich der emotionslose Anleger sehr wohl um die Finanzlage des Unternehmens kümmert, jedoch keinen Skrupel hat, beim Verfehlen von finanziellen Zielsetzungen, jederzeit (d.h. unter den vorher genannten Einschränkungen illiquider Aktienmärkte) die Gelder in ein anderes Unternehmen zu investieren. Dies unterscheidet ihn wiederum vom Mehrheitsaktionär, welcher aus strategischen (oder auch emotionellen) Gründen an seine Investition gebunden ist.

1.4. Aufbau der Arbeit

Die Arbeit ist in drei Teile und neun Kapitel gegliedert. Den Aufbau mit zugehöriger Kapitelnummer zeigt Abb. 1-1.

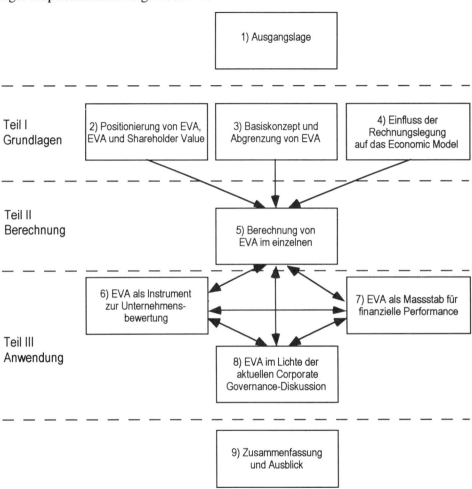

Abb. 1-1:   Themen und Aufbau der Arbeit

Kapitel zwei bis vier dienen dazu, ein Basisverständnis und die Grundlagen für die Berechnung und den Einsatz von EVA zu erarbeiten. Kapitel zwei setzt sich mit der eingangs gestellten Frage nach dem Zusammenhang zwischen Shareholder Value und EVA auseinander und dient der Abgrenzung und Positionierung des Konzeptes EVA innerhalb alternativer Finanzkennzahlen und Ansätze. In Kapitel drei wird der Leser anhand der Diskussion des Basiskonzeptes und der mit EVA direkt vergleichbaren Ansätze mit der Mechanik des Modelles vertraut gemacht. Im vierten Kapitel geht es darum, die Bedeutung der Rechnungslegungsstandards im Zusammenhang mit einer EVA-Analyse zu untersuchen.

In den darauf folgenden vier Kapiteln werden Berechnung sowie Einsatz- und Anwendungsmöglichkeiten des Konzeptes EVA dargestellt: In Kapitel fünf erfolgt die Berechnung von EVA anhand eines einfachen Zahlenbeispiels, welches in Kapitel sechs zur Darstellung der Unternehmensbewertung weitergeführt wird. Kapitel sieben konzentriert sich auf die Performancemessung mit EVA. In dieses Kapitel fliessen auch mehrheitlich die Ergebnisse der grosszahligen Anwendung ein. Das letzte Kapitel zeigt auf, welche Dienste ein Gedankenmodell wie EVA im Rahmen der aktuellen Corporate Governance-Diskussion leisten kann. So wird ein Vorschlag eines auf EVA basierenden Anreizsystems erarbeitet.

Zur Wahl der Terminologie bleibt anzumerken, dass für das international gebräuchliche Fachvokabular – meist angelsächsischer Herkunft – keine deutschen Übersetzungen gesucht wurden. Einerseits kann so umständlichen deutschen Bezeichnungen aus dem Wege gegangen und andererseits die inhaltliche Schärfe des Fachausdruckes beibehalten werden. Begriffe, die im Zuge ihrer häufigen Verwendung in der Literatur eine Vielzahl von Interpretationen erhalten haben (z.B. Shareholder Value), gewinnen durch die in dieser Arbeit vorgenommenen Definitionen die notwendige Deutlichkeit zurück.

1.5. Grosszahlige Anwendung

1.5.1. Umfang der Untersuchung

Das Konzept EVA wird anhand einer Bilanzanalyse auf einer breiten Basis auf Schweizer Publikumsgesellschaften angewendet. Grosszahlig bedeutet in diesem

Fall die Analyse von rund 380[19] Jahresabschlüssen. Der Umfang der zu verarbeitenden Daten erforderte die Verwendung einer Bilanzdatenbank. Für die vorgenommene Untersuchung diente die für Europa relevante Datenbank „WIRE/CUS" von SBC Warburg als Grundlage. Diese Datenbank umfasst rund 1'000 Unternehmen, von denen ca. 10% Schweizer Gesellschaften sind.[20]

Gesellschaften des Swiss Performance Index (SPI)[21] (Ende 1995)	Anzahl Unternehmen	Börsenkapitalisierung der Aktien (in CHFm)
Kotiert (Zürich, Basel, Genf)	216[22]	458'080
Abzügl. Banken	36	86'564
Abzügl. Versicherungen	12	47'836
Industrie, Handel, Transporte, übrige Dienstleistungen	168 (100%)	323'680 (100%)
Davon in der Analyse berücksichtigt:	64 (38%)	293'631 (91%)

Abb. 1-2: Erhebungsanteil an den in der Schweiz kotierten Gesellschaften

Aus einer Grundgesamtheit von 216 kotierten Gesellschaften werden die Banken und Versicherungen von der Analyse ausgeklammert. Die im Vergleich zu den Industrie- und Handelsgesellschaften unterschiedlichen Bilanzstrukturen und die Dominanz finanzieller Einkommensströme machen die Finanzgesellschaften mit den Nicht-Finanzgesellschaften nur schwer vergleichbar.[23] Die verbleibenden 168 Gesellschaften (Industrie, Handel, Transporte, übrige Dienstleistungen) werden der Analyse mit dem in dieser Arbeit vorgestellten Ansatz unterzogen. Aus diesem Feld sind rund vierzig Prozent der in der Datenbank eingetragenen Firmen berücksichtigt. Die getroffene Auswahl repräsentiert 91% der Marktkapitalisierung der Industrie- und Handelsgesellschaften der Schweiz, was eine ausreichende Fundierung der Ergebnisse zulässt.[24] Eine Liste der 64 untersuchten Unter-

---

[19] 64 Unternehmen mit jeweils sechs Jahresabschlüssen (1992-1997). Siehe Liste der Unternehmen und der verfügbaren Daten in Abb. 10-20.

[20] Siehe SBC Warburg (1995) 24ff.

[21] Zahlen aus Schweizer Börse (1995b).

[22] Kotierte Aktientitel Ende 1995: 288.

[23] Auch die Untersuchungen von Davis/Flanders/Star (1991), Stewart (1991), Röttger (1994) und CS Research (1996a) schliessen die Banken und Versicherungen aus. Zur Unternehmensbeurteilung für Banken und Versicherungen siehe unter anderem: Copeland/Koller/Murrin (1994) 478ff.; Stern (1994a) 56ff.; Moynes (1995); Wuffli (1995); Brunner/Casal (1995).

[24] Als „repräsentativ" hat Braun eine Analyse von 40 Gesellschaften bezeichnet, welche 84% der Börsenkapitalisierung des SPI abdeckte (Braun (1994) 281).

nehmen und der Abdruck der gesamten Berechnungsresultate finden sich im Anhang.

1.5.2. Datenqualität

Die Verantwortung der Dateneingabe und -pflege liegt beim Analysten, der für
„seine" Unternehmen zuständig ist. Dies hat gegenüber kommerziellen Daten-
banken den Vorteil, dass die Daten der Geschäftsberichte (inkl. der Informationen im Anhang) bereits einer qualitativen Verarbeitung unterzogen worden sind.
So werden Unterschiede in der Darstellung oder Bezeichnung von Bilanz- und
Erfolgsrechnungspositionen, herrührend von verschiedenen Rechnungslegungsstandards, ausgeräumt. Zudem bietet die Datenbank den Vorteil, dass auch prognostizierte Daten für 1996 und 1997 verfügbar sind.

Es bleibt anzumerken, dass alle in dieser Arbeit vorgestellten Resultate und Interpretationen die Sicht des Autors und nicht diejenige des jeweiligen Analysten
von SBC Warburg wiedergeben. Die Daten wurden auf einer technischen Ebene,
d.h. ohne Reflexion der unternehmensindividuellen Situationen, in die Arbeit aufgenommen. Somit bleiben aktuelle Geschehnisse und individuelle Einschätzungen des Analysten (soweit sie sich nicht in den finanziellen Daten widerspiegeln)
unberücksichtigt.

Mit der Übernahme des Zahlenmaterials aus der Datenbank per Ende März 1996
konnten für das Jahr 1995 nur teilweise definitive Daten berücksichtigt werden.[25]
Bis zu diesem Zeitpunkt haben zwar die meisten Unternehmen Eckwerte (z.B.
Umsatz oder Nettogewinn) publiziert, doch oft noch keine vollständigen Jahresrechnungen veröffentlicht. So beinhalten die Daten für den Abschluss 1995 teilweise Schätzwerte des Analysten. Für die Jahre 1996 und 1997 wird ausschliesslich mit Schätzwerten gearbeitet. Schätzungen des Analysten sind unter

---

[25] Wegen des stetigen Wandels dem die internationalen Kapitalmärkte unterworfen sind, bedarf jede
Analyse eines konkreten Zeitausschnitts und kann nur eine Momentaufnahme darstellen. Der tatsächliche Messzeitpunkt ist für die Qualität der Aussagen, die in dieser Arbeit gemacht werden,
nur beschränkt von Bedeutung. Nicht die Exaktheit der berechneten Resultate, sondern die Grössenordnungen der Kenngrössen, das Vorgehen und die Art und Weise der Unternehmensverglei-
che stehen im Vordergrund.

Umständen auch für Daten von vergangenen Jahren miteinbezogen, wenn diese vom Unternehmen nicht veröffentlicht wurden (z.b. für Personalkosten).

Teilweise bestehen für Unternehmen (wie z.b. ESEC, Phonak, Kaba, Clariant) für die Jahre 1989 bis 1995 nur unvollständige Aktienkursinformationen. In diesen Fällen bleiben die Unternehmen bei den MVA ex post-Berechnungen[26] und den Vergleichen von Aktienrenditen und EVA-Gesamtperformance[27] ausgeklammert. Hingegen ist die Berechnung der EVA-Gesamtperformance[28], zu deren Berechnung keine Aktienkursinformationen benötigt werden, für fast alle Unternehmen über die gesamte Analyseperiode 1992 bis 1997 möglich. Ausnahmen bilden Clariant, welche eine vollständige Jahresrechnung erst ab Abschluss 1994 vorweisen kann, und Landis & Gyr, deren Geschäftstätigkeit ab 1. Oktober 1995 (d.h. ab Geschäftsjahr 1996) im Elektrowatt-Konzern integriert ist.

Abschlüsse in Fremdwährungen sind auf Schweizer Franken umgerechnet. Jahresabschlüsse per Ende März eines Jahres wurden dem jeweiligen Vorjahr zugerechnet.[29]

---

[26] Siehe Kapitel 7.2.2.
[27] Siehe Kapitel 7.4.3.
[28] Siehe Kapitel 7.4.
[29] Z.B. schliesst Phonak das Geschäftsjahr 1994/95 per Ende März 1995. Dieses Ergebnisse wurden in der Analyse dem Jahr 1994 zugerechnet.

1.5.3. Übersicht über die Untersuchungsergebnisse

Die wichtigsten Analyseergebnisse sind im Kontext der einzelnen Kapitel eingebunden. Die gesamten Ergebnisse für alle untersuchten Unternehmen befinden sich in den folgenden Abbildungen im Anhang:

Kennzahl	Texthinweis (Kapitel)	Ergebnis für alle untersuchten Unternehmen (Abbildungsnummer im Anhang)					
		1992	1993	1994	1995	1996	1997
EVA	2.1./3.2.2./4/5/7.3.1.	10-23	10-24	10-25	10-26	10-27	10-28
value spread	3.2.2./6.2.2.c./7.3.2.	10-23	10-24	10-25	10-26	10-27	10-28
relEVA	3.2.4.b.iii./7.3.3.	10-23	10-24	10-25	10-26	10-27	10-28
EVA-ROS	7.3.4.	10-23	10-24	10-25	10-26	10-27	10-28
EVA-Gesamtperformance	7.4.1.	10-23	10-24	10-25	10-26	10-27	10-28
MVA ex post (jeweils per Jahresende)	6.1.2.b./7.2.2./7.2.3.	10-21	10-21	10-21	10-21		
MVA ex ante (per Ende 1995)	6.1.2./6.2.2./7.2.3.				10-22		
Bewertungsunterschied zum Aktienmarkt (per Ende 1995)	6.3./7.2.3.				10-22		

Abb. 1-3:   Übersicht der Untersuchungsergebnisse für alle Unternehmen

1.5.4. Berechnungsmodalitäten

Im Zusammenhang mit der Verwendung der Datenbank von SBC Warburg muss erwähnt werden, dass die ihr zugrunde liegende Datenbankstruktur *vertraulich* ist. Daher können die einzelnen Berechnungsschritte in dieser Arbeit nur beschränkt im Detail besprochen werden. Jedoch kann der Leser davon ausgehen, dass die Berechnungen von EVA, MVA (ex ante und ex post) und der EVA-Gesamtperformance grundsätzlich den Ausführungen in Kapitel 5, 6 und 7 folgen. Zusätzlich sind folgende Punkte zu erwähnen:

- Bei den Datenkonversionen[30] mussten dort Einschränkungen gemacht werden, wo die dazu benötigten Informationen von den Unternehmen nicht und nur unvollständig publiziert wurden. Um in bezug auf die Vergleichbarkeit eine

---

[30]   Siehe Kapitel 4.3. und als Überblick Abb. 4-4.

möglichst aussagekräftige und zudem eine möglichst breite (hinsichtlich Anzahl Unternehmen *und* Anzahl Jahre) Anwendung durchführen zu können, wurde bei der Berechnung des EVA auf umfangreiche Adjustierungen (insbesondere im Bereich der Shareholder Conversion[31]) verzichtet. Die Auswirkungen solcher Anpassungen werden für einen engeren Kreis von Unternehmen, nämlich der Industrieunternehmen des Swiss Market Index (SMI), im Kapitel 7.4.4. aufgezeigt.

- Zur Berechnung von EVA wurde die Vermögensgrösse (NOA) als Durchschnitt von Jahresanfangs- und -endbestand ermittelt.[32] Ausnahme bildet das Jahr 1992, bei welchem die NOA per Jahresende verwendet wurden. Eine weitere Ausnahme ergibt sich bei Clariant für das Jahr 1994, wo wegen fehlender Daten für das Jahr 1993 die NOA ebenfalls per Ende 1994 berücksichtigt wurden.

- Der Kapitalkostensatz c* berechnet sich grundsätzlich entsprechend den Ausführungen in Kapitel 5.4.3. Folgende Basiswerte wurden zur Berechnung des Kapitalkostensatzes verwendet:

Jahr	1992	1993	1994	1995	1996	1997
Risikofreier Zinssatz	6.42%	4.61%	5.04%	4.75%	4.00%	4.00%
Marktrisikoprämie	3.5%	3.5%	3.5%	3.5%	3.5%	3.5%
Fremdkapitalkostensatz	7.27%	5.10%	5.33%	4.91%	4.60%	4.60%

Abb. 1-4: Berechnungsgrundlagen für den Kapitalkostensatz $c*^{33}$

Der Eigenkapitalkostensatz wurde entsprechend des in Abb. 5-21 vorgeschlagenen und in Kapitel 5.4.3.d. diskutierten Vorgehens errechnet. Dabei wurde darauf verzichtet, individuelle Zu- und Abschläge für erschwerte Verkäuflichkeit oder für spezifisches Unternehmensrisiko zu berücksichtigen.

---

[31] Siehe Kapitel 5.2.6.

[32] Siehe dazu die Auswirkung der Wahl von Durchschnitts- oder Anfangswert der NOA in Kapitel 3.2.6. und 5.1.

[33] Fremdkapitalkostensätze und risikofreie Zinssätze siehe Abb. 5-17; Marktrisikoprämie des Eigenkapitals siehe Ausführungen in Kapitel 5.4.2.b.i.

Der Fremdkapitalkostensatz wurde auf der Basis von Marktsätzen berechnet (siehe Abb. 5-20).[34] Individuelle Zu- oder Abschläge wurden nicht berücksichtigt. Der Steuereffekt wurde unter Verwendung des Konzern-Mischsteuersatzes[35] in die Rechnung miteinbezogen.

Das Gewichtungsverhältnis[36] von Fremd- und Eigenkapital folgt der Einschätzung des für das Unternehmen verantwortlichen Analysten.

• Der MVA ex ante[37] (per Ende 1995) setzt sich zusammen aus den diskontierten EVA 1996 und 1997 und einem ebenfalls diskontierten Restwert. Entgegen den Ausführungen in Kapitel 6.2.2.c.ii. wurde der Restwert nicht auf der Basis von Gewinn- und Vermögensgrössen des letzten Prognosejahres (also 1997) bestimmt, sondern als Durchschnittswert der EVA zwischen 1995 und 1997 berechnet. So wird der Einfluss der für 1997 geschätzten finanziellen Daten auf das Bewertungsergebnis reduziert.

1.5.5. Vergleich zu anderen Untersuchungen

An dieser Stelle soll noch darauf hingewiesen werden, dass ein direkter Vergleich der Rechnungsergebnisse mit anderen Untersuchungen, beispielsweise von CS Research (1996a, 1996b), nur unter Berücksichtigung der den Modellen zu Grunde liegenden Berechnungsmodalitäten erfolgen kann.

EVA vereint Erfolgsrechnung, Aktiv- und Passivseite der Bilanz in einer einzelnen Kennzahl. Zudem werden Risikoaspekte der betrieblichen Investitionen und auch Opportunitätskostenüberlegungen des Investors mitberücksichtigt. In diesem Sinne ist EVA zwar eine umfassende Kennzahl, jedoch wegen der zahlreichen darin berücksichtigten Elementen nicht zwingend einheitlich berechnet. Dabei bietet nicht die eigentliche Mechanik der EVA-Berechnung Probleme[38], son-

---

34 Siehe dazu ausführlich Kapitel 5.4.3.c.
35 Berechnet auf der Basis der Konzernerfolgsrechnung als Quotient von Steueraufwand und Gewinn vor Steuern. Siehe dazu Kapitel 5.3.6.
36 Siehe Kapitel 5.4.3.b.
37 Siehe Berechnung Kapitel 6.2.2.
38 Siehe gleich nachfolgend Kapitel 2.1.

dern die Definition der einzelnen Basiselemente, Gewinngrösse, Vermögensgrösse und Kapitalkostensatz.[39]

Bei der Berechnung des Kapitalkostensatzes wird in der Finanzpraxis im allgemeinen anerkannt, dass kein objektiver Kostensatz für ein bestimmtes Unternehmen existiert.[40] Da mit (teils subjektiven) Opportunitätskosten gerechnet wird, ist die Höhe des Kapitalkostensatzes so oder so mit Fragezeichen behaftet. Dies ist jedoch, wie gesagt, im allgemeinen auch toleriert.

Bei der EVA Kalkulation kommt neben Subjektivität bei der Berechnung des Kapitalkostensatzes auch Subjektivität bei der Berechnung der Gewinn- und Vermögensgrösse hinzu. Dabei stehen buchhalterische Adjustierungen *(Datenkonversionen[41])* im Zentrum, deren Aussehen je nach Untersuchungsziel und Untersuchungsobjekt variiert. Auch CS Research nimmt bei ihrer Untersuchung Anpassungen für die latenten Steuerreserven,[42] für Goodwillabschreibungen,[43] den Aufwendungen für Forschung und Entwicklung[44] und für andere Rückstellungen[45] vor.[46]

Auch wenn sich einzelne Anpassungen in ihrer Qualität ähneln,[47] können sie zahlenmässig meist nicht schlüssig miteinander verglichen werden. So werden z.B. üblicherweise bei der EVA-Berechnung die Aufwendungen für Forschung und Entwicklung aktiviert und abgeschrieben. In dieser Arbeit erfolgt die Abschreibung über *fünf Jahre*,[48] bei der Untersuchung von CS Research hingegen „über die geschätzte wirtschaftliche Lebensdauer des erhaltenen Nutzens".[49] Oh-

---

[39] Siehe Kapitel 3.1.
[40] Siehe auch Beginn Kapitel 5.4.3.
[41] Siehe ausführlich Kapitel 4 und 5.
[42] Siehe Kapitel 6.2.5.e.
[43] Siehe Kapitel 5.2.6.d.
[44] Siehe Kapitel 5.2.6.c.
[45] Siehe Kapitel 5.2.6.a.
[46] CS Research (1996a) 30.
[47] Siehe als Überblick Kapitel 4.3.
[48] Für die Industrie- und Handelsgesellschaften des SMI in einer separierten Anwendung. Siehe ausführlich Kapitel 7.4.4.
[49] CS Research (1996a) 30.

ne weitere Angaben der Abschreibungsdauer kann es so bei forschungsintensiven Unternehmen (z.B. Roche) zu massgeblichen Unterschieden in den berechneten EVA (und anderen damit verbundenen Kennzahlen[50]) führen.[51]

Als Analyseinstrument verwendet, bietet EVA zwar den Vorteil der Flexibilität bei seiner Berechnung (z.B. Berücksichtigung von branchen- und anwenderindividuellen Aspekten), jedoch den Nachteil der fehlenden direkten Vergleichbarkeit verschiedener Untersuchungsergebnisse, falls nicht dieselben Berechnungsmodalitäten angewendet wurden. Mit einer konsistenten Behandlung des finanziellen Datenmaterials lässt sich dieser Nachteil (zumindest im Rahmen einer einzelnen Untersuchung) ohne weiteres beseitigen.

---

[50] Siehe insbesondere Kapitel 7.3.

[51] So weist CS Research (1996a) für Roche ein EVA 1995 von CHF 908m aus, was sich in der vorliegenden Untersuchung mit einem EVA 1995 von CHF 1391m vergleicht (siehe Abb. 7-20, EVA nach Korrektur der Equity Equivalents).

Teil I

Grundlagen
des Konzeptes Economic Value Added

2. Positionierung von Economic Value Added (EVA)

2.1. Die Kennzahl Economic Value Added (EVA)

Der EVA (Economic Value Added) entspricht dem „residual income left over from operating profits after the cost of capital has been subtracted."[52] Wie der Gewinn oder der Cash Flow, stellt er eine absolute finanzielle Grösse dar, die auf Jahresbasis berechnet wird. Die Basisformel lautet:

EVA = NOPAT - Capital x c*

NOPAT (Net Operating Profit After Taxes) entspricht dem buchhalterischen *betrieblichen Gewinn* nach einer steuerlichen Korrektur. Das *Capital* ist das gesamte im betrieblichen Prozess gebundene Vermögen und darf *nicht* mit dem Eigenkapital gleichgesetzt werden.[53] c^* steht für den Gesamtkapitalkostensatz. Sind diese drei Elemente gegeben, ist die Berechnung sehr einfach. Bei einem NOPAT (alles in CHF 1'000) von 130, einem „Capital" von 600 und einem c^* von 10% ergibt sich folgende Berechnung von EVA:

EVA = 130 - 600 x 10% = 130 - 60 = 70

Die Multiplikation des „Capital" mit dem Gesamtkapitalkostensatz c^* ergibt die Finanzierungskosten des gesamten betrieblich gebundenen Vermögens in der Höhe von 60. Diese Finanzierungskosten werden vom betrieblichen Gewinn abgezogen. Was übrig bleibt, ist der Economic Value Added.

Ist EVA positiv, konnte die betriebliche Tätigkeit die gesamten Finanzierungskosten des betrieblichen Vermögens, sowohl des Eigen- als auch des Fremdkapitals, decken. Ist EVA dagegen negativ, wurden die Finanzierungskosten durch

---

[52] Stern (1994a) 49.

[53] Da der Begriff *Capital* leicht *falsch verstanden* werden kann, wird er ab Kapitel 4 (nach erfolgter Abgrenzung des Konzeptes EVA von vergleichbaren Ansätzen) durch <u>NOA</u> *(Net Operating Assets)* ersetzt (vgl. dazu auch Definition bei Bennett (1995) 5). Die latente Verwechslungsgefahr zeigt sich auch bei Helbling (1995a) 105, welcher die Finanzierungskosten von EVA auf das „Gesamtkapital" bezieht und *nicht* auf den mitunter wesentlichen Aspekt des betriebsnotwendigen Vermögens hinweist.

den bereinigten betrieblichen Gewinn nicht gedeckt. In diesem Fall wurden, aus der Sicht der Kapitalgeber, *Werte* in dem Sinne vernichtet, als das gebundene Kapital in einem anderen Unternehmen mit einem *ähnlichen Risikoprofil* angemessener hätte verzinst werden können.[54]

Die Idee, einen Residualgewinn[55] nach Abzug der Kapitalkosten zu berechnen, ist nicht neu.[56] Bei General Electrics und General Motors wurde schon in der ersten Hälfte des 20. Jahrhunderts mit EVA-ähnlichen Kennzahlen operiert.[57] Zu dieser Zeit wurde als Basis für die Erfolgskontrolle ein „operating profit less a capital charge" verwendet: „Ten percent of all operating profits after the 15% capital charge became the bonus tool to be shared by management."[58] Auch Drucker bemerkt, dass er schon 1964 auf das Konzept des EVA eingegangen ist und schon um die Jahrhundertwende dieses Prinzip erstmals beschrieben wurde.[59]

Das Konzept von EVA im heutigen Verständnis ist aber mehr als alter Wein in neuen Schläuchen. EVA ist mehr als nur eine Finanzkennzahl. Er ist ein zentrales

---

[54]   „Economic value is only created when the business of the firm and the firm as a whole enjoy profitability levels which exceed that of their respective cost of capital" (Hax/Majluf (1990) 161).

[55]   Auch: Übergewinn, *super profit* (Edey (1962) 201).

[56]   Selbst Joel Stern bemerkt: „The message we [J. Stern and B. Stewart] bring is not new, but it is not as well understood or as widely practiced even today as it should be" (Stewart (1991) xxiii).

[57]   „EVA and its look-alikes are not new. Rather, they're further proofs that great ideas never die. Alfred Sloan, the General Motors Corp. patriarch, knew EVA – though not by the name – in the 1920s; General Electric Co. was flirting with return-on-capital systems in the 1950s" (McConville (1994) 56).

[58]   Stern (1994a) 54.

[59]   „EVA is based on something we have known for a long time: what we generally call profits, the money left to service equity, is usually not profit at all" (Drucker (1995) 59, siehe auch Fussnote 1 a.a.O.). Auch Rutledge (1993) 148: EVA ist ein neuer Name „for our old friend economic profit, the old Alfred Marshall concept taught everywhere in microeconomic classes." Ähnlich Distribution (1993) 12: „Of course, much of the ballyhoo about EVA is just new gift wrapping an tried-and-true concepts of fiscal responsibility." Oder Tully (1993) 2: „While EVA is easily today's leading idea in corporate finance and one of the most talked about in business, it is far from the newest. On the contrary: Earning more than the cost of capital is about the oldest idea in enterprise."

20

Element eines Gedankenmodelles, das in viele Bereiche des Corporate Finance[60] hineingreift.[61] EVA steht für ein Finanzinstrument, das

- prioritär auf die Erhöhung der Gesamtrendite des Aktionärs ausgerichtet ist,
- effizient zur Bewertung und Analyse von Unternehmen, Teilen von Unternehmen (Divisionen) und Projekten eingesetzt werden kann,
- als Ziel- und Anreizsystem dient und
- leicht kommuniziert werden kann.

Seine weitreichende Bedeutung liegt nicht in der blossen Kalkulation des Wertes an sich, sondern in der Definition seiner *Berechnungselemente* und in seinen *Anwendungsbereichen*.

Die Berechnungselemente basieren auf dem *Economic Model*. Das Economic Model steht dem *Accounting Model* gegenüber und stellt finanzielle Daten aus einer *aktionärsorientierten* Sicht dar. Dabei bedeutet diese aktionärsorientierte Sicht nicht zwingend eine Abkehr vom Aufwand- und Ertragsdenken hin zum Cash Flow-Denken. Vielmehr versucht man mit der Berechnung des EVA die in der Praxis bewährte Sichtweise von Erfolgsrechnung und Bilanz zu wahren und, davon ausgehend, über vier *Konversionen* zum Economic Model zu gelangen.[62] Grundsätzliche Anwendungsbereiche von EVA sind, wie zu Beginn erwähnt, die *Unternehmungsbewertung*[63], die *finanzielle Performancemessung*[64] und die *Gestaltung der internen Corporate Governance*[65].

An dieser Stelle bleibt festzuhalten, dass in dieser Arbeit der Fokus auf der Beurteilung der *operativen* Tätigkeit liegt (mit der Basis des betrieblich gebundenen

---

[60] Nach Auckenthaler (1994) 21 besteht die zentrale Aufgabe des Corporate Finance darin, mit einer Optimierung der Investitions- und Finanzierungsentscheidungen den Unternehmenswert zu maximieren.

[61] „At its best, EVA serves as the centerpiece of a completely integrated framework of financial management and incentive compensation" (Stern/Stewart/Chew (1995) 45).

[62] Nachfolgend Kapitel 4 und 5.

[63] Nachfolgend Kapitel 6.

[64] Nachfolgend Kapitel 7.

[65] Nachfolgend Kapitel 8.

Vermögens) und somit EVA grundsätzlich als *betrieblicher* Übergewinn verstanden wird.[66] Die Grundidee des „EVA" lässt sich jedoch ohne weiteres auch auf andere Bezugsgrössen, wie beispielsweise die Finanzinvestitionen oder das Eigenkapital anwenden. Wichtig ist dabei, dass bei einer geänderten Investitionsgrösse auch die Gewinn- und die Kapitalkostengrösse entsprechend angepasst werden muss.[67]

2.2. EVA und Shareholder Value

2.2.1. Zum Begriff des Shareholder Value

Es lässt sich mittlerweile fast keine Unternehmensführung mehr ausmachen, die sich von der Shareholder Value-Idee nicht begeistert zeigt und die Fokussierung auf den Shareholder Value für ihr Unternehmen nicht als äusserst wichtig einstufen würde.[68] Der Shareholder Value ist zum Modebegriff geworden. Er wird häufig benutzt, aber selten richtig verstanden, richtig eingesetzt oder – in der Unternehmensführung – richtig umgesetzt.[69] Ein klares Verständnis des Shareholder Value setzt voraus, dass man zwei mit dem Begriff verknüpfte Dimensionen auseinanderhält:[70]

---

[66]   Zur Beschreibung des Basiskonzeptes des betrieblichen Übergewinnes und verschiedenen Berechnungsvarianten siehe ausführlich Kapitel 3.

[67]   Zur Datenkonsistenz zwischen den Basisgrössen siehe auch Kapitel 4.2.3.

[68]   „Bald legen alle kotierten Gesellschaften in ihren Leitbildern, Aktionärsbriefen, an den Pressekonferenzen und Präsentationen für Finanzanalysten ein Bekenntnis zum Shareholder Value ab" (Philipp (1995b) 23).

[69]   Volkart (1995b) 1064: „Shareholder Value ist zu einem eigentlichen Schlagwort geworden"; und weiter S. 1065: „'Free Cash Flow' und 'Shareholder Value' sind zu – leider oft auf zu wenig präzisen Vorstellungen beruhenden – Modebegriffen geworden"; vgl. auch Amacher (1996) 55 und Volkart (1995a).

[70]   So z.B. Rumpf (1994) 135 mit einer umfassenden Definitionen von Shareholder Value: „Unter dem Begriff 'Shareholder Value' verstehen wir einerseits *die Ausrichtung aller Aktivitäten am ökonomischen Produktivzweck* der Unternehmung mit dem Ziel, das *Vermögen der Aktionäre zu mehren*, und im Bewusstsein, dass die Unternehmung als soziales System über die marktlichen Beziehungen und gesetzlichen Notwendigkeiten hinaus gesellschaftliche Ansprüche zu erfüllen hat. Seine Ausrichtung ist *langfristig*, orientiert sich also nicht am kurzfristigen spekulativen Erfolg. Andererseits verstehen wir den 'Shareholder Value' als den geeignetsten *Erfolgsmassstab*, da er eine *einheitliche Sprache* ermöglicht, prinzipiell *vom Markt vorgegeben* und nicht auf durch die Unternehmensleitung manipulierten Grössen basiert und so die am Effizienzziel ausgerichtete Auswahl zwischen und Beurteilung von (strategischen) Alternativen erlaubt. Die Rohdaten zur Be-
(Fortsetzung...)

- Shareholder Value verstanden als *Finanzgrösse*

- Shareholder Value verstanden als *Handlungsmaxime*

2.2.2. Shareholder Value verstanden als *Finanzgrösse*

In dieser Arbeit wird der Begriff des *Aktionärsnutzens* dem Begriff des Shareholder Value als deutsche Übersetzung gleichgesetzt.[71] Der Aktionärsnutzen resultiert dabei primär aus dem Halten von Aktien an einem Unternehmen. Betrachtet man nun die Aktie als ein Investitionsobjekt, so können für die Beurteilung des Wertes von Aktieninvestitionen die gleichen Kriterien wie für die Beurteilung von Investitionsprojekten beigezogen werden.[72] Helbling führt dazu aus: *„Theoretisch ist es klar: Der Unternehmenswert entspricht im Sinne der Investitionsrechnung 'dem Barwert aller dem Investor (Aktionär) künftig zufliessenden Netto-Einnahmen'."*[73] Helbling unterscheidet zwischen den „Netto-Einnahmen des Investors" und den „Netto-Ausschüttungen des Unternehmens", welche nicht identisch sind: Zahlungen von Dritten bzw. an Dritte als Folge des Eigentums am Unternehmen (z.B. bezahlte Kauf- bzw. Verkaufspreise für Aktien oder Bezugsrechte) sind in den direkten Ausschüttungen des Unternehmens an den Aktionär (z.B. Dividenden, verdeckte Gewinnausschüttungen, Aktienrückkäufe) nicht enthalten.[74] Auf der Basis dieser Überlegungen kann der Shareholder Value als

Gegenwartswert aller zukünftigen Netto-Einnahmen des Investors

---

rechnung des 'Shareholder Value' einzelner Unternehmungsaktivitäten müssen dabei sorgfältigen *Planungen und Strategieausarbeitungen* entstammen" (Hervorhebungen im Original).

[71] So auch bei Amacher (1996) 59.

[72] „Die Unternehmensbewertung ist sachlich und methodisch der Investitionstheorie zuzuordnen. Grundsätzlich hat die Unternehmensbewertungslehre auf der Investitionstheorie und Investitionsrechnung aufzubauen" (Helbling (1995a) 141).

[73] Helbling (1990b) 533 (Hervorhebung im Original); dazu auch Bühner (1990) 15: „Das Aktionärsvermögen ist das Ergebnis einer Bewertung künftiger Einkommensströme, die dem *Aktionär* zufliessen" (Hervorhebung hinzugefügt).

[74] Helbling (1990b) 534; siehe dazu auch graphische Darstellung Abb. 6-3. So greift beispielsweise die Definition von Münstermann (1966) 151 zu kurz: „Für die Unternehmensbewertung ist allein der Zahlungsstrom zwischen Unternehmung und Investor massgebend."

definiert werden.[75] Da auf einem effizienten Kapitalmarkt[76] die Titel mit dem Barwert der künftigen Zahlungen bewertet werden[77], kann der Shareholder Value auch als

Def.

Marktwert des Eigenkapitals

bezeichnet werden.[78]

Im Falle eines bestehenden Marktes der Beteiligungspapiere ist der Shareholder Value jederzeit im Kursblatt ablesbar. Unter Einbezug der aktuellen Aktienkurse ist der Shareholder Value mit der Multiplikation von Anzahl Aktien und aktuellem Kurs zu berechnen. Falls einzelne Aktienkategorien eines Unternehmens nicht kotiert sind, wird proportional zu den Nominalwerten der kotierten Aktien ein theoretischer Marktwert der Aktien bestimmt.[79] Abb. 2-1 zeigt das Berechnungsbeispiel für Richemont per Ende 1995:

---

[75] Diese Definition ist somit breiter gefasst als die Auslegung, dass der Shareholder Value von Kurssteigerungen und Dividenden bestimmt ist (so unter anderem auch Mühlemann (1995) 1047). Beispielsweise greift Behm (1994) 10 zu kurz, wenn er den Shareholder Value „als Barwert aller, dem Aktionär in der Zukunft aus der Unternehmung zufliessenden Kapitalflüsse" bezeichnet.

[76] Zum effizienten Kapitalmarkt siehe Kapitel 5.4.2.b.i. und 7.1.1.

[77] Bühner/Weinberger (1991) 187.

[78] Auch Bühner/Weinberger (1991) 187 sprechen im Zusammenhang mit dem Shareholder Value vom „Marktwert des Unternehmens" oder vom „Wert des Aktionärsvermögens".

[79] Angesichts der unterschiedlichen Stimmrechte ist dieses Vorgehen nicht unproblematisch. Zu denken ist an Paketzuschläge und Prämien bei Unternehmensübernahmen. Letztere betragen in den USA nach Ruffner (1995) 249 im Durchschnitt 40%. Siehe auch Ausführungen bei Boemle (1995) 638ff. Die Rechnung über den Nominalwert darf jedoch ohne weiteres als Annäherung zur Bestimmung eines theoretischen Marktwertes herangezogen werden. Auch die Bank Julius Bär bedient sich dieser Methode (vgl. Bank Bär (1995) 40ff.).

24

Aktien-kategorien	Nominalwert	Anzahl Aktien[80] (in Millionen Stück)	Börsenkurs Ende 1995 (in CHF)	Theoretischer Kurs (in CHF)	Marktwert des gesamten Eigenkapitals (in CHFm)
Inhaberaktien	CHF 100	5.22	1'730		9'030.6
Namensaktien	CHF 10	5.22		173	903.1
Summe (= Shareholder Value)					9'933.7

Abb. 2-1: Berechnung des Shareholder Value auf der Basis von Marktpreisen (Bsp.: Richemont, Ende 1995)

Die so berechnete Marktkapitalisierung drückt zwar den gegenwärtig vom Markt gemessenen Wert des Eigenkapitals (Shareholder Value) aus, jedoch ist sie als Aussage über die *Qualität* des Aktionärswertes nur beschränkt aussagekräftig. So führen beispielsweise Kapitaleinlagen durch Aktionäre automatisch zur Erhöhung der Kapitalisierung, ohne dass sich die Ertragssituation des Unternehmens geändert hätte. Das Problem der aus Aktionärssicht angebrachten Performancemessung wird in Kapitel sieben aufgegriffen. An dieser Stelle sei vorweggenommen, dass für den Vergleich der geschaffenen Shareholder Value verschiedener Unternehmen nicht die eigentliche Marktkapitalisierung, sondern – in absoluten Werten – der *Market Value Added (MVA)*[81] und – im relativen Vergleich – die *Aktienrendite*[82] herangezogen werden sollte.

Der Aktienmarkt ist in der Regel ein guter Wertmassstab für das Eigenkapital.[83] Sind von einem Unternehmen jedoch keine Aktien kotiert oder werden Unter-

---

[80] Die Frage, welche Stückzahl von Aktien in der Rechnung aufgenommen werden, wird in der Literatur meistens mit dem Hinweis „Anzahl Aktien" (z.B. bei Boemle (1995) 638) für die praktische Anwendung nur unbefriedigend beantwortet. Spätestens wenn das Unternehmen selbst Aktien hält oder bedingtes Kapital geschaffen hat, ist es nicht sicher, ob solche Aktientitel für die aktuelle Wertzumessung durch den Kapitalmarkt relevant sind oder nicht. Eine Antwort kann nur unternehmensindividuell erfolgen; sie sich unter anderem auf die jeweiligen Erwartungen des Aktienmarktes abstützen. So hilft ein Blick in die Finanzpublikationen weiter. Für unsere Berechnung wurde die Kapitalstruktur, wie sie in Schweizer Börse (1995b) 23 vorzufinden ist, übernommen. Indikativ kann jedoch folgendes festgehalten werden: Eine Obergrenze der zu berücksichtigenden Anzahl Aktien bildet die Summe der Titel aus *ausstehendem, genehmigtem* und *bedingtem* Kapital. Eine Untergrenze könnte bei den aktuell *dividendenberechtigten* Aktien angesetzt werden.

[81] Form des betrieblichen Goodwill; siehe als kurze Einführung Kapitel 6.1.2.b. und zur Berechnung des MVA Kapitel 6.2.2. und 7.2.2.

[82] Aktienrendite im Sinne des *Total Return*; siehe Kapitel 7.2.1.

[83] „Was den Unternehmenswert angeht, so stellt die Aktienbörse als Markt für Unternehmen [...] das beste Wertbarometer dar" (Lewis/Stelter (1993) 107).

bzw. Überbewertungen durch den Aktienmarkt vermutet[84], so kann im Sinne einer Fundamentalbeurteilung der Shareholder Value ebenfalls auf der Basis Unternehmensdaten berechnet bzw. approximiert[85] werden. Die Berechnung muss dabei nicht zwingend mit der mittlerweile in vielen Variationen beschriebenen Methode des *Discounted Free Cash Flow (DCF)*[86] erfolgen.[87] Da die DCF-Methode unter dem Titel des *Shareholder Value-Ansatzes* bekannt wurde, wird sie auch heute noch mit diesem in Verbindung gebracht.[88] In dieser Arbeit wird aber neben dem DCF-Ansatz der Ansatz von EVA als alternative Bewertungsmethode für den Shareholder Value vorgestellt. Ohne den Ausführungen in Kapitel 6.1.3. zu weit vorzugreifen, soll an dieser Stelle erwähnt werden, dass die beiden Bewertungsmethoden, wenn von identischen Datenmaterial ausgegangen wird, zu gleichen Ergebnissen führen[89], sich aber voneinander grundlegend unterscheiden, weil bei EVA die *Teilperiode* und nicht die *Totalperiode* im Vordergrund steht.[90]

2.2.3. Shareholder Value verstanden als *Handlungsmaxime*

Bleicher bezeichnet die monistische Ausrichtung an ökonomischen Zielen als *Shareholder Approach* und setzt diesem die pluralistische gesellschaftsorientierte

---

[84] Zur Frage der Markteffizienz und der Aussagekraft von Börsenpreisen siehe Kapitel 5.4.2.b.i. und Kapitel 7.1.1.

[85] Approximiert in dem Sinne, dass es sich beim berechneten Wert bestenfalls um eine Annäherung an den Börsenpreis handelt, welcher am Ende auf der Basis von Angebot und Nachfrage zustande kommt. Dazu Brand/Bruppacher (1990) 589: „Das Resultat der Unternehmensbewertung ist nicht mit dem Preis für die Unternehmung gleichzusetzen."

[86] Zur DCF-Methode siehe als Referenzwerke Copeland/Koller/Murrin (1994), Rappaport (1986). Für die Anwendung in der Schweiz Knüsel (1994). Im weiteren siehe Rappaport (1981) 141ff.; Day/Fahey (1990) 156ff.; Weber (1991) 221ff.; Volkart/Nadig (1995) 713ff.

[87] Vgl. auch Amacher (1996) 55.

[88] In Anlehnung an die Ausführungen von Rappaport (1986) wird üblicherweise der DCF-Ansatz als *Shareholder Value-Ansatz* bezeichnet. Der Shareholder Value darf jedoch, um eine offene Diskussion führen zu können, nicht ausschliesslich mit der Methodik des *Discounted Free Cash Flow* (DCF-Methode) verknüpft werden.

[89] Vgl. auch Mills/Print (1995) 35ff.

[90] Teilperiode in dem Sinne, als dass EVA mit, aus der traditionellen Buchhaltung bekannten Gewinn- und Vermögensgrössen operiert. Im Gegensatz dazu wird bei der DCF-Methode auf der Basis von Cash Flows auf eine periodische Abgrenzung der Rechengrössen verzichtet und damit auf die Totalperiode über die ganze Lebensdauer des Unternehmens Bezug genommen.

Zielausrichtung, den *Stakeholder Approach*, entgegen.[91] Innerhalb der *Stakeholders*[92] nimmt der Aktionär *(Shareholder)* eine besondere Stellung ein. Inwieweit jedoch das unternehmerische Streben auf die Interessen des Shareholders oder darüber hinaus auf die Interessen anderer Stakeholders ausgerichtet sein sollte, ist eine Frage der *Prioritäten* und nicht der *Ausschliesslichkeit*.[93] Wenn im Folgenden – entsprechend dem Regelfall[94] – von der prioritären Ausrichtung der meisten Unternehmen auf den Shareholder Value ausgegangen wird, stellt sich die Frage, welche Grössen das Management beeinflussen bzw. maximieren soll, um den Shareholder Value zu maximieren.

Ansätze zur Steigerung des Shareholder Value gehen über eine reine Umsatz- oder Gewinnmaximierungsstrategie hinaus.[95] Nach Rappaport kann das Mana-

---

[91]   Vgl. Bleicher (1991) 96ff. Für die eingehende Diskussion des Spannungsfeldes *Shareholder – Stakeholder* wird auf Amacher (1996), Rumpf (1994), Janisch (1992) und Rühli (1995) verwiesen.

[92]   Ein Stakeholder ist ein Mitglied einer Interessengruppe, die direkt oder indirekt ein finanzielles oder auch nichtfinanzielles Interesse am Werdegang des Unternehmens hat. Zu den Stakeholdern sind neben den Aktionären insbesondere die Mitarbeiter, Kunden, Lieferanten, der Staat, die Gläubiger, die Banken und auch die Umwelt zu zählen. Siehe zum Thema Janisch (1992); Rumpf (1994).

[93]   Die primäre Ausrichtung des unternehmerischen Strebens auf die Ziele der Aktionäre führt indirekt auch zur angemessenen Berücksichtigung anderer Stakeholders. Dazu mehrere Stimmen: „Es liegt durchaus im Interesse des Aktionärs, dass die Stakeholders in einem Umfang am Gewinn partizipieren, der die Akzeptanz des Unternehmens in der Öffentlichkeit sicherstellt. Dadurch wiederum wird letztlich die Gewähr erhöht, dass die politischen Rahmenbedingungen so gesetzt werden, dass die Erzielung eines nachhaltig guten Gewinnes möglich ist" (Ackermann (1995) 27). Ähnlich De Pury (1995) 1031: „Es handelt sich m.E. um einen falschen Gegensatz, denn entweder erzielt ein Unternehmen Gewinne und ist somit in der Lage, sämtliche Stakeholders zu befriedigen, [...] oder das Unternehmen erwirtschaftet Verluste und dann sind alle Stakeholders bedroht."
Klar Stellung zur prioritären Ausrichtung auf die Aktionäre bezieht Zehnder (1996) 30: „Primäre Aufgabe des Verwaltungsrates ist es, seiner Verantwortung gegenüber den *Aktionären* gerecht zu werden, deren finanzielles Engagement die Grundlage für die Unternehmenstätigkeit überhaupt bildet. Erst in zweiter Linie sind die Interessen der 'stakeholders' (Mitarbeiter, Kunden, Lieferanten usw.) in Erwägung zu ziehen, zumal diese auch davon profitieren, wenn der Verwaltungsrat seine Primäraufgabe erfüllt"; ebenfalls deutlich Krneta (1995) 29: „[D]as Interesse der Aktionäre ist und bleibt vorrangig und definiert den Auftrag an die Unternehmensführung im wohlverstandenen und langfristigen Interesse des Gesamtunternehmens."

[94]   Siehe auch Ergebnisse von Von Rütte/Hoenes (1995) 287.

[95]   Vgl. Kapitel 7.1.2.

gement den Shareholder Value mittels Entscheidungen in drei Bereichen nachhaltig beeinflussen:[96]

- Operative Entscheide, welche die betriebliche Leistungserstellung betreffen

- Investitionsentscheide, welche die Aktivseite der Bilanz betreffen

- Finanzierungsentscheide, welche die Passivseite und rechtliche Aspekte der Unternehmensführung betreffen

Neben diesen realwirtschaftlichen Entscheidungsebenen üben aber auch die Informations- und Kommunikationspolitik[97] und die damit erzeugte Transparenz einen Einfluss auf die Preisbildung auf den Aktienmärkten aus.[98] Dies führt zur zusätzlichen Kategorie der

- Informations- und Kommunikationsentscheide.

Operative Entscheide betreffen die gesamte leistungswirtschaftliche Unternehmensführung und wirken sich über die Erfolgsrechnung auf den Shareholder Value aus. Der Begriff „operativ" darf in diesem Zusammenhang nicht als Gegenstück zu „strategisch" verstanden werden, denn es geht hier nicht um die Fristigkeit und Tragweite der Entscheide, sondern um den Bezug zur betrieblichen Leistungserstellung. Entscheidungen, welche die Preisbildung, den Umfang des Kundenservices, die Produktionskosten etc. betreffen, sind darin ebenfalls eingeschlossen.

In die Kategorie der *Investitionsentscheide* fallen alle Entscheidungen, die die Aktivseite der Bilanz beeinflussen, die also Investitionen ins Anlagevermögen bzw. ins Umlaufvermögen betreffen.[99] So können beispielsweise auch eine Erhö-

---

[96] Rappaport (1986) 76ff.; Erweiterung dieses Ansatzes durch *strategic drivers* bei Haerri (1991) 10ff.; siehe auch Ansatz der „Value Builder" bei Schlösser/Samsinger (1995) 10ff.; im weiteren Muehlhauser (1995) 49.

[97] Zur Informations- und Kommunikationspolitik ausführlich Drill (1995) 81ff.

[98] Dazu Kern (1994) 30: „Neben einem erfreulichen Geschäftsgang [...] werden Transparenz, gute und kontinuierliche Information sowie ein faires Verhalten gegenüber den Aktionären von der Börse honoriert."

[99] Jede Investition in Anlagen, die eine Umsatzsteigerung mit sich bringt, zieht meist auch eine Veränderung des Umlaufvermögens nach sich. Dabei ist nicht das Umlaufvermögen, sondern das *Nettoumlaufvermögen* (nach Abzug der nicht verzinslichen, kurzfristigen Verbindlichkeiten) aus-

(Fortsetzung...)

hung des Lagerumschlages, eine Verkürzung des Debitorenziels oder eine Verlängerung des Kreditorenziels den Kapitalbedarf massgeblich reduzieren und damit den Shareholder Value steigern.[100]

Finanzierungsentscheide wirken sich auf das Verhältnis zwischen Eigen- und Fremdkapital aus und betreffen beispielsweise die benutzten Finanzierungsquellen bzw. -instrumente oder die Ausgestaltung der juristischen, d.h. der steuerrechtlich relevanten Struktur eines Unternehmens. Seit Jahrzehnten ist die Frage, welchen Einfluss die Kapitalstruktur auf den Wert einer Unternehmung hat, in der Wissenschaft umstritten.[101] Aus einer praktischen Perspektive ist die Diskussion, unter welchen Modellbedingungen die Kapitalstruktur für den Unternehmenswert irrelevant ist[102], eher müssig.[103] Das vom Unternehmen ausgewiesene Verhältnis zwischen Eigen- und Fremdkapital bzw. die Höhe der damit verbundenen Zinszahlungen fliessen in Schlüsselkennzahlen zur Unternehmensbeurteilung ein.[104] Diese werden von den Investoren unter Berücksichtigung der indivi-

---

schlaggebend. Es wächst je nach Branche und Produktionszyklus im Umfang von zwischen 15%-25% (Hawawini (1994b)) der erzielten Umsatzsteigerung. Siehe dazu auch Kapitel 5.2.4.

[100] In diese Entscheidungskategorie fallen auch Massnahmen des Managements in Richtung der sog. *Fokussierung der Geschäftätigkeit.* Eindrückliches Beispiel: Verkauf der Erstversicherungstochter Elvia durch die Schweizer Rück (Absicht wurde publiziert am 30. September 1994). Nach der Ankündigung dieser Fokussierung erhöhte sich die Kapitalisierung der Schweizer Rück um 30% innerhalb nur eines Monats. Im gleichen Zeitraum verlor der Aktiengesamtmarkt (SPI) 0,2%.

[101] Im Rahmen der vorliegenden Arbeit soll auf diese Diskussion nicht eingetreten werden. Dazu bieten sich an: Brealey/Myers (1996) 447ff., Copeland/Weston (1988) 498ff.; Myers/Majluf (1984) 210ff.; Miller (1977) 261ff.; Ross (1985) 637ff.; Viscione (1986) 57ff.; Shapiro (1983) 6ff. Harvard Business School (1976) 320ff.; Fama (1990) 27ff.; Harvard Business School (1979) 101ff.

[102] Siehe dazu Modigliani/Miller (1958) 261ff.; Modigliani/Miller (1963) 433ff.; und als Überblick Spremann (1991) 283ff.

[103] „Vor allem unter den gegebenen schweizerischen Rahmenbedingungen (Vorherrschen der Klein- und Mittelbetriebe, unvollkommene Kapitalmärkte und immer noch lückenhafte Marktinformationen) ist die theoretische Optimumsbestimmung der Kapitalstruktur unergiebig" (Volkart (1993) 238). Auch Brealey/Myers (1996) 447: „We believe that in practice capital structure *does* matter" (Hervorhebung im Original).

[104] „Das heisst, externe Kapitalgeber machen die Gewährung, Prolongation oder Substitution von Kapital (auch) von der Einhaltung bestimmter Finanzierungsregeln abhängig" (Süchting (1989) 412). So verwenden Investoren verschiedener Länder vorzugsweise unterschiedliche Kennzahlen um das aktuelle Finanzierungsverhältnis auszudrücken. In der Schweiz spielt nach wie vor das Verhältnis zwischen ausgewiesenen Eigenkapital und Bilanzsumme eine massgebende Rolle. UK-Investoren bevorzugen die Kennzahl *Gearing*: Dabei wird das Verhältnis zwischen dem verzinslichen Fremdkapital abzüglich den Wertschriften und den liquiden Mitteln zum Eigenkapital gebildet (siehe auch Boemle (1995) 60). In den USA wird die Verbindung zur Erfolgsrechnung mit der Kennzahl

(Fortsetzung...)

duellen Zielsetzungen und der Risikobereitschaft beim Festlegen des Kauf- und Verkaufpreises berücksichtigt.[105] Dies wirkt sich unmittelbar auf den aktuellen Kurs der Aktien und somit auf die Marktkapitalisierung bzw. den Shareholder Value aus.[106] Je nach Branche, Wachstumsaussichten und Konkurrenzsituation ergeben sich unterschiedliche Kapitalrisiken, was für die Beurteilung der Angemessenheit der Kapitalstruktur eines Unternehmens zentral ist.[107]

Einen ebenfalls massgeblichen Einfluss auf die Urteilsbildung durch die Investoren haben die *Informations-* und *Kommunikationsentscheide* der Unternehmensführung, welche den Umfang der Informationen und die Art und Weise, wie diese an den Aktienmarkt kommuniziert werden, bestimmen.[108] Dieser Möglichkeit der Schaffung von Shareholder Value wurde in der Schweiz bis heute nur wenig Aufmerksamkeit geschenkt.[109] Dabei ist unbestritten, dass auf den Aktienmärkten Unternehmen mit transparenter Informationspolitik, Anwendung international anerkannter Rechnungslegungsstandards und aktiver *Investor Relations*[110] mit Bewertungsprämien belohnt werden.[111]

Interest Cover gesucht. Dieser berechnet sich aus der Division von Betriebsergebnis und gesamten Zinszahlungen.

[105] Vgl. Helbling (1987) 161.

[106] Dazu Boemle (1995) 60: „Im allgemeinen kann gesagt werden, dass eine höhere Fremdfinanzierung verantwortet werden kann, solange die erwarteten Gewinne mehr oder weniger deutlich über dem Break-even-Punkt liegen. Bewegen sich dagegen die Gewinne in einer relativ engen Bandbreite um den Break-even-Punkt oder muss gar mit einer 'negativen' Hebelwirkung gerechnet werden, wird eine Finanzierungsvariante mit einer höheren Eigenkapitalausstattung bevorzugt werden. Wegen der erhöhten Risiken aus der stärkeren Verschuldung könnte die Beurteilung der Gesellschaft an der Börse verändert werden."

[107] Vgl. Boemle (1995) 68ff.; siehe auch Volkart (1990) 551.

[108] Siehe auch Ausführungen von Drill (1994) 14ff. und Philipp (1995a).

[109] Vgl. auch Ausführungen von Freafel (1994) 43.

[110] „Es ist das Ziel der Investor Relations, zur Steigerung des Shareholder Value und damit zur Mehrung des Nutzens des Investors beizutragen" (Drill (1995) 244).

[111] Unter anderem Behr (1995b) 1017 oder M. Gisler, Chefredakteur der Wirtschaftszeitschrift Cash: „Wenig Transparenz wird als Schwäche interpretiert" (zit. in Behr (1994b) 835); ähnlich Volkart (1990) 547.

Jede der oben genannten Entscheidungskategorien beeinflusst unterschiedliche (finanzielle) Grössen in der Unternehmung. EVA fügt nun diese drei Kategorien in einer Kennzahl zusammen:

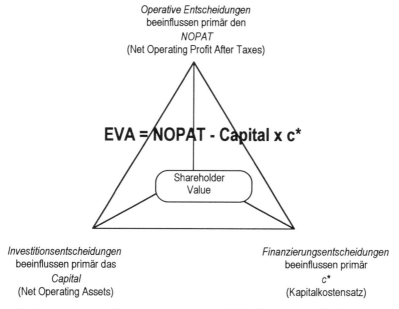

Abb. 2-2:   Direkte Verbindung der Berechnungselemente von EVA mit dem Shareholder Value

EVA vereinigt Erfolgsrechnung, Aktivseite und Passivseite der Bilanz in einer Kennzahl.[112] Insofern stellt er gegenüber anderen Buchhaltungsgrössen wie Gewinn, Umsatz oder investiertes Vermögen eine überlegene Kennzahl dar.[113] Dies ist auch der Grund dafür, dass immer mehr (vor allem) US-amerikanische Unternehmen dazu übergehen, EVA als Basis ihres Bonussystems zu verwenden.[114]

---

[112] „[EVA] thus integrates operating efficiency and balance sheet management in one measure accessible to operating people" (Stewart (1994) 73).

[113] „The EVA approach is good news for the company's shareholders because it relates company performance directly to shareholder value. If a company maximizes EVA, it will improve earnings and all the traditional measures of value" (Jones (1995) 19).

[114] Siehe Vorschlag eines EVA-basierten Anreizsystems in Kapitel 8.3.

2.2.4. Verbindung EVA – Shareholder Value

Im Sinne eines kurzen Fazits kann der Zusammenhang zwischen Shareholder Value und EVA nun folgendermassen zusammengefasst werden: Zunächst muss geklärt werden, ob der Shareholder Value als *Finanzgrösse* oder als *Handlungsmaxime* aufgefasst wird.

Als *Finanzgrösse* entspricht der Shareholder Value dem Marktwert des Eigenkapitals. Dieser kann auf zwei Arten berechnet werden:

1. Anzahl Aktien mal notiertem Aktienkurs (Marktkapitalisierung).

2. Berechnung auf der Basis von diskontierten prognostizierten EVAs als alternativer Ansatz zur DCF-Methode.[115]

Dabei ist darauf hinzuweisen, dass ein historischer EVA *nicht* a priori als Shareholder Value auf Jahresbasis verstanden werden darf.[116] Der Shareholder Value – gemessen zu Marktwerten – ist Ausdruck der *erwarteten* Ergebnisse in der Zukunft. Die Änderung dieses Wertes ist somit unter anderem an die Änderungen der Markterwartungen und des Marktumfeldes (z.B. Zinsen, Branche, Politik) gebunden. Nur falls sich *keine* Erwartungsänderungen gegenüber der Unternehmungsleistung oder in bezug auf das Marktumfeld ergeben haben, entspricht die jährliche Änderung des Shareholder Values dem EVA der gleichen Periode.[117]

Wird der Shareholder Value als *Handlungsmaxime* verstanden, so zeigt sich die Verbindung in dem Sinne, als mit der Kennzahl EVA die gesamten betrieblichen (NOPAT), investitiven (Capital) und finanziellen Führungsentscheidungen (c*) in einer Grösse integriert werden. Mit dieser Eigenschaft drängt sich der EVA als Basis zur finanziellen Führung des Unternehmens geradezu auf, was im Ergebnis

---

[115] Wie oben erwähnt, führt die Verwendung *identischen* Datenmaterials zu den gleichen Ergebnissen. Siehe dazu Kapitel 6.1.3.

[116] In diesem Sinne ungenau Boemle (1995) 104: „Shareholder Value entsteht, wenn ein positiver EVA resultiert."

[117] So auch Copeland/Koller/Murrin (1994) 174 für das Modell des Economic Profit (siehe Kapitel 3.2.3.): „The change in market value will equal economic profit only if there is no change in expected future performance and if the WACC remains constant during the year."

ein unternehmensweites, strategiekonformes und zugleich aktionärsorientiertes Handeln auf allen drei Entscheidungsebenen fördert.

2.3. Praxisorientierter Ordnungsrahmen für Finanzkennzahlen zur Unternehmensbeurteilung

Mittlerweile wird zur Unternehmensanalyse eine ganze Reihe von sich in der Regel bloss terminologisch unterscheidenden Konzepten angeboten. Ein *praxisorientierter Ordnungsrahmen* soll einen Überblick über die wichtigsten Konzepte zur Unternehmensbeurteilung schaffen.[118] Die zur Gliederung beigezogenen Kriterien sind:

1. Zeitliche Ausrichtung: Vergangenheits- oder Zukunftsorientierung

2. Inhaltliche Ausrichtung: Economic Model – Accounting Model

3. Einbezug von externen (d.h. börsenbasierten) Aktienpreisen

Damit werden bewusst die üblichen Pfade zur Unterscheidung der Finanzkennzahlen und -konzepte verlassen, und es wird versucht, die Sicht des Anwenders stärker in den Vordergrund zu rücken. Nicht zuletzt aus dieser Orientierung heraus ist es teilweise unmöglich – besonders beim Kriterium der 'inhaltlichen Ausrichtung' – die Trennlinie exakt zu ziehen. Auch ist die Aufzählung der Kennzahlen und Konzepte nicht abschliessend.[119] Expertengespräche haben jedoch ergeben, dass ein Ordnungsrahmen wie der nachfolgende – trotz den erwähnten Mängeln – einem Bedürfnis der Praxis zu entsprechen scheint. Der Ordnungsrahmen erlaubt es zudem, die wesentlichen Eigenschaften des Konzeptes EVA auf einen Blick zu erfassen.

---

[118] Für die teilweise vorhandene Verwirrung in der Praxis in bezug auf die Vermischung von unterschiedlichen Ansätzen zur Unternehmensbewertung und die dabei erfolgte Vereinfachung kann folgendes Zitat stellvertretend stehen: „Grundsätzlich gibt es für die Bewertung eines Unternehmens vier Methoden. 1. Die Praktikermethode: Doppelter Ertragswert plus Substanzwert dividiert durch Faktor drei. 2. Wachstumsstarke Unternehmen werden nach der Discounted-Cash-flow-Methode bemessen. 3. Der Vergleich börsenkotierter Unternehmen. 4. Ebit [Earnings before Interest and Taxes] als Messgrösse: [...] die Grösse wird mit einem von Branche zu Branche unterschiedlichen Faktor multipliziert" (Finanz und Wirtschaft (1996a) 15). Zum Methodenvergleich zur Unternehmensbewertung aus praktischer Sicht vgl. im weiteren Jung (1981b) 510ff.

[119] Z.B. bei den „Return On"-Kennzahlen.

	Vergangenheitsorientierte Unternehmensbeurteilung (Massstab für finanzielle Performance)		Zukunftsorientierte Unternehmensbeurteilung (Unternehmensbewertung)	
	Ohne externe Aktienpreise	Mit externen Aktienpreisen	Ohne externe Aktienpreise	Mit externen Aktienpreisen
Datenbasis: Economic Model	• EVA • Added Value • CVA (CFROI) • Economic Profit	• MVA	• EVA • CVA (CFROI) • Economic Profit • DCF-Methode	
Datenbasis: Accounting Model	• ROI, ROS, ROE • Gewinn pro Aktie • Margenkennzahlen: Brutto-, Betriebs-, Nettomarge • Wachstumskennzahlen: Umsatz-, Nettogewinn (pro Aktie)	• Marktkapitalisierung • Aktienrendite • Dividendenrendite • Aktienkurs-Performance	• Praktikermethode • Übergewinnkapitalisierung, z.B. UEC-Methode • Umsatz-, Gewinn-Multiples	• P/E, P/B, P/CF • Dividendenrendite • Direkte Unternehmensvergleiche • Technische Analysen

Abb. 2-3:   Praxisorientierter Ordnungsrahmen für Finanzkennzahlen zur Unternehmensbeurteilung[120]

2.3.1. Unterscheidung nach der zeitlichen Ausrichtung

Die (in der Literatur teilweise fehlende) klare Trennung zwischen *vergangenheits-* und *zukunftsorientierten* Methoden ist für den Vergleich und die Diskussion der verschiedenen Konzepte äusserst hilfreich. Aufgrund der Trennung lässt sich leicht erkennen, welche Instrumente sowohl zur Bewertung als auch zur historischen Leistungsmessung verwendet werden können. Vor allem dem Konzept des Economic Value Added[121] kommt die Rolle des in beiden Richtungen einsetzbaren Werkzeuges zu.[122] Es wird später gezeigt, dass die DCF-Methode als

---

[120]   Für die Erklärung der Abkürzungen sei auf das Abkürzungsverzeichnis und die einzelnen Kapitel verwiesen. Die wichtigsten Kennzahlen: Added Value (siehe Kapitel 3.2.4.); CVA: Cash Value Added (Kapitel 3.2.5.); Economic Profit (3.2.3.); MVA: Market Value Added (6.1.2.b., 6.2.2. und 7.2.2.); DCF-Methode: Discounted Free Cash Flow-Methode (6.1.3.); CFROI: Cash Flow Return On Investment (3.2.5.b); P/E: *Price-Earnings-Ratio*; P/B: *Price-to-Book-Ratio* P/CF: *Price-Cash Flow-Ratio*.

[121]   Und damit auch den mit EVA direkt vergleichbaren Ansätzen Economic Profit und CVA (siehe nachfolgend Kapitel 3.2.).

[122]   „EVA is useful looking forward and looking backward" (Stern (1994a) 64).

periodisches Leistungsmass ungeeignet ist.[123] Dies, obschon Rappaport auf die Wichtigkeit der in der Planung und der Leistungsmessung konsistenten und abgestimmten Verwendung von Instrumenten hinweist und die DCF-Methode zu den Instrumenten der Leistungsmessung zählt.[124]

2.3.2. Unterscheidung nach der inhaltlichen Ausrichtung

Bei der finanziellen[125] Unternehmensbeurteilung gilt es, die *technischen* von den *qualitativen* Aspekten zu trennen. Bei der technischen Fragestellung geht es um die richtige *Anwendung* der Methoden.[126] In der *qualitativen* Problemdimension geht es um die Frage, welche Qualität des Zahlenmaterials in der Rechnung verwendet wird.[127] Je nachdem, ob sich der Methodenanwender in der Rolle des *Gläubigers* oder des *Eigentümers* sieht, verwendet er unterschiedlich aufbereitetes Datenmaterial.

Ein Gläubiger interpretiert die ihm vorgelegten Daten eher zurückhaltend, vorsichtig und vergangenheitsorientiert. Er ist versucht, ein Unternehmensbild zu zeichnen, welches vom schlimmsten zu erwartenden Fall der Entwicklung ausgeht. Im Gegensatz dazu hat der Eigentümer eine risikofreudigere Interpretation bereit, die in der Zukunft mehr Chancen als Gefahren sieht. So rückt er die Zahlen in ein eher optimistisches Bild und nimmt eine „aggressivere und aktionärsfreundlichere, eventuell auch realitätsnähere Sichtweise"[128] ein.

Diese beiden Sichtweisen manifestieren sich in einem unterschiedlichen Verständnis bzw. einer unterschiedlichen Interpretation der verfügbaren finanziellen Daten. Das Zahlenmodell des Gläubigers soll *Accounting Model*, dasjenige des

---

[123] Vgl. auch Blyth/Friskey/Rappaport (1985) 50ff.; in Kapitel 7.2.4. wird eingehend auf die Diskussion der Aussagekraft historischer freier Cash Flows eingegangen. Siehe auch Kapitel 8.3.1. zum Thema der Leistungsmessung mit der DCF-Methode.

[124] Vgl. Rappaport (1986) 171ff.

[125] „Finanziell" in dem Sinne, als sich die Unternehmensbeurteilung ausschliesslich auf den geldlichen Bereich des Unternehmens bezieht.

[126] Siehe Kapitel 6 und 7.

[127] Siehe Kapitel 4 und 5.

[128] Röttger (1994) 29.

Eigentümers *Economic Model* genannt werden.[129] Das Economic Model zeichnet sich durch eine streng betriebswirtschaftliche und aktionärsorientierte Sichtweise aus. Im Rahmen der Entwicklung der Rechnungslegungsstandards gewann diese Sichtweise zunehmend an Gewicht.[130] Jedoch verbleiben selbst bei Anwendung US-amerikanischer Standards noch eine Vielzahl von Anpassungsmöglichkeiten: „There's a whole laundry list of items where our conventional GAAP accounting system clearly fails to capture economic reality."[131]

2.3.3. Unterscheidung mit oder ohne Einbezug börsenbasierter Aktienpreise

Börsenbasierte Aktienpreise haben in sich vielerlei Elemente vereint, die aus analytischer Sicht nicht trennbar sind. Der Aktienkurs ergibt sich „aus einer Vielzahl von teils quantifizierbaren, teils nur beschreibbaren Einflussgrössen ökonomischer, psychologischer, politischer und anderer Art. Ausserdem lehrt die Erfahrung, dass bisher die tatsächlichen Börsenkurse weit häufiger von den wie auch immer errechneten inneren Werten abwichen, als dass sie damit in Übereinstimmung gestanden hätten."[132] Der Börsenkurs ist einerseits zwar ein guter Indikator für den Wert eines Unternehmens, andererseits jedoch ein Element der Unternehmensbeurteilung, welches in seinem Entstehen nicht vollständig geklärt und dessen Verzerrungen nicht befriedigend beseitigt werden können.[133] Es drängt sich somit auf, eine klare Unterscheidung zwischen Modellen mit und ohne Berücksichtigung börsenbasierter Aktienkurse vorzunehmen.

---

[129] Je nach Aufgabenstellung des externen Finanzanalysten wird sich dieser in der Bearbeitung seines Zahlenmodells zwischen den beiden Extremen Accounting Model und Economic Model bewegen. Es bleibt anzumerken, dass die üblicherweise in der Aktienanalyse vorgenommenen Anpassungen Tendenzen in Richtung des Economic Model zeigen.

[130] Z.B. mit der Durchsetzung des „true and fair view"-Prinzips (siehe dazu Kapitel 4.2.).

[131] Stern (1994a) 65; ähnlich Stöckli (1990) 563; auf die einzelnen Anpassungen wird in Kapitel 4.3. zurückgekommen.

[132] Perridon/Steiner (1993) 205; vgl. unter anderem Drill (1995) 44ff.; ähnlich Rapp (1993): „Anleger- und Marktpsychologie beeinflussen das Börsengeschehen nachhaltig"; ebenso Ruffner (1995) 243.

[133] Volkart bezeichnet das Börsengeschehen als „manchmal an Spielkasinorealitäten" erinnernd (Volkart (1995b) 1066).

Richtig ist allerdings, dass zur Ermittlung der Kapitalkosten – z.B. bei der Verwendung von CAPM[134] – Aktienkurse und deren Volatilitäten eine Rolle spielen. Aus diesem Grund umfasst das Kriterium ausschliesslich börsenbasierte Aktienkurse; die übrigen Börsendaten werden durch das Kriterium nicht erfasst.[135]

---

[134] Zum Capital Asset Pricing Model (CAPM) siehe ausführlich Kapitel 5.4.2.b.i.

[135] Auch Röttger unterscheidet die Ansätze der Performancemessung nach dem Kriterium der Verwendung von Aktienkursen. Jedoch zählt er Methoden, die zur Definition der Kapitalkosten ebenfalls Informationen aus dem Aktienmarkt benötigen, zu den *Mischformen* (Röttger (1994) 4).

3. Basiskonzept und Abgrenzung von EVA

3.1. Das Basiskonzept: Betrieblicher Übergewinn

3.1.1. Zum Begriff Betrieblicher Übergewinn

Wie in der Ausgangslage kurz dargelegt, berechnet sich der Economic Value Added als Differenz zwischen dem betrieblichen Gewinn und den Kapitalkosten für das betrieblich gebundene Vermögen. Ein *über* den Kapitalkosten liegender Gewinn wird auch *Übergewinn* genannt.[136] Da es sich beim Gewinn um einen operativen bzw. *betrieblichen* Gewinn handelt, kann die Kennzahl Economic Value Added einem *betrieblichen Übergewinn*[137] gleichgestellt werden.[138]

In dieser Arbeit soll folgende Definition für den betrieblichen Übergewinn verwendet werden: *Der betriebliche Übergewinn entspricht der periodischen Saldogrösse von betrieblichen Erträgen, betrieblichen Aufwendungen und den Eigen- und Fremdkapitalkosten des betrieblich gebundenen Vermögens.* Die beiden wesentlichsten Eigenschaften sind:

- Beschränkung auf betriebliche Tätigkeiten

- Einbezug einer Mindestverzinsung für Fremd- und Eigenkapitalgeber

---

[136] Der Übergewinn berechnet sich durch den Abzug von *kalkulatorischen Kosten* vom buchhalterischen Gewinn. Kalkulatorische Kosten – z.B. kalkulatorische Abschreibungen – sind Kosten für Wertverzehr, welche nicht (oder nicht in gleicher Höhe) Aufwendungen entsprechen (vgl. Woll (1992) 370).

[137] Teilweise – z.B. Bühner/Weinberger (1991) 188 – wird der betriebliche Übergewinn als *ökonomischer Gewinn* bezeichnet. Es wurde aber aus zwei Gründen darauf verzichtet, diesen Ausdruck als Bezeichnung des Basiskonzeptes zu benutzen: Erstens bringt die Bezeichnung „Betrieblichen Übergewinn" das Wesen des Konzeptes deutlicher zum Ausdruck, und zweitens, wäre die Verwechslungsgefahr des Ausdrucks „ökonomischer Gewinn" mit den Ergebnissen von *Net Present Value*-Rechnungen (z.B. DCF-Methode) zu gross (vgl. auch Woll (1992) 276; Busse von Colbe et al (1994) 248).

[138] „In fact, EVA is a company's super-profit" (Stern (1993a) 31); vgl. auch Fickert (1985) 145ff.

a) Beschränkung auf betriebliche Tätigkeiten

Die Trennung zwischen betrieblichen und nichtbetrieblichen unternehmerischer Tätigkeiten ist in der angelsächsischen Praxis üblich und wird auch in der Literatur – teilweise unbegründet – vertreten.[139] Der Hintergrund der Trennung liegt in den *unterschiedlichen Geschäftsrisiken*[140], was zur Verwendung unterschiedlicher *Kapitalisierungssätze* führt. „*Nichtbetriebliche Vermögensteile* sind separat zu erfassen und zu bewerten, wobei deren Nettoerträge (Gewinne) oft mit einem wesentlich tieferen Kapitalisierungszinsfuss zu bewerten sind als betriebliche Gewinne."[141]

Üblicherweise wird bei der Unternehmensbeurteilung von einem vereinfachenden *Normalfall* einer Unternehmung ausgegangen, die neben den Erträgen und Aufwendungen des eigentlichen Geschäftes[142] nur noch finanzielle Erträge und Aufwendungen und vernachlässigbare andere Positionen[143] aufweist. Zieht man bei einer solchen Unternehmung als Kriterium zur Unterscheidung zwischen betrieblich und nichtbetrieblich den *Geschäftszweck* der Unternehmung heran[144], so wird stillschweigend angenommen, dass sich der Geschäftszweck auf eine einzelne *Risikoklasse*[145] abbilden lässt und somit die Unterscheidung betrieblich und nichtbetrieblich zur Beurteilung der *gesamten* Unternehmung ausreicht. Soll aber ein in mehreren Geschäftsfeldern tätiges Industriekonglomerat – z.B. Oerlikon-

---

[139] Knüsel (1994) 98; Rappaport (1986) 51; Copeland/Koller/Murrin (1994) 135; Gomez/Weber (1989) 31; Einen Hinweis auf die wesentliche Trennung von betrieblichen und nichtbetrieblichen Elementen gibt uns Helbling (1995a) 69, welcher feststellt, dass sich die Unternehmungsbewertungslehre eher auf die *Betriebsbewertungslehre* bezieht, ohne dass es von den meisten Autoren direkt gesagt würde: „Es ergibt sich somit, dass bei einer Unternehmensbewertung als erstes die *betrieblichen* von den *nichtbetrieblichen* (betriebsfremden und nicht betriebstätigen) Werten zu trennen sind" (a.a.O. 69).

[140] Siehe Kapitel 5.4.2.b.

[141] Helbling (1995a) 59.

[142] „Geschäftsfeld der marktmässigen Leistungserstellung" (Böckli (1996) N 877).

[143] Z.B. Mieterträge nicht oder unvollständig betrieblich genutzter Liegenschaften.

[144] So vorgeschlagen im RHB I 2/S. 101, 1992; ähnlich IAS 7 par. 6: „Operating activities are the principal revenue-producing activities of the enterprise [...]".

[145] *Risiko* verstanden als Mass der Wahrscheinlichkeitsverteilung erwarteter Ergebnisse (vgl. Woll (1992) 604).

Bührle[146] – beurteilt werden, müssen mehrere Tätigkeiten mit unterschiedlichen Risikoklassen berücksichtigt werden. Die Unterscheidung betrieblich und nicht-betrieblich greift in einem solchen Fall zu kurz. Dazu Helbling: *„Unterschiedliche betriebswirtschaftliche Einheiten innerhalb derselben juristischen Person sind separat zu bewerten."*[147] In diesem Sinne bezieht sich der betriebliche Übergewinn auf die Tätigkeiten (innerhalb) eines Unternehmens, die sich einer *bestimmten* Risikoklasse zuordnen lassen.[148]

b) Der Gewinn nach Berücksichtigung einer Mindestverzinsung für Fremd- und Eigenkapitalgeber

Bühner/Weinberger bezeichnen als Gegenpol zur traditionellen buchhalterischen Sichtweise die *Sichtweise der Aktionäre*: „Dem buchhalterischen Gewinn des Jahresabschlusses steht auf dem Kapitalmarkt der *ökonomische* Gewinn gegenüber. Aus der Sicht der Aktionäre sind Unternehmen erfolgreich, deren ökonomische Gewinne die Renditeerwartungen der Aktionäre zumindest befriedigen."[149] Somit wirtschaftet die Unternehmensführung erst dann erfolgreich, wenn die Aktionäre eine Verzinsung des eingesetzten Kapitals erzielen, die *mindestens* deren Erwartungen erfüllt. Die bisherige Gewinnschwelle bei positivem buchhalterischer Gewinn kann den Ansprüchen der Aktionäre keinesfalls genügen. Röttger bezeichnet die buchhalterische Nullinie als *falsche Nullinie*.[150] Abb. 3-1 veranschaulicht die Beziehung zwischen buchhalterischer (falscher) Nullinie und ökonomischer Nullinie, welche die geforderte Mindestverzinsung der Kapitalgeber zum Ausdruck bringt.

---

[146] Bally (Schuhe, Textilien), Balzers-Leybold (Oberflächenbearbeitung), Oerlikon-Contraves (Militär, Raumfahrt), Pilatus (Flugzeuge) und andere (Spinnerei, Immobilien). Siehe dazu auch die Fallstudie Oerlikon-Bührle zum Thema Desinvestitionen von Rechsteiner (1994) 246ff.
[147] Helbling (1995a) 72 (Hervorhebungen im Original).
[148] Vgl. auch Bernath/Weber (1995) 25.
[149] Bühner/Weinberger (1991) 188.
[150] Röttger (1994) 16.

40

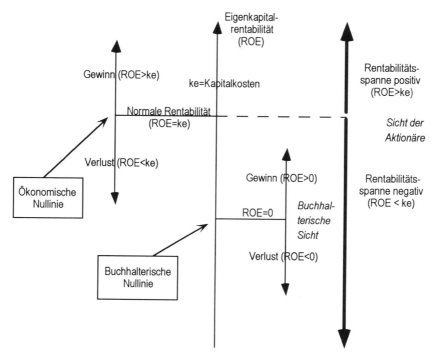

Abb. 3-1: Buchhalterische Sicht, Aktionärssicht und Rentabilitätsspanne[151]

Aus buchhalterischer Sicht liegt die Gewinnschwelle bei ROE = 0. Aus ökonomischer Sicht liegt sie jedoch bei ROE = ke. Die Differenz zwischen ROE und ke bildet die *Rentabilitätsspanne*. Erst wenn diese positiv ist, wird aus der Sicht der Aktionäre ein Gewinn erwirtschaftet. Ist sie negativ, so entstehen – trotz möglicher positiver buchhalterischer Gewinne – Verluste für den Aktionär.[152]

Die Aktionäre „erwarten aus ihrem Kapital eine *Mindestrendite in Höhe ihrer Eigenkapitalkosten*. Wenn die einbehaltenen Gewinne so (re-)investiert werden, dass sie zwar eine positive Rendite, aber nicht die von den Aktionären erwartete

[151] Abb. 3-1 in Anlehnung an Bühner/Weinberger (1991) 189.
[152] „Aktionärs(mehr)wert wird also genau dann geschaffen, wenn die risikogerechte Rendite des eingesetzten Eigenkapitals über den Kapitalkosten der Unternehmung liegt. Die Kapitalkosten ermittelt man als Ertrag einer Kapitalmarktinvestition mit gleichem Risiko" (Zimmermann (1994) 540); siehe auch Meyersiek (1991) 234.

Mindestrendite in Höhe ihrer Eigenkapitalkosten erzielen, vernichtet das Unternehmen Vermögen. Diese Thesaurierungspolitik führt dann zu keiner Mehrung von Aktionärsvermögen"[153]

Die Frage, ob auch *Opportunitätskosten*[154] als Kosten im Sinne eines Wertverzehrs interpretiert werden dürfen, beantwortet Lücke positiv. Für ihn stellen die kalkulatorischen Eigenkapitalzinsen *Als-ob-Kosten* dar: „Die kalkulatorischen Eigenkapitalzinsen sind eine für den Betrieb vorgestellte Mindestverzinsung. Sinkt der geplante (tatsächliche) Gewinn unter diesen Mindestbetrag, so ist (wäre) eine andere Eigenkapitalverwendung gegebenenfalls ergiebiger (ergiebiger gewesen)."[155]

Im hier vorgestellten Konzept des betrieblichen Übergewinnes wird nicht nur die Berücksichtigung einer Mindestverzinsung des Eigen- sondern auch des Fremdkapitals gefordert.[156] Dazu wird im oben stehenden Modell (Abb. 3-1) der ROE durch die Vermögensrendite[157] und die Eigenkapitalkosten (ke) durch den Gesamtkapitalkostensatz (c*) ersetzt. Dabei versteht sich der „Gewinn" bzw. der „Verlust" als Ergebnis der betrieblichen Tätigkeit und nicht als Nettoergebnis nach Berücksichtigung finanzieller Betreffnisse. Mit diesem Vorgehen wird die Sichtweise des Eigners auf die Sichtweise aller Kapitalgeber ausgedehnt. Zudem erlaubt dieses Vorgehen, verzerrte Aussagen der Eigenkapitalrentabilität (ROE) als Massstab betrieblicher Leistungsfähigkeit zu korrigieren.[158]

---

[153] Bühner (1990) 23 (Hervorhebungen im Original).

[154] „Alternativ-Kosten, die zur Erzeugung eines Guts x aufgewendeten Kosten, gemessen am Verzicht des sonst alternativ erzeugbaren Guts y" (Woll (1992) 415). Zum Wesen der vom Aktionär geforderten Mindestverzinsung als Opportunitätskosten siehe Kapitel 5.4.1.

[155] Lücke (1965) 6. Siehe dazu auch Ausführungen in Kapitel 5.4.1. Einen weiteren Hinweis auf die Sinnhaftigkeit des Einbezuges von Opportunitätskosten des Eigenkapitals gibt unter anderen auch Woll (1992): Gewinn entspricht der „Differenz zwischen Erlösen aus verkaufter Produktion und vollständiger Opportunitätskosten der für diese Produktion eingesetzten Produktionsfaktoren." Dabei werden explizit auch Eigenkapitalzinsen unter Berücksichtigung der Risikoprämie aufgeführt (vgl. Woll (1992) 275).

[156] „Langfristig muss [der Investor] mit der Rendite die Fremdkapitalzinsen und im Prinzip auch die Eigenkapitalzinsen bezahlen können, sonst verliert er Substanz" (Bertschinger (1992a) 90).

[157] Siehe auch Kapitel 3.1.3.

[158] Üblicherweise berechnet sich der ROE als Quotient aus dem Nettogewinn und dem Eigenkapital (inklusive oder exklusive der Gewinn- und Kapitalminoritäten, siehe Schellenberg (1995) 142).

(Fortsetzung...)

3.1.2. Basiselemente

Die für die Berechnung des betrieblichen Übergewinnes notwendigen Elemente sind:

- *Gewinngrösse,*

- *Vermögensgrösse,*

- *Kapitalkostensatz.*

Die *Gewinngrösse* basiert grundsätzlich auf dem betrieblichen Gewinn, wie er in der Erfolgsrechnung ausgewiesen wird. Anpassungen werden insofern vorgenommen, als finanzielle und andere nichtbetriebliche Elemente, die darin eingerechnet sind, wieder herausgerechnet[159] werden, oder betriebliche Elemente, die üblicherweise nicht bis auf Stufe operativer Gewinn berücksichtigt sind, hinzugezählt werden.[160]

Die Ermittlung der *Vermögensgrösse* erfolgt grundsätzlich *aktivistisch.* Dies deshalb, weil es nur den Vermögensobjekten (Aktivseite), aber nicht den Finanzierungsobjekten (Passivseite), anzusehen ist, ob sie betrieblich genutzt werden oder nicht.[161] Die mit dem betrieblichen Gewinn korrespondierenden Vermö-

---

Der ROE wird somit durch betriebliche, aber auch durch finanzielle Grössen, wie der *Höhe* des eingesetzten Fremdkapitals (Leverageeffekt) oder die mit dem Fremdkapital verbundenen *Zinskosten,* beeinflusst. Dazu Stewart (1991) 84: „That makes it difficult to tell whether ROE rises or falls for operating or financial reasons." Dieser (teilweise massgebliche) Einfluss von finanziellen Betreffnissen stellt einen klaren Nachteil des ROE gegenüber der Vermögensrendite als Massstab der betrieblichen Leistungsfähigkeit eines Unternehmens dar.

[159] Z.B. sind Leasingraten üblicherweise im betrieblichen Aufwand enthalten. Der Zinsanteil solcher Zahlungen muss deshalb als nichtbetriebliche Position wieder zum Gewinn hinzugezählt werden. Dazu ausführlich Kapitel 5.2.3.

[160] So unter Umständen Erträge assoziierter Gesellschaften (siehe Kapitel 5.2.2.b.). Weitere Anpassungen werden in Kapitel 5.2. und 5.3. anhand eines Fallbeispiels diskutiert.

[161] Vgl. Röttger (1994) 40. Ebenso Schellenberg (1995) 160: „Eine direkte Berechnung [des betrieblichen Kapitals] über die Passivseite der Bilanz ist nicht sinnvoll resp. unmöglich"; vgl. im weiteren Lücke (1965) 4.

Im Ergebnis ist der aktivistische und der passivistische Ansatz identisch. Grundlage der doppelten Buchhaltung ist die Tatsache, dass sich jeder Geschäftsvorfall so auf Bilanz auswirkt, dass die Gleichheit der Aktiva und Passiva erhalten bleibt (vgl. auch Busse von Colbe et al (1994) 133). So kann die zu ermittelnde Vermögensgrösse sowohl aktivistisch als auch passivistisch erfolgen. Die Berechnung der Vermögensgrösse über die Passivseite soll primär als Kontrollrechnung *(counter check)* verstanden werden.

gensbestandteile werden somit unabhängig von der Finanzierungsstruktur in die Rechnung einbezogen.[162]

Mitunter entscheidend ist der Zeitpunkt der Messung der Vermögensgrösse. Üblicherweise geht die Praxis von der durchschnittlichen Kapitalbindung einer Periode aus.[163]

Da einerseits aus dem betrieblichen Gewinn alle Finanzierungskosten, und d.h. auch die Fremdkapitalkosten, per definitionem ausgeschlossen sind, und andererseits das zur Erwirtschaftung von betrieblichen Gewinnen notwendige Kapital nicht unentgeltlich von den Kapitaleignern zur Verfügung gestellt wird, müssen zur Ermittlung des Übergewinnes die *gesamten* Finanzierungskosten[164] des betrieblich gebundenen Vermögens[165] vom betrieblichen Gewinn abgezogen werden. Diese ergeben sich aus der Multiplikation von Vermögensgrösse und *Kapitalkostensatz*.[166] Der Kapitalkostensatz hat dabei den Renditeansprüchen der Fremd- *und* Eigenkapitalgeber (unter Berücksichtigung von Opportunitätskosten) Rechnung zu tragen.[167]

---

[162] Modigliani/Miller (1961) haben festgehalten, dass der Unternehmenswert unter gewissen Bedingungen grundsätzlich unabhängig von der Finanzierungsstruktur ist. Obschon eine solche Position aus praktischer Sicht nicht in dieser Pauschalität bezogen werden kann und weiterer Differenzierung bedarf (siehe auch Volkart (1990) 551ff.), bleibt die Grundaussage, dass Finanzierungsentscheidungen getrennt von den operativen Entscheidungen getroffen werden müssen, gültig bestehen. Deutlich wurde dies mit der Welle der fremdfinanzierten Unternehmensübernahmen in den späten achtziger Jahren dokumentiert. Unterschiedliche Auffassungen über die Kapitalstruktur und die Verwendung von nichtbetrieblichem Vermögen können zu ganz unterschiedlichen Bewertungen ein und derselben Unternehmung führen. Der Wert des Unternehmens wird dabei ohne Rücksichtnahme auf dessen Finanzierung bestimmt. In diesem Sinne auch Helbling (1995a) 75: „Ein Unternehmen ist vor oder nach einer Kreditaufnahme gleich viel wert."

[163] Vgl. Lücke (1955) 323; auch Schellenberg (1995) 160.

[164] Auch: *capital charge*.

[165] Dazu Lücke (1965) 6: „Die Zinskosten werden nur für das Kapital berechnet, das der betrieblichen Leistungserstellung und -verwertung dient. Die Berechnungsgrundlage heisst 'betriebsnotwendiges Kapital'."

[166] Denkbar wäre auch die Ermittlung über eine *direkte Zuweisung* der Finanzierungs- bzw. Passivpositionen auf die einzelnen Vermögenspositionen. Es ist jedoch – vor allem ex post – schwierig, die Finanzierungsvorgänge den einzelnen Investitionsvorgängen zuzuordnen. Auch die Mittelflussrechnungen geben nur summarisch Auskunft über den Ursprung und die Verwendung der finanziellen Mittel. Es lässt sich somit in der Regel nicht feststellen, welches Vermögensobjekt welche Finanzierungskosten verursacht bzw. verursacht hat.

[167] Mindestrenditen *vergleichbarer* Anlagealternativen müssen in den Kapitalkosten mitberücksichtigt worden sein (vgl. Lücke (1965) 6). Siehe dazu Ausführungen in Kapitel 5.4.1. und 5.4.2.

Bei der Berechnung der Basiselemente ist die Einhaltung der inhaltlichen *Konsistenz* zwischen den Elementen äusserst wichtig. Inkonsistenzen führen zu Verzerrungen, die im Extremfall die Aussagekraft der Resultate erheblich verringern oder gar aufheben können. Nicht zuletzt zur Schaffung eben dieser zwingenden Konsistenz wurde in dieser Arbeit die Methodik der *Konversionen* entwickelt. Dabei werden Quellen möglicher Verzerrungen über vier Vorgehensstufen lokalisiert und korrigiert.[168]

3.1.3. Berechnungsformeln

Grundsätzlich bieten sich zwei Berechnungsformeln für den betrieblichen Übergewinn an:

- *capital charge*-Formel
- *value spread*-Formel

Ein Übergewinn liegt erst dann vor, wenn auch die Finanzierungskosten des betrieblich gebundenen Vermögens gedeckt sind. Diesen Gedanken bringt die *capital charge*-Formel direkt zum Ausdruck:

Betrieblicher Übergewinn = Betrieblicher Gewinn - *capital charge*

mit *capital charge* = Vermögensgrösse x Kapitalkostensatz

Der *value spread* ist die Differenz zwischen Vermögensrendite und Kapitalkostensatz. Die *Vermögensrendite*[169] berechnet sich aus der Division der Gewinngrösse mit der Vermögensgrösse:

Vermögensrendite = Gewinngrösse / Vermögensgrösse

Unter der Bedingung, dass sowohl beim Gewinn als auch dem korrespondierenden Vermögen ausschliesslich betriebliche Elemente berücksichtigt wurden, gilt die Vermögensrendite als *Schlüsselgrösse* der Unternehmensanalyse. Ist die Differenz zwischen Vermögensrendite und Kapitalkostensatz positiv, so werden

---

[168] Siehe dazu Kapitel 4.3.

[169] Auch *Betriebsrendite* bei Schellenberg (1995) 160.

Werte geschaffen, ansonsten vernichtet, da eine alternative Nutzung – zumindest theoretisch – die Mindestverzinsung erreicht hätte.[170] Der value spread berechnet sich demnach als:

value spread = **Vermögensrendite - Kapitalkostensatz**

Der *value spread* steht für die Qualität des Geschäftes. Multipliziert mit der Vermögensgrösse – als Ausdruck der Quantität – ergibt sich die absolute Grösse des Übergewinnes:[171]

Betrieblicher Übergewinn = Betriebliches Vermögen x *value spread*

Die capital charge-Formel und value spread-Formel sind in ihrem Resultat identisch.[172]

---

[170] „Investments yielding returns greater than the cost of capital will create shareholder value, while those yielding less than the cost of capital will decrease shareholder value" (Rappaport (1986) 55).

[171] Zum value spread siehe Kapitel 6.2.2.b. und 7.3.2.

[172] Dies zeigen folgende Umformungen:

capital charge-Formel	=	value spread-Formel
NOPAT - NOA x c*	=	(r - c*) x NOA
NOPAT - c* x NOA	=	r x NOA - c* x NOA
NOPAT	=	r x NOA
NOPAT / NOA	=	r x NOA / NOA
r	=	r

(Gewinngrösse = NOPAT (Net Operating Profit After Taxes); Vermögensgrösse = NOA (Net Operating Assets); Vermögensrendite = NOPAT / NOA = Internal Rate of Return = r) Zur Berechnung der Elemente im einzelnen siehe Kapitel 5.

46

3.2. Ansätze von betrieblichen Übergewinnen

3.2.1. Überblick

Verschiedene Beratungsgesellschaften und Forschungsgruppen haben den Grundgedanken des betrieblichen Übergewinnes in unterschiedlichen Konzepten dargestellt. Als vergleichbare Ansätze können die folgenden vier Modelle genannt werden:

Konzept	Unternehmen/ Universität	Erscheinungsjahr der Referenzliteratur
Economic Value Added (EVA)	Stern Stewart & Co.	1991[173]
Economic Profit	McKinsey & Company, Inc.	1994[174]
Added Value	London Business School	1990 und 1991[175]
Cash Value Added (CVA)	The Boston Consulting Group	1994[176]

Abb. 3-2: Vergleichbare Ansätze von „Betrieblichen Übergewinnen"[177]

Die vier Ansätze sind in ihrer Konzeption nahezu identisch.[178] Ausser im Falle des CVA der Boston Consulting Group, welche explizit auf das Modell EVA hinweist[179], finden sich bei den anderen Autoren *keine* Verweise aufeinander.[180]

Anhand eines Zahlenbeispiels werden die Ansätze kurz erläutert und deren Mechanik aufgezeigt. Abb. 3-3 liefert die dafür notwendige Datenbasis:[181]

---

[173] Stewart (1991).

[174] Copeland/Koller/Murrin (1994).

[175] Davis/Flanders/Star (1991) und Davis/Kay (1990).

[176] Lewis (1994).

[177] An dieser Stelle soll wiederum darauf hingewiesen werden, dass die finanztheoretischen Ideen dieser Ansätze nicht neu sind. Im Rahmen der Unternehmensbewertung lehnen sie sich beispielsweise an den Verfahren der Übergewinnverrentung, wie etwa das UEC-Verfahren, an (siehe dazu unter anderem Bellinger/Vahl (1984) 109ff., Viel/Bredt/Renard (1975) 62ff.). Das UEC-Verfahren ist eine von der Union Européen des Experts Comptables Economiques et Financiers (UEC) seit 1961 entwickelte Methode zur Ermittlung des Gesamtwertes der Unternehmung nach dem Prinzip der Übergewinnverrentung. Zur Darstellung der Grundform der Unternehmensbewertung mit EVA und den theoretischen Grundlagen siehe Kapitel 6.1.2.

[178] „While each firm has a different theory of how value is determined, in one way or another the methods compare an adjusted earnings or cash return on investment with the cost of capital applicable to the business itself" (England (1992) 43).

[179] Lewis (1994) 124.

[180] Vgl. auch Röttger (1994) 34. Dies kann auch daran liegen, dass die Überlegungen, die diesen Ansätzen zu Grunde liegen keinesfalls neu sind.

Bilanz (per 31.12.)	19.0	19.1
Wertschriften	100	200
Nettoumlaufvermögen (NUV)	200	250
Anlagevermögen (AV)	400	500
Verzinsliches Fremdkapital	300	450
Eigenkapital	400	500
Bilanzsumme	700	950
Erfolgsrechnung (1.1.-31.12.)	**19.0**	**19.1**
Betrieblicher Ertrag	915	1'000
Betrieblicher Aufwand	650	700
Abschreibungen	80	100
Betrieblicher Gewinn	185	200
Finanzergebnis (netto)	-35	-40
Gewinn vor Steuern	150	160
Steueraufwand (Steuersatz 50%)	75	80
Nettogewinn	75	80
Cash Flow Rechnung (1.1.-31.12.)	**19.0**	**19.1**
Betrieblicher Cash Flow	265	300 [182]
Investitions-Cash Flow	n/a	-250 [183]
Finanzierungs-Cash Flow	n/a	50 [184]
Netto Cash Flow	n/a	100 [185]

Abb. 3-3: Datenbasis für den Vergleich der Ansätze von betrieblichen Übergewinnen (in CHF 1'000)

3.2.2. Economic Value Added (EVA)

a) Herkunft und Definition

Das Konzept des Economic Value Added wurde von der New Yorker Unternehmensberatung Stern Stewart & Co. als Konzept zur Führung und Bewertung

[181] Dabei wurde bewusst auf eine zu feine Gliederung der Rechnungen verzichtet. Detailfragen – auch betreffend der buchhalterischen Anpassungen – werden bei der Behandlung des Fallbeispieles in Kapitel 5 angegangen.

[182] Entspricht der Differenz zwischen betrieblichem Ertrag (1'000) und Aufwand (700).

[183] Entspricht den Bruttoinvestitionen ins NUV (50) und ins AV (200).

[184] Berücksichtigt das Finanzergebnis (-40), die Steuerzahlung (-80), sowie die Erhöhung des Fremdkapitals um 150 und des Eigenkapitals um 20. Die Erhöhung des Eigenkapitals ist eine angenommene Nettogrösse zwischen Kapitaleinzahlungen und Dividendenzahlungen.

[185] Entspricht der Änderung der Position Wertschriften zwischen 19.0 und 19.1.

48

von Unternehmen beschrieben und 1991 in ausführlicher Form publiziert.[186] Stewart definiert den Economic Value Added als „operating profits less the cost of all capital employed to produce those earnings."[187]

b) Basiselemente

(i) Gewinngrösse = NOPAT

Der NOPAT (Net Operating Profit After Taxes) stellt den betrieblichen Gewinn nach Abzug der *adjustierten* Steuern dar.[188] Für die Berechnung des relevanten Steueraufwandes wird von dem in der Erfolgsrechnung ausgewiesenen Steueraufwand ausgegangen. Zu dieser Grösse werden alle Steuerminderungen durch nichtbetriebliche Aufwendungen[189] hinzugerechnet und umgekehrt alle steuererhöhenden Auswirkungen von nichtbetrieblichen Erträgen wieder abgezählt. Falls auf Stufe der Konzernrechnung der ausgewiesene Steueraufwand auch *latente Steuern*[190] beinhaltet, wird dieser von Stewart[191] wieder ausgebucht. Stewart bezieht sich dabei auf die fehlende Cash Flow-Relevanz latenter Steuern.[192]

Für unser Zahlenbeispiel ergibt sich für das Jahr 19.1 folgender NOPAT:

$$\textbf{NOPAT} = \textbf{200 - (80 + 40 x 50\%)} = \textbf{100}$$

Der betriebliche Gewinn von 200 wird reduziert um den theoretischen Steueraufwand von insgesamt 100. Dieser setzt sich zusammen aus dem ausgewiesenen Steueraufwand von 80 und der Steuerersparnis *(tax shield)* von 20 (40 x 50%). Von einer „Steuerersparnis" kann deshalb gesprochen werden, weil der steuerbare Gewinn gegenüber dem betrieblichen Gewinn (wegen des Finanzergebnisses

---

[186] Stewart (1991). Daneben dienten diverse US-amerikanische Zeitschriftenartikel zur Erarbeitung des Konzeptes.

[187] Stewart (1991) 2.

[188] „NOPAT is the profits derived from the company's operations after taxes but before financing costs and non-cash-bookkeeping entries" (Stewart (1991) 86).

[189] Sog. *tax shields*: siehe auch Brealey/Myers (1996) 476ff.

[190] Zu den latenten Steuern siehe ausführlich Kapitel 6.2.5.e.

[191] Ebenfalls Copeland/Koller/Murrin (1994) 158ff.

[192] Eine ausführliche Berechnung des zur Berechnung von EVA relevanten Steueraufwandes findet sich in Kapitel 5.3.6.

von -40) geringer ausgefallen ist und somit um 20 tiefere Steuerzahlungen ausgelöst hat.

Die Adjustierung des Steueraufwandes hat zum Ziel, eine *theoretische* Steuerbelastung zu errechnen, die nur für ein Unternehmen relevant wäre, das zu hundert Prozent mit Eigenkapital finanziert wäre und ausschliesslich betriebliche Ergebnisse – also auch keine Wertschriftenerträge oder Zinsaufwendungen – aufweist. Da dies in der Praxis üblicherweise nicht anzutreffen ist, wird auch von einer *theoretischen* Steuerlast gesprochen.

Obschon Stewart das Konzept des Economic Value Added als Cash Flowbasierte Methode beschreibt, vollzieht er einzelne Massnahmen, die mit dem Gedanken des Cash Flows auf den ersten Blick nicht in Übereinstimmung zu bringen sind. Die Abschreibungen werden beispielsweise als Bestandteil des NOPAT abgezogen. Dabei wird argumentiert, dass die Abschreibungen – in langfristiger Betrachtung – den betriebswirtschaftlich notwendigen Ausgaben der Periode für die Sicherstellung und Beibehaltung der Wettbewerbsfähigkeit entsprechen.[193] Weitere Korrekturen der Gewinngrösse ergeben sich unter anderem aufgrund der Anpassungen der Vermögensgrösse.[194]

(ii) Vermögensgrösse = Capital

„*Capital*" ist das betriebsnotwendige, d.h. für die Erwirtschaftung des NOPAT eingesetzte Vermögen.[195] Bei der Berechnung des „Capital" geht man der Frage

---

[193] „Depreciation is subtracted because it is a true economic expense. The assets consumed in the business must be replenished before investors achieve a return on their investment. Another way to see this is to observe that a company, when it leases assets, must pay a rent that covers the depreciation the lessor suffers on the lessee's behalf (plus interest)" (Stewart (1991) 86).

[194] Siehe dazu als Übersicht über die Anpassungen Kapitel 4.3. und Anwendung auf ein Zahlenbeispiel in Kapitel 5.

[195] Da im vorliegenden Kapitel die verschiedenen Ansätze betrieblicher Übergewinne mit ihrer Originalterminologie miteinander verglichen werden sollen, bleibt vorerst die unglückliche (siehe dazu Kapitel 2.1.) Bezeichnung *Capital* erhalten. Ab Kapitel 4 wird diese Bezeichnung durch *NOA (Net Operating Assets)* ersetzt.

nach, welche Vermögenspositionen der Bilanz betriebsnotwendig eingesetzt waren und für die operativen Prozesse tatsächlich[196] zur Verfügung standen.

Stewart schlägt sowohl die *aktivistische* als auch die *passivistische* Ermittlung des „Capital" vor. Wie weiter vorne ausgeführt, ziehen wir jedoch die aktivistische Ermittlung der Vermögensgrösse vor.[197] „Capital" ist aus der Sicht Stewarts unabhängig von der Finanzierungs- oder Verbuchungsart zu ermitteln.[198] Zwar übernimmt er die Bilanzpositionen zu Buchwerten, doch nimmt er eine Reihe von Anpassungen des „Capital" über die Berechnung sogenannter *EE (Equity Equivalents)* vor.[199] So werden beispielsweise Aufwendungen mit Investitionscharakter – z.B. Forschung und Entwicklung – aktiviert und über mehrere Jahre hinweg abgeschrieben. Die von Stewart vorgeschlagenen Anpassungen sind im Vergleich zu den anderen Ansätzen als umfangreich einzustufen. In unserem Zahlenbeispiel – ohne Berücksichtigung von Equity Equivalents – setzt sich das „Capital" aus den Buchwerten des Nettoumlaufvermögens und des Anlagevermögens zusammen:

Capital (zu Beginn Jahr 19.1) = 200 + 400 = 600

Stewart verwendet in seinen Zahlenbeispielen das Kapital zu Beginn der Periode (*Beginning Capital*). Er räumt jedoch die Möglichkeit ein, bei starken Verschie-

---

[196] So werden beispielsweise *Anlagen im Bau* aus den betrieblichen Aktiven ausgerechnet, weil diese – aus der Sicht Stewarts – (noch) nicht für den betrieblichen Prozess zur Verfügung standen. Siehe Kapitel 5.2.2.d.

[197] Siehe Kapitel 3.1.2. Bei Expertengesprächen wurde vereinzelt geäussert, dass die Berechnung des betrieblich gebundenen *Kapitals* mit grossen Problemen verbunden wäre, weil sich unter anderem eine Zuweisung des *Eigenkapitals* (passivistische Berechnung) nur schwer bewerkstelligen würde. Erst nach dem Hinweis, dass sich die Vermögensgrösse ohne Rücksichtnahme auf die Passivseite, also aktivistisch berechnen lässt, schienen die Zweifel bei der Berechnung von EVA teilweise beseitigt worden zu sein.

[198] „Capital is the sum of all cash that has been invested in a company's net assets over its life and without regard to financing form, accounting name, or business purpose - much as if the company were a savings account" (Stewart (1991) 86); und weiter: „It does not matter whether the investment is financed with debt or equity, it does not matter whether it is employed in working capital or in fixed assets. Cash is cash, and the question is how well does management manage it" (a.a.O. 70).

[199] „Equity Equivalents (EEs) gross up the standard accounting book value into [...] economic book value, which is a truer measure of the cash that investors have put at risk in the firm and upon they expect their returns to accrue" (Stewart (1991) 91); vgl. auch Rutledge (1993) 148. Dazu ausführlich Kapitel 5.2.6.

bungen auch das arithmetische Mittel zwischen Anfangs- und Endbestand zu benutzen.[200]

(iii) Vermögensrendite = r

Die Vermögensrendite r *(internal rate of return)* ist für Stewart „[a] measure of the periodic, after-tax, cash-on-cash yield earned in the business."[201] „It measures the productivity of capital employed without regard to the method of financing, and it is free from accounting distortions that arise from accrual bookkeeping entries, from the conservative bias of accounting statements."[202] Sie errechnet sich aus der Division von NOPAT mit dem eingesetzten Kapital („Capital") – in unserem Beispiel gemessen zu Beginn des Jahres. Dies ergibt:

$$r = \text{NOPAT} / \text{Capital} = 100 / 600 = 16{,}7\%$$

---

[200] „[I]f assets declined by more than 20% over the year or if acquisition expenditures totaled more than 20% of average assets" (Stewart (1991) 742).

[201] Stewart (1991) 742. Eine andere Bezeichnung für die Vermögensrendite „r" könnte beispielsweise RONOA (Return On Net Operating Assets) lauten.

[202] Stewart (1991) 86.

52

(iv) Kapitalkostensatz = c*

Stewart schliesst sich bei der Berechnung der Kapitalkosten dem Ansatz des WACC *(Weighted Average Cost of Capital)* an.[203] WACC entspricht der Summe der gewichteten Fremd- und Eigenkapitalkosten. Die Gewichte basieren dabei auf dem Ziel-Finanzierungsverhältnis zu Marktwerten.[204] In unserem Beispiel soll ein Ziel-Finanzierungsverhältnis von 70% Eigenkapital zu 30% Fremdkapital angenommen werden. Zur Berechnung der Eigenkapitalkosten schlägt Stewart das Konzept CAPM *(Capital Asset Pricing Model)* vor.[205] Für die Berechnung der Gesamtkapitalkosten in unserem Beispiel sollen Eigenkapitalkosten von 8%, Fremdkapitalkosten von 5% und ein Steuersatz von 50% angenommen werden. Daraus berechnet sich der Kapitalkostensatz c* nach WACC folgendermassen:

c* = 8% x 70% + 2,5%[206] x 30% = 6,4%

c) Berechnungsformeln

Zur Berechnung von Economic Value Added werden von Stewart beide – *capital charge* und *value spread* – Formeln vorgeschlagen:[207]

EVA = NOPAT - Capital x c*

EVA = 100 - 6,4% x 600 = 61,6

Mit der Berücksichtigung der Kapitalkosten wird gebundenes Vermögen als Ausgabe erfasst: „In effect, EVA converts the balance sheet into another expense [...] that may be compared directly with and managed in the same way as normal operating expenses."[208]

---

[203] Zur Diskussion und Berechnung der Kapitalkosten ausführlich Kapitel 5.4.

[204] Siehe dazu ausführlich Kapitel 5.4.3.b.

[205] Dazu ausführlich Kapitel 5.4.2.b.i.

[206] Da sich NOPAT als Gewinngrösse nach Steuern des betrieblichen Ergebnisses versteht, sind die Steuereffekte bei den Finanzierungskosten (Abzugsfähigkeit von Zinszahlungen als steuerlicher Aufwand) ebenfalls zu berücksichtigen: Zinsaufwand vor Steuern = 5%; nach Steuern = 2,5% (mit Steuersatz von 50%).

[207] Jones (1995) 13ff. nennt die beiden Ansätze: *Refined Earnings Approach* (capital charge-Formel) und *Residual Income Approach* (value spread-Formel).

[208] Stewart (1994) 77.

Mit der *value spread*-Formel berechnet sich Economic Value Added folgendermassen:

EVA = (r - c*) x Capital

EVA = (16.7% - 6,4%) x 600 = 10,3% x 600 = 61,8[209]

Diese Schreibweise bringt zum Ausdruck, dass nur Investitionen, die eine höhere Rendite als die geforderten Kapitalkosten erbringen, einen wirklichen ökonomischen Mehrwert schaffen.

d) Einsatz

Ausführlicher als die Autoren der anderen Methoden zeigt Stewart für EVA die Einsatzmöglichkeiten auf: „We will consider EVA not only as a measure of operating performance, but also as the basis for the entire range of financial management functions, from capital budgeting, the setting of corporate goals to shareholder communication and management incentive compensation."[210] Abb. 3-4 zeigt, in welchen Formen sich EVA im Einsatz eignen kann:

Einsatz durch	Verhältnis Anwender zum Unternehmen	Bewertungsmodell für Unternehmen	Bewertungsmodell für Divisionen und Projekte	Periodisches Leistungsmass	Führungskennzahl
Aktionäre, Investoren, Finanzjournalisten, Beratungen, Finanzanalysten[211]	extern	X	(X)	X	
Verwaltungsrat	intern	X	X	X	X
Management	intern		X	X	X

Abb. 3-4:   Übersicht Einsatzmöglichkeiten für EVA

---

[209]   Differenz zwischen beiden Berechnungsansätzen ergibt sich wegen Rundungsfehlern.

[210]   Stern (1994a) 46; namhafte grosse US-Gesellschaften wie z.B. Coca-Cola, AT&T, CSX, Quaker Oats, International Paper, Merrill Lynch & Co., Oppenheimer Capital – haben sich entschieden, EVA als Führungskonzept bzw. Beurteilungsinstrument einzusetzen (siehe dazu auch Tully (1993)).

[211]   Dazu Stern (1994a) 61: „On the securities analysis, [EVA] provides a new language, if you will, that allows for discussion of longer-term corporate decision making and strategy."

3.2.3. Economic Profit

a) Herkunft und Definition

Erst in ihrer zweiten Auflage von „Valuation"[212] sind Copeland/Koller/Murrin explizit auf den *Economic Profit*[213] eingegangen: „Economic Profit measures the dollars of economic value created by a company in a single year."[214] Sie stellen das Modell insbesondere als *gleichwertigen* alternativen Bewertungsansatz zur DCF-Methode vor.

b) Basiselemente

(i) Gewinngrösse = NOPLAT

Copeland/Koller/Murrin bezeichnen den operativen Gewinn nach Steuern als „Net Operating Profit Less Adjusted Taxes" (NOPLAT)[215] Die Berechnung von NOPLAT erfolgt auf der Basis von *operativen* freien Cash Flows (FCF).[216]

Mit der direkten Methode[217] wird der FCF als Differenz zwischen betrieblichen Einzahlungen (1000[218]) und Auszahlungen (700[219]) berechnet. Zusätzlich werden

---

[212] Copeland/Koller/Murrin (1994) 145ff.

[213] Der Ausdruck Economic Profit kann bei direkter Übersetzung ins Deutsche mit dem Ausdruck „ökonomischer Gewinn" verwechselt werden. Dieser entspricht nach Fickert (1983) 200 „der Differenz von Cash Flow und den ökonomischen Abschreibungen". Dazu ebenfalls Busse von Colbe et al (1994) 455: „Als [ökonomischer Gewinn] wird der Betrag bezeichnet, der dem Unternehmen in einer Periode entnommen werden kann, ohne dass sich das Erfolgskapital als Barwert aller künftigen Einzahlungen abzüglich dem Barwert aller künftigen Auszahlungen vermindert". Auch benützt Helbling (1995a) 542 den Begriff *Economic Profit*. Jedoch misst er diesem eine weitere Bedeutung zu. Er definiert ihn als bereinigten *Reported Profit* (als Erfolg einer Teilperiode), lässt jedoch die Mindestverzinsung von Eigen- und Fremdkapitalgeber unberücksichtigt.

[214] Copeland/Koller/Murrin (1994) 173.

[215] „Net operating profit less adjusted taxes represents the after-tax operating profits of the company after adjusting the taxes to cash basis" (Copeland/Koller/Murrin (1994) 155). Mit dem expliziten Hinweis auf den *adjustierten* Steueraufwand könnte die Bezeichnung NOPLAT als aufschlussreicher als die von Stewart verwendete Abkürzung des NOPAT bezeichnet werden. Bei NOPAT steht das „A" für „After" und nicht für „Adjusted".

[216] In Anlehnung an die Definition bei Helbling (1995a) 102 soll die Abkürzung FCF (Free Cash Flow) ausschliesslich für den *betrieblichen* freien Cash Flow *ohne* Berücksichtigung der finanziellen Zahlungsströme gebraucht werden.

[217] Vgl. Copeland/Koller/Murrin (1994) 297 und Helbling (1995a) 102.

[218] Betrieblicher Ertrag im Jahre 19.1.

[219] Betrieblicher Aufwand im Jahre 19.1.

adjustierte zahlungswirksame Steuern (100^{220}) und die Bruttoinvestitionen (250^{221}) in das Nettoumlauf- und Anlagevermögen abgezogen. Für unser Zahlenbeispiel errechnet sich der FCF wie folgt:[222]

FCF (19.1) = 1000 - 700 - 100 - 250 = -50

Der Zusammenhang zwischen FCF und NOPLAT stellt folgende Beziehung dar:[223]

FCF = NOPLAT + Abschreibungen - Bruttoinvestitionen

oder umgeformt:

NOPLAT = FCF - Abschreibungen + Bruttoinvestitionen

NOPLAT = FCF + Nettoinvestitionen[224]

NOPLAT = -50 + 150 = 100

Der NOPLAT entspricht somit der Gewinngrösse NOPAT von EVA, wurde jedoch auf der Basis des betrieblichen freien Cash Flows (FCF) definiert.[225]

(ii) Vermögensgrösse = Invested Capital

„Invested capital represents the amount invested in the *operations* of the business."[226] Es setzt sich wiederum aus dem Nettoumlaufvermögen und dem Anla-

---

[220] Analog der Berechnung bei EVA: 80 + 40 x 50% = 100. Siehe auch Copeland/Koller/Murrin (1994) 156.

[221] Die Bruttoinvestitionen können als Summe aller Mittelab- und -zuflüsse aus der Investitionstätigkeit im Umlauf- und Sachanlagevermögen verstanden werden (d.h. *vor* der Berücksichtigung der Abschreibungen). Für unser Beispiel berechnet sich die Bruttoinvestition wie folgt: NUV(19.1) - NUV(19.0) + AV(19.1) - AV(19.0) + Abschreibungen (19.1) = 250 - 200 + 500 - 400 + 100 = 250.

[222] Wie erwähnt, ist der FCF in dieser Arbeit als der betriebliche freie Cash Flow, d.h. nach Berücksichtigung von betrieblich notwendigen Investitionen und betrieblich bedingten Steuern definiert. Er entspricht *nicht* dem Netto-Cash Flow wie in Abb. 3-3 berechnet.

[223] Siehe Copeland/Koller/Murrin (1994) 169ff.; ebenfalls bei Stewart (1991) 308ff.

[224] Nettoinvestitionen = Bruttoinvestitionen - Abschreibungen = 250 - 100 = 150.

[225] Dieser Zusammenhang ist entscheidend für die Gleichsetzung der Unternehmensbewertung anhand der DCF-Methode und dem EVA-Ansatz dazu Kapitel 6.1.3.

[226] Copeland/Koller/Murrin (1994) 159 (Hervorhebung im Original).

gevermögen zusammen. Die Bestimmung kann ebenfalls sowohl aktivistisch als auch passivistisch erfolgen.[227]

Im Rahmen der buchhalterischen Anpassungen der Vermögensgrösse haben Copeland/Koller/Murrin die *quasi equity*-Elemente beschrieben.[228] Im Gegensatz zu Stewart verzichten sie jedoch auf umfangreiche Anpassungen.[229] In bezug auf die Bewertung des Anlagevermögens äussern sie sich dahingehend, dass sie *Wiederbeschaffungswerte (replacement cost)* ablehnen[230] und die Benützung von *Marktwerten (market values)* nur dann empfehlen, „when the realizable market value of the asset substantially exceeds the historical cost of book value."[231]

Wie bei EVA wird beim Economic Profit die Vermögensgrösse zu Beginn der Periode gemessen oder als arithmetisches Mittel des Anfangs- und Endbestandes berechnet.[232] Im vorliegenden Beispiel wird das Durchschnittsvermögen als Basis verwendet, um die Auswirkungen einer veränderten Vermögensbasis gegenüber dem Resultat von Economic Value Added darzustellen:

Invested Capital (Durchschnitt) = (600 + 750) / 2 = 675

(iii) Vermögensrendite = ROIC

Für Copeland/Koller/Murrin ist der ROIC *(Return On Invested Capital)* eine zentrale Kennzahl zur Bestimmung des Unternehmenswertes: „There are two key drivers of free cash flow and ultimately value: the rate at which the company is growing its revenues, profits, and capital base; and the return on invested capi-

---

[227] Vgl. Copeland/Koller/Murrin (1994) 159.

[228] Siehe Copeland/Koller/Murrin (1994) 159ff.

[229] Copeland/Koller/Murrin (1994) 165ff. und 174ff.

[230] „[F]or the simple reason that assets do not have to and may never be replaced. It may be economically justifiable to continue to use an old asset even though the profits generated by the asset are not high enough to justifying replacing that asset. Furthermore, a company with a plant built several years before its competitors (assuming the same productivity potential) at a lower cost than its competitors' plants has a real competitive advantage" (Copeland/Koller/Murrin (1994) 164).

[231] Copeland/Koller/Murrin (1994) 165.

[232] „Invested Capital is generally measured at the beginning of the period or as an average of the beginning and end of the period" (Copeland/Koller/Murrin (1994) 163).

tal."[233] ROIC wird mit der Division von NOPLAT durch das Invested Capital berechnet:

ROIC = NOPLAT / Invested Capital = 100 / 675 = 14,8%

(iv) Kapitalkostensatz = WACC

„Both creditors and shareholders expect to be compensated for the opportunity cost of investing their funds in one particular business instead of others with equivalent risk."[234] Somit wählen die Autoren ebenfalls einen Gesamtkapitalkostensatz und orientieren sich bei dessen Berechnung grundsätzlich am WACC-Ansatz.[235] Für die Ermittlung der Eigenkapitalkosten ziehen sie neben dem *CAPM (Capital Asset Pricing Model)* auch das *APT (Arbitrage Pricing Model)* als mögliches Modell in Betracht, obwohl sie bei beiden Methoden gewisse Mängel konstatieren.[236]

Für unsere Berechnung übernehmen wir den Kapitalkostensatz von der Economic Value Added Berechnung von 6,4%.

---

[233] Copeland/Koller/Murrin (1994) 138.

[234] Copeland/Koller/Murrin (1994) 239.

[235] Siehe ausführlich Kapitel 5.4.3.

[236] „Both approaches have problems with their application. But they are theoretically correct: they are risk-adjusted and account for expected inflation" (Copeland/Koller/Murrin (1994) 257); zum Vergleich der beiden Methoden siehe insbesondere Hörnstein (1990). Zum CAPM und APT siehe Ausführungen in Kapitel 5.4.2.b.i.

c) Berechnungsformeln

Copeland/Koller/Murrin geben beide Varianten zur Berechnung des Economic Profit an:[237]

Economic Profit = NOPLAT - (Invested Capital x WACC)

Economic Profit = 100 - (675 x 6,4%) = 56,8

oder

Economic Profit = (ROIC - WACC) x Invested Capital

Economic Profit = (14,8%-6,4%) = 675 x 8,4% = 56,7[238]

d) Einsatz

Das Konzept des Economic Profit wird als alternatives Bewertungsinstrument zum DCF-Modell ausführlich beschrieben. Im Rahmen der Ausführungen zum Value-Based Management (VBM)[239] streichen sie jedoch die Vorzüge des Economic Profit als Massstab für finanzielle Performance heraus[240] und stellen ihn (analog Stewart) ins Zentrum der wertorientierten Unternehmensführung.

Insgesamt lässt sich feststellen, dass EVA und Economic Profit in der Definition ihrer Berechnung und der Anwendungsbereiche weitgehend identisch sind. Unterschiede ergeben sich vor allem in der Bestimmung der Vermögensgrösse.

---

[237] Siehe Copeland/Koller/Murrin (1994) 146 und S. 155.

[238] Differenz ergibt sich wiederum wegen Rundungsfehlern.

[239] „VBM is an approach to management whereby the company's overall aspirations, analytical techniques, and management processes are all aligned to help the company maximize its value by focusing management decision making on the key drivers of value" (Copeland/Koller/Murrin (1994) 93).

[240] Siehe dazu Kapitel 7.2.4.

3.2.4. Added Value

a) Herkunft und Definition

Das Konzept Added Value wurde an der London Business School (LBS) erarbeitet und in zwei Zeitschriftenbeiträgen publiziert.[241] Eine ausführliche Darstellung des Konzeptes und dessen Anwendung auf deutsche Aktiengesellschaften findet sich in Röttgers Monographie.[242]

„Added Value is, in essence, the amount by which the value of corporate output exceeds the value of all the inputs which the company uses – including not only material inputs, but also capital and labor."[243] Im Gegensatz zu den bisher vorgestellten Definitionen wird hier also von der *betrieblichen Wertschöpfung („Value Added")*[244] einer Unternehmung ausgegangen und daraus der Übergewinn (*„Added Value"*) definiert.[245] Die sprachliche Ähnlichkeit darf nicht zur inhaltlichen Gleichsetzung von Added Value und Value Added verleiten.[246] Abb. 3-5 zeigt den Zusammenhang zwischen den beiden Begriffen.

---

[241] Davis/Kay (1990) und Davis/Flanders/Star (1991).

[242] Röttger (1994).

[243] Davis/Kay (1990) 1.

[244] Der englische Ausdruck *Value Added* ist dem deutschen Ausdruck der (betrieblichen) Wertschöpfung gleichzusetzen. Siehe auch Definition in Busse von Colbe et al (1994) 661.

[245] Auch sollte keine Verwechslung mit den *Value Added-Statements* (Wertschöpfungsrechnungen) erfolgen.

[246] „*Added Value* should not be confused with *value added*. The former is the measure of profit used here which can also be referred to as economic rent, excess profit, supernormal profit or surplus. The latter is not a measure of profit but a measure of the output of a firm after deducting all purchased supplies from turnover" (Davis/Flanders/Star (1991) 3 und Davis/Kay (1990) 11).

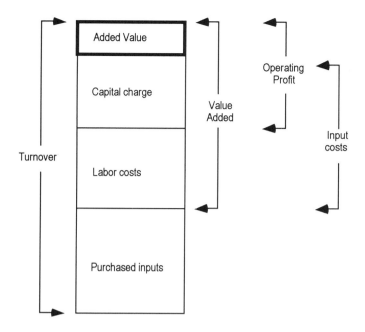

Abb. 3-5:   Zusammenhang zwischen *Value Added* und *Added Value*[247]

Dieser Zusammenhang kann folgendermassen ausgedrückt werden:[248]

Added Value = Value Added - Personalkosten - Kapitalkosten[249]

Die irreführende *begriffliche* Verwandtschaft von EVA mit Value Added (Wertschöpfung) darf nicht über die tatsächlich vorhandene *inhaltliche* Verwandtschaft von EVA mit dem Konzept des Added Value hinwegtäuschen.[250]

---

[247] Abb. entnommen bei Davis/Kay (1990) 11.

[248] „Wertschöpfung und Added Value unterscheiden sich in zwei wesentlichen Punkten voneinander. Die Personalaufwendungen werden bei der Added Value-Berechnung abgezogen, da sie Inputfaktoren sind. Zudem wird als weiterer Inputfaktor eine Mindestverzinsung auf das eingesetzte Kapital (Capital Charge) vom Gewinn subtrahiert" (Röttger (1994) 27).

[249] *capital charge*: Diese werden berechnet aus der Multiplikation von capital employed und Kapitalkostensatz.

[250] Auch Röttger setzt die beiden Konzepte als vergleichbar nebeneinander (Röttger (1994) 34). Da sich das „Value Added" bei EVA nicht auf die Wertschöpfung bezieht, sondern dem „Added Value" entspricht, bleibt ungewiss, inwiefern die Entwickler von Economic Value Added einen bewussten Kunstgriff in der Namengebung machten. Es ist denkbar, dass unter anderem Marketin-

(Fortsetzung...)

EVA eigentlich EAV v

b) Basiselemente

(i) Gewinngrösse = Operating Profit

Die Gewinngrösse beim Konzept des Added Value besteht aus dem „nicht näher erläuterten operativen Gewinn, bei dem die Auswirkungen der Substanzerhaltungsrechnung ihren Niederschlag finden."[251] Bei der *Substanzerhaltungsrechnung* werden die Neuinvestitionen mit Hilfe von gesamtwirtschaftlichen Preissteigerungsraten[252] auf Wiederbeschaffungswerte umgerechnet. Für unser Zahlenbeispiel verwenden wir eine Inflationsrate von 2% p.a. Abb. 3-6 zeigt für das Jahr 19.1 das Vorgehen bei der Substanzerhaltungsrechnung der London Business School.[253]

Substanzerhaltungsrechnung im Konzept des Added Value	Position	19.0	19.1
Behandlung der Investitionen des Jahres 19.0			
Bruttoinvestition ins Anlagevermögen in 19.0 (Jahresbeginn)	1	480,0	407,8 [254]
Inflationierung (mit 2%)	2	489,6	416,0
Abschreibung auf inflationierten Wert (zu 16,7% [255])	3	81,8	69,5
Neuer Wert Anlagevermögen (Jahresende) (Position 2 - 3)	4	407,8	346,5
Neubewertung des Anlagevermögens 19.0	5		8,0 [256]

---

gaspekte für die bevorzugte Wahl von „EVA" gegenüber der Bezeichnung „EAV" ausschlaggebend waren.

[251] Röttger (1994) 34; dabei versteht sich der operative Gewinn als eine Grösse vor Fremdkapitalzinsen und nach Ertragssteuern (a.a.O.).

[252] Davis/Kay (1990) 26 benutzen die Inflationsrate.

[253] Vgl. Davis/Flanders/Star (1991) 25ff.

[254] Die Abschreibungen des Jahres 19.0 betrugen 80, das Anlagevermögen per Ende 19.0 400. Unter der Annahme, dass vor 19.0 keine Investitionen getätigt wurden, kann der Betrag von 480 als Neuinvestition zu Beginn des Jahres 19.0 beurteilt werden.

[255] Der Abschreibungssatz ergibt sich aus: Abschreibung 19.0 dividiert durch das Anlagevermögen 19.0 (vor Abschreibungen) = 80/(400+80) = 0.1667 = 16,7%.

[256] Die Neubewertung des Anlagevermögens für 19.1 berechnet sich (entsprechend den Ausführungen in Davis/Flanders/Star (1991) 23ff.) als: 407,8*0,02/(1+0,02) = 8,0.

Substanzerhaltungsrechnung im Konzept des Added Value	Position	19.0	19.1
Behandlung der Investitionen des Jahres 19.1			
Bruttoinvestition ins Anlagevermögen im Jahr 19.1	6		200,0 [257]
Inflationierung (mit 2%)	7		204,0
Abschreibung auf inflationierten Wert (zu 16,7%)	8		34,1
Neuer Wert Anlagevermögen (Jahresende) (Position 7 - 8)	9		169,9
Neubewertung des Anlagevermögens 19.1	10		3,9
Zusammenzug für das Jahr 19.1			
Anlagevermögen total (Jahresende) (Position 4+9)	11		516,4
Abschreibungen total (Position 3+8)	12		103,6
Neubewertung Anlagevermögen total (Position 5+10)	13		11,9
Korrektur Gewinngrösse (für 19.1)			
Betrieblicher Gewinn (nach adjustierten Steuern)	14		100,0 [258]
+ Abschreibung auf der Basis historischer Kosten	15		+100,0
- Abschreibung auf der Basis inflationierte Werte (Position 12)	16		- 103,6
+ Neubewertung Anlagevermögen (Position 13)	17		+ 11,9
Operating Profit (nach Korrektur Abschreibung und Neubewertung)	18		108,3
Korrektur Vermögensgrösse (für 19.1)			
Capital Employed (vor Korrektur)	19		750,0 [259]
- Anlagevermögen (zu historischen Kosten)	20		- 500,0
+ Anlagevermögen (inflationierte Werte) (Position 11)	21		+ 516,4
Capital Employed (nach Korrektur)	22		766,4

Abb. 3-6: Substanzerhaltungsrechnung im Konzept des Added Value

Die Inflationsanpassung, wie sie in Abb. 3-6 dargestellt ist, bezieht sich nur auf das Anlagevermögen. Für jedes Jahr werden die jeweiligen Bruttoinvestitionen (19.0 von 480 und 19.1 von 200) *separiert* über die gesamte Betrachtungsperiode inflationiert.[260]

---

[257] = AV 19.1 - AV 19.0 + Abschreibungen 19.1 = 500 - 400 + 100 = 200.

[258] Die Ermittlung der Gewinngrösse erfolgt analog der Berechnung von NOPAT. Siehe Kapitel 3.2.2.b.i.

[259] = NUV + AV = 250 + 500 = 750

[260] Diese Art der Inflationierung bzw. Neubewertung des Vermögens stellt nur eine Annäherung an zu *Tageswerten* bewertete Aktiven dar. Dazu Davis/Flanders/Star (1991) 26: „It would have been better to have used current cost accounts had they been available", aber „current cost accounts do not exist for most companies." Dieses Ergebnis zeigte auch die Untersuchung von Von Rüt-

(Fortsetzung…)

Aus der Sicht der Autoren des Konzeptes Added Value ist es wegen der Inflationierung des betriebsnotwendigen Vermögens ebenfalls notwendig, die Gewinngrösse der geänderten Vermögensbasis anzupassen (siehe Positionen 14 bis 18).[261] Ausgehend vom betrieblichen Gewinn nach adjustierten Steuern wird der *Operating Profit* zusätzlich durch eine *Mehr*abschreibung um 3,6 vermindert (Position 15 und 16) und durch die Neubewertung des Anlagevermögens („Substanzgewinn") um 11,9 erhöht (Position 17).

Die Berücksichtigung eines solchen „Substanzgewinnes" ist nicht unumstritten. *Einerseits* ist dies eine Massnahme im Sinne der gewünschten Konsistenz zwischen Vermögens- und Gewinngrösse, was am Ende zu einem (theoretisch) weniger verzerrten Bild der betrieblichen Profitabilität führt.[262] *Andererseits* stellt dieser „Substanzgewinn" ein Gewinnelement dar, welches nicht als Erfolg der eigentlichen betrieblichen Tätigkeit gewertet werden kann. In diesem Sinne ist auch die so berechnete Profitabilität ein verzerrter Massstab der betrieblichen Leistungsfähigkeit des Unternehmens.

Angesichts des doch anspruchsvollen und umfangreichen Arbeitsaufwandes stellt sich ausserdem die Frage, wie wesentlich eine solche Inflationierungsrechnung tatsächlich ist.[263] Sensitivitätsanalysen der LBS-Arbeitsgruppen zeigen, dass auch bei der Verwendung von historischen Kosten die Rangliste der untersuchten Unternehmen,[264] geordnet nach dem Kriterium des Added Value, keine grossen Än-

---

[261] te/Hoenes (1995) 76. Nur gerade sechs von 701 untersuchten Unternehmen bilanzierten nach Tageswerten.

„Under the current cost approach, any revaluation of capital employed by a company should be added to its profit for the year in which the revaluation occurred. Under the historic cost approach, we can either add the revaluation to the profit of the company, in which case current cost depreciation must be taken into account – if a company is credited with a revaluation of an asset, it must be debited with the revalued depreciation of that asset as it occurs - or we can use historic capital values, historic depreciation, and no capital revaluations in profits" (Davis/Flanders/Star (1991) 25).

[262] In unserem Beispiel würde sich ohne die Berücksichtigung des Substanzgewinnes die Vermögensrendite von 14,1% (= 108,3 / 766,4) auf 12,6% (=(108,3 - 11,9)/766,4) reduzieren. Zur Berechnung der Vermögensrendite ROCE siehe nächster Abschnitt.

[263] Siehe dazu auch Ausführungen in Kapitel 5.2.6.b.

[264] 2000 Unternehmen aus der Datenbank „Euro Equities" für die Jahre 1981 bis 1990 (siehe Davis/Kay (1990) 4ff.).

derungen erfährt. Nur das absolute Niveau der berechneten Added Values hat sich im Durchschnitt um acht Prozent erhöht.[265]

(ii) Vermögensgrösse = Capital Employed

Das betriebsnotwendige Vermögen errechnet sich aus der Summe von NUV und AV (=750). Die Anpassung an laufende Kosten erfolgt dadurch, dass das Anlagevermögen zunächst zu historischen Kosten subtrahiert und anschliessend zu inflationierten Werten hinzugezählt wird (siehe Positionen 19 bis 22 in Abb. 3-6). So ergibt sich eine Nettoerhöhung des Capital Employed um 16,4 auf 766,4. Als Zeitpunkt der Bemessung des Capital Employed wird das Ende der Periode genommen.[266]

(iii) Vermögensrendite = ROCE

Die Berechnung des ROCE (Return On Capital Employed) erfolgt analog zu den vorhergehenden Konzepten als Division zwischen operativem Gewinn und Capital Employed. Für unser Beispiel beträgt der ROCE:

ROCE = Operating Profit / Capital employed

ROCE = 108,3 / 766,4 = 14,1%[267]

Zwar werden in der empirischen Untersuchung von Davis/Flanders/Star die internen Ertragsraten (ROCE) berechnet und ausgewiesen.[268] Trotzdem ziehen die Autoren zur Beurteilung der relativen Leistungsfähigkeit der Unternehmen eine andere Kennzahl vor. So setzen sie die Grösse Added Value ins Verhältnis zur Summe von Personalkosten und Capital Charge und nennen es den *relative Added Value (rAV)*: „[T]he best measure is to take the company's own inputs, and

---

[265] Davis/Flanders/Star (1991) 32. Eine Erhöhung ist zu erwarten gewesen, weil die Vermögensgrösse unter Verwendung der *tieferen* historischen Kosten kleiner ausfällt und so die Kapitalkostenbelastung (capital charge) abnimmt.

[266] In der Literatur findet sich kein expliziter Hinweis darauf, welcher Zeitpunkt für die Berechnung der Vermögensgrösse von Added Value zu wählen sei. Auf der Basis des bei Davis/Flanders/Star (1991) 28ff. ausführlich dargestellten Zahlenbeispieles lässt sich jedoch die Schlussfolgerung ziehen, dass die Werte per Ende der Periode als relevant zu betrachten sind.

[267] Ohne Inflationierung hätte sich ein Wert von 13,3% (= 100 / 750) ergeben.

[268] Vgl. Davis/Flanders/Star (1991) 6ff.

look at added value as a proportion of these inputs."[269] Für unser Beispiel beträgt der rAV:[270]

rAV = Added Value / (Personalaufwand + capital charge)

rAV = 70 / (300 + 38,3) = 20,7%

Diese Kennzahl macht arbeits- und kapitalintensive Unternehmen miteinander vergleichbar. Je grösser die Personalkosten zur Erwirtschaftung des Added Value, um so kleiner der rAV. Bei der von Röttger durchgeführten breiten Anwendung des Added Value für deutsche Unternehmen hat sich herausgestellt, dass der Zusammenhang zwischen den Performancemassen rAV und ROCE „sehr hoch" ist.[271]

(iv) Kapitalkosten = Normal Cost of Capital

Aus Gründen der Einfachheit und der Objektivität[272] verwendet das Verfahren Added Value den risikolosen Zinssatz in Form von Renditen langfristiger Staatsanleihen.[273] Für unser Zahlenbeispiel nehmen wir an:

Normal Cost of Capital = 5%

c) Berechnungsformeln

„Zur Berechnung des Added Value werden vom operativen Gewinn des Unternehmens Kapitalnutzungskosten (Capital Charge) abgezogen, da auch die Nutzung des im Leistungsprozess gebundenen Vermögens als Inputfaktor zu be-

---

[269] Davis/Kay (1990) 13.

[270] Annahme: Personalaufwand in Jahr 19.1 = 300. Für die Berechnung des Added Value und der capital charge siehe gleich folgendes Kapitel.

[271] Vgl. Röttger (1994) 210. Die Berechnung für Schweizer Publikumsgesellschaften findet sich in Kapitel 7.3.3.

[272] „Using the bond rate for safe highly graded companies is only justifiable on grounds of simplicity. Ideally we would want to rate the risk of companies, and demand of risky firms that higher returns are made than on non-risky firms. In order to make compensation of this kind, however, we would have to estimate asset betas, and this would remove much simplicity and a substantial portion of objectivity from each company's measurement" (Davis/Kay (1990) 13).

[273] Vgl. Röttger (1994) 34. „The long term rate reflects prevailing company returns without being too heavily determined by short term swings in investors confidence" (Davis/Kay (1990) 13). Durchschnittsrenditen von Obligationen Schweizer Schuldner siehe Abb. 5-17.

handeln ist. [...] Die Capital Charge ergibt sich durch die Multiplikation des betriebsnotwendigen Vermögens (Capital Employed) mit einem pauschalen oder unternehmensindividuellen Kapitalkostensatz."[274] Für unser Zahlenbeispiel ergibt sich folgende Rechnung:

capital charge = Normal Cost of Capital x Capital employed

capital charge = 5% x 766,4 = 38,3

Added Value = Operating Profit - capital charge = 108,3 - 38,3 = 70,0

Eine alternative Berechnung über den value spread, wie sie für EVA oder Economic Profit dargestellt wurde, konnte für das Konzept des Added Value nicht gefunden werden.[275]

d) Einsatz

Im Unterschied zu den vorhergehenden Konzepten beschränkt sich Added Value auf die Anwendung als periodisches Leistungsmass. Das Konzept zielt in erster Linie auf einen möglichst zutreffenden und gerechtfertigten *historischen* Vergleich der Unternehmen ab.

3.2.5. Cash Value Added (CVA)

a) Herkunft und Definition

The Boston Consulting Group (BCG) bezeichnet EVA und CVA als „vereinfachte"[276] Varianten des CFROI-Bewertungsmodells.[277] Sie zählt diese beiden Ansätze zu den sogenannten *Contribution Modellen*, da sie sich auf den Beitrag zur Deckung der Kapitalkosten abstützen:[278] „Bei dem von der Boston

---

[274] Röttger (1994) 22.
[275] Dies unter Umständen deshalb, weil die Vermögensrendite als ROCE im Konzept Added Value weniger im Vordergrund steht.
[276] Lewis (1994) 251.
[277] Das Konzept des CFROI *(Cash Flow Return On Investment)* wurde von der US-amerikanischen Beratungsfirma HOLT entwickelte und fand nach deren Übernahme durch BCG auch in Europa Verbreitung.
[278] Lewis (1994) 124ff.

Consulting Group entwickelten CVA-Verfahren handelt es sich um eine [...] Umsetzung des Gedankens der Kapitalisierung der oberhalb der Kapitalkosten liegenden Profitabilität. Statt auf den Gewinn wird hierbei auf das gesamte Investment und auf den Cash-flow abgestellt. [...] Der CVA misst also den Wertzuwachs auf einer Cash-flow-Basis."[279]

b) Basiselemente

(i) Gewinngrösse = Brutto Cash-flow

„Der Brutto-Cash-flow ist der Liquiditätsfluss aus der Geschäftstätigkeit vor Investitionen in Anlagevermögen und Working Capital."[280] Er wird ausgehend vom – buchhalterisch bereinigten[281] – Jahresüberschuss *nach* Steuern berechnet. Zu diesem werden die Abschreibungen, Zinsaufwendungen, Mietaufwendungen, Lagerreserve-Anpassungen sowie ein Inflationsgewinn/-verlust auf die Nettoliquiditätsposition[282] hinzugerechnet.[283]

In unserem Zahlenbeispiel wird eine Inflation von 2% p.a. angenommen. Zudem sollen, wie bei den vorher vorgestellten Ansätzen, buchhalterische Anpassungen vernachlässigt werden. Der Brutto-Cash-flow errechnet sich demnach als:

$$\textbf{Brutto Cash-flow} = 80^{[284]} + 40^{[285]} + 100^{[286]} - 5^{[287]} = 215$$

---

[279] Lewis (1994) 125.

[280] Lewis (1994) 248.

[281] Die Bereinigung erfolgt anhand des Schemas der Deutschen Vereinigung für Finanzanalyse/Schmalenbachgesellschaft (DVFA/SG). Lewis (1994) 41 führt dazu an:

„Jahresüberschuss laut GuV

+ Saldo der ausserordentlichen / aperiodischen Positionen

+ Saldo der Bereinigungen im Anlagevermögen

+ Saldo der Bereinigungen bei Rückstellungen / Rücklagen

+ Steuerminder- / Steuermehraufwand

= Bereinigtes Jahresergebnis".

[282] Gemäss Definition bei Lewis (1994) 237 handelt es sich bei der Nettoliquiditätsposition um den Saldo bzw. die Differenz zwischen monetären Aktiva (Kasse, Forderungen, kurzfristige Anlagen, sonstige Werte des Umlaufvermögens und Finanzaktiva) und nicht zinstragenden Verbindlichkeiten. Dies entspricht in etwa dem Nettoumlaufvermögen unseres Zahlenbeispiels.

[283] Lewis (1994) 41.

[284] Nettogewinn 19.1 = 80.

(ii) Vermögensgrösse = Bruttoinvestitionsbasis

„Die Bruttoinvestitionsbasis umfasst das gesamte, zu einem bestimmten Zeitpunkt in das Unternehmen investierte Kapital [...] Auf der Basis des buchmässigen Investments – vermindert um die unverzinslichen Verbindlichkeiten – werden die kumulierten Abschreibungen addiert. Damit hat man die historischen Anschaffungskosten des zu verzinsenden Investments ermittelt. Um die in der Vergangenheit getätigten Investitionen mit den heutigen Cash-flows geldwertmässig vergleichbar zu machen, erfolgt eine Inflationsanpassung."[288] Neben der Inflationierung des Anlagevermögens werden in den Rechnungen ebenfalls kapitalisierte Mietaufwendungen berücksichtigt. Der Goodwill wird ausgeklammert, jedoch selbst erarbeitetes, immaterielles Vermögen aktiviert.[289]

Die für das Jahr 19.1 relevante Bruttoinvestitionsbasis berechnet sich folgendermassen:[290]

Bruttoinvestitionsbasis = NUV + AV + Kumulierte Abschreibungen

+ Inflationsanpassung des AV

Das NUV und das AV verstehen sich als Buchwerte per Ende 19.1. Die kumulierten Abschreibungen betragen 80 + 100 = 180. Zur Berechnung der Inflationsanpassung[291] soll wie beim Konzept des Added Value angenommen werden, dass vor 19.0 kein AV existierte und die jährlichen Investitionen jeweils zu Beginn der Perioden 19.0 bzw. 19.1 erfolgten. Somit ergeben sich die für die Infla-

---

[285] Netto-Finanzergebnis 19.1 = -40.

[286] Abschreibungen 19.1 = 100.

[287] Inflationsverlust (2%) auf die Nettoliquiditätsposition von 250 = 2% x 250 = 5. Ist die Nettoliquiditätsposition positiv, „so erleidet das Unternehmen im Zeitablauf einen Inflationsverlust. Im umgekehrten Falle ergibt sich ein Inflationsgewinn, da sich die Nettoschuld real entwertet" (Lewis (1994) 42). In unserem Beispiel erfahren wir eine Inflationseinbusse, da real eine Entwertung einer *positiven* Liquidität (250) zu Buche zu schlagen ist.

[288] Lewis (1994) 42/43.

[289] Dazu pauschal Lewis (1994) 236: „Vom ökonomischen Standpunkt aus gesehen, sollten immaterielle *Dinge* auf jeden Fall aktiviert werden, auch wenn dies in den Bilanzierungsregeln nicht vorgesehen ist" (Hervorhebung hinzugefügt).

[290] Von der Berücksichtigung weiterer (neben der Inflationierung) buchhalterischer Bereinigungen wird, wie bei den anderen Konzepten, abgesehen.

[291] In Anlehnung an die Ausführungen bei Lewis (1994) 71ff.

tionsanpassung relevanten Investitionen des Jahres 19.0 von 400 + 80 = 480 und für 19.1 von 200 (= Bruttoinvestition[292]). Daraus lässt sich die Bruttoinvestitionsbasis (per Ende 19.1) berechnen:

Bruttoinvestitionsbasis = 250 + 500 + 180 + 19,4[293] + 4[294] = 953,4

(iii) Vermögensrendite = CFROI

„Der CFROI ist ein interner Zins, wie er bei einer Investitionsentscheidung verwendet wird."[295] Er vollzieht eine Art Nachkalkulation aller bisherigen Investitionen und stellt denjenigen Zinsfuss dar, bei welchem die Summe der abgezinsten zufliessenden Mittel mit dem Investitionsbetrag deckungsgleich ist.[296] Insgesamt werden zur Berechnung des CFROI vier Angaben benötigt:

1) Bruttoinvestition

2) Nutzungsdauer des Anlagevermögens

3) Nicht abschreibbare Aktiva am Ende der Betrachtungsperiode (Restwert)

4) Ein für die betrachtete Periode *typischer*[297] Brutto-Cash-flow

Die Berechnungsmechanik zeigt Abb. 3-7:

---

[292] Bruttoinvestition = Nettoinvestition + Abschreibungen = (500 - 400) + 100 = 200.
[293] Inflationierung der Investitionen 19.0: (480 x 1,02 x 1,02) - 480 = 19,4.
[294] Inflationierung der Investitionen 19.1: (200 x 1,02) - 200 = 4.
[295] Röttger (1994) 19.
[296] Lewis (1994) 45; siehe dazu auch Ausführungen zur *Internal-Rate-of-Return-Method* bei Hilton (1991) 648ff.
[297] Lewis (1994) 44.

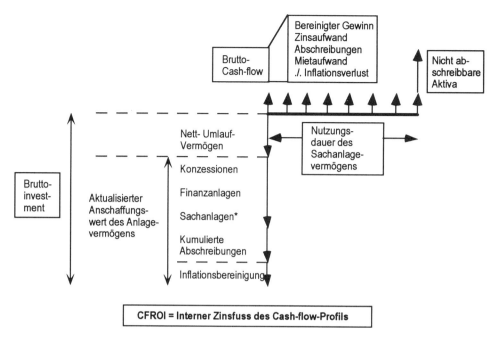

* Inklusive kapitalisierte Mietaufwendungen

Abb. 3-7: Mechanik der Berechnung des CFROI (Cash Flow Return On Investment)[298]

Mit dem CFROI als internem Zinsfuss entspricht der Investitionsbetrag (Bruttoinvestitionsbasis) der Summe der diskontierten zufliessenden Mittel während der Nutzungsdauer des Sachanlagevermögens.[299] Zur Berechnung des CFROI für unser Zahlenbeispiel fehlen die Angaben der Nutzungsdauer und des Restwertes. Unter der Annahme, dass der Restwert dem Nettoumlaufvermögen von 250 entspricht[300], kommt der Bemessung der Nutzungsdauer eine entscheidende Rolle zu. Zunächst soll eine Nutzungsdauer auf sechs Jahre angesetzt werden.

---

[298] Abb. wurde entnommen aus Lewis (1994) 45.

[299] Dazu Lewis (1994) 250: Der CFROI „drückt das Verhältnis des von einem Unternehmen während der Nutzungsdauer erzeugten Cash-flows zur inflationsbereinigten Bruttoinvestition (investiertes Kapital) aus."

[300] Somit nehmen wir in unserem Beispiel an, dass im Anlagevermögen keine *nicht abschreibbaren Aktiva* bestehen.

Periode	0	1	2	3	4	5	6	Summe
Bruttoinvestitionsbasis	-953							
Brutto Cash-flow[301]		215	215	215	215	215	215	
Restwert							250	
Cash Flow pro Jahr	-953	215	215	215	215	215	465	587
CFROI	13.9%	13.9%	13.9%	13.9%	13.9%	13.9%	13.9%	
Diskontfaktor (mit Basis CFROI)	1.000	0.878	0.771	0.677	0.595	0.522	0.458	
Diskontierte Cash Flows pro Jahr	-953	189	166	146	128	112	213	0

Abb. 3-8:   Berechnung des CFROI für eine Nutzungsdauer von sechs Jahren

Die Berechnung des CFROI erfolgt iterativ. Dabei wird der CFROI solange verändert, bis der Zielwert – Summe der diskontierten Cash Flows – null wird.[302] Dies ist bei einer Nutzungsdauer von sechs Jahren (ab Zeitpunkt Beginn 19.0) mit einem CFROI von 13,9% der Fall. Analoge Berechnungen wurden für Nutzungsdauer zwischen drei und neun Jahren durchgeführt:

Variante	Brutto-Cash-flow	Bruttoinvestitionsbasis	Nutzungs- dauer (Jahre)	Nicht ab- schreibbare Aktiva[303]	CFROI
CFROI3	215	953	3	250	-2,7%
CFROI4	215	953	4	250	5,6%
CFROI5	215	953	5	250	10,6%
CFROI6	215	953	6	250	13,9%
CFROI7	215	953	7	250	16,1%
CFROI8	215	953	8	250	17,7%
CFROI9	215	953	9	250	18,8%

Abb. 3-9:   Auswirkungen der Wahl unterschiedlicher Nutzungsdauer bei der Berechnung des CFROI[304]

Das Resultat zeigt deutlich die Sensitivität des CFROI gegenüber der Einschätzung der Nutzungsdauer. Mit zunehmender Nutzungsdauer reduziert sich diese Sensitivität. So erhöht sich der CFROI bei einer Änderung der Nutzungsdauer

---

[301] Wird als *typisch* für den gesamten Betrachtungszeitraum angesehen.

[302] Vgl. auch Vorgehen zur Ermittlung des internen Ertragssatzes bei Staehelin (1992) 63ff.

[303] Ohne Berücksichtigung von Inflationsgewinnen. Siehe dazu auch Lewis (1994) 71ff.

[304] In Anlehnung an die Ausführungen in Lewis (1994) 40ff.

von vier auf fünf Jahre um fünf Prozentpunkte, bei einer Änderung von acht auf neun Jahre um lediglich einen Prozentpunkt.

Vergleicht man die unterschiedlichen CFROI mit den Vermögensrenditen der vorangehenden Ansätze, so scheint eine Nutzungsdauer von sechs Jahren mit einem CFROI von 13,9% angemessen. Beim Vergleich darf allerdings nicht vergessen werden, dass der CFROI ein Resultat einer *Mehrperiodenbetrachtung* darstellt und so nur bedingt mit den Vermögensrenditen der anderen Ansätze, welche auf der Basis einer Periode berechnet sind, vergleichbar ist.

(iv) Kapitalkosten = KK

Bei der Ermittlung der Kapitalkosten geht BCG einen – im Vergleich zu den anderen Modellen – ungewöhnlichen Weg. Um mit dem gewählten Rentabilitätsmassstab (hier: CFROI) konsistent zu sein, wird für eine gesamte Volkswirtschaft ein Unternehmensaggregat – z.B. „Deutschland AG" oder „Schweiz AG" – gebildet, und anschliessend mit den aggregierten Zahlen der CFROI dieses fiktiven Unternehmens berechnet (siehe Abb. 3-10).

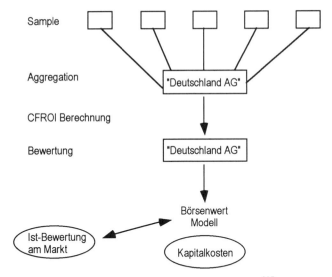

Abb. 3-10: Herleitung der Kapitalkosten im Modell des CVA[305]

Aus einem Portfolio von Unternehmen (im Falle Deutschlands: 60) wird „für jede einzelne Firma ein CFROI ermittelt. Zu einem Gesamtunternehmen zusammengefasst, ergibt die Analyse die Gesamtrentabilität einer 'Deutschland AG' wieder. Auf der Basis des CFROI dieser Deutschland AG wird eine standardisierte Cash-flow-Projektion vorgenommen und mit der tatsächlichen Bewertung der Unternehmen verglichen, wie sie sich am Aktienmarkt und unter Einbeziehung des Fremdkapitals darstellt. Die Kapitalkosten sind dann gleich jenem Zinssatz, mit dem die zukünftigen Cash-flows den tatsächlichen Unternehmenswerten im Kapitalmarkt entsprechen."[306]

In Deutschland wurde für 1992 ein Wert zwischen 6,5% und 7% ermittelt.[307] Für die Schweiz ergab die Berechnung für die Jahre 1987 bis 1992 einen durch-

---

[305] Entnommen aus Lewis (1994) 82.
[306] Lewis (1994) 81ff.
[307] Lewis/Stelter (1993) 112.

schnittlichen Wert von knapp 6%.[308] In den USA und im UK lagen die Werte zwischen 5,5% und 6%. Der Wert für Japan betrug 1992 rund 3,5%.[309]

c) Berechnungsformel

Da die Gewinngrösse im Modell des CVA nur eine Hilfsgrösse zur Berechnung des internen Ertragssatzes CFROI darstellt, fällt die Berechnung mit der capital charge-Formel weg. Die *value spread*-Formel für den CVA lautet:[310]

CVA = (CFROI - Kapitalkosten) x Bruttoinvestition

CVA = (13,9% - 6%) x 953,4 = 7,9% x 953,4 = 75,3

d) Einsatz

Das Konzept des CVA wird primär zur Unternehmensbewertung eingesetzt.[311] Dabei ist das tragende Element des CVA der CFROI. Dieser dient als Instrument zur periodischen Performancemessung.

„Als Nachteile der CFROI-Methode [...] sind die problematische Ermittlung von Wiederbeschaffungskosten sowie die Annahme konstanter Cash Flows während der Laufzeit des Investitionszyklus anzusehen."[312] Wie unser Zahlenbeispiel gezeigt hat, besteht zudem eine massgebliche Sensitivität des CFROI-Wertes gegenüber der Einschätzung der Nutzungsdauer von Betriebsanlagen. In diesem Sinne erscheint der CFROI bzw. der CVA gegenüber den anderen in diesem Kapitel vorgestellten Ansätze als ein weniger objektives Instrument zur Unternehmensbeurteilung.[313]

---

[308] Deschwanden (1993).

[309] Lewis (1994) 83.

[310] Dazu Lewis/Stelter (1993) 111: Nur wenn der CFROI „die Kapitalkosten übersteigt, ist das Unternehmen in der Lage, die Verzinsungserwartungen der Kapitalgeber zu erfüllen."

[311] Wert der betrieblichen Tätigkeit = CVA/KK + Nettoinvestment (siehe dazu Lewis (1994) 126/251). Siehe dazu ebenfalls Ausführungen zur Grundform der Unternehmensbewertung mit EVA in Kapitel 6.1.2.

[312] Röttger (1994) 20/22.

[313] Zur Wichtigkeit der Objektivität eines Leistungsmasses im Rahmen von Bonussystemen siehe Kapitel 8.3.2.

3.2.6. Vergleich der Ansätze

Die in Kapitel 3.2. vorgestellten Ansätze betrieblicher Übergewinne sollen anhand der berechneten Ergebnisse miteinander verglichen werden:

Konzept	Economic Value Added (EVA)	Economic Profit	Added Value	Cash Value Added (CVA)
Gewinngrösse	100	100	108,3	_[314]
Vermögensgrösse	600	675[315]	766,4	953,4
Vermögensrendite	16,7%	14,8%	14,1%	13,9%
Kapitalkostensatz	6,4%	6,4%	5%	6%
value spread	10,3%	8,4%	9,1%	7,9%
Betrieblicher Übergewinn im Jahr 19.1[316]	61,8	56,7	69,7	75,3

Abb. 3-11: Vergleich der Berechnungsergebnisse von betrieblichen Übergewinnen

Bei der Ermittlung der Gewinngrössen ergeben sich am wenigsten Differenzen. Der Unterschied zwischen der Gewinngrösse beim Konzept des Added Value und den Gewinngrössen von EVA und Economic Profit ergibt sich wegen der Gutschrift der Inflationsneubewertung des Anlagevermögens. Die Gewinngrösse im CVA-Ansatz ist wegen ihres Hilfscharakters für die Berechnung des CFROI nicht direkt vergleichbar.

Die wesentlichsten Schwankungen ergaben sich bei den Vermögensgrössen. Im Gegensatz zu den Autoren des CVA und des Added Value sind Copeland/Koller/Murrin (1994) und Stewart (1991) der Meinung, dass die Verwendung von Buchwerten für die Vermögensgrösse ohne weiteres möglich sei. Copeland/Koller/Murrin (1994) lehnen die Verwendung von Tageswerten ab und geben der Verwendung von Marktwerten den Vorzug, wenn diese stark über

---

[314] Die Gewinngrösse beim CVA ist eine Hilfsgrösse zur Ermittlung des CFROI. Sie wird zur CVA Berechnung als solches nicht benutzt. Zudem ist sie nicht direkt mit den anderen Gewinngrössen vergleichbar, weil sie die Abschreibungen ausklammert.

[315] Die Vermögensgrösse hätte ebenfalls – analog der EVA Berechnung – zu Beginn der Periode gemessen werden können. Nicht zuletzt um darzustellen, welche Auswirkungen die Wahl zwischen Anfangs- und Durchschnittswert hat, wurde hier gegenüber EVA die alternative Vermögensgrösse gewählt.

[316] Berechnet mit der *value spread*-Formel als Vermögensgrösse x value spread.

dem Buchwert liegen.[317] Weitere Korrekturen der Vermögensgrösse werden bei Stewart (1991) im Rahmen der Berechnung der sog. *Equity Equivalents (EE)*[318] (bei Copeland/Koller/Murrin (1994) als *quasi-equity*-Elemente bezeichnet) vorgenommen.

Die Autoren des Added Value und des CVA sind der Meinung, dass das Anlagevermögen auf Tageswerte umgerechnet werden sollte. Obschon beide eine Inflationierung vornehmen, unterscheiden sich die Vermögensgrössen erheblich voneinander. Der Grund ist darin zu suchen, dass der CVA und auch der CFROI primär Cash Flow-basierte Kennzahlen darstellen. Sowohl die Gewinn- als auch die Vermögensgrösse berechnen sich *vor* Berücksichtigung der Abschreibungen, wogegen bei den anderen Ansätzen die Abschreibungen vom Gewinn und dem Anlagevermögen in Abzug gebracht werden. Trotz dieses Unterschiedes, der den CVA mit den anderen Ansätzen im Grunde nicht vergleichbar macht, wurde das Konzept in die Diskussion in diesem Kapitel aufgenommen, weil die Autoren des CVA diesen ebenfalls direkt mit EVA vergleichen.[319]

Mit der Definition des Basiskonzeptes, mit Gewinn-, Vermögens- und Kapitalkostengrösse, wurde ein Raster geschaffen, welches den direkten Vergleich der vorgestellten Ansätze erlaubt. Im Sinne eines Überblicks und einer Zusammenfassung werden in der Abb. 3-12 die Unterschiede zwischen den einzelnen Konzepten nochmals verdeutlicht.[320]

---

[317] Siehe Ausführungen weiter vorne in Kapitel 3.2.3.b.ii.
[318] Siehe ausführlich Kapitel 5.2.6.
[319] Siehe Beginn des Kapitels 3.2.5.
[320] Für die Bedeutung der Abkürzungen bzw. die Inhalte der einzelnen Positionen sei auf das Abkürzungsverzeichnis und die jeweiligen Textstellen verwiesen.

Konzept	Economic Value Added	Economic Profit	Added Value	Cash Value Added
Gewinngrösse	*NOPAT*	*NOPLAT*	*Operating Profit*	*Brutto-Cash-flow*
Bereinigung der Gewinngrösse von nichtbetrieblichen Elementen?	Ja	Ja	Ja	Ja
Beinhaltet die Gewinngrösse die Abschreibungen auf Sachanlagen?	Ja	Ja	Ja	Nein
Werden auf den betrieblichen Gewinn die Steuern angepasst?	Ja	Ja	Ja	Ja
Vermögensgrösse	*Capital*	*Invested Capital*	*Capital employed*	*Bruttoinvestitionsbasis*
Zeitpunkt der Bewertung des investierten Vermögens:	Beginn oder Durchschnitt	Beginn oder Durchschnitt	Ende	Beginn
Bewertungsbasis	Buchwerte	Buchwerte (falls sinnvoll, Marktwerte)	Buchwerte, inflationiert	Buchwerte, inflationiert
Ausmass der buchhalterischen Anpassungen	Umfangreich (Equity Equivalents)	Weniger umfangreich (quasi-equity)	Beschränkt	Beschränkt
Einbezug des Goodwill	Ja	Ja/Nein (in Abhängigkeit vom zu messenden Resultat)	Nein	Nein
Vermögensrendite	*r*	*ROIC*	*ROCE*	*CFROI*
Bezugsgrössen für Performancemessung	Betriebliches Vermögen	Betriebliches Vermögen	Betriebliches Vermögen und Wertschöpfung zum als rAV	Bruttoinvestitionsbasis
Bezug auf eine oder mehrere Perioden?	Eine Periode	Eine Periode	Eine Periode	Mehrere Perioden
Kapitalkostensatz	*c**	*WACC*	*Normal Cost of Capital*	*Kapitalkosten (KK)*
Ansatz zur Berechnung der Kapitalkosten?	Weighted Average Cost of Capital (WACC)	Weighted Average Cost of Capital (WACC)	Übernahme des risikofreien Zinssatzes	CFROI für die „Schweiz AG"
Ansatz zur Berechnung der Eigenkapitalkosten	Capital Asset Pricing Model (CAPM)	Capital Asset Pricing Model (CAPM) oder Arbitrage Pricing Theory (APT)	entfällt	entfällt
Betrieblicher Übergewinn	*EVA*	*Economic Profit*	*Added Value*	*CVA*
Konsistenz zwischen den Basiselementen verlangt?	Ja	Ja	Ja	Ja
Einsatz als Massstab finanzieller Performance?	Ja	Ja	Ja	Indirekt über CFROI
Einsatz als Bewertungsinstrument	Ja	Ja	Nein	Ja

Abb. 3-12: Vergleich der Konzepte EVA, Economic Profit, Added Value und CVA

4. Einfluss der Rechnungslegung bei der Definition des Economic Model

Finanzielle Kennzahlen ergeben sich einerseits durch die ihnen eigene *Berechnungsmechanik* und andererseits durch die *Qualität* bzw. den *Inhalt* der einzelnen Berechnungselemente. Wie im vorangehenden Kapitel gezeigt wurde, basiert die Kennzahl EVA auf einer durchwegs simplen Mechanik. Zu ihrer Bestimmung genügen die drei Elemente Gewinn, Vermögen und Kapitalkostensatz. Doch wie die unterschiedlichen Resultate ähnlicher Ansätze gezeigt haben[321], spielt die inhaltliche Definition dieser drei Elemente eine entscheidende Rolle.

Wie schon erwähnt, basieren die Inhalte der Kennzahl EVA auf dem *Economic Model*.[322] Dieses steht für ein *Verständnis* von finanziellen Daten, welches gegenüber dem Datenverständnis des *Accounting Models* Schwerpunkte im Bereich der *Aktionärsorientierung, Vergleichbarkeit* der Konzernabschlüsse und *Konsistenz* der finanziellen Daten setzt.

Das Accounting Model bildet die Grundlage des Economic Model. Es steht für die aus externer Sicht tatsächlich verfügbaren finanziellen Daten des Unternehmens. In Abhängigkeit der jeweiligen Informationspolitik[323] lassen die offiziell publizierten Informationen oft in quantitativer und/oder in qualitativer Hinsicht zu wünschen übrig.[324] Dies kann durch eine geeignete Ausgestaltung der Rech-

---

[321] Siehe Abb. 3-12.

[322] Siehe Kapitel 2.3.2.

[323] Vgl. dazu ausführlich Drill (1995) 75ff. Neben den jährlichen Geschäftsberichten dienen Zwischenberichterstattungen, Aktionärsbriefe, Pressemitteilungen, Finanzanalystenmeetings und die Generalversammlung als Kommunikationsmittel.

Von besonderem Interesse ist die Pflicht zur *Ad hoc-Publizität*: Art. 72 des Kotierungsreglementes 1996 (KTR) verpflichtet die an der Börse zugelassenen Unternehmen, den Markt über kursrelevante Tatsachen zu informieren, welche in ihrem Tätigkeitsbereich eingetreten sind und nicht öffentlich bekannt sind. „Als kursrelevant gelten neue Tatsachen, die wegen ihrer beträchtlichen Auswirkungen auf die Vermögens- und Finanzlage oder auf den allgemeinen Geschäftsgang des Emittenten geeignet sind, zu einer beträchtlichen Änderung der Kurse zu führen." Siehe dazu ausführlich: Sonderheft der Zulassungsstelle der Schweizer Börse zur Ad hoc-Publizität, Januar 1996.

[324] Zur Qualitätsmessung der Geschäftsberichte siehe die jährlichen Publikationen der Schweizerischen Vereinigung für Finanzanalyse und Vermögensverwaltung (SVFV). Die SVFV vergibt den 'Merkurpreis' an diejenige Gesellschaft, die gemäss einem Bewertungskatalog die meisten Punkte

(Fortsetzung...)

nungslegung[325] (resp. eine geeignete Wahl des Rechnungslegungsstandards) korrigiert werden.[326]

Die Rechnungslegungsstandards wirken sich auf *zwei* Ebenen auf die Definition des Economic Model aus: *Erstens* auf der Ebene des *Rechnungslegungskonzeptes* im Sinne der Rahmenbedingungen zur Erstellung und Präsentation von Jahresrechnungen[327], *zweitens* auf der Ebene von *einzelnen Vorschriften* zur Regelung konkreter Rechnungslegungsprobleme.[328] Die folgende Diskussion des Einflusses der Rechnungslegung auf das Economic Model wird dahingehend eingeschränkt, dass sie sich auf die für Schweizer Unternehmen wichtigen Standards und Einzelthemen konzentriert.

---

erreicht hat. Dabei werden Qualität, Umfang und Detaillierungsgrad der Konzernrechnung, zusätzliche Informationen und die Qualität und der Umfang der Zwischenberichterstattung gemessen (SVFV (1991) 115ff.). Die Merkurpreise in den letzten Jahren erhielten: 1992 Alusuisse-Lonza, 1993 Oerlikon-Bührle, 1994 Holvis, 1995 Sulzer (SVFV (1996) 5).

[325]   „Die Rechnungslegung hat zum Zweck, entscheidungsrelevante Informationen an unternehmensexterne und -interne Adressaten zu vermitteln" (Von Rütte/Hoenes (1995) 445). Für Böckli (1996) haben die Regeln über die Rechnungslegung nicht nur für das Funktionieren des Aktienrechts eine zentrale Bedeutung (N 783), sondern bilden „das Herz für Kapitalerhaltung, Führung, Rechenschaft, Kapitalallokation und Systemschutz" (a.a.O. N 801).

Zur Unterscheidung zwischen extern orientierter Rechnungslegung *(Financial Accounting)* und intern ausgerichteter finanzieller Berichterstattung *(Management Accounting)* Horngren/Sundem (1987) 4: „The field of financial accounting serves *external* decision makers, such as stockholders, suppliers, banks, and governmental agencies. Management accounting serves *internal* decision makers, such as top executives, department heads, college deans, hospital administration and people at other management levels *within* an organization."

[326]   Nach Braun (1994) 282 zeigt sich ein klarer Zusammenhang zwischen Rechnungslegungsnorm und Qualität der Aktionärsinformation. In der Analyse der Geschäftsberichte 1995 von SVFV zeigt sich, dass von den 22 Gesellschaften mit einem Erfüllungsgrad über 80% 16 IAS angewendet haben, umgekehrt sich die drei als ungenügend eingestuften Gesellschaften (Interdiscount, Escor, Schindler) an *keinem* Standard orientierten (SVFV (1996) 3).

[327]   Siehe Kapitel 4.2.

[328]   Siehe Kapitel 4.3.

4.1. Konzentration auf die für Schweizer Unternehmen wichtigen Standards

4.1.1. Fokus auf FER und IAS

Abb. 4-1 zeigt die Ergebnisse der Überprüfung der Geschäftsberichte einer Auswahl von 128 Schweizer Gesellschaften, deren Aktien oder Obligationen an der Börse kotiert sind:

Rechnungslegungsstandard	1994	in %
FER	23	18%
IAS	39	31%
EURL	17	13%
US-GAAP	2	2%
Übrige	3	2%
Total nach „true and fair view"	84	66%
Übrige	44	34%
Total geprüfte Gesellschaften	128	100%

Abb. 4-1:   Rechnungslegungsstandards kotierter Schweizer Gesellschaften 1994[329]

Bereits zwei Drittel[330] der untersuchten Gesellschaften erstellen ihren Abschluss nach dem „true and fair view"-Prinzip.[331] Das restliche Drittel besteht hauptsächlich aus Banken, die ihren Abschluss nach den gesetzlichen Bestimmungen (OR und Bankengesetze) erstellen.[332]

---

[329]   Williams (1995) 976; Die Jahresrechnungen von 17 Gesellschaften entsprechen mehr als einer Norm. Die Zuteilung erfolgte gemäss der Reihenfolge IAS, US-GAAP, FER, EU-Richtlinien; ähnliches Resultat bei Helbling (1995b) 13.

[330]   1988 waren es erst 13% der überprüften Gesellschaften (Arthur Andersen (1995) 34).

[331]   „[D]en tatsächlichen Verhältnissen entsprechendes Bild der Vermögens-, Finanz- und Ertragslage" (FER 2 Ziff. 1). Siehe dazu auch nachfolgend Kapitel 4.2.1.

[332]   Vgl. Williams (1995) 978.

a) Stellung der FER

Im Zusammenhang mit der Einführung der Elektronischen Börse Schweiz (EBS)[333] und dem Inkrafttreten des neuen Börsengesetzes (BEHG)[334] wurde durch die Schweizerische Zulassungsstelle ein neues Kotierungsreglement (KTR) erlassen.[335] Die Zulassungsstelle nimmt damit erstmals[336] Einfluss auf die finanzielle Berichterstattung der von ihr zugelassenen Unternehmen.[337] Das Kotierungsreglement übernimmt die FER[338] wortwörtlich[339], ohne dabei die Bezeichnung „FER" zu verwenden. Die Behörden behalten sich Änderungen und Erweiterungen der aufgenommenen Empfehlungen vor.[340] In Anbetracht der engen Zusammenarbeit zwischen den Börsenorganen und der FER kann jedoch davon ausgegangen werden, dass in Zukunft die Einhaltung der FER zur Minimalanforderung für sämtliche in der Schweiz kotierten[341] Gesellschaften wird.[342] Deshalb

---

[333] Zur EBS siehe Schweizer Börse (1995a) und NZZ (1995c). Der Handel mit ausländischen Aktien wird seit dem 8. Dezember 1995, derjenige der inländischen Aktien seit dem 2. August 1996 über die EBS abgewickelt.

[334] Bundesgesetz über die Börsen und den Effektenhandel (Börsengesetz, BEHG).

[335] Inkrafttreten: 1. Oktober 1996 (Art. 84 KTR).

[336] Vgl. Williams (1995) 973.

[337] Vorschriften für die Rechnungslegung: Art. 66 - Art. 71 KTR.

[338] Fachempfehlungen zur Rechnungslegung (FER): „Auf Initiative der Treuhandkammer ist im Februar 1984 die 'Stiftung für Empfehlungen zur Rechnungslegung' gegründet worden. Diese unabhängige private Institution ist Rechtsträgerin der 'Fachkommission für Empfehlungen zur Rechnungslegung'" (FER 0). Der Stiftungsrat beruft bis zu 25 Mitglieder in die Fachkommission. Dabei sollen mit der personellen Zusammensetzung unterschiedliche Interessen und auch Sprachen angemessen berücksichtigt werden (Behr (1994b) 832). Die FER umfassen heute 17 Empfehlungen (Stand: Januar 1996). Nach der Neuausgabe der „Basis"-Empfehlungen 0-8 konzentrierte sich die Fachkommission auf die Bearbeitung von wichtigen Einzelthemen (Stenz (1995) 10) wie immaterielle Werte (FER 9), Steuern (FER 11), Zwischenberichterstattung (FER 12) und Versicherungen (FER 14). FER 10 (Ausserbilanzgeschäfte) ist ab 1. Januar 1997 gültig. FER 13 (Leasing) existiert in der Form eines Entwurfs. FER 15 (Nahestehende Personen) und FER 16 (Pensionsverpflichtungen) sind in Vorbereitung. Die Anwendung der FER ist freiwillig und kann sowohl für den Konzern- als auch den Einzelabschluss erfolgen (FER 0 Ziff. 1). Zur Entwicklung der FER siehe auch Behr (1993) 109ff. Überblick bietet auch Checkliste zu den FER: STG-C&L (1995a).

[339] „Bereits im Jahre 1993 beschloss die Zulassungsstelle grundsätzlich, die [FER] zum schweizerischen Rechnungslegungsstandard zu erheben" (Schw. Zulassungsstelle (1995) 2-9).

[340] „Ausdrücklich ist nochmals zu betonen, dass nicht vorgesehen ist, zukünftige FER automatisch zum Bestandteil des Kotierungsreglementes zu erheben. Die Zulassungsstelle behält sich im Gegenteil eine Prüfung und Auswahl vor" (Schw. Zulassungsstelle (1995) 2-9).

[341] Kotiert = an der Börse zugelassen (siehe auch Forstmoser/Meier-Hayoz/Nobel (1996) 943). Dabei ist die Kotierung nicht nur auf Aktien beschränkt, sondern umfasst „vereinheitlichte und zum mas-

(Fortsetzung...)

werden die FER gelegentlich auch als *soft law* bezeichnet.[343] Zusätzlich geht das neue Kotierungsreglement noch weiter als die FER, indem es auch für Unternehmen, die *nicht* verpflichtet sind, einen Konzernabschluss zu erstellen[344], eine Präsentation nach dem *true and fair view*-Prinzip vorschreibt.[345]

Verschiedene Gründe sprechen dafür, dass auch *nicht kotierte* Unternehmen[346] in Zukunft vermehrt den Vorschriften der FER Folge leisten werden.[347] Unter anderem sind zu erwähnen:

- Generelle Zunahme der Bedeutung der FER in der Schweiz[348]

- Notwendigkeit standardisierter betriebswirtschaftlicher Werte als Führungsinstrumente[349]

- Einhaltung der FER als Anforderung der Banken bei Kreditvergaben[350]

- Qualitätssicherung im Finanzbereich[351]

---

senweisen Handel geeignete Wertpapiere, nicht verurkundete Rechte mit gleicher Funktion (Wertrechte) und Derivate" (Art. 2 lit. a BEHG).

[342] Dazu Williams (1995) 973; Behr (1994b) 834.

[343] Behr (1994b) 834; auch Zenhäusern/Bertschinger (1993) 29.

[344] FER 0 Ziff. 2 sieht vor, dass sich der Geltungsbereich der FER jeweils auf den Einzel- und Konzernabschluss beziehen, sofern es die Richtlinie nicht ausdrücklich einschränkt. In FER 2 Ziff. 1 wird das true and fair view-Prinzip auf die Konzernrechnung eingeschränkt: „Die Konzernrechnung hat ein den tatsächlichen Verhältnissen entsprechendes Bild der Vermögens-, Finanz- und Ertragslage (true and fair view) des Konzerns zu vermitteln."

[345] Art. 69 KTR; siehe auch Forstmoser/Meier-Hayoz/Nobel (1996) 946.

[346] In der Schweiz waren Ende 1995 unter anderem 170'703 Aktiengesellschaften, 10'705 Gesellschaften mit beschränkter Haftung und 14'167 Genossenschaften im Handelsregister eingetragen (SHAB (1996) 373), kotiert dagegen nur deren 216 (siehe Abb. 1-2).

[347] Dazu Behr (1994b) 835: „Die Fachkommission hofft [...], die FER über das Stadium von 'soft laws' hin zum Status von 'allgemein anerkannten kaufmännischen Grundsätzen' und mithin eigentlichen Swiss GAAP, d.h. Grundsätzen allgemein anerkannter Praxis der Rechnungslegung, in der Schweiz zu führen."

[348] Williams (1995) 974.

[349] Stenz (1995) 11.

[350] Behr (1994b) 835; „In den USA verlangen kreditgebende Banken von ihren Schuldnern, dass sie im Sinne einer Verpflichtung aus dem Kreditvertrag ihre Jahresrechnung nach US-GAAP erstellen und auch prüfen lassen. Ähnlich könnten Schweizer Banken vorgehen, indem sie bei Kreditvereinbarungen eine Berichterstattung im Sinne der FER (und die Prüfung der Einhaltung dieser Regeln) verlangen" (Behr (1994a) 330).

[351] Insbesondere für kleine Konzerne bzw. Firmengruppen (Stenz (1995) 11); ebenfalls wird beabsichtigt, das ISO-Normenwerk (International Standards Organisation) neben anderen Bereichen

(Fortsetzung...)

Schon auf der Stufe des Börsengesetzes wird auf die Notwendigkeit hingewiesen, dass in der Schweiz auch Vorschriften internationaler Rechnungslegungsstandards ihre Berücksichtigung finden.[352] Das Kotierungsreglement trägt der internationalen wirtschaftlichen Verflechtung Rechnung, indem es mit Art. 70 internationale Standards anerkennt, „wenn der Inhalt dieser Normen mit den Regeln der Schweizer Börsen zur Rechnungslegung gleichwertig ist."[353] Die Anerkennung bleibt aber wahrscheinlich mit Auflagen verbunden.[354]

b) Stellung der IAS

Weltweit gibt es drei wichtige Normengebilde:[355] US-GAAP[356], IAS[357] und EURL[358]. Bei einer Durchsicht der Nicht-Finanztitel[359] des Schweizer *Blue Chip-*

---

wie z.B. Umwelt, Gesundheitswesen, Sicherheit, auch durch das „Management-System Finanzen" zu erweitern (siehe EN ISO 9004-1:1994).

[352] Art. 8 Abs. 3 BEHG.

[353] Art. 70 KTR. Die Liste der als gleichwertig anerkannten Normen sollte nach Angaben der Zulassungsstelle Ende 1996 veröffentlicht werden (Stand: Oktober 1996). Helbling (1995b) 13 stellt fest, dass IAS als Ersatz der FER genügen. In die gleiche Richtung geht Behr (1994b) 836: „Für die grössten Schweizer Multis bringen die FER natürlich keine Verbesserungen ihrer Rechnungslegung. Diese befolgen schon heute primär IAS." Oder im weiteren ebenfalls Behr (1994c) 894, welcher bemerkt, dass die Fachempfehlungen „als Umsetzung der Internationalen Accounting Standards [...] und nicht etwa als Schweizer Sonderzug" zu verstehen sind. Gleicher Meinung Williams (1995) 973; Revisuisse Price Waterhouse (1993c) 5.

[354] So z.B. für die Mindestgliederung. Siehe dazu Kapitel 4.3.1.

[355] Vgl. Bürge/Keck (1991) 23. Zur internationalen Entwicklung der Standards auch Bertschinger (1993).

[356] United States Generally Accepted Accounting Principles (US-GAAP): „Unter GAAP versteht man die Gesamtheit der in den USA allgemein anerkannten Richtlinien im Rechnungswesen, deren Nichteinhaltung zu einem Vorbehalt im Prüfbericht führt" (Bertschinger (1995) 270). Verschiedene Organisationen wirken an der Ausgestaltung der US-GAAP mit. Im Zentrum steht die Börsenaufsichtsbehörde SEC (Securities and Exchange Commission). Sie ist eine weitgehend unabhängige Behörde der amerikanischen Regierung und hat als Hauptaufgabe die Überwachung des Wertschriftenhandels in den USA: „The SEC is responsible for regulating the trading of securities in the USA with an overriding objective, in the accounting domain, of ensuring full and fair disclosure" (Price Waterhouse (1994b) 1). Die SEC selbst erlässt keine Regelungen. Als „einzige Standardsetzungs-Organisation" anerkennt die SEC das FASB (Financial Accounting Standards Board). Das FASB zeichnet sich 1973 für die Rechnungslegung spezifische Fragen verantwortlich (siehe Bertschinger (1995) 270). Jährlich werden durch das FASB die gesamten US-GAAP in Buchform mit einem Umfang von rund 1000 Seiten herausgegeben (vgl. Bürge/Keck (1991) 23).

[357] International Accounting Standards (IAS): Herausgegeben vom International Accounting Standards Committee (IASC), welches 1973 als Vereinigung von Berufsorganisationen der Wirtschaftsprüfer und anderer Fachleute des Rechnungswesens aus rund 100 Ländern mit Sitz in London gegründet wurde. Im Rahmen eines umfassenden Verbesserungsprojektes zur Reduktion der zahlreichen Wahlmöglichkeiten für die Behandlung von Rechnungslegungsproblemen wurden IAS

(Fortsetzung...)

84

Index SMI[360] zeigt sich, dass mit Ausnahme der SMH alle Unternehmen die Vorschriften des IASC befolgen:

Explizit im Geschäftsbericht 1995 erwähnten Standards	US-GAAP	IAS	4. und 7. EURL	FER	Einschränkungen (1) Entwicklungskosten wurden als ergebniswirksame Aufwendungen gebucht
Alusuisse		X			Keine ausser (1)
ABB/BBC		X			(1); Sale-and-lease-back-Geschäfte aus den Jahren vor 1990 werden nicht nach einheitlicher Methode ausgewiesen.
Ciba		X	X	X	Keine ausser (1)
Clariant		X		X	Keine ausser (1)
Elektrowatt		X	X		Keine[361]
Ems-Chemie		X			Keine ausser (1)
Holderbank		X	X		Keine[362]
Nestlé		X			Keine ausser (1)[363]

2, 8, 9, 11, 16, 18, 19, 21, 22 und 23 überarbeitet und per 1. Januar 1995 als neue Version *(revised)* in Kraft gesetzt. Siehe auch STG-C&L (1995b) 8.

[358] Im Zusammenhang mit der Rechnungslegung werden unter den EURL insbesondere die 4. (Bilanzrichtlinie) und 7. (Konzernbilanzrichtlinie) EU-Richtlinie verstanden. Diese wurden im Rahmen der EU-Richtlinien zum Gesellschaftsrecht 1978 bzw. 1983 (damals EG-Richtlinie) erlassen. Die Mitgliedsländer der EU wurden aufgerufen, die mit zahlreichen Wahlrechten („in der Bilanz 70 Wahlrechte, in der Gewinn- und Verlustrechnung sind es etwa 50 Wahlrechte" Behr (1987) 82) ausgestatteten EU-Richtlinien in Landesrecht umzusetzen. So hat Deutschland im Rahmen der Anpassung des Handelsgesetzbuches per 1. Januar 1986 das Bilanzrichtlinien-Gesetz (BiRiLiG) als Konkretisierung der 4. und 7. EURL in Kraft gesetzt. Diese gilt mitunter als Orientierungshilfe (Forstmoser/Meier-Hayoz/Nobel (1996) par. 51 N 181) in Fragen der Auslegung der EURL. Siehe dazu auch Behr (1983), Behr (1985), Sommerhalder (1989), Price Waterhouse (1983), Frings (1994), Bertschinger (1992b), STG-C&L (1995c).

[359] Unternehmen, welche nicht zu den Versicherungen und den Banken zu zählen sind.

[360] Im Oktober 1995 waren folgende 17 Unternehmen im SMI (Swiss Market Index) berücksichtigt: Alusuisse, BBC, Ciba, CS Holding, Elektrowatt, Holderbank, Nestlé, Roche, Schweizer Rück, Sandoz, Schw. Bankgesellschaft, Schw. Bankverein, SGS Surveillance, SMH, Sulzer, Winterthur, Zürich (Schweizer Börse (1995b) 19). Per Ende 1995 betrug die Gesamtkapitalisierung der im SMI zusammengefassten Titel CHF 322 Mrd., d.h. 70% der gesamten Schweizerischen Börsenkapitalisierung (insgesamt 216 Unternehmen). Per 1. Juli 1996 wird der SMI um folgende Titel erweitert: Bâloise (Namensaktie), Clariant (Namensaktie) und Ems-Chemie (Inhaberaktie) (Schweizer Börse (1995b) 46); zum SMI siehe auch SBG (1994) 43.

[361] Zur Goodwillbehandlung: IAS 22(revised) „becomes operative for financial statements covering periods beginning on or after 1 January 1995" (a.a.O. par. 80). IAS 22 hat somit für die Elektrowatt erst bei der Erstellung des Geschäftsberichts 1996/1997 (mit Geschäftsjahr des Konzerns von 1. Oktober 1995 bis 30. September 1996) Gültigkeit. Zur Goodwillbehandlung siehe ausführlich Kapitel 5.2.6.d.

[362] Latente Steuern nach Partial-Liability-Methode: Zu den latenten Steuern siehe ausführlich Kapitel 6.3.3.e.

[363] Latente Steuern nach Partial-Liability-Methode; Sachanlagen werden zu Nettowiederbeschaffungswerten bewertet.

Explizit im Ge- schäftsbericht 1995 erwähnten Standards	US- GAAP	IAS	4. und 7. EURL	FER	Einschränkungen (1) Entwicklungskosten wurden als ergeb- niswirksame Aufwendungen gebucht
Roche		X			Keine ausser (1)
Sandoz		X			Keine ausser (1)
SMH			X	X	Einschränkungen in der Segmentinforma- tion[364]
Sulzer		X	X		Liegenschaftenbewertung mit Vorsichts- abzug, erfolgswirksame Auflösung der Neubewertungsreserven bei Veräusse- rung von Liegenschaften, Eingeschränkte Offenlegung bezüglich Details Personal- vorsorge[365]
Surveillance		X			keine

Abb. 4-2:   Unternehmen des SMI (ohne Finanztitel) und deren Rechnungslegungsstandards 1995

Diese Tabelle und auch die Ergebnisse aus Abb. 4-1 zeigen deutlich, dass „die 'Rechnungslegungsszene' [...] insbesondere vom IASC beherrscht" wird.[366] Auch kann davon ausgegangen werden, dass die IAS den Minimalanforderungen des neuen Kotierungsreglementes genügen.[367]

Dagegen decken die EU-Richtlinien die Vorschriften des Kotierungsreglementes nicht vollumfänglich (z.B. in Bezug auf das Erstellen einer Mittelflussrechnung) ab.[368] „Die EG-Richtlinien sind lückenhaft und in vielen Fragen veraltet. Solange die EG ihren Normsetzungsprozess nicht flexibilisiert, kann sie keine Alternative zu den Normen von privaten Rechnungslegungskommissionen wie der FER und

---

[364] SMH (Geschäftsbericht) 1995, 80.

[365] Sulzer (Geschäftsbericht) 1995 Finanzteil S. 6. Zum Thema der Aktivierung von Entwicklungsko-sten: „Diese sind im Jahr der Anwendung direkt der Erfolgsrechnung belastet. Entwicklungskosten für grössere Projekte werden nur aktiviert und über die Nutzungsdauer abgeschrieben, sofern der Barwert der erwarteten Rückflüsse mit hoher Sicherheit die Entwicklungskosten übertrifft" (a.a.O. 8).

[366] Bertschinger (1989) 409. Dazu ebenfalls der 1991 amtierende Chairman des IASC, Arthur R. Wyatt: „The most likely evolution is for IAS to become the standard for multinational security of-ferings and financial reporting by 2000" (zit. nach Bürge/Keck (1991) 28).
Kritisch gegenüber der sich abzeichnenden Dominanz der IAS äussert sich Böckli (1996): „Das IASC hat seit 1992 eine ungeheure Eigendynamik entwickelt, so dass sich die Frage stellt, wer ei-gentlich diese Regelerzeuger erzeugt und regelt" (a.a.O. N 812i); und weiter hinten im Zusammen-hang mit der Gliederung der Konzernbilanz: „Ein wahres Wunder, dass die Rechnungslegungs-Grossmeister der IAS in London uns nicht die Passiven links und die Aktiven rechts ausweisen lassen" (Böckli (1996) N 1242a).

[367] Siehe Ausführungen zu den FER weiter vorne.

[368] Vgl. Böckli (1996) N 812k.

dem IASC bieten."[369] Zudem hat die EU-Kommission bekannt gegeben, dass sie keine neuen eigenen Normen herausgeben, jedoch vermehrt auf die Ausgestaltung der IAS einwirken will.[370] Auch das deutsche Bundesjustizministerium prüft die Möglichkeit, ob auch nach den Richtlinien des IASC publizierende Konzerne von der Pflicht einer nach deutschem Recht zu erstellenden Konzernrechnung befreit werden können.[371]

US-GAAP schliesslich werden von den Unternehmen für derart anspruchsvoll gehalten, dass ihre Anwendung davon abhängig gemacht wird, inwieweit der US-amerikanische Kapitalmarkt in Anspruch genommen werden soll.[372] Die nicht einfache Handhabung zeigt sich vor allem beim Vergleich der Regeldichte: „In den Vereinigten Staaten scheint sich die Erkenntnis durchzusetzen, dass die angestrebte Detailreglementierung einzelner Bereiche und Transaktionen zu einem dermassen komplexen Regelwerk geführt hat, dass es selbst für Fachleute nicht mehr transparent ist."[373] Dagegen ist die Regeldichte bei den IAS – auch nach der Einführung der neuen Vorschriften ab dem 1. Januar 1995 – wesentlich weniger umfangreich. Helbling schätzt, dass die IAS umfangmässig ca. 10% der US-GAAP Vorschriften ausmachen.[374] Angesichts der engen Zusammenarbeit der normsetzenden internationalen Organisationen seit Mitte der achtziger Jahre[375]

---

[369] Achleitner (1993) 7. In die gleiche Richtung geht Behr (1994a) 323: „Vor wenigen Jahren war eine Rechnungslegung nach dem Muster der EG-Richtlinien für viele Unternehmen erstrebenswert. Seit etwa zwei Jahren hat sich ein klarer Trend in Richtung der International Accounting Standards IAS herausgebildet."

[370] IASC (1995a) 5.

[371] Finanz und Wirtschaft (1996c) 23.

[372] Achleitner (1993) 7. In die gleiche Richtung geht Helbling (1995b) 13: „Die Anwendung der US-GAAP ist mit grossen Aufwand verbunden."

[373] Bürge/Keck (1991) 33; gleich United Nations (1995) 3: „Some financial leaders feel that SEC rules and regulations are excessively detailed, and compliance with the requirements for disclosures result in significant effort and costs for enterprises to produce."

[374] Helbling (1995b) 13.

[375] „Die jüngsten Entwicklungen zeigen für IAS, U.S. GAAP und EG einen Trend zur Harmonisierung" (Bürge/Keck (1991) 33); siehe auch Behr (1994d) 643, der die „Konvergenz der Systeme" als Megatrend bezeichnet; ebenfalls erkennt Martin/Saliba (1994) 4: „In future, closer harmonization and mutual recognition of accounting standards is likely to take place through the International Accounting Standards Committee (IASC) and the efforts of the world's major stock exchanges."

wird teilweise erwartet, dass die Rechnungslegung nach IAS in fünf bis zehn Jahren[376] auch auf dem US-amerikanischen Kapitalmarkt genügen wird.[377]

Das IASC strebt bis zum Jahr 2000 die Anerkennung der IAS durch die International Organization of Securities Commissions (IOSCO) an.[378] Dies bedingt, dass alle in der IOSCO zusammengeschlossenen internationalen Börsenaufsichtsgremien (also auch die amerikanische SEC) die IAS akzeptieren. Unter Umständen wird dies nur dann möglich, wenn verbleibende Wahlrechte[379] der IAS weiter reduziert werden und sich die IAS weiter in Richtung US-GAAP bewegen.[380]

c) FER und IAS als de facto Standards Schweizer Unternehmen

Aus dem Gesagten folgt, dass sich aus heutiger Sicht[381] die für Schweizer Gesellschaften wichtigen Standards auf zwei *de facto*-Standards, die IAS und FER, reduzieren lassen:[382]

---

[376] Helbling (1995b) 13.

[377] Bertschinger (1995) 276: „Eine Harmonisierung der internationalen Rechnungslegung börsenkotierter Konzerne wird dadurch gefördert, dass das SEC als amerikanische Zulassungsbehörde die Zulassungsbestimmungen für die Kotierung ausländischer Konzerne immer weiter lockert."

Zur Beanspruchung des US-amerikanischen Kapitalmarktes durch ausländische Gesellschaften wurde im April 1990 eine Lockerung der Auflagen eingeführt. So ist mit der sogenannten *Rule 144a* eine Basis geschaffen worden, die es ausländischen Gesellschaften erlaubt, Wertpapiere aller Art privat zu plazieren, ohne die Jahresrechnung nach US-GAAP zu erstellen oder eine vorhandene Jahresrechnung auf US-GAAP überzuleiten (Bürge/Keck (1991) 24). Zu diesen Papieren gehören unter anderen die sog. *American Depository Receipts (ADR)*. Dies „sind handelbare Zertifikate, die für hinterlegte Aktien ausgegeben werden" (Bay (1994) 358). „Dem Inhaber solcher ADR ist so die Ausübung sämtlicher Dividenden- und Kapitalbeteiligungsrechte auf den hinterlegten Titeln möglich" (Bürge/Keck (1991) 25).

[378] Vgl. IASC (1995b) 1ff.

[379] Siehe auch Kapitel 4.2.2.

[380] Zur Beziehung IASC – SEC und den Einfluss der IOSCO ausführlich Kleekämper (1995) 207ff.

[381] Mit einem Horizont zwischen fünf bis zehn Jahren. Die vorher geschilderte mögliche Entwicklung der IAS in Richtung US-GAAP könnte eventuell dazu führen, dass (vor allem die grössten) Schweizer Konzerne mittelfristig auf freiwilliger Basis ihren Rechnungslegungsstandard von IAS auf US-GAAP wechseln.

[382] Vgl. auch Ausführungen von Böckli (1996) N 812l.

De facto Rechnungslegungsstandards für Schweizer Gesellschaften	Mit *beschränkter* internationaler Ausrichtung	Mit einer *starken* internationalen Verflechtung
Nicht kotierte Unternehmen	Aktienrecht → FER	Aktienrecht → FER
Kotierte Unternehmen	FER (für Konzern- *und* Einzelabschluss)	IAS

Abb. 4-3:   *De facto* Rechnungslegungsstandards für Schweizer Unternehmen

In dieser Arbeit wird der Fokus auf FER und IAS gelegt und die EU-Richtlinien bzw. die US-GAAP nur teilweise bei der Diskussion einzelner Sachverhalte beigezogen. Weniger bekannte internationale unverbindliche Empfehlungen, wie z.B. diejenigen der UNO oder der OECD, bleiben bei den folgenden Betrachtungen unbeachtet.[383]

4.1.2. Sonderstellung: Das Aktienrecht

In der Schweiz ist der Handelsabschluss für Steuerzwecke massgebend *(Massgeblichkeitsprinzip)*.[384] So ist es der Unternehmensführung nur dann möglich, steuerrelevante Belange geltend zu machen, wenn die Betreffnisse auch handelsrechtlich berücksichtigt worden sind. Damit kommt dem handelsrechtlichen Abschluss nach neuem Aktienrecht (als gesetzlichem Standard) trotz Dominanz der nichtgesetzlichen Standards nach wie vor grosse Bedeutung zu.[385] Nach der Revision des Aktienrechts[386] entspricht nun auch der Minimalstandard für die Rechnungslegung einer modernen Gesetzgebung.[387]

---

[383] Zu diesen Normenwerken siehe unter anderem Bürge/Keck (1991) 32 oder Behr (1992b).

[384] Das Massgeblichkeitsprinzip besagt, dass nur diejenigen Tatbestände *steuerrechtlich* anerkannt werden, die auch *handelsrechtlich* verbucht wurden (siehe Höhn (1988) 237). Nach Behr (1994c) 891 entspricht das der „Anknüpfung des Steuerrechts an die Rechnungslegung". Rein steuerlich bedingte Abschreibungen müssen entsprechend dem Massgeblichkeitsprinzip auch handelsrechtlich tatsächlich verbucht werden. „This can have the effect of encouraging companies to include expenses in a period in order to gain the tax deduction, even though this may distort the level of earnings for the period" (Martin/Saliba (1994) 2).

[385] So kann das Massgeblichkeitsprinzip steuerliche Nachteile für eine Gesellschaft, die sich dem true and fair view-Prinzip verpflichtet hat, mit sich bringen (vgl. auch Williams (1995) 974 und Altorfer (1992)).

[386] Einen guten Überblick als Zusammenfassung der wesentlichsten Änderungen bietet Jung/Lustenberger (1993); Revisuisse Price Waterhouse (1993a); Revisuisse Price Waterhouse (1993b); Revisuisse Price Waterhouse (1993c).

[387] Vgl. Behr (1992a) 39. Zu den Neuerungen des Aktienrechts und den Auswirkungen auf die Konzernrechnung siehe unter anderem Böckli (1996); Forstmoser/Meier-Hayoz/Nobel (1996); Bertschinger (1994a); Boemle (1994); Zenhäusern/Bertschinger (1993).

4.2. Fokus des Economic Model

Das Economic Model richtet gegenüber dem Accounting Model den Fokus speziell auf drei Aspekte:[388]

- Aktionärsorientierung

- Vergleichbarkeit von Konzernabschlüssen

- Datenkonsistenz zur Performancemessung

4.2.1. Aktionärsorientierung

Wie in der Ausgangslage erwähnt, konzentriert sich die Arbeit auf die Sichtweise der *Minderheitsaktionäre*, welche als *massgebliche Eigentümer* mit *Outsider*-Status beschrieben werden können.[389]

In der Rolle des Eigentümers versucht der massgebliche Minderheitsaktionär, sich ein Gesellschaftsbild im Sinne des *Unternehmers* zu zeichnen. Er wird dabei versucht sein, möglichst umfangreiche und nach betriebswirtschaftlichen Kriterien aufbereitete Informationen zu erhalten und diese auch aus der Sicht des risikofreudigen Unternehmers darzustellen. Jedoch beschränkt dabei der *Outsider*-Status die verfügbaren Informationen meist auf das publizierte Datenmaterial[390], dessen Umfang beschränkt ist[391] und dessen Ausgestaltung sich nicht ausschliesslich an den Bedürfnissen der Aktionäre orientiert.[392]

---

[388] Vgl. auch Ausführungen bei Mills/Print (1995) 35ff.

[389] Siehe Kapitel 1.3.

[390] Dazu Bühner (1990) 13: „Die Aktionäre haben meist keinen unmittelbaren Einblick in das Unternehmensgeschehen, um die Tätigkeit des Managements zu überwachen. Sie sind zur Beurteilung der Manager auf extern verfügbare Informationen angewiesen. Die Manager sind ihrerseits verpflichtet, über ihre Tätigkeit Rechnung zu legen, einen Jahresabschluss zu erstellen und diesen offenzulegen. Der Jahresabschluss ist daher wohl die wichtigste Informationsquelle für die Aktionäre." Zur Einflussnahme des Aktionariats auf die Unternehmensführung siehe Kapitel 8.

[391] Dazu Bürge/Keck (1991) 13: „Obwohl die Jahresrechnung einen wesentlichen Teil der finanziellen Berichterstattung darstellt, sollte die Information der Aktionäre deutlich umfassender sein."

[392] Vgl. Bürge/Keck (1991) 13. Nach IAS Framework par. 12 soll die Rechnungslegung als Datenlieferant über die finanzielle Lage der Unternehmung „useful to a wide range of users in making economic decisions" sein. Ähnlich auch Böckli (1996) N 797: „Die Rechnungslegung ist ein zentraler Ansatzpunkt für die Verantwortlichkeit des Verwaltungsrates und der Geschäftsleitung. Diese richtet sich einerseits an die Kapitaleigner, in deren Auftrag sie tätig sind, andererseits an die

(Fortsetzung...)

Die unterschiedliche Aktionärsorientierung der Rechnungslegungsstandards spiegelt sich in zwei Grundtypen von Kapitalmärkten wider: *stock-driven* und *creditor-driven*.[393] Das creditor-driven oder gläubigerorientierte Verständnis hat sich vor allem dort ausgebildet, „where the main providers of finance to corporates are banks, trade creditors, employees (via on-balance-sheet pension liabilities) and state agencies."[394] Dies drückt sich auch in dem in Kontinentaleuropa (ausser Holland[395]) dominanten Gläubigerschutz bei der Rechnungslegung aus.[396] Im Gegensatz dazu wird der Fokus bei den *stock-driven* oder aktionärsorientierten Märkten prioritär auf das Interesse der Aktionäre gelegt: „With external shareholders being the main users of published financial statements, accounting standards in these countries are primarily used to monitor management's performance, to help the stockmarket to value companies correctly and to assist investors in making capital allocation decisions by providing a 'true and fair view' of earnings."[397]

Heute, da rund zwei Drittel[398] der grösseren Schweizer Unternehmen mit ihren Jahresrechnungen ein den tatsächlichen Verhältnissen entsprechendes Bild der

---

Gläubiger, und schliesslich, bei hinreichender wirtschaftlicher Bedeutung, an die weitere Öffentlichkeit."

Bei der Diskussion um den Umfang der zu publizierenden Daten darf folgender Punkt nicht ausser Acht gelassen bleiben: „Management are assumed to balance potential benefits from less disclosure against costs in the form of lower share prices and increased threat of takeover and to choose the quality of disclosure which minimizes the costs they incur" (Forker (1992) 112).

[393] Martin/Saliba (1994) 1: „Given the overriding influence of the main user groups on accounting standards, two 'archetypes' of accounting cultures can be distinguished, with one being mainly based on the needs of external shareholders and the other primarily designed for the use of outside creditors"; siehe auch Beatge/Ross (1995) 42.

[394] Martin/Saliba (1994) 2; zur Grössenordnung der Fremdfinanzierung siehe auch Kapitel 8.1.4.

[395] Vgl. Martin/Saliba (1994) 3.

[396] Siehe auch Behr (1994d) 643; Bühner (1990) 14ff. Dazu ebenfalls SVFV (1991) 86: „Auch die international anerkannten Rechnungslegungsnormen gehen in aller Regel von einer konservativen Bewertung der Aktiven und einer vorsichtigen Bewertung der Passiven aus. [...] Die tendenziell konservativen Bestimmungen rühren daher, dass der Gläubigerschutz oft das wesentlichste oder mindestens ein sehr wesentliches Anliegen der normenschaffenden Institution ist."
In die gleiche Richtung gehen Bühner/Weinberger (1991) 187: „Erfahrungen in der Vergangenheit belegen jedoch, dass zwischen den im Rechnungswesen ermittelten Gewinnen und dem Vermögen der Eigentümer kaum ein Zusammenhang besteht."

[397] Martin/Saliba (1994) 2. Zur Kapitalmarktorientierung der US-GAAP siehe unter anderem Haller (1995) 1ff.

[398] Siehe weiter vorne Abb. 4-1.

Vermögens-, Ertrags- und Finanzlage *(true and fair view)* vermitteln, scheint die traditionelle Gläubigerorientierung der Vergangenheit anzugehören. Busse von Colbe erkennt einen sich abzeichnenden Wandel der Rechnungslegung von einer „gläubigerschutzorientierten, auf dem Primat der Gewinnentwicklung beruhenden zu einer kapitalmarktorientierten, primär Investitionsentscheidungen dienenden Rechnungslegung".[399] Er spricht unter anderem von einem *Paradigmawechsel* in der Rechnungslegung.[400]

Das Ziel, ein den tatsächlichen Verhältnissen entsprechendes Bild der Vermögens-, Ertrags- und Finanzlage zu vermitteln, entschärft somit weitgehend die Problematik der Adressatenvielfalt der Rechnungslegung.[401] So sind es neben den Aktionären auch die Gläubiger, die eine der finanziellen „Wahrheit"[402] näherkommende Rechnungslegung zunehmend fordern.[403] In diesem Sinne scheint der traditionelle Gegensatz *Gläubiger-Eigentümer* in seiner absoluten Form – zumindest für die nichtgesetzlichen Standards[404] – nur noch beschränkt Gültigkeit zu haben.

---

[399] Busse von Colbe (1995a) 551.

[400] „Von der primären Zielsetzung der Ermittlung des steuer- und ausschüttbaren Gewinns nach dem Grundsatz des Gläubigerschutzes auf der Basis des Vorsichtsprinzips zur primären Zielsetzung einer fairen Information der Kapitalmarktteilnehmer nach dem Grundsatz des Aktionärsschutzes auf der Basis einer entscheidungsrelevanten Bilanzierung" (Busse von Colbe (1995a) 551). In diesem Zusammenhang gibt Busse von Colbe zu bedenken, dass „Kapitalfluss- und Segmentrechnungen sowie weitere ergänzende Angaben in Anhang und Lagebericht [...] für die Gewinnermittlung und -besteuerung unbeachtlich und auch für die Rechenschaftslegung nur von nachrangiger Bedeutung [sind]. Sie allein bedeuten noch keinen Paradigmenwechsel" (a.a.O. 554).

[401] In diesem Sinne auch Helbling (1990c) 531.

[402] Vgl. RHB I (1992) 35.

[403] „With fixed income investors increasingly aiming at global diversification of their securities portfolio, the need for reliable cross-border comparisons of companies' financial performances and credit quality is becoming paramount" (Martin/Saliba (1994) 1).

[404] Bei dem für die Schweiz relevanten gesetzlichem Standard, dem neuen Aktienrecht, wird der nach wie vor dominante Gläubigerschutz hervorgehoben: Behr (1992a) 39 stellt für das neue Aktienrecht fest: „Das neue Recht legt das Schwergewicht nach wie vor auf die Sicherung der Gläubigerposition." Auch nach Nobel (1995) 1058 blickt das Gesellschaftsrecht „stets auch auf die Aspekte des Gläubigerschutzes. Das limitiert bereits die Konzentration auf den Aktionär allein"; ähnlich Price Waterhouse (1994c) 2.

4.2.2. Vergleichbarkeit von Konzernabschlüssen

Mit der zunehmenden *Internationalisierung* des Waren- und Dienstleistungsverkehrs werden vermehrt auch internationale Kapitalmärkte in Anspruch genommen.[405] Nicht zuletzt aus diesem Grund wird die *Vergleichbarkeit* von Konzernabschlüssen „ein wichtiges Postulat der internationalen Anlegergemeinschaft."[406] Mitunter kann eine bessere Vergleichbarkeit der finanziellen Situation von Unternehmen zur Erhöhung der Transparenz und zur höheren Effizienz eines Marktes beitragen.[407]

Dabei spielen die Ausgestaltung der Rechnungslegung bzw. die Wahl des Rechnungslegungsstandards und die dabei eingeräumten *Wahlmöglichkeiten* eine entscheidende Rolle.[408] Im Zuge der weltweit voranschreitenden Harmonisierungsbestrebungen[409] hat das IASC mittlerweile die – zunächst aus Gründen der Akzeptanz geschaffenen[410] – Wahlmöglichkeiten bei verschiedenen Themen stark eingeschränkt bzw. eliminiert.[411] Als Beispiele von verbleibenden Bereichen mit

---

[405] United Nations (1995) 2: „As the number of transnational corporations has increased in recent years, the number and the aggregate amount of international equity and debt offerings have also increased significantly. The globalization of business activities has resulted in greater demand for financing economic growth and diversification"; vgl. auch Murray (1994) 55 und Syre (1994) 66.

[406] Braun (1994) 282; Burger/Schellberg (1995) 561, Busse von Colbe (1995a) 552; ebenfalls Behr (1994d) 643: „Die Internationalisierung der Wirtschaft und die Öffnung der Kapitalmärkte brachte den Ruf nach einer Vereinheitlichung der Rechnungslegungsnormen auf internationaler Ebene". Auch Bürge/Keck (1991) 14: „Im Kapitalmarkt müssen die Investoren die finanzielle Lage von Unternehmen in verschiedenen Ländern miteinander vergleichen können. Ist die Vergleichbarkeit verschiedener Anlagemöglichkeiten nicht oder nur mangelhaft gegeben, kann es nicht zu einer optimalen Allokation der Ressourcen kommen."

[407] Vgl. Busse von Colbe (1995b) 236; und Bürge/Keck (1991) 35 bzw. S. 33: Wünschenswert ist die Vergleichbarkeit vor allem auch dann, „wenn das breite Publikum am Markt teilnimmt". Siehe dazu auch Ausführungen zur zunehmenden Professionalisierung des Aktionariats in Kapitel 8.1.4.b. Zur Frage der Markteffizienz siehe Kapitel 5.4.2.b.i.

[408] Bürge/Keck (1991) 13; dazu Busse von Colbe (1995a) 552/553: „Ein Vergleich der finanziellen Lage von Unternehmen ist um so leichter, je gleichartiger die Grundsätze für die Finanzberichterstattung sind."

[409] Siehe Ausführungen in Kapitel 4.1.1.b.

[410] Vgl. Bürge/Keck (1991) 26: „Oft mussten verschiedene Wahlmöglichkeiten eingeräumt werden, um eine möglichst hohe Akzeptanz zu erreichen"; und Price Waterhouse (1994a) 3: „Because of the difficulty in obtaining worldwide consensus on uniform standards, many IAS historically permitted a choice of alternative accounting treatments for the same item. Whilst this liberal approach may have assisted the initial acceptance of improved financial reporting in many countries, it limited to some extent the acceptability and use of IAS in the major world markets."

[411] „Where choices remain, these are now clearly categorized as 'benchmark' and 'allowed alternative' treatments" (Price Waterhouse (1994a) 3).

Wahlrechten können erwähnt werden: *latente Steuern*[412], *Bewertung der Sachanlagen*[413], *Ansatz der Kosten von Vorräten*[414] sowie die *Bewertung der Wertschriften*[415].

Wegen der weitgehenden Offenlegung der benutzten Wahlrechte und der partiellen Angabe der zahlenmässigen Auswirkungen im Anhang kommt diesen Wahlrechten eine geringere Bedeutung zu als den *Quasi-Wahlrechten*. Als ein solches gilt zum Beispiel die Aktivierung von Entwicklungskosten. Nach IAS sind diese zwar nach Erfüllen der Kriterien von IAS 9 par. 17 zwingend zu aktivieren.[416] Doch sind die Kriterien für ihre Beurteilung sehr subjektiv und vor allem von der Einschätzung durch die Unternehmensführung abhängig. Dies erlaubt dem Management, – unter Beachtung des Grundsatzes der Stetigkeit[417] – die ausgewiesene Bilanz beschönigt darzustellen[418], was die Vorschrift einem Quasi-Wahlrecht gleichkommen lässt.[419] Dass damit die Vergleichbarkeit eingeschränkt ist, liegt

---

[412] IAS 12 ist zur Zeit (April 1996) in der überarbeiteten Version des Exposure Draft E49 in Vernehmlassung. Zu den latenten Steuern siehe ausführlich Kapitel 6.2.5.e.

[413] IAS 16 par. 29 (bevorzugt: Anschaffungswertprinzip) und par. 30 (erlaubt: Tageswertprinzip).

[414] IAS 2 par. 21 (bevorzugt: FIFO) par. 23 (erlaubt: LIFO, jedoch Offenlegung der Differenz zu FIFO nach par. 36).

[415] Nach IAS 25 par. 46 können für Wertschriften des Umlaufvermögens (siehe dazu Kapitel 5.2.2.a und c) das Niederstwertprinzip oder Marktwerte angesetzt werden. Jedoch ist die Offenlegung des Marktwertes der Wertschriften nach IAS 5 par. 13 und IAS 25 par. 55 gefordert.

[416] Siehe dazu Kapitel 5.2.6.c.

[417] Dazu FER 3 Ziff. 15: „Einzelabschluss und Konzernrechnung entsprechen dem Grundsatz der Stetigkeit, wenn sie im Berichtsjahr nach den gleichen Grundsätzen erstellt werden wie in der Vergleichsperiode. Die Stetigkeit bezieht sich sowohl auf die Darstellung und Offenlegung des Einzelabschlusses und der Konzernrechnung als Ganzes als auch auf Inhalt und Bewertung der einzelnen Positionen."

[418] Dazu führt Bertschinger (1994a) 333 aus, dass vor allem in den vergangenen Jahren Konzernrechnungsstandards bevorzugt wurden, welche eine oder mehrere der folgenden Grössen besser darstellen, als sie tatsächlich sind: Erhöhung des Eigenkapitals, Senkung der finanziellen Verschuldung, Erhöhung der Liquidität, Verbesserung der Nettoverschuldung, Erhöhung der Aktiven, Verbesserung der Eigenkapitalquote, Erhöhung des Konzern Cash Flows, Erhöhung des Konzernergebnisses, Erhöhung der Eigenkapitalrendite, Erhöhung des Gewinnes pro Aktie. Vgl. ebenfalls Bürge/Keck (1991) 13.

[419] So z.B. haben sowohl Roche, Sandoz, als auch Ciba für das Geschäftsjahr 1995 keine Entwicklungskosten aktiviert. Dazu Roche (Geschäftsbericht) 1995 57: „In Übereinstimmung mit der vorherrschenden Branchenpraxis werden die Entwicklungskosten laufend der Erfolgsrechnung belastet." Siehe auch Einschränkungen in der Berichterstattung 1995 der SMI-Industrieunternehmen in Abb. 4-2.

auf der Hand.[420] Aus diesem Grund versucht das Economic Model vor allem im Rahmen der *Shareholder Conversion* diese fehlende Vergleichbarkeit (zumindest im Ansatz) wieder herzustellen.[421]

4.2.3. Datenkonsistenz unter den Basiselementen

Die Basiselemente des betrieblichen Übergewinnes[422] – Gewinn, Vermögen und Kapitalkostensatz – müssen zwingend aufeinander abgestimmt sein: „[T]he most important requirement is that the method chosen is internally consistent, in particular that the profit figures relate to the profits generated by the capital employed in the calculation of the capital charge."[423] Inkonsistenzen führen zu Verzerrungen, die sehr schnell zu *falschen* Eindrücken der finanziellen Situation der Unternehmung führen können.[424] Speziell trifft dies bei der Analyse von Konzernabschlüssen zu.

Im Sinne der zuverlässigen Beurteilung der Vermögens-, Finanz- und Ertragslage ist aus einer nicht konsolidierten Jahresrechnung nichts zu gewinnen, sobald sich ein wesentlicher Teil der Geschäftstätigkeit in Untergesellschaften abspielt.[425]

---

[420] Dazu auch Stern (1980) 19 analog für Werbeausgaben: „The blind reporting of advertising and promotion on conventional accounting financial statements is almost unbelievable, an important contrast for comparing the accounting and economic models. For the economic model, cash-out is cash-out, and has the same effect on *FCF,* including advertising outlays" (Hervorhebung im Original).

[421] Siehe nachfolgend Kapitel 4.3.4. und 5.2.6.

[422] Siehe dazu Kapitel 3.1. und 3.2.

[423] Davis/Flanders/Star (1991) 23; „If net assets had been chosen as the correct concept of capital employed, then profit after all interest receipts and expenses would have been to be used" (a.a.O. 25).

[424] Dazu auch Volkart (1995b) 1065: „Ungereimtheiten können sehr rasch zu 'dimensional' falschen Wertvorstellungen führen."

[425] Vgl. Böckli (1996) N 1164. Nach OR liegt ein Konzern dann vor, wenn eine Gesellschaft durch Stimmenmehrheit oder auf andere Weise eine oder mehrere Gesellschaften unter einheitlicher Leitung zusammenfasst. (Art. 663e Abs. 1 OR); Bertschinger (1994a) 333 definiert die nach Art. 663e OR verlangte Konsolidierung folgendermassen: „Voraussetzung ist die Beherrschung der Untergesellschaft. Diese wird bei mehr als 50% der Stimmrechte angenommen (Art. 663e Abs. 1 OR). Daneben kommt auch die Beherrschung (einheitliche Leitung) auf andere Weise in Frage, z.B. durch Vertrag, Mehrheit im Verwaltungsrat usw. Es ist somit nicht die Kapitalmehrheit, sondern die Stimmenmehrheit massgebend." Nach US-GAAP: „A majority-owned subsidiary is defined as one in which the parent company has a *controlling* financial interest through direct or indirect ownership of a majority voting interest" (in Price Waterhouse (1994b) 7).

Falls für eine möglichst zuverlässige Beurteilung der Vermögens- und Ertragslage der Gesellschaft eine Konzernrechnung notwendig ist, muss diese im Sinne
verbesserten Einblicks in jedem Fall erstellt werden.

Die Konsolidierung dient dabei als Instrument zur Erstellung einer Konzernrechnung.[426] Sie „geht von der Fiktion aus, die Geschäftstätigkeit, die sich in verschiedenen juristischen Personen und auf verschiedenen Gesellschaftsebenen mit
je verschiedener Rechtslage vollzieht, sei einem *einheitlichen Unternehmen* zuzurechnen."[427]

Obschon die Konzernrechnung hilft, die Verhältnisse besser als mit dem Einzelabschluss eines Mutterhauses darzustellen[428], dürfen die mit der Konsolidierung einhergehenden Verzerrungen der Rentabilität und Ertragskraft nicht übersehen werden.[429] Aus diesem Grund stellt das Economic Model die Forderung
auf, bei der Berechnung der einzelnen Elemente auf deren Übereinstimmung zu
achten und so die Qualität der damit gemachten Aussagen zu erhöhen.[430]

---

[426] Behr (1992a) 39: Konsolidierung in dem Sinne, dass die gruppeninternen Beziehungen eliminiert
und die solchermassen berichtigten Totale der einzelnen Jahresrechnungen als *Einheit* ausgewiesen
werden. Böckli (1996) N 1166 umschreibt die Konsolidierung folgendermassen: „Will man die
Beurteilung der wirtschaftlichen Lage einer einheitlich geführten, auf mehreren gesellschaftsrecht-
lichen Ebenen tätigen Unternehmensgruppe verbessern, so ist dazu die Zusammenfassung sämtlicher Rechenwerke notwendig." Zur Konsolidierung und zur Konzernrechnung ausführlich Zen-
häusern/Bertschinger (1993).

[427] Böckli (1996) N 1168; Böckli erkennt, dass man bei der Konsolidierung „Äpfel und Nüsse addiert
und durch zwei teilt" und kommt dabei zum Schluss, dass die Konsolidierung eine zuverlässige
Beurteilung der wirtschaftlichen Verhältnisse erschwert (Böckli (1996) N 1170).

[428] „Der Sinn der Konzernrechnung ist eigentlich unbestritten. Es wird davon ausgegangen, dass eine
konsolidierte Jahresrechnung einen besseren Einblick in die Vermögens-, Finanz- und Ertragslage
einer Holding-Gesellschaft und ihrer direkt und indirekt beherrschten Tochtergesellschaften gibt,
als der Einzelabschluss der Holdinggesellschaft. Die Konzernrechnung ergibt einen zwar zusammengefassten, aber trotzdem vertieften Einblick in die in- und ausländischen Konzerngesellschaften als Ganzes" (Bertschinger (1994a) 332).

[429] Auch die dargestellte Verfügbarkeit von Kapital in einem Konzern ist nicht zwingendermassen
vorhanden. Eine Vielzahl von Sperrklauseln, Währungs- und Transferrestriktionen und die steuerlichen Konsequenzen sprechen gegen den tatsächlichen Zugriff der Obergesellschaft auf das ausgewiesene Vermögen der Untergesellschaften (vgl. Bertschinger (1994a) 338).

[430] „CONSISTENCY: This is the essence of quality" (Reimann (1992) 40). Dazu auch Martin/Saliba
(1994) 3: „In practice, however, the lack of consistency means there is a high risk of drawing incorrect conclusions either because judgments are based on headline numbers or because insufficient information is provided to enable proper adjustments."

4.3. Konversionen des Economic Model

Trotz der eben erwähnten Vorbehalte bleibt die Konzernrechnung die zur Unternehmensbeurteilung relevante Datenbasis: „Die externe Jahresabschlussanalyse ist trotz aller bekannten Mängel und Grenzen ein zentrales Instrument zur Beurteilung von Unternehmen."[431] Auch die institutionellen Anleger stützen ihre Anlageentscheidungen vor allem auf die Daten der Berichterstattungen[432], doch reicht der Umfang dieser Informationen für einen engagierten Investor selten aus, zahlenmässig detaillierte Unternehmensanalysen durchzuführen. Dabei kann das Institut der *Sonderprüfung*[433] *kein* sinnvoller Ersatz einer fehlenden transparenten Informationspolitik sein.[434]

Die Bewertung am Markt erfolgt nicht aufgrund buchhalterischer, sondern wirtschaftlicher Massstäbe.[435] So sind Anpassungen der verfügbaren Buchhaltungsdaten an die Perspektive des Marktes, insbesondere an die Sichtweise des Aktionärs notwendig.[436] Stern Stewart & Co. erwähnen nicht weniger als 164 Adjustierungen[437], welche geeignet sind, aus dem publizierten Datenmaterial eine investorenorientierte Datenbasis zu generieren.[438] Jedoch sollte der Umfang der Anpas-

---

[431] Burger/Schellberg (1995) 561; vgl. auch Drill (1995).

[432] Vgl. Busse von Colbe (1995a) 552.

[433] Art. 697a ff. OR.

[434] Die Sonderprüfung erlaubt zwar den Aktionären Auskunft über bestimmte Sachverhalte zu verlangen. Jedoch sieht Böckli (1996) N 1896 neben den Vorteilen auch für das Unternehmen destabilisierende oder gar schädigende Wirkungen bei missbräuchlichem Einsatz dieses Instrumentes. Ähnlich auch Nobel, der dem Institut der Sonderprüfung die Funktion des Drohmittels zuschreibt, welches die mögliche Verantwortlichkeitsklage (Art. 716b Abs. 2 OR) erleichtert, jedoch nur Nachteile für das beklagte Unternehmen mit sich bringt (Nobel (1995) 1062). Ausführlich zur Sonderprüfung Meier-Schatz (1995b) 829ff.

[435] „Accounting consequences do not influence our operating or capital-allocation decisions" (Buffet (1995) 2); und Stern (1980) 7: „The accounting model has its uses, but it can also be badly distorted by bookkeeping entries"; vgl. auch Bühner (1990) 16.

[436] Vgl. Stewart (1991) 34; ähnlich Von Rütte/Hoenes (1995) 59: „Mit der zunehmenden Bedeutung der immateriellen Werte und dem gestiegenen Bedürfnis nach einer besseren Beurteilung des wirtschaftlichen Erfolges, sowie der Zukunftsaussichten von Unternehmen werden vermehrt neue und effizientere Mittel und Wege der Informationsvermittlung gefordert. Die traditionelle, vorab auf materielle Werte fixierte Berichterstattung scheint dabei nicht mehr allen Adressatenforderungen gerecht zu werden."

[437] Stern (1994a) 65; eine Liste der Adjustierungen ist nur für Kunden von Stern Stewart & Co. erhältlich. Sie bildet einen integrierten Bestandteil der Beratungstätigkeit von Stern Stewart & Co.

[438] „A system like EVA produces very different results from the SEC accounting rules, which are based on GAAP" (Stern (1994a) 60).

sungsrechnungen einer Kosten-Nutzen-Betrachtung unterzogen werden.[439] Mit Blick auf die teilweise fehlenden Mindestgliederungsvorschriften, die (Quasi-) Wahlmöglichkeiten und die freiwillige Publikation weiterer Informationen scheint es geradezu unmöglich, allgemeingültige, *verbindliche* Aussagen über die Anpassungen zu machen. Diese müssen im Einzelfall (bzw. für eine einzelne Branche) festgelegt werden.[440]

In dieser Arbeit werden die Anpassungen zur Bereinigungen buchhalterischer Verzerrungen *Konversionen* genannt. Ein Raster (Abb. 4-4) soll die Diskussion vereinfachen. Insgesamt werden über *vier Stufen* nichtbetriebliche, finanzielle, steuerliche und bewertungstechnische Verzerrungen des Accounting Models beseitigt, um zu einem Zahlenverständnis zu gelangen, welches dem Economic Model entspricht.[441]

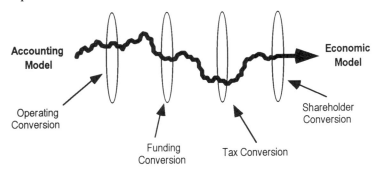

Abb. 4-4:   Konversionen zur Ermittlung des Economic Model

Im folgenden werden die vier Konversionen kurz besprochen. Dabei handelt es sich jedoch um grundsätzliche Überlegungen. Einzelthemen der Rechnungslegung werden anhand eines Fallbeispieles in den Kapiteln fünf und sechs diskutiert.

---

[439]   „At some point a trade-off exists between achieving a more accurate return and additional complexity" (Stewart (1991) 92); siehe dazu auch Jung (1981a) 437ff.

[440]   Vgl. auch Burger/Schellberg (1995) 562; dazu Stewart (1994) 74: „For any one company, the definition of EVA that is implemented is highly customized with the aim of striking a practical balance between simplicity and precision."

[441]   Diese Kategorisierung nimmt Stewart in dieser Weise nicht vor. Jedoch ist die Sinnhaftigkeit dieser Vorgehensweise von Mitarbeitern von Stern Stewart & Co. bestätigt worden.

4.3.1. Operating Conversion

EVA versteht sich als Übergewinn der betrieblichen Tätigkeit.[442] Somit geht es in einem ersten Schritt darum, sowohl die Erfolgsrechnung (Gewinngrösse) als auch die Bilanz (Vermögensgrösse) nach dem Kriterium der betrieblichen Zugehörigkeit kritisch zu prüfen. Im Gegensatz zur einfachen Überprüfung der Erfolgsrechnung, welche in der Regel eine Gliederung nach den Kriterien betrieblich / nicht betrieblich und finanziell / nicht finanziell aufweist, bietet die Bilanz weitaus grössere Probleme. Dies vor allem deshalb, weil die Aktivseite meist nach dem Kriterium der *Verfügbarkeit*, die Passivseite nach der *Fristigkeit* gegliedert ist und eine weitere Unterteilung (z.B. nach dem Kriterium der betrieblichen Gebundenheit) unterbleibt.

In diesem Zusammenhang sind die durch IAS 14 geforderten Segmentinformationen[443] teilweise dienlich. Sie geben unter anderem Hinweise auf die betriebliche Gebundenheit der Konzernaktiven.[444] IAS 14 verlangt, dass die für die Erwirtschaftung des betrieblichen Gewinnes verantwortlichen Vermögensteile *(segment assets)* separiert ausgewiesen werden.[445] Zudem muss ein möglicher Differenzbetrag zwischen der Summe der Segmentaktiven und der Konzernbilanzsumme offengelegt werden.[446] Dies erlaubt – zumindest summarisch –

---

[442] Siehe Kapitel 3.1. und 3.2.2.

[443] In IAS 14 par. 22 werden die Angaben von *sales, segment result, segment assets employed, basis of inter-segment pricing* verlangt.
IAS 14 par. 5 umschreibt die Zielsetzung der Segmentinformation folgendermassen: „The objective of presenting information by segments is to provide users of financial statements with information on the relative size, profit contribution, and growth trend of the different industries and different geographical areas [...] to enable them to make more informed judgments about the enterprise as a whole." Für IAS 14 ist eine Neufassung als Exposure Draft E51 (vgl. auch United Nations (1995) 11). Der neue Standard sollte zu Beginn 1997 erscheinen (siehe IASC (1995b) 5).

[444] Je nach Anforderungen des entsprechenden Rechnungslegungsstandards werden bei den Segmentinformationen Erfolgsgrössen, Produktion, Investition, Mitarbeiter nach Branchen und/oder Regionen aufgegliedert (vgl. Zenhäusern/Bertschinger (1993) 342). „Der Ergebnisausweis je Segment dient dazu, Höhe und zeitliche Stabilität des betrieblichen Erfolgsstromes zu beurteilen. Ausserdem bietet er Anhaltspunkte für die Einschätzung des leistungswirtschaftlichen Risikos der Gesellschaft" (Drill (1995) 84).

[445] „The disclosure of the segment assets gives an indication of the resources employed in generating segment operating results" (IAS 14 par. 18). FER 8 Ziff. 3 verlangt dagegen lediglich die Aufgliederung der Nettoerlöse aus Lieferungen und Leistungen nach geographischen Märkten und Geschäftsbereichen.

[446] IAS 14 par. 23; siehe Bsp. in Surveillance (Geschäftsbericht) 1994 49.

einen raschen Einblick in die Struktur und die betriebliche Gebundenheit des Konzernvermögens, was die Berechnung der Net Operating Assets (NOA) unter Umständen erleichtert.[447]

Im Rahmen der Operating Conversion werden schwerpunktmässig folgende Einzelthemen der Rechnungslegung angesprochen:

Thema	Kapitel
Abschreibungen	5.3.2.
Anlagen im Bau	5.2.2.d.
Betrieblicher Gewinn	5.3.1.
Beteiligungserträge	5.3.4.
Eigene Aktien	5.2.2.c.
Equity-Beteiligungen	5.2.2.b.
Finanzanlagen (des Anlagevermögens)	5.2.2.b. und 6.2.4.
Liquide Mittel	5.2.2.a.
Nicht betriebliches Vermögen (im allgemeinen)	5.2.2.e.
Wertschriften	5.2.2.a.

Abb. 4-5:   Einzelthemen der Rechnungslegung bei der Operating Conversion

4.3.2. Funding Conversion

Bei diesem Schritt geht es um die vollständige Erfassung aller Finanzierungsmittel. Neben den ausgewiesenen Finanzierungsformen wie verzinsliches Fremdkapital, Minoritäten und langfristige, nicht zinstragende Verbindlichkeiten (z.B. Pensionsrückstellungen) werden auch *versteckte* Finanzierungsformen als wirtschaftlich relevant betrachtet. Der Fokus liegt dabei vor allem auf den *Leasing- und Mietgeschäften.*

Der Grundsatz der *wirtschaftlichen Betrachtungsweise*[448] verlangt, „dass bei der Erstellung der Jahresrechnung der wirtschaftlichen vor der juristischen Betrach-

---

[447] Bleibt anzumerken, dass viele Unternehmen nur beschränkte Segmentinformationen offenlegen. So zeigt sich bei Arthur Andersen (1995), dass von den 65 untersuchten Unternehmen zwar 35 ein IAS-Testat aufwiesen, jedoch nur gerade zwölf Gesellschaften eine Aufgliederung der Aktiven nach Segmenten machten.

[448] IAS Framework par. 35: *substance over form*: „If information is to represent faithfully the transactions and other events that it purports to represent, it is necessary that they are accounted for and presented in accordance with their substance and economic reality and not merely their legal form."

tungsweise der Vorrang einzuräumen ist."[449] Zwar verzichten das Aktienrecht und FER auf die explizite Erwähnung dieses Grundsatzes, doch hat diese Grundannahme auch in der Schweiz Gültigkeit.[450] Falls – unter Berufung auf die Vorschriften zu den *Ausserbilanzgeschäften*[451] – die unter wirtschaftlichen Gesichtspunkten ermittelten Verpflichtungen zur Beurteilung der finanziellen Lage des Unternehmens *wesentlich*[452] sind, müssen sie offengelegt werden.

Vor allem angesichts der vielfältigen Gestaltungsmöglichkeiten der Miet- und Leasingverträge lassen sich immer neue Wege finden, um die Rechnungslegungsvorschriften zu umgehen und die finanzielle Situation zu beschönigen: „Die Bilanzierung von Leasinggeschäften wird in vielen Ländern gezielt durch die 'Konstruktion' von Verträgen vermieden, welche die Kriterien für eine Qualifizierung als Financial-Lease 'umschiffen'."[453] Dies erlaubt den Unternehmen, die Bilanzen von weiterem zu aktivierendem Vermögen und den damit verbundenen Verpflichtungen freizuhalten, um somit nicht nur bessere Renditen, sondern auch eine „gesündere" Finanzierungsstruktur (z.B. tieferer Verschuldungsgrad) auszuweisen.

Nicht nur im Sinne einer besseren Transparenz, sondern auch im Hinblick auf mögliche finanzielle Engpässe[454] im Unternehmen ist es wünschenswert, dass Leasing- und Mietverpflichtungen offengelegt werden.[455] Auch Behr ist der Meinung, dass bei strenger Auslegung von Art. 663b Ziff. 3 „sämtliche Verpflichtun-

---

[449] Böckli (1996) N 861a.

[450] Vgl. dazu Böckli (1996) N 86a ff.; gleich Von Rütte/Hoenes (1995) 86. Auch nach Aussagen in Expertengesprächen besteht in der Schweiz der Grundsatz der wirtschaftlichen Betrachtungsweise. Dagegen findet sich keine explizite Erwähnung des Grundsatzes der wirtschaftlichen Betrachtungsweise bei Forstmoser/Meier-Hayoz/Nobel (1996).

[451] IAS 10 und FER 13 (Entwurf).

[452] FER 3 Ziff. 9: „Wesentlich sind alle Sachverhalte, welche die Bewertung und die Darstellung des Einzelabschlusses und der Konzernrechnung oder einzelner ihrer Positionen beeinflussen, sofern dadurch die Aussage so verändert wird, dass die Adressaten des Einzelabschlusses oder der Konzernrechnung in ihren Entscheiden gegenüber der Gesellschaft beeinflusst werden können."

[453] Behr (1994c) 890.

[454] Dazu Schellenberg (1995) 151: „Die Leasinggebühren haben für die gesamte Vertragsdauer den Charakter von Fixkosten und können bei schlechtem Geschäftsgang zu einer kritischen Liquiditätsbelastung führen."

[455] FER 13 (Entwurf) Ziff. 5 fordert den Ausweis operativer Leasingverbindlichkeiten, die nicht innert Jahresfrist kündbar sind.

gen, welche über das Ende des Folgejahres hinausgehen, im Anhang offengelegt werden" sollten.[456]

Zu den relevanten Rechnungslegungsthemen der Funding Conversion können gezählt werden:

Thema	Kapitel
Finanzleasing	5.2.3.a.
Operating Leasing/Miete	5.2.3.b.
Leasingprämien/Mietzahlungen	5.3.3.
Nicht zinstragende kurzfristige Verbindlichkeiten	5.2.4.
Zinstragende Verbindlichkeiten	6.2.5.a.
Minderheitsanteile am Eigenkapital	6.2.5.b.
Rückstellungen im allgemeinen	6.2.5.c.
Pensionsrückstellungen	6.2.5.d.

Abb. 4-6:   Einzelthemen der Rechnungslegung bei der Funding Conversion

4.3.3. Tax Conversion

Aus der Sicht des Investors stellen die zu bezahlenden Steuern eine Ausgabe dar, die den übrigen betrieblichen Aufwendungen gleichzusetzen ist.[457] Die ausgewiesenen Steueraufwendungen entsprechen aber nicht dem im Economic Model relevanten Betrag. Die Höhe der Steuerbelastung muss aus Konsistenzgründen den betrieblichen Erträgen und Aufwendungen bzw. den berücksichtigten Vermögensgrössen angepasst werden. Im wesentlichen sind davon drei Bereiche betroffen:

Thema	Kapitel
Steueraufwand zur Berechnung der Gewinngrösse (nach Steuern)	5.3.6.
Behandlung aktiver und passiver latenter Steuern	5.2.5. und 6.2.5.e.
Berücksichtigung der Steuern bei der Berechnung des Fremdkapitalkostensatzes	5.4.3.c.

Abb. 4-7:   Einzelthemen der Rechnungslegung bei der Tax Conversion

---

[456]   Behr (1994c) 890.
[457]   Vgl. Helbling (1995a) 395.

102

Zur Berechnung der Gewinngrösse (nach Steuern) wird eine *theoretische* Steuerbelastung des betrieblichen Gewinnes berechnet. Diese basiert grundsätzlich auf dem ausgewiesenen Steueraufwand, welcher jedoch z.B. durch die zuviel bezahlten Steuern für Finanzerträge gekürzt und umgekehrt um die Steuerbegünstigungen von Fremdkapitalzinsen erhöht wird.[458]

Wie später ausgeführt wird, werden im Economic Model die latenten Steuern sowohl als Vermögen als auch als Schuld nicht berücksichtigt. Somit sind wiederum aus Konsistenzgründen die jährlich zu verbuchenden latenten Steuern aus dem Steueraufwand auszurechnen.[459]

Eine weitere steuerliche Korrektur ergibt sich bei der Berechnung der Fremdkapitalkosten. Da Fremdkapitalzinsen im allgemeinen als steuerlich akzeptierter Aufwand zählen, wird der Fremdkapitalkostensatz *nach* Steuern berechnet. Dazu werden die Fremdkapitalzinsen vor Steuern mit dem Steuersatz multipliziert.[460]

4.3.4. Shareholder Conversion

Im Zentrum der Shareholder Conversion steht die Ermittlung der sog. *Equity Equivalents (EE)*.[461] Sie stellen die Summe von Vermögensgegenständen dar, die in der Bilanz des traditionellen Rechnungswesens unberücksichtigt bleiben.[462] Vor allem wegen des Vorsichtsprinzips lassen Rechnungslegungsstandards die Aktivierung von Aufwendungen, welche betriebswirtschaftlich eher eine Investi-

---

[458] Siehe auch Kapitel 3.2.2.b.i.

[459] Siehe Kapitel 5.2.5. und 6.2.5.e.

[460] Siehe Kapitel 5.4.3.c.

[461] Nachfolgend Kapitel 5.2.6. „EEs eliminate accounting distortions by converting from accrual to cash accounting, from a pessimistic lenders' to a realistic shareholders' perspective, and from successful-efforts to full-cost accounting" (Stewart (1991) 91); ähnlich Copeland/Koller/Murrin (1994) 159ff. mit den sog. „quasi-equity accounts". Siehe dazu auch Ausführungen in Kapitel 3.2.3.

[462] „Dazu gehören beispielsweise selbstgeschaffene immaterielle Gegenstände des Anlagevermögens, durch Forschungs- und Entwicklungsarbeit geschaffenes Know-How oder die durch Weiterbildung geschaffene Qualifikation der Mitarbeiter" (Bühner (1990) 14).

tion darstellen – z.B. Forschung und Entwicklung, Markterschliessungskosten – meist gar nicht oder nur unter gewissen Bedingungen zu.[463]

Auch werden innerhalb der Equity Equivalents Bewertungsdifferenzen, die aufgrund der unternehmerischen Sichtweise bestehen, berücksichtigt. So orientiert sich der Investor an Marktwerten, wogegen die geltenden Rechnungslegungsstandards nur beschränkt die Berechnung von Barwerten[464] als Annäherungen zu den Marktwerten zulassen.

Thema	Kapitel
Delkredere	5.2.6.a.
Vorräte	5.2.6.a.
Bewertung Sachanlagen, Finanzanlagen	5.2.6.b.
Behandlung Forschung und Entwicklung, Marketing, Restrukturierung	5.2.6.c.
Behandlung Goodwill	5.2.6.d.
Berücksichtigung stille Reserven (Willkürreserven)	5.2.6.e.
Berücksichtigung der Änderungen der Equity Equivalents bei der Berechnung der Gewinngrösse	5.3.5.

Abb. 4-8: Einzelthemen der Rechnungslegung bei der Shareholder Conversion

Die Einschätzung der alternativen Bewertungen ist eine der schwierigsten Aufgaben und gehört sicherlich nicht zu den exakten Vorgängen des Rechnungswesens.[465] So ist es prinzipiell der Einschätzung jedes einzelnen Investors überlassen, die aus seiner Sicht dem Unternehmen (oder der Branche) angemessenen Korrekturen vorzunehmen. Die Shareholder Conversion bildet einen Bezugsrahmen für solche Korrekturen und stellt somit eine Basis dar, auf welcher die Brük-

---

[463] Siehe dazu ausführlich Kapitel 5.2.6.c. Hax/Majluf (1990) 166 verlangen, dass buchhalterische Verzerrungen korrigiert werden und führen explizit Korrekturen in den Bereichen Forschung und Entwicklung und Werbung an. Ähnlich Domeniconi (1991) 19: „Long-term resource allocation is (or should be) a holistic process in which all resource commitments (e.g., bricks and mortar investments, R&D budgets, brand and business franchise building investments, acquisitions) should be considered within an overall resource-allocation – within and among product and geographic businesses." Dazu auch Von Rütte/Hoenes (1995) 67: „Mit der wachsenden Bedeutung der immateriellen Werte und deren mehrheitlicher Abwesenheit in den publizierten Abschlüssen wird von verschiedenen Seiten die Relevanz der bisher in erster Linie auf materiellen Werten und historischen Kosten basierende Rechnungslegung kritisiert."

[464] Z.B. bei der Bewertung von Pensionsrückstellungen und Finanzinstrumenten.

[465] „Some of the most difficult issues in accounting center on *when* an unexpired cost expires and becomes an expense" (Horngren/Sundem (1987) 44).

ke zwischen Bewertung der Gewinn- und Vermögensgrössen entsprechend den Vorschriften der Rechnungslegung und der durch die Börse vorgenommenen Bewertung geschlagen werden kann.[466]

---

[466] „These adjustments turn capital into a more accurate measure of the base upon which investors expect their returns to accrue and make NOPAT a more realistic measure of the actual cash yield generated for investors from recurring business activities" (Stewart (1991) 112).

Teil II

Berechnung des Economic Value Added

5. Berechnung von EVA im einzelnen

Die in Kapitel drei vorgestellten Basiselemente der Kennzahl EVA – *Gewinn-grösse*, *Vermögensgrösse* und *Kapitalkostensatz* – sollen nun einzeln anhand eines Zahlenbeispiels und unter Berücksichtigung des in Kapitel vier diskutierten Economic Model berechnet werden.

Üblicherweise wird bei der Unternehmensanalyse von der Erfolgsrechnung ausgegangen. Die Bilanz tritt so meist in den Hintergrund und gerät unter Umständen in Vergessenheit. Nicht zuletzt aus diesem Grund verlangt die hier vorgestellte Vorgehensweise, zunächst die Bilanz anzugehen und erst anschliessend auf die Erfolgsrechnung einzutreten.

Anhand eines fiktiven[467] Unternehmens, der *Beispiel-AG*[468], werden im folgenden die einzelnen Berechnungsschritte zur Ermittlung von EVA der Jahre 1991 bis 1995 vorgestellt.[469] Das Zahlenbeispiel wird auch zur Erläuterung der Unternehmensbewertung mit EVA in Kapitel 6 verwendet. Zur Illustration werden bei einzelnen Themen weitere Beispiele aus der Praxis herangezogen.

5.1. Überblick

Die Berechnung von EVA erfolgt zu Beginn des Kapitels, um dem Leser den notwendigen Überblick zu verschaffen. Die Berechnung der einzelnen Basiselemente erfolgt in den folgenden Kapiteln 5.2. (NOA), 5.3. (NOPAT) und 5.4. (c*).

---

[467] Die Verwendung eines konstruierten Beispiels erlaubt, eine möglichst grosse Anzahl von in der Praxis auftretenden Anpassungen und Bewertungsaspekten berücksichtigen zu können.

[468] Die Beispiel-AG ist ein Schweizer Technologiekonzern, dessen Produkte eine intensive Forschung und Entwicklung und ebenfalls ein intensives Marketing benötigen. Der Markt, in welchem die Beispiel-AG auftritt, ist stark umkämpft. Seit einigen Jahren sind Unternehmenszusammenschlüsse an der Tagesordnung und man rechnet damit, dass auch in den nächsten Jahren die Konzentration weiter voranschreiten wird. Auch die Beispiel-AG möchte ihr Wachstum teilweise in Form von Akquisitionen realisieren. Mit einer Börsenkapitalisierung von rund CHF 35 Milliarden gehört sie zu den grössten Schweizer Industriebetrieben.

[469] Die Jahresrechnungen 1991 bis 2000, sowie die Korrekturrechnungen der Jahre 1996 bis 2000 finden sich im Anhang. Die Korrekturrechnungen für die Jahre 1991 bis 1995 sind in diesem Kapitel abgedruckt.

Economic Value Added (EVA) (in CHFm)	1991	1992	1993	1994	1995
NOPAT (Abb. 5-14)	845	1'777	2'155	2'419	2'495
NOA (zu Beginn der Jahres) (Abb. 5-3)	n/a	15'779	18'232	20'653	22'795
c* (Abb. 5-18)	7.2%	8.0%	6.5%	6.7%	6.4%
EVA = NOPAT - NOA x c*	n/a	519	971	1'029	1'027

Abb. 5-1: Berechnung von EVA der Beispiel-AG (mit NOA zu Beginn des Jahres)

Zur Berechnung des EVA wird grundsätzlich das betriebsnotwendige Vermögen zu *Beginn* des Jahres verwendet.[470] Das entspricht der Überlegung, dass im Normalfall nur die zu Beginn der Periode vorhandenen Ressourcen zur Wertschöpfung zur Verfügung standen. Bei stark wachsenden Unternehmen kann es auch angebracht sein, einen Durchschnitt von Periodenanfangs- und -endbestand anzuwenden. Die zahlenmässigen Auswirkungen bei Verwendung eines Durchschnitts zeigt Abb. 5-2:

Economic Value Added (EVA) (in CHFm)	1991	1992	1993	1994	1995
NOPAT (Abb. 5-14)	845	1'777	2'155	2'419	2'495
NOA (als Jahresdurchschnitt) (Abb. 5-3)	n/a	17'006	19'442	21'724	23'746
c* (Abb. 5-18)	7.2%	8.0%	6.5%	6.7%	6.4%
EVA = NOPAT - NOA x c*	n/a	421	892	957	966

Abb. 5-2: Berechnung von EVA der Beispiel-AG (mit NOA als Jahresdurchschnitt)

Da die Vermögensbasis unseres Unternehmens mit rund 12% p.a. wächst, wirkt sich die Berücksichtigung des Jahresdurchschnitts merklich auf die Höhe von EVA aus. Die höhere Vermögensgrösse verursacht höhere Kapitalkosten und führt somit zu einem tieferen EVA.

Ohne einen Vergleich zu anderen Unternehmen oder ohne eine Grössenbereinigung der berechneten EVAs können nur beschränkt Rückschlüsse auf die betriebliche Leistungsfähigkeit gezogen werden.[471] Die so berechneten absoluten EVAs sagen einzig darüber etwas aus, ob die betriebliche Tätigkeit des Unter-

---

[470] Siehe auch Ausführungen in Kapitel 3.2.2.
[471] Siehe dazu ausführlich EVA als Basis zur Performancemessung in Kapitel 7.

nehmens die gesamten Finanzierungskosten des betrieblich gebundenen Vermögens decken konnten. Falls EVA negativ ist, hätte das Kapital, welches in die betrieblichen Prozesse investiert war, von einem anderen Unternehmen mit ähnlichem Risikoprofil unter Umständen verzinst werden können.[472] Dabei ist von einem *ähnlichen* (und beispielsweise nicht *tieferen*) Risikoprofil eines anderen Unternehmens auszugehen, da sonst die Vergleichbarkeit der betrieblichen Leistungsfähigkeit nur beschränkt gegeben wäre.

5.2. Ermittlung der Vermögensgrösse NOA

Für die Beispiel-AG berechnet sich die Vermögensgrösse (NOA) wie folgt:

Net Operating Assets (NOA) (in CHFm)	1991	1992	1993	1994	1995
Bilanzsumme (Abb. 10-1)	22'447	23'301	25'160	28'811	32'620
- Wertschriften (Abb. 10-1)	-7'355	-7'801	-7'973	-8'911	-10'250
- Eigene Aktien (sind in den Wertschriften enthalten)					
- Anlagen im Bau (Abb. 10-3)	-648	-793	-1'066	-965	-1'479
- Andere nicht betriebliche Aktiven (Abb. 10-3)	-250	-225	-210	-230	-220
+ Nicht bilanzierte Leasing- und Mietobjekte (Abb. 5-7)	236	269	302	339	403
- Nicht zinstragende kurzfristige Verbindlichkeiten (Abb. 10-1)	-1'756	-2'026	-2'473	-3'646	-4'140
- Aktive latente Steuern (Abb. 10-3)	-57	-45	-71	-69	-103
+ Equity Equivalents (EE) (Abb. 5-9)	3'162	5'552	6'983	7'466	7'868
NOA (Ende des Jahres)	15'779	18'232	20'653	22'795	24'698
NOA (Beginn des Jahres)	n/a	15'779	18'232	20'653	22'795
NOA (Durchschnitt)	n/a	17'006	19'442	21'724	23'746

Abb. 5-3: Berechnung der Net Operating Assets (NOA) der Beispiel-AG

5.2.1. Ausgangspunkt: Bilanzsumme

Der Ausgangspunkt zur Berechnung der NOA bildet die Bilanzsumme. Bei der Durchsicht der Aktivseite der Bilanz geht es anschliessend darum, einerseits aktivierte, jedoch *nicht betrieblich* genutzte und andererseits *nicht aktivierte*, je-

---

[472] Wiederum soll darauf hingewiesen werden, dass ein EVA einer Periode nicht a priori als der in dieser Periode geschaffene Shareholder Value aufgefasst werden darf. Siehe dazu Kapitel 2.2.4.

doch betrieblich genutzte Vermögensobjekte zu lokalisieren. Folgendes Schema (Abb. 5-4) dient als Orientierungshilfe zur Korrektur der Vermögensgrösse.

Vermögensobjekte sind ...	... aktiviert	... nicht aktiviert
... betrieblich gebunden	*Kein* Handlungsbedarf (sind mit der Bilanzsumme in die Rechnung aufgenommen)	Zu *Marktwerten* zur Bilanzsumme *zählen*
... nicht betrieblich gebunden	Zu *Buchwerten* von der Bilanzsumme *abziehen*	Vorerst *kein* Handlungsbedarf[473]

Abb. 5-4: Vorgehen zur Anpassung der Vermögensgrösse NOA

5.2.2. Aktiviertes, *nicht betrieblich* gebundenes Vermögen

Da wir die Bilanzsumme zu Buchwerten übernommen haben, kann das aktivierte, nicht betrieblich gebundene Vermögen ebenfalls zu *Buchwerten* abgezogen werden. Die Berücksichtigung allfälliger Marktwerte ist bei der Unternehmensbewertung von Relevanz.

a) Wertschriften

Schweizer Aktiengesellschaften halten teilweise hohe Bestände an liquiden Mitteln und Wertschriften. Rund 10 bis 25% des Unternehmenswertes sind in der Schweiz bei Industrie- und Handelsgesellschaften „eher die Regel als die Ausnahme".[474]

Unter den Wertschriften werden üblicherweise die Wertpapiere des Umlaufvermögens *(marketable securities)* verstanden. Diese unterscheiden sich von den Wertschriften des Anlagevermögens[475] in dem Sinne, als sie nicht als dauernde Anlage betrachtet und jederzeit veräussert werden können, ohne dass dadurch die betriebliche Tätigkeit direkt beeinträchtigt wird.[476] Sie sind insofern wesentlich für die Unternehmensführung, als sie den Charakter einer *Sparkasse* haben, wel-

---

[473] Relevant bei der Unternehmensbewertung. Siehe Kapitel 6.2.4.

[474] Birchler (1995) 268; dabei wurde der Unternehmenswert als Börsenkapitalisierung plus Fremdkapital definiert.

[475] Z.B. Beteiligungen, *long term investments* (siehe nachfolgend Kapitel 5.2.2.b.).

[476] „Excess cash and marketable securities are the short-term cash and investments that the company holds over and above its *target* cash balances to support operations" (Copeland/Koller/Murrin (1994) 161; Hervorhebung im Original).

che zur Rückzahlung eines ausstehenden Kredits bzw. Anleihe geäuffnet wird, oder den Charakter einer *Kriegskasse* haben, welche ein rasches Handeln für betrieblich notwendige Investitionen und Akquisitionen ermöglicht. Ein Fehlen der Wertschriften stellt die Unternehmung gegebenenfalls vor zukünftige Finanzierungsprobleme, bedeutet jedoch i.d.R. unmittelbar keine Beeinträchtigung der operativen Tätigkeit. Aus diesem Grund werden die Wertschriften (zu Buchwerten[477]) von der Bilanzsumme abgezogen.

Im Gegensatz dazu sind die *liquiden Mittel*[478] in der Regel direkt mit der betrieblichen Tätigkeit verbunden und nicht ohne weiteres jederzeit aus dieser heraustrennbar *(Betriebsnotwendige Liquidität)*. Gegenüber den Wertschriften ist die Verwendbarkeit stark eingeschränkt (im Sinne der *Zusatzliquidität*). Wertschriften und flüssige Mittel werden üblicherweise getrennt ausgewiesen.[479] Angesichts der immer fortschrittlicheren und meist sehr schnell reagierenden Bewirtschaftung von Geldanlagen[480] kann davon ausgegangen werden, dass flüssige Mittel, die zur betrieblichen Tätigkeit nicht gebraucht werden, sofort in Wertpapiere investiert werden und somit ihre Position in der Bilanz wechseln. Die in der Bilanz ausgewiesenen flüssigen Mittel müssen deshalb als nicht frei verwendbar und unmittelbar betriebsnotwendig angesehen werden.[481] Da üblicherweise der Hinweis auf den Grad der Verfügbarkeit der flüssigen Mittel fehlt[482], werden sie im Gegensatz zu den Wertschriften *nicht* von der Bilanzsumme abgezählt.[483]

---

[477] Berücksichtigung eventueller Marktwerte bei der Unternehmensbewertung (siehe Kapitel 6.2.4.).

[478] Zu den liquiden (flüssigen) Mitteln werden üblicherweise die Kassa-, Postcheck-, Kontokorrent- und andere Bankguthaben der laufenden Tätigkeit gezählt (siehe STG-C&L (1995b) 86).

[479] „Der Bestand an flüssigen Mitteln beinhaltet keine Wertschriften" (Bertschinger (1994a) 334). IAS 5 par. 13 sieht eine getrennte Behandlung von *cash* (liquide Mittel) und *marketable securities* (Wertschriften) vor. Gleich FER 7 Ziff. 3. Ausnahme bildet das Aktienrecht, dessen Mindestgliederung (Art. 663 OR) im Umlaufvermögen nur den Ausweis der Position flüssiger Mittel verlangt.

[480] Z.B. mittels Cash Management (siehe Boemle (1995) 163).

[481] Vgl. auch STG-C&L (1995b) 86.

[482] Nur *eine* von 65 untersuchten Gesellschaften hat 1994 Angaben zur Einschränkungen der Verwendbarkeit der flüssigen Mittel gemacht (siehe Arthur Andersen (1995) 46).

[483] Eine Gleichbehandlung mit den Wertschriften würde vor allem bei Unternehmen mit grossen Beständen an betrieblich notwendigen flüssigen Mitteln zu einem verzerrten Bild der finanzwirtschaftlichen Realität führen. So wies beispielsweise die Konzernrechnung der Migros (Gemeinschaft) 1994 bei einer Bilanzsumme von CHF 12'228m (100%) Wertpapiere von CHF 303m (2.5%) und flüssige Mittel von CHF 1'917m (15.7%) aus. Ein Abzählen der Wertschriften

(Fortsetzung...)

b) Spezielle Betrachtung: Nichtkonsolidierte Beteiligungen

Bei den Wertpapieren des Anlagevermögens verlangt das Aktienrecht analog den Anforderungen internationaler Standards den separaten Ausweis von *Beteiligungen*.[484] Dabei wird eine *Absicht dauernder Anlage* und ein *massgeblicher Einfluss* bei 20% oder mehr Stimmenanteilen vermutet.[485] Bleiben die Anteile unterhalb 50%, wird von einer *assoziierten Gesellschaft*[486] gesprochen. Diese werden nach der *Equity-Methode*[487] bewertet.[488]

Bei einer Beteiligung von 50% (z.b. ein *Joint Venture*[489]) wird im Normalfall[490] eine *Quotenkonsolidierung* durchgeführt. Bei dieser werden Bilanz und Erfolgsrechnung Position für Position[491] entsprechend dem Joint Venture-Anteil einbe-

---

und der flüssigen Mittel von der Bilanzsumme würde das betrieblich notwendige Vermögen rund 15% zu tief ausweisen, was in der Folge Renditekennzahlen zu positiv erscheinen liesse.

[484]   Art. 663a Ziff. 4 OR. Im Anhang Ziff. 7 (Art. 663b) muss jede einzelne Beteiligung, die für die Beurteilung der Vermögens- und Ertragslage wesentlich ist, aufgeführt werden. Zur Bestimmung der Wesentlichkeit wird ein gemischtes Kriterium zwischen Funktion und Grössenverhältnis angesehen (siehe dazu Böckli (1996) N 954).

[485]   Art. 665aAbs. 3 OR. Nach IAS 28 ist die Existenz einer Beteiligung nicht ausschliesslich abhängig von der direkt oder indirekt vertretenen Stimmquote. Die Grenze von 20% wird als Richtgrösse für die Bestimmung eines massgeblichen Einflusses angegeben. Der massgebliche Einfluss selbst umschreibt ausführlich IAS 28 par. 5.

[486]   *Associated company.*

[487]   „Die Erfassung der Beteiligung zum anteiligen Wert wird unter der Bezeichnung Equity-Methode zusammengefasst" (Behr (1987) 75). Siehe dazu FER 2 Ziff. 6; IAS 28 par. 24. IAS 28 par. 6 beschreibt die Methodik eingehend. Die Equity-Methode hat im Zuge der internationalen Ausrichtung Schweizer Unternehmen seit 1988 stark an Bedeutung gewonnen. 1988 hat jede vierte Gesellschaft eine Minderheitsbeteiligung nach Equity-Methode bewertet, 1994 waren es schon drei von vier Unternehmen (vgl. Arthur Andersen (1995) 42).

[488]   Absichtlich wird von *bewertet* und nicht von *konsolidiert* gesprochen. Im Gegensatz zu konsolidierten Beteiligungen bleibt die Position Beteiligung in der Konzernbilanz bestehen.

[489]   „A *joint venture* is a contractual arrangement whereby two or more parties undertake an economic activity which is subject to joint control" (IAS 31 par. 2).

[490]   Ausnahme z.B. bei den US-GAAP: Grundsätzlich werden Joint Ventures in den USA nach der Equity-Methode bewertet. Falls die Beteiligung grösser als 50% ist, sollte eine Vollkonsolidierung erfolgen (siehe auch Price Waterhouse (1994b) 9).

[491]   IAS 31 par. 2: „line-by-line basis". Dazu Bertschinger (1994a) 333: „Alle Aktiven, Passiven, Aufwendungen und Erträge werden anteilig in die Konzernrechnung übernommen."

zogen.[492] Eine Ertrags-Vermögens-Verzerrung liegt somit wie bei der *Vollkonso-lidierung* (für Beteiligungen über 50%) nicht vor.[493]

Im Gegensatz zu den voll- oder quotenkonsolidierten Beteiligungen können die nach Equity-Methode bewerteten Beteiligungen die Vermögens- und Ertragslage des Konzerns u.a. in zweierlei Hinsicht verzerren:

Erstens: Wenn die Beteiligung an einer ertragsschwachen, aber sehr eigenkapitalkräftigen Gesellschaft besteht, die der *Verfügungsmacht* der Gesellschaft, die die Beteiligung hält, in Tat und Wahrheit *entzogen* ist. Die Equity-Methode kann in diesem Fall zu dem durch die konkreten Verhältnisse nicht begründeten Eindruck führen, die Obergesellschaft verfüge tatsächlich über die entsprechende Quote an jenem Eigenkapital.[494]

Zweitens: Der Vermögensposition „Beteiligungen" stehen in der Erfolgsrechnung Grössen wie Beteiligungserträge oder Dividendenerträge von assoziierten Gesellschaften gegenüber. Hinweise auf Betriebsergebnisse unterbleiben im Normalfall. Die Einschätzung einer betrieblichen Leistungsfähigkeit ist im Sinne der vorliegenden Analyse ohne weitere Informationen somit nicht möglich.

Bleibt die Frage, wie Equity-Beteiligungen und Finanzanlagen, welche nicht zu den Wertschriften des Umlaufvermögens zu zählen sind, in der EVA-Analyse behandelt werden sollen.[495] Grundsätzlich würden der fehlende Zugriff auf die Vermögensposition und das Fehlen der Angaben von Betriebsergebnissen dafür sprechen, die Position aus dem betrieblich gebundenen Vermögen auszurechnen.

---

[492] Zum Vergleich der Quotenkonsolidierung und der Equity-Methode siehe ausführlich Zündorf (1987).

[493] „Der Vorteil der Vollkonsolidierung ist, dass sie mehr Umsatz / Cash Flow zeigt als die anderen Methoden. Sie führt aber zur höchsten Bilanzsumme, was zu einem schlechten Debt-Equity-Verhältnis führt. Die Equity-Methode zeigt am wenigsten Fremdkapital (off balance sheet financing). Die Schulden der nicht konsolidierten Gesellschaften können zum Verschwinden gebracht werden. Damit zeigt sie die höchste Eigenkapital- und Umsatzrendite. Die Quotenkonsolidierung liegt im Effekt zwischen den beiden Methoden" (Bertschinger (1994a) 333).

[494] Vgl. Böckli (1996) N 1214. Dazu Bertschinger (1992a) 88: „Bei Equity-Gesellschaften besteht kein beherrschender, sondern nur ein massgeblicher Einfluss des Konzerns"; siehe auch Behr (1994d) 836.

[495] So weit ersichtlich geht Stewart auf diese Problematik nicht direkt ein.

Dies würde entsprechend der Zielsetzung des Economic Model verzerrende Verhältnisse zwischen Vermögen und Ertrag korrigieren.[496]

Der Nachteil dieser Vorgehensweise liegt darin, dass unter Umständen solche Finanzanlagen zur *wirtschaftlichen Realität* des Unternehmens in dem Sinne gehören, als sie entweder *betriebsbedingt* oder *erklärtermassen* an die Existenz des Unternehmens gekoppelt sind. Betriebsbedingt dann, wenn das finanzielle Engagement als Voraussetzung für umfangreiche Kooperationensverträge[497] oder auch als strategische Positionierung[498] relevant ist. Erklärtermassen, wenn sich das Management (wiederholt) in Richtung einer *dauernden* Beteiligung ausgesprochen hat.[499]

Mit solchen Finanzanlagen würden aus der Sicht des Aktionärs wesentliche Vermögensbestandteile ausgeklammert, wodurch sie *nie* Gegenstand von betriebswirtschaftlichen Analysen würden, obschon sie *de facto* einen Bestandteil der betrieblichen Tätigkeit bilden. Aus diesem Grund sollten die Equity-Beteiligungen mit ihren entsprechenden Erträgen in die Vermögens- und auch Gewinngrösse zur Berechnung von EVA einfliessen, auch wenn sie nicht rein betriebliche Grössen darstellen.

Das Beispiel Nestlé veranschaulicht das Vorgehen zur Berücksichtigung einer massgeblichen Equity-Beteiligung.

---

[496] Siehe Kapitel 4.2.3.

[497] Z.B. Swissair – Sabena.

[498] Z.B. Ciba – Chiron. Seit Dezember 1994 hält Ciba eine 49,9% Beteiligung an Chiron. „Diese strategische Übereinkommen umfasst vor allem Vereinbarungen zur weltweiten Zusammenarbeit in Forschung und Entwicklung, Produktion und Marketing [...]. Im Rahmen der strategischen Zusammenarbeit wird Chiron weiterhin unabhängig bleiben" (Ciba (Geschäftsbericht) 1994, Finanzteil S. 3). Diese Beteiligung wird nach der Equity-Methode bewertet.

[499] Z.B. Nestlé – L'Oréal. Siehe gleich nachfolgend Abb. 5-5.

Nestlé 1995: Beteiligungen an assoziierten Gesellschaften[500] (in CHFm)	Buchwert (Bestandteil der NOA)	Marktwert	Korrektur in EE	Korrektur in NOPAT
L'Oréal	753	4'962	4'209	n/a
Sonstige	98	n/a	–	n/a
Summe	851	–	–	168

Abb. 5-5: Behandlung von Beteiligungen an assoziierten Gesellschaften (am Bsp. der Nestlé)

Bei Nestlé entfielen im Jahre 1995 CHF 753m auf die Beteiligung von 26,3% an L'Oréal. Der Börsenwert dieser Beteiligung betrug per 31. Dezember 1995 CHF 4'962m.[501] Die Anteile am Ergebnis von assoziierten Gesellschaften wurden mit CHF 168m (nach Steuern) nicht im Betriebsergebnis eingerechnet.[502]

Da mit der Übernahme der Bilanzsumme die Finanzanlagen und andere Anlagewerte schon in der Vermögensgrösse berücksichtigt worden sind, braucht es an dieser Stelle vorerst keine Korrektur der NOA. Die Bewertungsdifferenz zu Marktwerten von CHF 4'209m wird innerhalb der EE-Korrekturen vollzogen.[503] Zudem muss auf der Seite der Gewinngrösse NOPAT der Anteil am Ergebnis von assoziierten Gesellschaften nach Steuern hinzugezählt werden, da sich der ausgewiesene Betriebsgewinn bei Nestlé ohne diese Position versteht und so die Gewinngrösse im Verhältnis zur Vermögensgrösse zu tief ausgewiesen würde.[504]

Im Jahr 1995 berechnet sich für Nestlé ein EVA von CHF 1'960m (ohne Berücksichtigung der Equity Equivalents).[505] Die oben erwähnte Korrektur führt nicht etwa zu einer Erhöhung, sondern einer Reduktion des EVA um CHF 34m. Der Grund liegt darin, dass der NOPAT Zuwachs (CHF 168m) nicht ausreicht, um

---

[500] Nach Equity-Methode bewertet.
[501] Nestlé (Geschäftsbericht) 1995 57.
[502] Nestlé (Geschäftsbericht) 1995 55.
[503] Siehe Kapitel 5.2.6.b.
[504] Siehe Kapitel 5.3.4.
[505] Siehe Abb. 7-20.

die zusätzliche Kapitalkosten (CHF 202m[506], verursacht durch den Anstieg des durchschnittlich gebundenen Vermögens um CHF 3'888m[507]) zu decken.

Für die Beispiel-AG sind im Anhang die Marktwerte der nicht konsolidierten Beteiligungen offengelegt. Falls keine Marktwerte verfügbar sind, ist es unter Umständen angebracht, die nach der Equity-Methode bewerteten Positionen mit dem landesüblichen *Market-to-Book-Ratio*[508] (in der Schweiz rund 2,0[509]) zu multiplizieren, um so eine Annäherung an die Marktwerte zu erhalten. Wie erwähnt werden Marktwerte werden im Rahmen der Anpassungen der Equity Equivalents (EE) berücksichtigt (siehe Abb. 5-9). Somit braucht es an dieser Stelle für die Position der nicht konsolidierten Beteiligungen der Beispiel-AG keine Korrektur.

c) Eigene Aktien

Als „eine wichtige Neuerung des Aktienrechts"[510] wird die Möglichkeit des Haltens eigener Aktien bis zu 10% (bzw. 20%[511]) des ausstehenden Aktienkapitals angesehen.[512] In der Schweiz müssen eigene Aktien aktiviert sowie (auch nach FER) separat ausgewiesen und auf der Passivseite Reserven in gleicher Höhe gebildet werden.[513] Dieses Vorgehen steht der anglo-amerikanischen Usanz entge-

---

[506] Unter Berücksichtigung eines Kapitalkostensatzes von 5,2%. Zur Berechnung des Kapitalkostensatzes siehe ausführlich Kapitel 5.4.

[507] Differenz Marktwert - Buchwert für 1995 CHF 4'209m und für 1994 CHF 3'566m; Durchschnitt: CHF 3'888m.

[508] „The market-to-book ratio is the ratio of stock price to book value per share. [...] Book value per share is just shareholder's book equity (net worth) divided by the number of shares outstanding" (Brealey/Myers (1996) 774/775).

[509] SBC Warburg (1996) 3.

[510] Behr (1994c) 892.

[511] „Zum Zwecke des Rückkaufs von eigenen Aktien im Zusammenhang mit der *Vinkulierung* beträgt die Grenze als Ausnahme und echte helvetische Spezialität *20%* [...] Die für solche Zwecke über 10% hinaus erworbenen Aktien sind allerdings, im Gegensatz zu den 'freien' ersten 10%, binnen zweier Jahre wieder zu veräussern oder durch Kapitalherabsetzung zu vernichten" (Böckli (1996) N 384).

[512] Art. 659 OR.

[513] Art. 659a Abs. 2 OR; FER 7 Ziff. 3; auch Offenlegung im Anhang Ziff. 10; zur Bilanzierung und Berichterstattung von eigenen Aktien siehe auch Giger (1996) 147ff.

gen, bei welcher die eigenen Aktien direkt und offen vom Eigenkapital als *treas-ury stock*[514] abzuziehen sind.[515]

Nach Behr ist das System des *treasury stock* dem Prinzip der Aktivierung eigener Aktien vorzuziehen, weil die mit der Aktivierung und gleichzeitigen Reservenbildung einhergehende Bilanzverlängerung zu einem falschen Verhältnis zwischen Eigen- bzw. Fremdfinanzierung führt.[516] Nur *ein Viertel* der Unternehmen, welche Angaben zu eigenen Aktien machen, behandeln diese als „Minuseigenkapital" *(treasury stock)*. Die übrigen ziehen es vor, sie zu aktivieren und innerhalb des Umlaufvermögens auszuweisen.[517]

Falls aktiviert, sind eigene Aktien analog den Wertschriften als nicht betriebsnotwendiges Vermögen zu klassifizieren. Bei kotierten Unternehmen, welche im Rahmen ihrer Anlage- und Börsenpolitik (z.B. Kurspflege[518]) eigene Aktien als Wertschriften halten, ist diese Behandlung einleuchtend.

Sind die aktivierten eigenen Aktien eher als Finanzanlagen des Anlagevermögens im Sinne einer Beteiligung zu beurteilen, sollten sie trotzdem als nicht betriebsnotwendiges Vermögen behandelt werden. Dies deshalb, weil ein Unternehmen an *sich selbst* keine strategische Beteiligung halten kann.[519] Spätestens bei der Liquidation des Unternehmens stellen eigene Aktien einen „Nonvaleur"[520] dar.

Somit sind *aktivierte* eigene Aktien, ob sie nun mehr den Charakter von Wertschriften des Umlaufvermögens oder des Anlagevermögens aufweisen, so oder so als nicht betriebsnotwendiges Vermögen zu betrachten und zu Buchwerten

---

[514] „Treasury stock are a company's shares which have been acquired by the issuing company or a consolidated subsidiary company and are legally available for reissue or resale" (IAS 5 par. 17).

[515] Bertschinger (1992a) 87; IAS 5 par. 17; Behandlung in den US-GAAP siehe unter anderem bei Bertschinger (1995) 274.

[516] Behr (1994c) 892.

[517] Arthur Andersen (1995) 46.

[518] „Die Kurspflege bezweckt, eine zu grosse Disproportionalität zwischen innerem Wert und Kursentwicklung der eigenen Titel zu vermeiden. [...] Von der Kurspflege abzugrenzen ist die *Kursstützung*, welche zur Vermeidung von grösseren Kursrückgängen gegen die Markttendenz erfolgt" (Drill (1995) 201).

[519] Dazu Bertschinger (1992a) 87: „Ein Konzern kann sich nicht selbst besitzen."

[520] Giger (1996) 148.

von der Bilanzsumme abzuziehen. Für *nicht aktivierte* eigene Aktien (*treasury stock*) ist keine Korrekturrechnung notwendig, da sie in der ausgewiesenen Bilanzsumme nicht eingeschlossen sind.

d) Anlagen im Bau

Einen Spezialfall bei der Beurteilung der betrieblichen Notwendigkeit stellen die sogenannten *Anlagen im Bau*[521] dar. Über die Hälfte der Industrie- und Handelsgesellschaften weisen in ihren Geschäftsberichten geleistete Anzahlungen und auch Anlagen im Bau separat aus.[522] Im Gegensatz zu den FER verlangt IAS den separaten Ausweis dieser Position.[523] Teilweise können sie einen erheblichen Anteil des Sachanlagevermögens ausmachen.[524]

Anlagen im Bau sind zwar betriebsnotwendig, standen jedoch zur Erwirtschaftung des betrieblichen Gewinnes *noch* nicht zur Verfügung. So ist zur Beurteilung der operativen Leistungsfähigkeit der vergangenen Periode deren Abzug vom betrieblich notwendigen Vermögen gerechtfertigt.[525] Auch in unserem Beispiel werden die nicht genutzten Anlagen von der Bilanzsumme in Abzug gebracht.[526] Dieser Abzug erfolgt nur temporär. Sobald Anlagen im Bau tatsächlich zur betrieblichen Leistungserstellung zur Verfügung stehen werden diese als Bestandteil der Net Operating Assets (NOA) in die EVA Berechnung miteinbezogen. Dies unter anderem im Unterschied zur Behandlung der eigenen Aktien, die, wie vorhin ausgeführt, nicht als Bestandteil des betriebsnotwendigen Nettovermögens betrachtet werden.

---

[521] Bauten in Arbeit; *construction in progress*; sind nicht zu verwechseln mit den Fertigungsaufträgen von Kunden *(construction contracts)*. Zu den letzteren siehe IAS 11 (revised).

[522] Arthur Andersen (1995) 41.

[523] IAS 16 (revised) par. 67: „The financial statements should also disclose [...] the amount of expenditures on account of property, plant and equipment in the course of construction."

[524] Beispiele von Anlagen im Bau in Prozent des gesamten Sachanlagevermögens (Buchwerte 1995): Roche 22%, Elektrowatt 5%; Sandoz 7%, Alusuisse-Lonza 8%, ABB 4%.

[525] Stewart (1991) 744.

[526] Siehe Abb. 10-3 und Abb. 5-3.

120

e) Andere nicht betrieblich genutzte Vermögensobjekte

Weitere nicht für betriebliche Zwecke benutzte, jedoch aktivierte Vermögensobjekte, wie z.b. vermietete Immobilien, werden ebenfalls (zum Buchwert) von der Bilanzsumme in Abzug gebracht.[527] Bei kotierten Unternehmen kann im Zeichen der voranschreitenden Fokussierung auf die Kerngeschäfte davon ausgegangen werden, dass die zur Wahrnehmung der betrieblichen Tätigkeit nicht zwingend notwendigen Vermögensobjekte im Laufe der Zeit abgestossen werden oder dass zumindest im Rahmen der Finanzpublizität im Sinne einer erhöhten Transparenz explizit darauf hingewiesen wird.[528] Im Gegensatz dazu sind bei den Klein- und Mittelbetrieben weiterhin in der Bilanz berücksichtigte Objekte anzutreffen, die mit der eigentlichen Geschäftstätigkeit nicht oder nur sehr entfernt in Verbindung gebracht werden können.[529]

5.2.3. Betrieblich gebundenes, *nicht aktiviertes* Vermögen

In der Bilanz nicht ersichtliche, jedoch betrieblich genutzte Vermögensobjekte, werden den NOA zum jeweiligen Marktwert hinzugezählt. So sind beispielsweise die *geleasten* oder *gemieteten* Vermögensobjekte unabhängig ihres juristischen Charakters zu berücksichtigen.[530] Die Behandlung der Leasing- und Mietobjekte im Economic Model zeigt Abb. 5-6:

---

[527] Schellenberg (1995) 160 zählt unter die nichtbetrieblichen Vermögensobjekte zum Beispiel: zu Spekulationszwecken gekaufte Grundstücke, stillgelegte Anlagen, Mitarbeiterwohnhäuser, Beteiligung an fremden Unternehmungen.

[528] So gibt beispielsweise Merkur Verkehrswerte der Liegenschaften, welche zum Verkauf stehen, bekannt. Auch Roche wies im Geschäftsbericht 1994 infolge der Übernahme von Syntex eine Position „Vermögenswert zum Verkauf" von CHF 479m aus (Roche (Geschäftsbericht) 1994 61und 74).

[529] Nicht betrieblich genutzte Vermögensteile sind nicht zu verwechseln mit den sog. *Spin-offs*: „Unter Spin-off ist eine Veräusserung einzelner Tochtergesellschaften, Produktlinien, Zweigbetriebe, Abteilungen, Handelsmarken, u.ä. zu verstehen; also nicht nur eine Liquidation einzelner Aktiven im engeren Sinne" (Helbling (1990a) 15). Wohl bekanntestes Beispiel in der Schweiz: Ausgliederung des Chemiebereichs der Sandoz per 1. Juli 1995. Clariant wurde mit einer Kapitalisierung von rund CHF 1,5 Milliarden dem Publikum geöffnet und zählt heute über 8'000 Aktionäre. Zur Spin-off-Aktivität in den USA siehe unter anderem die empirische Arbeit von Cusatis/Miles/Woolridge (1994) 100ff. Das Spin-off-Volumen betrug in den USA im Jahre 1993 rund USD 26 Milliarden.

[530] „While the accounting treatment of capital and operating leases differs, the economics of the two types of leases is similar. Some companies carefully structure leases to keep them off the balance

(Fortsetzung...)

	Finanzleasing	Operatives Leasing	Miete[531]
Aktienrecht	Ausweis des Gesamtbetrages der nichtbilanzierten Leasingverbindlichkeiten im Anhang[532]		
FER 13[533]	Bilanzierungspflicht, Offenlegung im Anhang Zinsanteile sind im Finanzaufwand eingerechnet	Keine Bilanzierung; falls nicht innerhalb eines Jahres kündbar, sind Totalbetrag und Fälligkeitsstruktur der Leasingverpflichtungen anzugeben.	Keine besondere Regelung betreffend Miete vorhanden; jedoch ist aus wirtschaftlicher Betrachtungsweise eine Gleichbehandlung mit Leasing sinnvoll.[534]
IAS 17	Analog FER[535]	Analog FER[536]	
Korrektur NOA	FER und IAS: keine Korrektur notwendig	Marktwert der Leasing- und Mietobjekte zu den NOA addieren[537]	
Korrektur NOPAT	Aktienrecht: Korrektur analog Operatives Leasing bzw. Miete	Die in den Leasingraten und Mietzahlungen eingeschlossenen Zinszahlungen zum NOPAT addieren.[538]	

Abb. 5-6: Behandlung von Miet- und Leasing-Objekten im Economic Model

sheet, but the accounting treatment should not drive your valuation analysis" (Copeland/Koller/Murrin (1994) 245). „Leasing's impact on book income should in itself have no effect on firm value. In efficient markets investors will look through the firm's accounting results to the true value of the asset and the liability incurred to finance it" (Brealey/Myers (1996) 744); gleich Lewis (1994) 42; siehe auch Smith/Wakemann (1990) 305ff.

[531] „Leasing ist kein Synonym zum Mietverhältnis. Der Unterschied wird mit der Frage deutlich, wer dafür verantwortlich ist, dass sich der Mietgegenstand bzw. das Leasingobjekt in betriebsbereitem Zustand befindet. [...] Der Vermieter hat die vermietete Sache in einem zu dem vertragsmässigen Gebrauch geeigneten Zustand zu überlassen und sie während der Mietzeit in diesem Zustand zu erhalten. [...] Der Leasinggeber ist von der Haftung für Beschädigung und Ausfall befreit und muss weder Reparaturen ausführen noch vorbeugende Instandhaltungen vornehmen" (Spremann (1991) 328).

[532] Art. 663b Ziff. 3 OR. Dabei ist es gemäss Böckli notwendig, ebenfalls die *bilanzierten* Leasingverbindlichkeiten im Anhang, jedoch unter Ziffer 2 auszuweisen (Böckli (1996) N 911 und N 946).

[533] Entwurf (Stand: Januar 1996).

[534] Siehe FER 10 und Ausführungen in Kapitel 4.3.2.

[535] Nach IAS 17 par. 45 müssen Leasingraten in Finanzaufwand und Tilgung der ausstehenden Verbindlichkeit aufgeteilt werden. Somit sind die in den Leasingraten integrierten Zinszahlungen nicht im Betriebsergebnis enthalten.

[536] IAS 17 par. 57: „Commitments for minimum lease payments under finance leases and under non-cancelable operating leases with a term of more than one year should be disclosed in summary form giving the amounts and periods in which the payments will become due."

[537] Falls Markt- bzw. Verkehrswerte der Objekte nicht verfügbar sind, sollten zumindest die verbleibenden Verbindlichkeiten aus dem Operating Leasing und der Miete berücksichtigt werden. Siehe gleich nachfolgend Kapitel 5.2.3.b.

[538] Nur falls die entsprechenden Aufwendungen im Betriebsergebnis eingerechnet worden sind.

a) Finanzleasing

Ein immer wichtigerer Teil des Anlage- und des Umlaufvermögens wird von den Unternehmen geleast. Beispielsweise haben sich die jährlichen Investitionen in der Form des Leasing zwischen 1992 und 1994 mehr als verdoppelt.[539] Insgesamt betrug in der Schweiz das Mobilienleasing an den Gesamtinvestitionen 1994 rund 16% (1992: 11%).[540] Vor allem bei Kleinunternehmen ist Leasing sehr verbreitet.[541] Mit zunehmender Unternehmensgrösse nimmt der Anteil der mit Leasing finanzierten Investitionen ab.[542]

Der zunehmenden Wichtigkeit des Leasings haben internationale Rechnungslegungsstandards insofern Rechnung getragen, als sie verlangen, dass Geschäfte des *Finanzleasing* aktiviert und die damit verbundenen Verbindlichkeiten als Schulden passiviert werden.[543] 78% der grössten Schweizer Handels- und Industrieunternehmen aktivierten 1994 Objekte im Finanzleasing.[544]

Üblicherweise wird zur Unterscheidung der Leasingart vom Träger der Risiken und der Chancen, die mit dem Gebrauch des Leasinggegenstandes zusammenhängen, ausgegangen.[545] Sind die Risiken und Chancen eher beim Leasingnehmer, so spricht man von einem Finanzleasing, ansonsten von einem operativen Leasing. Für Böckli ist dabei wesentlich, „ob wirtschaftlich überwiegend eine Anschaffung eines Anlagegutes auf Kredit vorliegt; dies zeigt sich darin, dass der Leasingnehmer Investitions- und Eigentümerrisiken übernimmt, wie sie für eine Anschaffung von Anlagegütern auf eigene Rechnung typisch sind. Dann liegt ein

---

[539] Siehe Leaseurope (1994) 46ff.

[540] Leaseurope (1994): Die Grössenordnung des gesamten Mobilienleasings betrug 1994 in der Schweiz rund CHF 2,8 Milliarden. Darin eingeschlossen ist das Leasing von Personenwagen mit einem Anteil von ca. 66%. Zum Vergleich: Das Immobilienleasing betrug in der Schweiz 1994 rund CHF 0,1 Milliarden.

[541] Knüsel (1994) 142.

[542] Knüsel (1994) 142 und in Übereinstimmung mit Expertenaussagen.

[543] Zum Stand und zur Entwicklung in der Leasingbilanzierung siehe Reinholz (1995) 125ff.

[544] Arthur Andersen (1995) 41. Der Anteil der geleasten oder auch gemieteten Objekte am gesamten Sachanlagevermögen ist nicht verfügbar.

[545] „Risks include the possibilities of losses from idle capacity or technological obsolescence and of variations in return due to changing economic conditions. Rewards may be represented by the expectation of profitable operation over the asset's economic life and of gain from appreciation in value or realization of a residual value" (IAS 17 par. 3).

Finanzleasing vor.“[546] Lange Vertragsdauer, Unkündbarkeit oder schwere Kündbarkeit, Kaufoption zu einem sehr niedrigen Preis und Veräusserungs- und Verfügungsverbot zu Lasten des Leasinggebers können als typische Merkmale des Finanzleasing angesehen werden.[547]

b) Operatives Leasing und Miete

Die Aktivierung von Operating Leasing- und Mietobjekten beim Leasingnehmer bzw. Mieter ist nicht gestattet.[548] Doch ist aus der betriebswirtschaftlichen Analyse eine Berücksichtigung dieser Objekte ohne weiteres sinnvoll, weil es sich „bei Miete und Leasing um eine andere Art der Fremdfinanzierung“[549] handelt.

Ein aus Australien stammender Ansatz[550] wirkt der teilweise willkürlichen Unterscheidung zwischen Finanzleasing und operativem Leasing (und dem damit offenen Weg der freien Bilanzgestaltung) entgegen. Dabei wird ein Leasinggegenstand danach beurteilt, „ob dieser für eine Unternehmung ein Nutzenpotential darstellt oder einen zukünftigen wirtschaftlichen Nutzen generiert. Hierbei steht also nicht ‘Risk and Benefit’ im Vordergrund, sondern eine Nutzenüberlegung.“[551] Dabei richtet sich die Aktivierungspflicht nach fünf Kriterien: (1) Verkörperung eines Nutzenpotentials, (2) eigene Kontrolle des Leasingnehmers über

---

[546] Böckli (1996) N 910.

[547] IAS 17 par. 2: „Finance lease: a lease that transfers substantially all the risks and rewards incident to ownership of an asset.“ Alle anderen Leasingverbindlichkeiten bezeichnet IAS 17 als Operating Lease.

FER 13 (Entwurf) Ziff. 3: „Ein Finanzierungs-Leasing liegt in der Regel vor, wenn

- bei Vertragsabschluss der Barwert der Amortisationskomponenten für die Leasingschuld sowie einer allfälligen Restzahlung in etwa dem Anschaffungs- bzw. Marktwert des Leasinggutes entspricht, oder

- die erwartete Leasingdauer nicht wesentlich abweicht von der wirtschaftlichen Nutzungsdauer des Leasinggutes, oder

- das Leasinggut am Ende der Leasingdauer ins Eigentum des Leasingnehmers übergehen soll, oder

- eine allfällige Restzahlung am Ende der Leasingdauer wesentlich unter dem dannzumaligen Marktwert liegt.“

[548] Auch FER 13 (Entwurf) Ziff. 5: „Operatives Leasing wird nicht bilanziert.“

[549] Lewis (1994) 60.

[550] *Statement of Accounting Concepts 4 (SAC4)*; diskutiert von McGregor (1992) 17ff.; unter anderem vorgestellt durch Reinholz (1995) 125ff.

[551] Reinholz (1995) 132.

den geleasten Gegenstand, (3) Resultat aus vergangenen Transaktionen, (4) hohe Eintretenswahrscheinlichkeit des Nutzens und (5) zuverlässige Schätzbarkeit seines Wertes. Gegenüber der juristischen Sichtweise wird also kein Recht der Verwertung gefordert, sondern lediglich eine Kontrolle oder Beherrschung des Vermögensobjektes.[552] Unter diesem Gesichtspunkt kann ebenfalls verlangt werden, dass auch Mietobjekte – vor allem bei langfristigen Mietverträgen – bilanziert werden. Ein solches Bilanzverständnis ist aus wirtschaftlicher Sicht wohl zu begrüssen, jedoch in seiner Umsetzung als zweifelhaft einzustufen.[553] Dies, obschon unter Berücksichtigung der Grundsätze der *wirtschaftlichen Betrachtungsweise* und der *Wesentlichkeit* sowie der Vorschriften zu den *Ausserbilanzgeschäften*, der Ausweis der Mietverbindlichkeiten unter den heute geltenden Vorschriften begründet werden könnte.[554]

Zumindest ist der Ausweis der gesamten nichtbilanzierten Leasingverbindlichkeiten im Anhang gefordert.[555] Doch für eine „exakte" Berechnung der wirtschaftlichen Auswirkungen der Leasingverträge reicht diese Angabe nicht aus. Neben den gesamten Zahlungsverpflichtungen sollten ebenfalls die Basisdaten der Verträge, wie Restlaufzeit, Anschaffungswerte, Nutzungsdauer etc. offengelegt werden.[556] Da solche Informationen auf freiwilliger Basis von den Unternehmen nicht oder nur beschränkt verfügbar sind, kann aus externer Sicht nur mit Näherungsrechnungen versucht werden, die wirtschaftliche Realität zu erfassen. Ein mögliches Vorgehen zeigt Abb. 5-7:

---

[552] Vgl. Reinholz (1995) 132. Siehe dazu auch IAS Framework par. 53ff. (Definition Assets).
[553] Siehe Reinholz (1995) 133.
[554] Siehe Ausführungen Kapitel 4.3.2.
[555] Art. 663b Ziff. 3 OR.
[556] Vgl. auch Reinholz (1995) 128.

Leasing- und Mietverbindlichkeiten (in CHFm)	1991	1992	1993	1994	1995
Nichtbilanzierte Leasing- und Mietverbindlichkeiten (Abb. 10-3)	236	269	302	339	403
Durchschnittliche Restlaufzeit (in Jahren)	4	4	4	4	4
Jährliche Miet- und Leasingzahlungen	59	67	76	85	101
Zinssatz (Risikofrei + fixer Zuschlag 3%)	9.2%	9.4%	7.6%	8.0%	7.8%
Jährliche implizite Zinszahlung (Bestandteil NOPAT)	5	6	6	7	8

Abb. 5-7: Berücksichtigung Leasing- und Mietverbindlichkeiten der Beispiel-AG

Die Vermögensgrösse NOA wird um die Verbindlichkeiten der nicht aktivierten Leasing- und Mietobjekte erhöht.[557] Um die Übereinstimmung mit der Gewinngrösse zu wahren, werden die Zinsanteile in den Leasingraten und Mietzahlungen („Jährliche implizite Zinszahlung") dem NOPAT hinzugerechnet. Da diese Grösse i.d.R. nicht offengelegt wird, kann sie mit dem folgenden Vorgehen approximiert werden:

Bei einer durchschnittlichen Laufzeit der Leasingverträge von vier Jahren[558] und unter der Annahme, dass diese nach Ablauf der Frist erneuert werden (z.B. mit technologisch ausgereifteren Maschinen), kann als Richtgrösse für die *Restlaufzeit* ebenfalls vier Jahre genommen werden. Damit lassen sich die jährlich anfallenden Zahlungen auf der Basis der ausgewiesenen Verbindlichkeiten schätzen. Die Multiplikation mit einem Richtzinssatz[559] ergibt die jährlich implizite Zinszahlung, welche dem NOPAT hinzugerechnet wird.[560]

---

[557] Die Berücksichtigung der jeweiligen Marktwerte würde zwar der ökonomischen Realität eher entsprechen, doch sind die dafür notwendigen Daten meist nicht verfügbar.

[558] Leaseurope (1994) 52: Rund 75% aller Mobilienleasing-Verträge haben eine Grundmietzeit zwischen drei und fünf Jahren; auch nach Auskunft eines Leasing-Experten kann die Laufzeit von vier Jahren als realistisch eingestuft werden.

[559] Risikofreier Zinssatz (siehe Abb. 5-17) plus ein Zuschlag, welcher je nach Risikoklasse zwischen 1% und 5% liegen kann.

[560] Die mit diesem Verfahren ermittelten Resultate sind im Einzelfall sicherlich nicht immer zutreffend. Im Vordergrund steht aber auch nicht die Exaktheit, sondern die einfache und schnelle Einschätzung nicht gegebener finanzieller Grössen.

Bei unwesentlichen Grössenordnungen kann von einer Berücksichtigung von Leasing und Miete abgesehen werden.[561] Sehr oft kommen aber unter diesen Titeln so hohe Beträge ins Spiel, dass ohne deren richtige Zurechnung keine vernünftigen Aussagen über die Finanzlage eines Unternehmens möglich sind. So aktiviert Swissair beispielsweise keinerlei Anlagen im Leasing.[562] 1995 wies die Gruppe eine Bilanzsumme von CHF 10'010m aus, wovon CHF 7'661m auf das Betriebsvermögen entfielen. Eine Berücksichtigung von Anlagen in Leasing von CHF 1'719m[563] würde das Betriebsvermögen um rund 22% erhöhen.

5.2.4. Nicht zinstragende kurzfristige Verbindlichkeiten

Kreditoren werden gelegentlich auch als Lieferanten*kredite* bezeichnet, was direkt auf den Charakter einer Finanzquelle hinweist. Da davon ausgegangen werden kann, dass die Lieferanten ein solches Kapital nicht zinsfrei zur Verfügung stellen, sondern ihre Finanzierungskosten in ihren Preisen für Material, Reparaturen etc. miteinrechnen[564], tragen betriebliche Aufwendungen ebenfalls Zinskosten.[565] Dies führt dazu, dass der betriebliche Gewinn, der keine finanziellen Elemente beinhalten sollte, um diese Finanzierungskosten zu *tief* ausgewiesen ist. Diese finanzielle Verzerrung kann entweder durch Korrektur der Vermögens- oder der Gewinngrösse beseitigt werden. Abb. 5-8 gibt ein Zahlenbeispiel für die beiden Alternativen:

---

[561]   Vgl. auch Knüsel (1994) 145; ähnlich Helbling (1995a) 541, der im Zusammenhang mit der Unternehmensbewertung festhält, „dass die Rechenmethode der möglichen Messgenauigkeit angemessen zu sein hat."

[562]   Swissair (Geschäftsbericht) 1995 4: „Anlagen im Leasing werden nicht aktiviert."

[563]   Dazu wurde die Position „Finanzielle Verpflichtungen" aus Leasing verwendet. Dies als Annäherung zu den theoretischen Buchwerten (siehe Swissair (Geschäftsbericht) 1995 15).

[564]   „Die Schulden aus Lieferungen und Leistungen sind nur scheinbar zinsfrei, denn der Lieferant wird in dem Wert seiner Lieferungen und Leistungen Zinsen für die erwartete Zieldauer einkalkuliert haben" (Lücke (1965) 8).

[565]   Teilweise kommen diese Zinskosten als vom Lieferanten gewährtes „Skonto" zum Ausdruck.

Behandlung der nicht zinstragenden kurzfristigen Verbindlichkeiten (in CHFm)	Ohne Korrektur	Korrektur der Gewinngrösse	Korrektur der Vermögensgrösse
Umlaufvermögen	300	300	300
Anlagevermögen	700	700	700
Abzug der nicht zinstragenden kurzfristigen Verbindlichkeiten von 200			-200
Implizite Zinszahlung von 10%[566] auf 200		20	
Betriebsergebnis	150	170	150
Operating Assets	1'000	1'000	800
Interne Ertragsrate	15,0%	17,0%	18,8%

Abb. 5-8: Möglichkeiten zur Korrektur der impliziten Zinszahlungen

Einerseits können die in den betrieblichen Aufwendungen eingerechneten Zinszahlungen geschätzt und wieder dem betrieblichen Gewinn hinzugezählt werden. Dies ist jedoch eher umständlich, da die Zinskosten nicht problemlos geschätzt werden können. In der Praxis wird die zweite Variante bevorzugt: Die Verrechnung[567] der nicht zinstragenden kurzfristigen Verbindlichkeiten mit dem betrieblichen Vermögen.[568] Die Relevanz in der Praxis zeigt sich auch darin, dass vermehrt Unternehmen dazu übergehen, in ihren Geschäftsberichten direkt die Grösse Nettovermögen anzugeben (z.B. bei Oerlikon-Bührle[569]).

Die Abgrenzung der Positionen von nicht zinstragenden kurzfristigen Verbindlichkeiten kann anhand folgender Kriterien vorgenommen werden:

---

[566] Annahme.

[567] Zu Buchwerten.

[568] Bei einer Verrechnung mit dem Umlaufvermögen erhält man die Grösse des *Nettoumlaufvermögens (NUV)*. Das NUV, ins Verhältnis zum Umsatz gesetzt, gibt Auskunft über den direkt mit dem Umsatz verbundenen Kapitalbedarf. Als Richtgrössen gibt Hawawini (1994b) folgende Verhältnisse des NUV zum Nettoumsatz an: Textilunternehmen 28%, Fahrzeugindustrie 16%, Warenhäuser 12%, Grosshandel 10%. Ein Verhältnis über 30% ist als gefährlich einzustufen. Auch negative Verhältnisse sind möglich.

[569] „Das Nettovermögen umfasst alle Vermögensteile, welche durch die betriebliche Geschäftstätigkeit gebunden sind, abzüglich nicht zinspflichtiger Positionen des Fremdkapitals mit Ausnahme der Pensions-, Steuer- und Restrukturierungsrückstellungen" (Oerlikon-Bührle (Geschäftsbericht) 1995 103).

- Klarer Charakter einer *Cash Flow*-relevanten Verbindlichkeit

- Zahlung erfolgt *innerhalb eines Jahres* (Kurzfristigkeit)

- Positionen lösen *keine gesonderten Zinszahlungen* aus (nicht zinstragend)[570]

Diese Kriterien müssen gleichzeitig zutreffen. Als typische Positionen von nicht zinstragenden, kurzfristigen Verbindlichkeiten seien erwähnt:

- Schulden aus Lieferungen und Leistungen (Kreditoren)

- Rückstellungen (welche den obengenannten Kriterien genügen)[571]

- Passive Rechnungsabgrenzungen[572]

- Andere kurzfristige nicht zinstragende Verbindlichkeiten[573]

In unserem Beispiel werden die beiden Positionen Kreditoren und passive Rechnungsabgrenzungen von der Bilanzsumme abgezogen (siehe Abb. 5-3).

5.2.5. Aktive latente Steuern

Im Gegensatz zum Ausweis von latenten Steuer*schulden* (Passivseite) ist der Ausweis latenter Steuer*guthaben* (Aktivseite) eher ungewöhnlich.[574] Nestlé ist eines der wenigen Unternehmen, welches einen massgeblichen Betrag (rund 1,0% der Bilanzsumme) als „Aktive latente Steuern" ausweist.[575]

---

[570] Bei zinstragenden Verbindlichkeiten ist die Zinszahlung ohnehin *nicht* Bestandteil des betrieblichen Gewinnes.

[571] Z.B. Rückstellung für die Steuerzahlung des laufenden Jahres (nicht zu verwechseln mit den Rückstellungen für latente Steuern; dazu Kapitel 6.2.5.e.). Nach FER 11 Ziff. 12 umfassen separat auszuweisende laufende Steuern: (1) geschuldete Steuern, (2) auf dem laufenden Ergebnis entstehende, erst in den Folgeperioden geschuldete Steuern, (3) mutmassliche Steuernachzahlungen.

[572] Z.B. Transitorische Passiven (schon erhaltene Erträge für die folgende Periode), antizipatorische Passiven (ungebuchte Aufwendungen des abgelaufenen Geschäftsjahres).

[573] Z.B. Anzahlungen von Kunden.

[574] Bertschinger (1994a) 336: „Auf eine Aktivierung latenter Steuerguthaben wird in den meisten Fällen verzichtet."

[575] Nestlé (Geschäftsbericht) 1995 47 und S. 57. Nestlé berechnet die latenten Steuern nach der *Partial Liability Method* (siehe dazu ausführlich Kapitel 6.2.5.e.).

Die ausgewiesenen latenten Steuerforderungen sind nicht Teil der Vermögensgrösse und somit von der Bilanzsumme abzuziehen. Die Begründung erfolgt im Rahmen der Ausführungen zu den latenten Steuerrückstellungen in Kapitel 6.2.5.e.

5.2.6. Equity Equivalents (EE)

Bei der im Rahmen der Shareholder Conversion durchgeführten Berechnung der Equity Equivalents (EE) geht es im Grunde darum, Bewertungskorrekturen beim Vermögen so vorzunehmen, dass sich die Daten der Sichtweise des Eigentümers angleichen.

Die Bewertung ist eine auf „einen Stichtag vorgenommene geldmässige Bezifferung eines ökonomischen Nutzens."[576] Dabei ist der Ermessensspielraum abhängig vom Charakter der zu beurteilenden Vermögensposition. Bei der Beurteilung des Umlaufvermögens ergeben sich beispielsweise geringere Differenzen zum ausgewiesenen Buchwert als bei der Beurteilung der Sachanlagen. Grössere Spielräume ergeben sich hingegen bei der Beurteilung der immateriellen Vermögensobjekte. Die Bewertung des Unternehmensvermögens, insbesondere des Anlagevermögens, gehört seit Jahrzehnten zu den vieldiskutierten Themen der Betriebswirtschaftslehre. Mit Blick auf die derzeitige Praxis soll die Bewertungsfrage auf die wesentlichen Punkte eingeschränkt werden.

Die Ermittlung der EEs erfolgt unternehmensindividuell. Dabei soll der angewandte Detaillierungsgrad in einem angemessenen Verhältnis zu den damit gewonnenen Erkenntnissen stehen.[577] Es kann ohne weiteres ausreichend sein, sich je nach Branche mit drei bis sechs Anpassungen zu begnügen.

Abb. 5-9 zeigt die Berechnung der EE in unserem Zahlenbeispiel:

---

[576] Von Rütte/Hoenes (1995) 135.
[577] Siehe auch Ausführungen zu Beginn des Kapitels 4.3.

Equity Equivalents (EE) (in CHFm)	1991	1992	1993	1994	1995
+ Delkredererückstellung	100	109	119	144	155
+ LIFO-Reserve Vorräte					
+ Berücksichtigung Brandversicherungswerte (Diff.)	236	269	302	339	403
+ Bewertungskorrektur Beteiligungen (Diff. Markt-Buchwert)	112	102	127	107	107
+ Korrektur Forschung und Entwicklung	963	1'633	1'908	2'179	2'311
+ Korrektur Goodwill	1'631	3'310	4'427	4'577	4'752
+ Stille Reserven (Willkürreserven)	120	130	100	120	140
Equity Equivalents (Bestandteil NOA)	3'162	5'552	6'983	7'466	7'868
Jährliche Änderung der Equity Equivalents	n/a	2'390	1'431	483	401

Abb. 5-9:   Berechnung der Equity Equivalents (EE) für die Beispiel-AG

a) Bewertungsunterschiede: Umlaufvermögen

Grundsätzlich gibt die Bewertung des Umlaufvermögens zu keiner Korrektur Anlass.[578] Spezielle Beachtung sollte dennoch den beiden Positionen *Delkredere* und *Vorräte* geschenkt werden.[579]

Das *Delkredere*[580] wird als „(Sammel-)Wertberichtigung für voraussichtliche Forderungsausfälle"[581] bezeichnet. Die Bemessung erfolgt meist pauschal und nicht aufgrund einer Beurteilung einzelner Forderungen. So erlaubt der Schweizer Fiskus ein Delkredere von 5% auf Forderungen an inländische und von 10% an ausländische Schuldner ohne weiteren Nachweis.[582] Wegen des Massgeblichkeitsprinzips[583] finden diese Anpassungen nicht nur im steuerrechtlichen sondern auch im handelsrechtlichen Abschluss ihren Niederschlag.

---

[578]   „Die Bewertungsspielräume für Forderungen und Verbindlichkeiten sind vergleichsweise gering; auch beim Vorratsvermögen ist nicht mit hohen Wertdifferenzen zwischen Handelsbilanzwert und Verkehrs- oder Tageswert zu rechnen" (Röttger (1994) 98).

[579]   *Wertschriften*, die üblicherweise auch zum Umlaufvermögen gezählt werden (und auch meist unter dieser Rubrik subsumiert werden), sind als nicht betrieblich gebundene Mittel schon weiter oben diskutiert worden sind. *Liquide Mittel*, die für den Betrieb notwendig sind, verbleiben im operativen Umlaufvermögen. Siehe dazu Ausführungen in Kapitel 5.2.2.a.

[580]   Auch Delkredererückstellung.

[581]   Busse von Colbe et al (1994) 158.

[582]   Vgl. Böckli (1996) N 1053.

[583]   Siehe Beginn des Kapitels 4.1.2.

131

Von einer solchen Pauschalwertberichtigung kann bei der Anwendung des *true and fair view*-Prinzips wegen der zwingend wirtschaftlichen Beurteilung nicht mehr ausgegangen werden. In diesem Fall wäre die Behandlung der Delkredere-rückstellung als kurzfristige nicht zinstragende Verbindlichkeit gerechtfertigt, und somit von den NOA auszuklammern. Trotzdem wird von Stewart die Position Delkredere als Bestandteil der Vermögensgrösse betrachtet: „Reserves for bad debts, inventory obsolescence, [...] should be considered to be equity equivalent if they are a recurring part of the business and will grow along with the general level of business activity. If they are more episodic in nature, it may be appropriate to leave them as offsets to capital."[584]

In diesem Sinne wird das Delkredere als Bestandteil der EE zum betrieblichen Vermögen gezählt. Berücksichtigt werden sie dabei nur in dem Fall, in welchem sie mit negativem Vorzeichen auf der Aktivseite ausgewiesen worden sind (z.B. unter der Position Debitoren).[585]

Grundsätzlich werden die *Vorräte* nach dem Prinzip des *LOCM (Lower of Cost or Market)* bewertet. Marktwerte dürfen zur Bewertung nur dann verwendet werden, wenn sie beim Bilanzstichtag tiefer als die Anschaffungs- und Herstell-kosten der Vorräte liegen.[586] Unter Umständen kann es aus der Sicht des Aktio-närs angebracht sein, die so bewerteten Positionen zu korrigieren: „In the economic model, income and capital are measured *as if* the company's inventories were sold for their end-of-period prices and immediately repurchased."[587] Jedoch wird der externe Bilanzleser meistens nie über verlässliche und vollständige In-formationen für eine solche Bewertungskorrektur verfügen und deshalb davon absehen müssen.

---

[584] Stewart (1991) 117.
[585] Falls sie unter den Passiven figurieren unterbleibt die Anpassung der Delkredererückstellung für die Ermittlung der NOA.
[586] Art. 666 OR; IAS 2.
[587] Stewart (1991) 113.

Hingegen ergeben sich Möglichkeiten der Bewertungskorrektur, wenn das Warenlager nach der LIFO-Methode[588] bewertet ist. Aus steuerlichen Gründen ist bei steigenden Preisen die LIFO-Bewertung des Lagers attraktiv.[589] IAS erlaubt die Bewertung nach der LIFO-Methode[590], verlangt jedoch nach dem gesonderten Ausweis der Differenz zur FIFO-Bewertung.[591] FER fordert eine „nähere" Beschreibung der Bewertungsansätze im Anhang, geht dabei jedoch nicht direkt auf die Bewertung der Vorräte ein.[592] Falls eine LIFO-Reserve ausgewiesen wird, ist sie als Equity Equivalent den NOA hinzuzurechnen.[593]

Eine weitere, im Rahmen des true and fair view-Prinzips nicht zulässige Bewertungskorrektur, ist der auch unter dem neuen Aktienrecht nach wie vor zulässige und steuerrechtlich anerkannte „Warendrittel".[594] Dieser sollte analog der Behandlung stiller Reserven[595] zum betriebsnotwendigen Vermögen addiert werden.

b) Bewertungsunterschiede: Sach- und Finanzanlagen

Mehr als 95%[596] der Unternehmen bilanzieren die Sachanlagen auf der Grundlage *historischer Werte (Anschaffungskostenprinzip)*.[597] Die so berechneten, auf dem

---

[588] LIFO (Last In First Out): „Dieser Behandlungsweise liegt der Gedanke zugrunde, dass die verkauften oder in die Fabrikation eingegangenen Waren durch die zuletzt eingegangenen Lieferungen beschafft worden sind. In Zeiten steigender Preise werden damit stille Reserven gebildet" (Zenhäusern/Bertschinger (1993) 176).

[589] „LIFO may only be used for tax purposes if it is used in the financial statements" (Price Waterhouse (1994c) 8).

[590] IAS 2 par. 23.

[591] IAS 2 par. 36.

[592] FER 5 Ziff. 6 und 17.

[593] Vgl. Stewart (1991) 744.

[594] Dabei handelt es sich um eine durch die Steuerpraxis erlaubte 33,3%-Rückstellung auf Waren für drohende Verluste (vgl. Höhn (1988) 247); ebenfalls Forstmoser/Meier-Hayoz/Nobel (1996) par. 50 N 270: „*Steuerlich* wird auf dem Warenlager eine Abschreibung von bis zu einem Drittel der Anschaffungs- oder Herstellkosten toleriert."

[595] Siehe nachfolgend Kapitel 5.2.6.e.

[596] Arthur Andersen (1995) 41. Ähnlich Von Rütte/Hoenes (1995) 76: Nur gerade sechs von 701 untersuchten Unternehmen bilanzieren zu Tageswerten.

[597] Das Anschaffungskostenprinzip entspricht der Aktivierung der Anschaffungs- bzw. der Herstellkosten unter Abzug der notwendigen Abschreibungen. Die Verwendung *alternativer Bewertungsgrundlagen*, wie z.B. Gegenwartsmethode, netto-realisierbare Werte oder Tageswerte, wird wegen der klaren Dominanz des Anschaffungskostenprinzips aus der Diskussion ausgeklammert. Für eine

(Fortsetzung...)

Nominalwertprinzip basierenden Werte werden zwei Erscheinungen nicht gerecht: Erstens der Geldentwertung und zweitens der zunehmenden technischen Komplexität der Wirtschaftsgüter. Die beiden dadurch entstehenden Fehler in der Bewertung kumulieren sich. Zur Korrektur bieten sich aus externer Sicht folgende Möglichkeiten an:

- Inflationierung bzw. Inflationsanpassung

- Schätzung von Marktwerten

Mit der *Inflationierung* wird versucht, die Auswirkung der Teuerung im Nominalwertsystem des Rechnungswesens zu berücksichtigen. Heutige Einnahmen werden im Sinne der Kaufkraft mit vergangenen Ausgaben vergleichbar gemacht.[598] Dabei werden sowohl Anlagevermögen als auch Abschreibungen schrittweise angepasst.[599] Obschon die Methodik Vorteile gegenüber der Verwendung von nicht inflationskorrigierten Buchwerten aufweist, sprechen zwei Nachteile gegen ihre Anwendung

Erstens können die zur Rechnung benötigten Parameter[600] nur sehr schwer bestimmt werden und sind somit von subjektiven Einflüssen abhängig.[601] Im Gegensatz dazu gelten historische Werte als *zuverlässig* und *einfach überprüfbar*.

Zweitens kann es aus ökonomischer Sicht ohne weiteres angebracht sein, Unternehmen mit Anlagen unterschiedlichen Alters zu vergleichen. Beispielsweise besitzt eine Gesellschaft, welche zeitlich vor der Konkurrenz in einen bestimmten Maschinenpark investiert hat, einen Kostenvorteil[602], was ebenfalls in einer bes-

---

Gegenüberstellung dieser Ansätze (mit Blick auf die immateriellen Werte) siehe Von Rütte/Hoenes (1995) 69ff.

[598] Lewis (1994) 254; auch Davis/Flanders/Star (1991) 25: „Under the historic cost method, you obtain a view of how profitable the purchase *was;* under the current cost method, you get a view of how profitable the purchase *would be* if the property was bought now."

[599] Als Rechenbeispiel siehe Abb. 3-6.

[600] 1) Alter der derzeit investierten Anlagen, 2) Gesamtnutzungsdauer, 3) Inflationierungssatz.

[601] „Es können nur die Abschreibungen auf die Anlagenneuzugänge angepasst werden, da eine Altersstruktur des übrigen Anlagevermögens extern nicht bekannt ist. Ferner ist die Anwendung einer pauschalen Preissteigerungsrate abzulehnen. Auch die Berücksichtigung des technischen Fortschritts bleibt ungeklärt" (Röttger (1994) 101 Fussnote 5).

[602] Vgl. Ausführungen von Copeland/Koller/Murrin (1994) 164. Siehe auch Kapitel 3.2.3.b.ii.

seren finanziellen Performance zum Ausdruck kommt.[603] Dies verdeutlicht das folgende Zahlenbeispiel von zwei (fast) identischen Unternehmen (Abb. 5-10).

	Alt-AG	Neu-AG	Alt-AG	Neu-AG
Alter der Sachanlagen	4 Jahre	1 Jahr	4 Jahre	1 Jahr
Abschreibungstyp	Linear	Linear	Degressiv	Degressiv
Ansatz	7 Jahre	7 Jahre	25%	25%
Umsatz	1'000	1'000	1'000	1'000
Betriebliche Aufwendungen	600	600	600	600
Abschreibungen	200	200	148	350
Betriebsergebnis	200	200	252	50
Steueranpassung (35%)	70	70	88	17
NOPAT (Gewinngrösse)	130	130	164	33
Umlaufvermögen	500	500	500	500
Sachanlagen	600	1'200	443	1'050
NOA (Vermögensgrösse)	1'100	1'700	943	1'550
Kapitalkosten (=NOA x 6%)	66	102	57	93
EVA (=NOPAT - Kapitalkosten)	64	28	107	-61

Abb. 5-10: EVA-Vergleich bei unterschiedlichem Alter der Produktionsanlagen und unterschiedlicher Abschreibungsmethodik

Der Anschaffungswert der Sachanlagen betrug sowohl für die Neu- als auch für die Alt-AG 1400. Die Anlagen werden über 7 Jahre *linear*[604] bzw. *degressiv*[605] (Satz von 25%) abgeschrieben. Es wird angenommen, dass sich die Unternehmen nur in einem Punkt unterscheiden: Die Alt-AG hat sich drei Jahre früher als die Neu-AG für die Investition in diesen Maschinenpark entschieden.[606] Der Effekt auf Stufe EVA ist beträchtlich: Bei der linearen Abschreibungsmethode erwirt-

---

[603] Z.B. führt die Verwendung von historischen Kosten zu tendenziell höheren EVA, weil die Vermögensgrösse gegenüber inflationierten Vermögen kleiner ist und somit der Verzinsungseffekt des eingesetzten Vermögens tiefer ausfällt. Siehe auch Ausführungen in Kapitel 3.2.4.

[604] Lineare Abschreibung auf die Länge der betriebsgewöhnlichen Nutzungsdauer („useful life") mit jährlich gleichbleibenden Abschreibungsbeträgen.

[605] Beim degressiven Abschreibungsverfahren nimmt die Höhe des Nutzenverzehrs von Periode zu Periode ab. Es ergeben sich jährlich abnehmende Abschreibungsbeträge (vgl. Schellenberg (1995) 245).

[606] So wird im Beispiel von einer gleichen Kosten-, Finanzierungs- und Kapazitätsstruktur ausgegangen. Auch *Unterhaltsinvestitionen* fallen jährlich in gleicher Höhe an.

schaftet die Alt-AG ein über doppelt so hohes Resultat wie die Neu-AG.[607] Der Unterschied ist noch grösser, wenn die *degressive* Abschreibungsmethode verwendet wird. Bei dieser vor allem in der Schweiz beliebten Abschreibungsmethode wird der Gewinn von jungen Unternehmen stärker belastet. So zeigt die Alt-AG wegen ihrer kleineren Vermögensgrösse (kleinere Kapitalkosten) und ihrem grösseren betrieblichen Gewinn einen weit besseren EVA.

Das Zahlenbeispiel illustriert, dass sowohl der *Zeitpunkt* als auch die *Nutzungsdauer* der Investition wichtige Wettbewerbsfaktoren darstellen.[608] Ein Unternehmen, das früher als seine Konkurrenz in ein Projekt investiert, hat nicht nur beim Marktauftritt („Erster auf dem Markt"), sondern auch bei der Kostenstruktur einen komparativen Vorteil.[609]

Die *Schätzung von Marktwerten* zielt darauf ab, den Wert alternativer Einsatzmöglichkeiten einzelner gebundener Vermögensobjekte zu bestimmen.[610] Jedoch ist der Einsatz äusserst beschränkt. Sie sind nur dort sinnvoll, wo *offensichtliche* – auch aus externer Sicht klar erkennbare – Unterbewertungen vorliegen. Für die Mehrheit der bilanzierten Vermögensobjekte trifft das nicht zu.[611]

Gelegentlich wird der *Brandversicherungswert* einer Sachanlage[612] für eine Neubewertung herangezogen. Brandversicherungswerte der Sachanlagen sind auch in

---

[607] Die Differenz von 36 (= 64 - 28) ergibt sich wegen der um 600 kleineren Vermögensgrösse der Alt-AG, was um 600 x 6% tiefere Kapitalkosten verursacht.

[608] Vgl. Copeland/Koller/Murrin (1994) 164; oder auch Lewis (1994) 64.

[609] An dieser Stelle spielen auch die Effekte der *Lernkurve* eine wesentliche Rolle. Dazu Porter (1989) 230: Die Lernkurve „ergibt sich aus Verbesserungen in Bereichen wie Anlageauslegung, Ausbringung und Maschinengeschwindigkeit – was alles Arten technologischer Veränderungen sind. Technologische Veränderungen können zu anderen absoluten Kostenvorteilen, wie kostengünstiger Produktgestaltung, führen. Sie können auch den Kapitalaufwand verändern, der für die Tätigkeit in einer Branche erforderlich ist."

[610] Copeland/Koller/Murrin (1994) 165: „Real estate and airplanes are good examples, where the realizable market values might exceed the book values".

[611] „Für das Anlagevermögen gilt der kalkulatorische Restwert; damit ist im allgemeinen der Anschaffungswert abzüglich kalkulatorische Abschreibungen gemeint. Gegenstände des Umlaufvermögens sind mit Anschaffungspreisen oder Herstellkosten zu bewerten. Wenn die Abweichung dieser Werte vom Tageswert zu gross wird, ist für das betriebsnotwendige Vermögen der Tageswert anzusetzen. Passivische Wertberichtigungen werden von den entsprechenden Positionen auf der Aktivseite abgezogen" (Lücke (1965) 7/8).

[612] Gemeint sind Neuwerte der Liegenschaften und mobilen Einrichtungen (Helbling (1992) 393); siehe dazu auch Behr (1994c) 890ff.

der Konzernrechnung anzugeben.[613] Jedoch sollte der Brandversicherungswert mit Vorsicht für die Bewertung benutzt werden: „Brandversicherungswerte können ein Indiz [...] für stille Reserven sein, freilich ein *unsicheres* Indiz, da sie den tatsächlichen Wert nicht unbedingt widerspiegeln und insbesondere nur den Gebäude-, nicht aber Landwert erfassen."[614] Trotzdem kann je nach Bewertungsdifferenz die Aufrechnung von Bedeutung sein. So weist beispielsweise Ciba im Jahre 1995 für Sachanlagen einen Versicherungswert von CHF 24'215m und einen Buchwert von CHF 10'682m (44%) aus.

Aus dem Gesagten folgt, dass Anpassungen in der Bewertung des Anlagevermögens nur dann vorgenommen werden sollten, wenn sie mit der zur Verfügung stehenden Information *einfach abschätzbar*[615] und für die Beurteilung auch *wesentlich* sind.[616]

In unserem Beispiel werden Bewertungsdifferenzen bei den Sachanlagen auf der Basis der Brandversicherungswerte und bei den Equity-Beteiligungen auf der Basis der ausgewiesenen Marktwerte berücksichtigt (siehe Abb. 10-3).

c) Berücksichtigung von Aufwendungen mit Investitionscharakter

Eine der wesentlichsten Eigenschaften einer *Investition* ist, dass sie *über mehrere Zeitperioden* Leistungen zur Herstellung von Endprodukten abgibt.[617] Der Aktienmarkt hat sich bei der Bewertung von Unternehmen schon lange vom traditionellen Verständnis der Investition mit einer zwingenden *physischen* oder *monetären* Existenz gelöst.[618] Beispielsweise haben Copeland/Koller/Murrin (1994)

---

[613] Siehe Ausführungen Kapitel 4.1.2.

[614] Forstmoser/Meier-Hayoz/Nobel (1996) par. 51 N 136 (Hervorhebungen im Original); in eine ähnliche Richtung gehen Burger/Schellberg (1995) 564: „Es handelt sich ausdrücklich nicht um die Zeitwerte der Sachanlagevermögens."

[615] oder: *keine grundsätzlichen Zweifel hervorrufend.*

[616] Beispiel Nestlé: Wie in Abb. 5-5 dargestellt weist die Minderheitsbeteiligung an L'Oréal Ende 1995 einen Buchwert von CHF 753m aus, wogegen der Börsenwert CHF 4'962m betrug. Die Differenz von CHF 4'209m kann als wesentlich (9,5% der Bilanzsumme) betrachtet werden und wird im obigen Sinne als Equity Equivalent den NOA hinzugezählt.

[617] Vgl. Woll (1992) 355.

[618] Vgl. Volkart (1995a). Dazu auch Clarke (1993) 4: „The competitive advantage of the Japanese is often attributed to their longer-term planning, large investments of funds in research and develop-

(Fortsetzung...)

einen positiven Zusammenhang zwischen der Ankündigung von Forschungs- und Entwicklungsanstrengungen und der Entwicklung der Aktienkurse festgestellt:[619]

Abb. 5-11: Marktreaktion auf Ankündigung von F+E-Anstrengungen[620]

Immaterielle Werte[621] stellen einen immer gewichtigeren Anteil am Gesamtvermögen einer Unternehmung dar. Da eine physische Präsenz der Vermögensob-

ment, and training, with the expectation of a slower, but sustained, return on investment. In contrast, in the UK, training and education, research and development, are often seen as costs rather than as investments, and the effort to maximize short-term returns often precludes a focus on the longer term."

[619] Siehe dazu auch Bühner (1990) 9.

[620] Abb. ist entnommen aus Copeland/Koller/Murrin (1994) 88.

[621] „Immaterielle Werte sind nicht-monetär und ohne physische Existenz. Sie können erworben oder selbst erarbeitet sein. Die immateriellen Werte können, sofern identifizierbar und aktivierbar, als immaterielle Anlagen bezeichnet werden" (FER 9 Ziff. 1).

jekte fehlt, stellt die Bilanzierungsfähigkeit und die Bewertung einen Fragenkomplex dar, der in Finanzkreisen viele Experten beschäftigt.[622]

Immaterielle Werte sind *erworben* oder *selbst erarbeitet*. Erworbene immaterielle Werte stellen in der Regel keine Bewertungsprobleme dar.[623] Unter Einhaltung des Anschaffungskostenprinzips werden sie analog den Sachanlagen über eine bestimmte Frist abgeschrieben.[624] Die Bilanzierungsfähigkeit von selbst erarbeiteten immateriellen Werten ist dagegen noch sehr restriktiv geregelt, obschon die Möglichkeiten zur Berechnung der gesamten Investition ohne weiteres gegeben sind.[625]

Nach FER 9 können erworbene immaterielle Werte nur aktiviert werden, wenn diese *identifizierbar* sind und einen für das Unternehmen *messbaren Nutzen* über *mehrere Jahre* stiften. Dabei wird der messbare Nutzen nur dann anerkannt, wenn für das immaterielle Gut *ein Markt* besteht. Die zur Erarbeitung der immateriellen Werte angefallenen *Aufwendungen müssen separat erfasst* und gemessen werden können und die zur Fertigstellung und Vermarktung oder zum Eigengebrauch *notwendigen Mittel zur Verfügung* stehen. In jedem Fall sind Aufwendungen, die der Erfolgsrechnung belastet wurden, nicht *nachträglich* aktivierbar. Zudem ist die Nutzungsdauer vorsichtig zu schätzen. Grundsätzlich sind höch-

---

[622] Insbesondere wird an dieser Stelle auf die Dissertation von Von Rütte/Hoenes (1995) verwiesen.

[623] „The costs of intangibles purchased from others for use in research and development activities which have alternative future uses are an exception to the immediate write-off rule. Such costs are capitalized and amortized as intangible assets" (Price Waterhouse (1994b) 15).

[624] Behandlung immaterielle Anlagen durch US-GAAP: Erworbene immaterielle Anlagen werden kapitalisiert und über die Periode des „useful life" erfolgswirksam abgeschrieben. Selbst erarbeitete immaterielle Anlagen dürfen aktiviert werden, falls sie „separately identifiable, determined useful life, not pending on the going business" (Price Waterhouse (1994c) 6) sind.

[625] „The magnitudes of costs of many internally developed intangibles, such as R&D and advertising, are no less identifiable than the costs of a takeover, and the future benefits from a takeover are unlikely to be more certain than those from internally developed intangibles. Thus there is a serious problem of accounting comparability between companies which acquire intangibles externally and those which develop them internally" (Egginton (1990) 195).

Auch Röttger (1994) 88: Aus „betriebswirtschaftlicher Sicht und zu Zwecken der Performance-Messung wäre die Aktivierung und anschliessende Periodisierung der Aufwendungen durch Abschreibungen im Sinne einer dynamischen Bilanzierung vorzuziehen."

stens fünf, in begründeten Fällen bis zu zwanzig Jahre möglich. Auch verlangt FER die Offenlegung der aktivierten Aufwendungen im Anhang.[626]

Das IASC plant, die Bilanzierungsfähigkeit von Aufwendungen an zwei Bedingungen zu knüpfen: „An intangible asset is recognized as an asset when it is probable that future economic benefits associated with the asset will flow to the enterprise and the cost of the asset can be measured reliably."[627]

Das neue Aktienrecht anerkennt neben den *Bauzinsen*[628] nur die *Gründungs-, Kapitalerhöhungs- und Organisationskosten* als selbst erarbeitete immaterielle Werte, die bilanziert werden dürfen.[629]

In den USA ist die Aktivierung von Forschungs- und Entwicklungskosten nach wie vor nicht gestattet.[630] Dies mag auch der Grund dafür sein, dass Stewart die konsequente Reklassierung der Forschungs- und Entwicklungs-Aufwendungen fordert. Er verlangt, dass sie nicht jährlich der Erfolgsrechnung belastet werden, sondern im Sinne einer Investition aktiviert und über eine sinnvolle Periode (linear) abgeschrieben werden.[631] So wird die Erfolgsrechnung über mehrere Perioden mit den Aufwendungen belastet. Abb. 5-12 zeigt die Vorgehensweise anhand der Forschungs- und Entwicklungsausgaben der Beispiel-AG.

---

[626] Vgl. FER 9 Ziff. 4ff.

[627] Nach Price Waterhouse (1994a) 26; siehe auch Exposure Draft E50 zu den *Intangible Assets.*

[628] Art. 676 OR.

[629] Art. 664 OR. Auch nach FER ist dies erlaubt, obschon FER 9 Ziff. 17 diesen Kosten das Wesen „eigentlicher immaterieller Werte" abspricht. Siehe dazu auch Ausführungen bei Forstmoser/Meier-Hayoz/Nobel (1996) par. 50 N 237ff.

[630] Vgl. Martin/Saliba (1994) 7.

[631] „R&D outlays should be capitalized onto the balance sheets as an equity equivalent and then amortized into earnings over the anticipated payoff period for the successful projects" (Stewart (1991) 115). Auch Böckli erkennt, dass beispielsweise jüngere Unternehmen mit erheblichen Aufwendungen der Markterschliessung in einen Verlustausweis hineingezwungen werden können, wobei gute Argumente für eine Aktivierung mit stufenweiser Abschreibung angefügt werden können. Explizit führt er die Kategorien Forschung und Entwicklung sowie Aufbau eines Vertriebsnetzes an. Siehe Böckli (1996) N 1010.

Korrektur Forschung und Entwicklung für EE (in CHFm)	1991	1992	1993	1994	1995
Jährliche Aufwendung (gemäss Erfolgsrechnung) (Abb. 10-2)	1'444	1'727	1'998	2'269	2'332
Lineare Abschreibung erfolgt auf 3 Jahre					
F+E 1991	481	481	481	0	0
F+E 1992		576	576	576	0
F+E 1993			666	666	666
F+E 1994				756	756
F+E 1995					777
Summe der jährlichen Abschreibungen	481	1'057	1'723	1'998	2'200
Kumulierte F+E Aufwendungen	1'444	3'171	5'169	7'438	9'770
- Kumulierte F+E Abschreibungen	481	1'538	3'261	5'259	7'459
= Korrektur Forschung und Entwicklung (Bestandteil EE)	963	1'633	1'908	2'179	2'311

Abb. 5-12: Berechnungsschema für kapitalisierte F+E-Aufwendungen der Beispiel-AG

Im Falle der Beispiel-AG werden ab dem Jahr 1991 die gesamten Auslagen für Forschung und Entwicklung aktiviert und auf drei Jahre linear abgeschrieben.[632] Die Differenz zwischen kumulierten Ausgaben und kumulierten Abschreibungen ergibt die Nettoposition, welche der Vermögensgrösse NOA als Equity Equivalent hinzugerechnet wird.[633]

Im Gegensatz zu US-GAAP[634] ist es nach IAS zwingend und nach FER möglich, bei Erfüllen gewisser Bedingungen[635] die Entwicklungskosten[636] zu aktivieren. Dabei sind Kosten für Grundlagen- und angewandte Forschung von den aktivier-

---

[632] Um das Beispiel nicht zu überladen wird darauf verzichtet, die Forschungs- und Entwicklungsaufwendung vor dem Jahr 1991 zu berücksichtigen.

[633] Zur Korrektur der Gewinngrösse siehe Kapitel 5.3.5.

[634] Zur Behandlung immaterieller Aktiven im allgemeinen unter US-GAAP siehe Schildbach (1995) 85ff.

[635] Nach IAS 9 par. 17: 1) Klar identifizierbare Produkte/Verfahren/Kosten; 2) Technische Machbarkeit steht fest; 3) Absicht der Vermarktung bzw. des späteren Eigengebrauchs; 4) Existenz eines Marktes bzw. eigener Nutzen für das Produkt/Verfahren; 5) Ausreichend Ressourcen zur Realisierung des Projektes vorhanden.

[636] Zur Trennung der Forschungs- und Entwicklungskosten IAS 9 par. 6: „Research is original and planned investigation undertaken with the prospect of gaining new scientific or technical knowledge and understanding. Development is the application of research findings or other knowledge to plan or design for the production of new or substantially improved materials, devices, products, processes, systems or services prior to the commencement of commercial production or use."

baren Werten explizit ausgeschlossen.[637] Der Einfluss aktivierter Entwicklungs-kosten ist beim High Tech-Unternehmen ESEC deutlich sichtbar.[638] Im Ge-schäftsjahr 1994/95 machte der Anteil der aktivierten Entwicklungskosten von CHF 2,6m sowohl beim ausgewiesenen Betriebsgewinn (CHF 14,8m) als auch beim Reingewinn (CHF 15,2m) rund 17% aus. Dies zeigt, in welchem Umfang sich immaterielle Werte in der Erfolgsrechnung auswirken können.

Analog zu den Forschungs- und Entwicklungskosten können ebenfalls weitere *Aufwendungen mit Investitionscharakter*[639] ihre Berücksichtigung in den EE fin-den. Die Definition solcher Aufwendungen sollte unternehmensindividuell mit Blick auf die jeweilige Branche oder die strategische Ausrichtung[640] erfolgen.[641]

Nicht nur die – nach US-GAAP separat auszuweisenden – Markterschliessungs-kosten[642], sondern auch andere *Marketingaufwendungen* können als Aufwand mit Investitionscharakter analog den Forschungs- und Entwicklungskosten behandelt

---

[637] FER 9 Ziff. 17. IAS 9 par.14: „[The] nature of research is such that there is insufficient certainty that future economic benefits will be realized as a result of specific research expenditures. There-fore, research costs are recognized as an expense in the period in which they incurred."

[638] „In Fällen, in welchen die zukünftige Vermarktung von Produkten nachgewiesen werden kann, werden die damit verbundenen Entwicklungskosten aktiviert und über die Zeitdauer der Vermark-tung des Produktes abgeschrieben" (ESEC (Geschäftsbericht) 1994/95 6).

[639] Z.B. Markterschliessungskosten, Marketingausgaben im allgemeinen, Schulungsausgaben, Re-strukturierungsaufwendungen.

[640] Die Möglichkeit, die strategische Ausrichtung in finanzielle Zielgrössen abzubilden ist bei der Ausgestaltung des Anreizsystems von entscheidender Bedeutung. Siehe dazu Kapitel 8.3.4.

[641] Dabei liegt es auf der Hand, dass die Berücksichtigung dieser Positionen keinen festen und exakten Regeln folgen, was meist zur Kritik der fehlenden Objektivität führt. Diesem Vorwurf steht jedoch das Argument entgegen, dass eine Nichtaktivierung solcher Aufwendungen aus Sicht der Investo-ren ein verzerrteres Bild der ökonomischen Realität ergibt. Ähnlich argumentiert das FASB bei der Bemessung der Pensionsrückstellungen. Es kommt zum Schluss, dass zwar die Schätzung mit „larger margin error" operieren müsste, jedoch eine Schätzung von null das Bild eher verzerren würde (zit. in King/Cook (1990) 44). In diesem Sinne King/Cook (1990) 45: „Shareholders, how-ever, will be better off having brand value information, just as they will be better off with infor-mation about the cost of post-retirement health care benefits."

[642] Dabei ist es aus betriebswirtschaftlicher Sicht sinnvoll, die Markterschliessung nicht nur auf die Erschliessung eines *neuen* Marktes (im geographischen Sinne) zu beschränken, sondern auch auf den Aufbau einer neuen *Marke* bzw. eines *Produktes* sinngemäss anzuwenden.
US-GAAP zu Advertising costs: „The costs of advertising should be expensed either as incurred or the first time the advertising takes place, except for certain direct-response advertising [...]. The cost of direct-response advertising (e.g. catalogues, telemarketing and direct mail) should be capi-talized as assets [...]. The costs are amortized over the period during which the future benefits are expected to be received" (in Price Waterhouse (1994b) 17).

werden. Das ist im Hinblick auf die mit solchen Aufwendungen beabsichtigte Wirkung auch richtig: „After all, no national advertiser would spend $800,000 to air a 30-second commercial on the Super Bowl TV broadcast if the management felt that it would be gone and forgotten the next day."[643] Bei einer Kapitalisierung der Werbeausgaben wird der Wert der Marke dem Management und den Aktionären vor Augen geführt.[644] Dadurch wird ersichtlich, dass freier Cash Flow investiert worden ist und auch in der Folge entsprechend bewirtschaftet werden muss.[645]

In Anbetracht des *Periodizitäts-* und des *Vorsichtsprinzips* müssen Rückstellungen in dem Jahr voll belastet werden, in welchem ihre Notwendigkeit erkannt wird. Solche auf einen Schlag gebildeten Rückstellungen können die wirtschaftliche Lage stark verzerren (z.B. Rückstellungen für Restrukturierungsaufwendungen).[646] Eine Korrektur kann dadurch erfolgen, dass im Rahmen der EE-Anpassungen die Rückstellungen als „Aufwendungen mit Investitionscharakter"[647] aktiviert und über eine sinnvolle Periode abgeschrieben werden.[648]

---

[643] King/Cook (1990) 42.

[644] Siehe dazu Smith (1992) 116ff. Zum Thema Marken und Rechnungslegung siehe insbesondere Von Rütte/Hoenes (1995).

[645] „If brand values are capitalized, management must look at the specifics – and is more likely to continue a process of maintaining the values" (King/Cook (1990) 42). In die gleiche Richtung geht Behr (1994d) 642: „Der Trend könnte dahin gehen, dass Investitionen für Marken in einer Mehrjahresübersicht im Anhang offengelegt werden."

[646] Auch Price Waterhouse (1993) 34: „Accruals, reserves, and estimates are often matters that require significant judgment, and they can significantly affect the company's reported profits."

[647] Siehe Kapitel 5.2.6.c.

[648] Siehe auch Stewart (1991) 117.
Beispiel Scott's (Unternehmen der Papierproduktion in den USA): In der zweiten Hälfte von 1992 wurde eine finanzielle Führung nach EVA unter der Leitung von Stern Stewart & Co. aufgebaut. Finanzchef Anderson kommentierte dies folgendermassen: „We started from the ground up, looking for ways to boost EVA by reengineering our operations, and the restructuring was the result of that. EVA helped us to organize our thoughts and to tie our opportunities back to a common goal. And with EVA accounting, we were able to treat the restructuring charge as an investment we added to our internal balance sheet, rather than as an expense. That allowed us to take the long view on the payoff, and the market seemed to agree" (aus Stern Stewart & Co. (1994) 2).

d) Behandlung des Goodwill

Goodwill entsteht dann, wenn bei der Übernahme einer Beteiligung an einer Gesellschaft die erwerbende Gesellschaft mehr als das vorhandene (anteilige) Eigenkapital bezahlt.[649] Bertschinger sieht im Goodwill Accounting die kontroverseste Frage in der Konzernrechnungslegung.[650]

Grundsätzlich kann der akquirierte Goodwill auf zwei Arten behandelt werden: *Erfolgswirksam* (Abschreibung über mehrere Jahre, belastet die Erfolgsrechnung) oder *erfolgsneutral* (Verrechnung mit dem Eigenkapital).

Die in der Schweiz beliebtere Variante ist die Verrechnung mit dem Eigenkapital.[651] Sie verkürzt die Bilanz und lässt so interne Renditen besser aussehen, als sie in Wirklichkeit sind. *Renditeverzerrungen*[652] können nur durch die Aktivierung des Goodwills verhindert werden.[653]

Internationale Standards schreiben die Aktivierung und anschliessende erfolgswirksame Abschreibung zwingend vor.[654]

---

[649] Vgl. unter anderem Revisuisse Price Waterhouse (1993c) 9 oder Horngren/Sundem (1987) 548: Goodwill als *„excess of cost over fair value of net identifiable assets of business acquired."* Auch Price Waterhouse (1994a) 13: „Accordingly, goodwill represents the difference between the cost of the acquisition and the acquirer's share of the fair values of the identifiable assets and liabilities acquired. [...] No goodwill is attributed to the minority interest."

[650] Vgl. Bertschinger (1994a) 333.

[651] Nur gerade 24% der Unternehmen schreiben den Goodwill über die Erfolgsrechnung ab. 48% wählten die Verrechnung mit dem Eigenkapital. 91% (1988 41%) legten offen, wie sie den Goodwill behandeln (vgl. NZZ (1995a) 21).

„Die direkte Verrechnung des Goodwills mit den Reserven wird von europäischen Konzernen bevorzugt, da keine Belastung der Konzernergebnisse stattfindet" (Bertschinger (1994a) 334).

[652] Exakterweise ist festzustellen, dass die Verzerrung der Rentabilität von zwei Seiten her wirkt: „Reduktion des Eigenkapitals des Konzerns durch die Verrechnung sowie den Anstieg des Gewinns der Unternehmensgruppe durch den Einbezug der neuen Tochtergesellschaft" (NZZ (1995a) 21); siehe dazu auch Martin/Saliba (1994) 6.

[653] NZZ (1995a) 21.

[654] IAS 22 par. 40 schreibt seit 1995 vor, dass Unternehmen den Goodwill nicht mehr mit den Reserven verrechnen dürfen. Par. 42 verlangt, den Goodwill über die Zeitdauer des „useful life" abzuschreiben. Grundsätzlich sieht der Paragraph eine Zeitdauer von fünf Jahren vor. Jedoch geht man in der Praxis meist von den maximal gestatteten 20 Jahren aus.

Zum US-GAAP: „It is not permissible in the US to write off goodwill directly to reserves" (in Price Waterhouse (1994b) 11).

Nach FER[655] ist es nach wie vor zulässig, den Goodwill mit dem Eigenkapital zu verrechnen. Jedoch fordern die FER eine Schattenrechnung[656] und einen *Goodwillspiegel*[657], was die Goodwillbehandlung einem eigentlichen *Darstellungs*wahlrecht gleichkommen lässt.[658] Zudem muss beim Verkauf der Tochtergesellschaft der zum Erwerbszeitpunkt über die Reserven verrechnete Goodwill mit dem Verkaufspreis verrechnet werden. „Somit wird sichergestellt, dass Goodwill als Konsolidierung früher oder später immer der Erfolgsrechnung belastet wird."[659]

Eine direkte Verrechnung des Goodwill mit dem Eigenkapital kommt einem Verstoss gegen die geforderte zwingende *Konsistenz* der Basiselemente gleich.[660] Aus einem ähnlichen Blickwinkel stellt Böckli sogar eine *Ordnungswidrigkeit* fest: „Wenn es wahr ist, dass für eine Beteiligung mehr bezahlt worden ist, als ihrem anteiligen Eigenkapital entspricht, und es weiter die Politik der Gesellschaft ist, diesen Überschuss in der Einzelbilanz zum Verschwinden zu bringen, so kann dies im Einzelabschluss nur durch Abschreibung geschehen. Abschreibungen sind immer erfolgswirksam; sie führen notwendig zu Aufwand in der Erfolgsrechnung. Jede andere Entscheidung dieser Frage würde zu einer Entkettung der beiden Rechenwerke führen. Dies wäre ein entscheidender Einbruch in den innersten Kern jener Methode, welche Ordnungsmässigkeit heisst; nur der Gesetzgeber könnte so etwas billigen, und dies nur unter klaren Kautelen und Bedingungen."[661]

---

[655] FER 9 Ziff. 3.

[656] Darstellung der Auswirkungen einer theoretischen Aktivierung im Anhang.

[657] Williams (1995) 975.

[658] Nach Bertschinger ist bei genügender Offenlegung der Verhältnisse im Anhang die Vergleichbarkeit nicht eingeschränkt. Wie im Falle der Elektrowatt, welche den Goodwill der im Jahre 1995 erfolgten Landis & Gyr-Übernahme (ca. CHF 900m) direkt dem Eigenkapital belastet, ist es seiner Ansicht nach auch bei Nichteinhaltung der IAS 22 trotzdem möglich, das „true and fair view"-Testat zu erteilen (zit. bei Solenthaler (1996) 2).

[659] Williams (1995) 975.

[660] Siehe Kapitel 4.2.3.

[661] Böckli (1996) N 978.

Obschon die erfolgswirksame Abschreibung des Goodwill nach wie vor umstritten ist[662], ist es aus betriebswirtschaftlicher Sicht sinnvoll, den Goodwill zu aktivieren und über die Erfolgsrechnung zu amortisieren.[663] Stewart geht sogar noch einen Schritt weiter. Er schlägt vor, sowohl die gesamten (kumulierten) Goodwillabschreibungen als auch die nicht in die Bücher aufgenommenen Goodwill-Positionen[664] den EE zuzurechnen.[665] Er spricht sich somit für die konsequente Aktivierung des Goodwills aus und fordert zudem dessen *Nicht*abschreibung.[666]

Einem solchen Vorgehen kann entgegengehalten werden, dass es sich beim Goodwill um eine *nicht direkt kontrollierbare Ressource* handelt und ein Nicht-Abschreiben mit der Zeit bewirken würde, dass der akquirierte Goodwill mit *selbst erarbeitetem* Goodwill ersetzt würde: „[A]us dem Vorsichtsgrundsatz folgt somit eindeutig und unmittelbar, dass Goodwill systematisch abgeschrieben werden muss".[667] Zudem ist es „international verpönt, selbst erarbeiteten Goodwill zu aktivieren."[668]

---

662 NZZ (1995a) 21.

663 Dazu Bertschinger (1989) 405: „Bilanztechnisch ist eine Direktbelastung auf Reserven sicher die eleganteste Lösung. Es müssen keine fragwürdigen immateriellen Aktiven bilanziert werden. Betriebswirtschaftlich ist jedoch eine Abschreibung über eine geschätzte Nutzungsdauer sinnvoller."

664 *Unrecorded Goodwill*: Stewart bezieht sich dabei nicht auf die – in den USA nicht erlaubten – Verrechnung des Goodwill mit dem Eigenkapital, sondern auf die Fälle, bei welchen Unternehmenszusammenschlüsse nach der *Pooling-of-Interest*-Methode behandelt werden.
Bei der Pooling-of-Interest-Methode handelt sich nicht um einen Kauf, sondern um eine Zusammenlegung von Unternehmen. Die Bücher werden mit kombinierten Buchwerten weitergeführt: „Under the pooling of interest method, the combined assets, liabilities and reserves are recorded at their existing carrying amounts after having made any adjustments necessary to conform the accounting practices. No goodwill is recognized on acquisition" (Price Waterhouse (1994a) 14).
Dazu Stern (1980) 18: „The crucial issue for the economic model of the firm is the amount paid for the acquisition, not how the outlay is later recorded."

665 „To make the noncash, non-tax-deductible amortization of goodwill the nonissue it really is, it should be added back to reported earnings. And, to be consistent, the cumulative goodwill amortization must be added back to equity capital and to goodwill remaining on the books" (Stewart (1991) 114).

666 Dazu auch Stern (1994a) 48: „Goodwill stays on the balance sheet more or less indefinitely, unless there is a real decline of economic value."

667 Von Rütte/Hoenes (1995) 184.

668 Bertschinger (1989) 405; Auch FER 9 Ziff. 23 beschreibt den selbst erarbeiteten Goodwill als „grundsätzlich nicht aktivierbarer Wert".

Die Frage, ob ein aktivierter Goodwill abgeschrieben werden soll oder nicht, kann über zwei Stufen beantwortet werden:

- Zunächst sollte überprüft werden, ob der gezahlte Aufpreis tatsächlich einen immateriellen Wert darstellt, der *nicht identifizierbar* ist.[669] Falls es sich um einen identifizierbaren Wert handelt, sollte eine Abschreibung des Goodwills erfolgen. Damit würde die Behandlung des Goodwills im Economic Model z.B. mit derjenigen der Forschungs- und Entwicklungsausgaben gleichgestellt.

- Falls es sich tatsächlich um ein nicht identifizierbarer Wert handelt, muss dieser nicht zwingend – wie oben gefordert – abgeschrieben werden.[670] Erst „when a true deterioration in economic value has occurred"[671] sollte der Goodwill abgeschrieben werden. Eine Nichtabschreibung des Goodwills stellt die Aussage ins Zentrum, wie die Unternehmensleistung die ihnen anvertrauten und von ihnen investierten Gelder bewirtschaftet.[672]

Im Fall der Beispiel-AG nehmen wir an, dass es sich bei den gesamten Goodwillzahlungen der Jahre 1991 bis 1995 um nicht identifizierbare Werte handelt. Zudem wollen wir eine Aussage darüber anstreben, wie die Unternehmensleitung die investierten Gelder verzinst. Somit werden die dem Eigenkapital direkt belasteten Goodwill-Positionen und auch die Goodwillabschreibungen vollumfänglich den NOA als Equity Equivalent hinzugerechnet (siehe Abb. 5-13).[673]

---

[669] Bertschinger (1989) 405 schlägt deshalb eine Analyse des erworbenen Goodwills vor. Er nennt mehrere Gründe, weshalb ein Mehrwert hätte bezahlt werden können. Dies sind unter anderem: Gutes Management, Marktanteil, Synergien, gute Ertragslage, Markennamen, Konzessionen, Lizenzen.

[670] „The reason for not amortizing goodwill for economic analysis is that goodwill, unlike other fixed assets, does not wear out and is not replaced" (Copeland/Koller/Murrin (1994) 166)

[671] Stern (1994b) 43.

[672] Dazu (Copeland/Koller/Murrin (1994) 165): „Excluding goodwill measures the operating performance [...] including goodwill measures how well a company has used its investors' funds". Und Stewart (1991) 114: „By unamortizing the goodwill in this way the rate of return will more properly reflect the true cash-on-cash yield that is of interest to shareholders."

[673] Siehe dazu auch die Ergebnisse für Schweizer Publikumsgesellschaften in Kapitel 7.4.4.

Goodwillkorrektur für Equity Equivalents (in CHFm)	1991	1992	1993	1994	1995
Goodwill direkt dem EK belastet (Abb. 10-3)	1'631	1'679	1'117	0	0
Jährliche Goodwillabschreibung (Abb. 10-2)	0	0	0	150	175
Summe	1'631	1'679	1'117	150	175
Kumuliert (Bestandteil der EE)	1'631	3'310	4'427	4'577	4'752

Abb. 5-13: Berechnung der Goodwillkorrektur für die EE der Beispiel-AG

e) Stille Reserven im Sinne von Willkürreserven

Stille Reserven[674] im Sinne von *Willkürreserven*[675] werden *willentlich*[676] aktivistisch über Abschreibungen[677] und Wertberichtigungen[678] und passivistisch mit zusätzlichen Rückstellungen[679] über das betriebswirtschaftlich notwendige Mass hinaus gebildet. Mit dem neuen Aktienrecht wurde zwar die Möglichkeit der stillen Bildung beibehalten[680], der früheren Willkür aber doch insofern ein Riegel

---

[674] Stille Reserven „sind nichts anderes als der gedachte Gegenposten im Eigenkapital, der den geschätzten stillen Mehrwerten von Aktiven (oder Minderwerten von Passiven) gegenübersteht" (Böckli (1996) N 1114).

[675] Im Unterschied zu den *willkürlichen Bewertungsreserven*, wie sie vorgängig für einzelne Bilanzpositionen angesprochen wurden, gehören „durch die Inflation bedingten stille Reserven (Musterbeispiel hierfür ist die Wertsteigerung von Grund und Boden) sowie die steuerlich bedingten stillen Reserven *in allen Ländern* dieser Welt zur Tagesordnung. [...] Nur die willkürlich gebildeten stillen Reserven, bei denen man betriebswirtschaftlich und auch steuerrechtlich *nicht begründete* Abschreibungen, Wertberichtigungen und Rückstellungen vornimmt, geben überhaupt Anlass zur Kritik" (Behr (1992a) 39, Hervorhebungen im Original).

[676] Forstmoser/Meier-Hayoz/Nobel (1996) sprechen auch von „Absichtsreserven, wenn eine Gesellschaft *ganz bewusst und ohne den Zwang einer gesetzlichen Vorschrift ihre Vermögenslage zu schlecht darstellt*. Solche Reserven werden vom Verwaltungsrat oder in seiner Verantwortung gebildet. Man spricht daher auch von *Verwaltungsreserven*" (a.a.O. par. 50 N 72, Hervorhebungen im Original).

[677] Für das Anlagevermögen.

[678] Für das Umlaufvermögen.

[679] Übersetzte Rückstellungen oder Rückstellungen, die trotz des Wegfalls der Begründung beibehalten werden. Dies ist nach Art. 669 Abs. 2 OR möglich. Dazu kritisch Böckli (1996) N 1101: „Damit ist ein Grad der Undurchsichtigkeit erreicht, bei dem man sich im Ernst fragen muss, wie sich der Gesetzgeber hier noch eine möglichst zuverlässige Beurteilung der Vermögens- und Ertragslage der Gesellschaft vorgestellt hat. Art. 669 Abs. 2 OR 1991 ist mit den Anforderungen einer aussagekräftige Rechnungslegung letztlich unvereinbar. Er ist ein Relikt aus einer anderen Geisteswelt." Die Bestimmung aus dem Aktienrecht steht im Gegensatz zu 4 EURL Art. 35 Abs. 1 Bst. c): Wiederaufwertung des wertberichtigten Gutes muss bei Wegfall des Grundes zwingend geschehen.

[680] Es besteht zwar keine Publikationspflicht, doch es muss eine Meldung an die Revisionsstelle erstattet werden: Art. 669 Abs. 4 OR.

geschoben, als dass die *Auflösung nicht* still geschehen darf. Sie muss im Anhang ausgewiesen werden.[681]

In einem nach dem *true and fair view*-Prinzip erstellten Geschäftsbericht existieren *keine* stillen Reserven im Sinne von Willkürreserven (ausgenommen unter Umständen steuerlich bedingte „stillen" Reserven[682]). Nach deutschem Aktienrecht kann der Jahresabschluss sogar als nichtig erklärt werden, wenn vorsätzlich Unterbewertungen der Vermögens- und Ertragslage wiedergegeben werden.[683] Die EURL schliessen die Bildung stiller Reserven explizit aus.[684] Auch die Normenwerke IAS oder US-GAAP kennen keine stillen Reserven im genannten Sinne.[685]

Obschon im Rahmen von Konzernrechnungen auch in der Schweiz stille Willkürreserven kaum mehr gebildet werden[686] (können[687]), sollen in unserem Zahlenbeispiel aus didaktischen Gründen stille Reserven im betrieblich notwendigen Vermögen angenommen (siehe Abb. 10-3) und als Equity Equivalent in der Rechnung berücksichtigt werden.[688]

---

[681] Art. 663b Ziff. 8 OR; zur Auflösung der stillen Reserven sind zudem zwei Punkte festzuhalten (vgl. Böckli (1996) N 1150ff.): 1. Die Auflösung stiller Reserven (Zeitpunkt und Umfang) ist Sache des Verwaltungsrates; 2. Der Ertrag aus diesem Vorgang muss als ausserordentlicher Ertrag in der Erfolgsrechnung ausgewiesen werden. Typische Transaktionen, die eine Auflösung stiller Reserven herbeiführen, sind: Veräusserung unterbewerteter Vermögensgegenstände; Wiederaufwertung unterbewerteter Aktivposten; Auflösung von übersetzten oder zusätzlichen Rückstellungen; Übergang zu einem neuen Buchungssystem.

Besonders gefährlich ist die Verwendung der aufgelösten stillen Reserven als Substanz für Dividendenzahlung. Nach Böckli (1996) N 1156 ist dies sogar *europarechtswidrig* und ein „kaum überbrückbarer Gegensatz zur gesamten Stossrichtung der EU-Richtlinien und des IASC. Es ist letztlich ein Rückfall ins Unternehmensverständnis der dreissiger Jahre, ja des 19. Jahrhunderts." Nach Böckli bedeutet die Auflösung von stillen Reserven zum Zwecke der Dividendenauszahlung nichts anderes als einen *Abbau der Eigenkapitalbasis*. Dies verschlechtere die Liquidität, was im Widerspruch zu dem vom Gesetzgeber intendierten *dauernden Gedeihens* des Unternehmens stehe.

[682] Siehe dazu ausführlich Kapitel 6.2.5.e.

[683] Par. 256 Abs. 5 Aktiengesetz.

[684] 4. EURL Art. 2 Abs. 3 und Art. 42.

[685] Zur Behandlung der steuerlich bedingten stillen Reserven siehe Kapitel 6.2.5.e.

[686] Vgl. Forstmoser/Meier-Hayoz/Nobel (1996) par. 50 Fussnote 657.

[687] Vgl. Williams (1995) 975.

[688] Im Sinne der verbesserten Transparenz im Rahmen des Aktienrechts halten Forstmoser/Meier-Hayoz/Nobel (1996) fest: „Damit eine AG der Offenlegungspflicht nach OR 663b Ziff. 8 nachkommen kann, muss sie eine interne 'Schattenrechnung' über Bildung, Bestand und Auflösung stiller Reserven führen" (a.a.O. par. 50 N 97).

5.3. Ermittlung der Gewinngrösse NOPAT

Der NOPAT entspricht dem Betriebsgewinn, der mit der vorhin berechneten Vermögensgrösse NOA korrespondiert. Die Berechnung zeigt Abb. 5-14.

Net Operating Profit After Taxes (NOPAT) (in CHFm)	1991	1992	1993	1994	1995
Betriebsergebnis (gemäss Erfolgsrechnung) (Abb. 10-2)	1'158	1'488	2'180	2'358	2'619
+ Zinsanteile Leasingraten (Abb. 5-7)	5	6	6	7	8
+ Nicht berücksichtigte Beteiligungserträge (Abb. 10-3)	15	13	17	14	14
+ Änderung der EE (für NOPAT) (Abb. 5-15)	n/a	689	255	466	338
NOPBT (Net Operating Profit Before Taxes)	1'178	2'197	2'458	2'845	2'979
- COT (Abb. 5-16)	-333	-419	-303	-426	-485
NOPAT	845	1'777	2'155	2'419	2'495

Abb. 5-14: Berechnung des NOPAT für die Beispiel-AG

5.3.1. Ausgangspunkt: Betriebsgewinn

Grundsätzlich sollte bei der Analyse vom *ausgewiesenen* Betriebsergebnis ausgegangen werden. Falls eine solche Grösse nicht ausgewiesen wird[689], muss eine *aufwendigere* direkte Berechnung, als Differenz der betrieblichen Erträge und Aufwendungen, erfolgen.

Da sich die verschiedenen Darstellungsformen der Erfolgsrechnungen trotz Anwendung von Rechnungslegungsstandards teilweise stark unterscheiden, kann auf eine Durchsicht der Erfolgsrechnung nicht verzichtet werden. Grundsätzlich sind alle Erträge und Aufwendungen zu berücksichtigen, die in einem Zusammenhang mit den für die NOA definierten Vermögensobjekten stehen. Insbesondere ist auf den Ort der Verbuchung der Abschreibungen[690], Leasingraten/Mietzahlungen und die Behandlung der Beteiligungserträge zu achten.

---

[689] Z.B. weist Roche erst seit dem Berichtsjahr 1994 einen „Betriebsgewinn" aus (vgl. Roche (Geschäftsbericht) 1993 und 1994).

Gemäss der Mindestgliederung nach Böckli wird vom Aktienrecht keine Angabe eines Betriebsgewinnes gefordert (vgl. Böckli (1996) N 894). FER 7 Art. 6 und 7 verlangen zumindest die Angabe „Zwischenergebnis".

[690] Z.B. stellte Merkur 1994 die Erfolgsrechnung als Cash Flow Rechnung dar. Dies brachte mit sich, dass die Abschreibungen auf dem betrieblichen Anlagevermögen nach Steuern, Finanzergebnis und

(Fortsetzung...)

5.3.2. Behandlung der Abschreibungen

Das Economic Model erkennt die Abschreibungen[691] als Element des betrieblichen Gewinnes.[692] Dies, obschon Abschreibungen nicht – zumindest nicht unmittelbar – liquiditätswirksam sind. Es betrachtet die Abschreibungen als betrieblich relevanter Aufwand, weil sie aus langfristiger Sicht in etwa den Aufwendungen zur Kapazitätserhaltung entsprechen. Im gleichen Sinn versteht auch Bühner die Abschreibungen, der die „reinvestierten Abschreibungen und Investitionen zur Sicherung der Wettbewerbsfähigkeit"[693] als jährlich notwendige Auszahlung betrachtet.

Zudem kann argumentiert werden, dass bei einem Leasing der Anlagen die Abschreibungen in der Form von Amortisationszahlungen ebenfalls als cashrelevante Position in der Gewinngrösse beinhaltet sind: „In fact, the present value of the lease payments should equate to the cash outlay to purchase the asset, or else the lessor would not be able to recover the principal outlay and the interest incurred in purchasing and financing the asset on behalf of the lessee. Depreciation is thus an economic charge."[694]

Im Economic Model wird der betriebliche Gewinn abzüglich der Abschreibungen ausgewiesen, falls diese nach *betriebswirtschaftlichen* Kriterien bemessen sind, und mit dem *betriebsnotwendigen* Vermögen (NOA) korrespondieren. In unserem Beispiel sind die Abschreibungen im ausgewiesenen Betriebsergebnis schon

---

sonstigen liquiditätswirksamen Positionen ausgewiesen wurde. Der ausgewiesene Betriebsgewinn beinhaltete somit keine Abschreibungen.

[691] „[D]epreciation – that is, the allocation of the original cost to the particular periods that benefit from the use of the asset" (Horngren/Sundem (1987) 170); oder Süchting (1989) 215: „Unter Abschreibungen soll das Verfahren verstanden werden, mit dem die Wertminderungen der über mehrere Perioden genutzten Wirtschaftsgüter als Aufwand auf die Rechnungsperioden verteilt werden."

Der Begriff *„Abschreibungen"* ist mit dem OR 1991 für die Wertkorrektur des Anlagevermögens reserviert worden. Wertkorrekturen des Umlaufvermögens werden *Wertberichtigungen* genannt. Zur Unterscheidung Abschreibung, Wertberichtigung, Rückstellung siehe auch Altorfer (1992) 16ff.

[692] Vgl. Stewart (1991) 86.

[693] Bühner (1990) 55.

[694] Stewart (1994) 80.

in Abzug gebracht.[695] Daher findet sich in Abb. 5-14 auch kein entsprechender Abzug.

5.3.3. Leasingraten/Mietaufwendungen

Falls Leasingraten und Mietzahlungen von nichtbilanzierten Vermögensobjekten (siehe Abb. 5-6 und 5-7) im ausgewiesenen Betriebsergebnis eingerechnet sind, müssen deren Zinsanteile dem NOPAT wieder hinzugerechnet werden. Zur Berechnung und Begründung siehe Kapitel 5.2.3.b.

5.3.4. Erträge aus nicht konsolidierten Beteiligungen

Finanzerträge aus nicht konsolidierten Beteiligungen werden zum NOPAT addiert. Minderheitsbeteiligungen gehören i.d.R. zur sog. *wirtschaftlichen Realität* des Unternehmens.[696] Dies ist der Fall, wenn sie *betrieblich notwendig* (z.B. Liefervereinbarungen), *strategisch* bedingt (z.B. umfassende Kooperationsverträge) oder vom Management *erklärtermassen auf Dauer* gehalten werden. Insbesondere stellen aus der Sicht des Aktionärs solche Beteiligungen gebundenes Kapital dar, welches von einer alternativen Nutzung ausgeschlossen ist und somit eine vom Investor geforderten Rendite erwirtschaften muss.[697] In unserem Beispiel sind die Beteiligungserträge (siehe Abb. 10-3) nicht im ausgewiesenen Betriebsergebnis enthalten. Aus diesem Grund werden sie in der NOPAT-Berechnung zum betrieblichen Gewinn hinzugezählt.

5.3.5. Änderung der EE

Nur falls sich die in Abb. 5-9 berechneten Equity Equivalents in einen direkten Zusammenhang mit dem Betriebsergebnis bringen lassen, werden deren jährliche Änderungen für die Berechnung des NOPAT berücksichtigt.

---

[695] Siehe Abb. 10-2 und 10-3.
[696] Siehe dazu Kapitel 5.2.2.b.
[697] Im Falle Nestlé (siehe Abb. 5-5) wird ein Anteil am Ergebnis von assoziierten Gesellschaften (vor Steuern) von CHF 284m für 1995 angegeben. Dieser Betrag wird dem NOPAT hinzugerechnet.

152

Dabei wird so vorgegangen, dass die Änderungen der gesamten EE (d.h. der Equity Equivalents für die NOA aus Abb. 5-9) herangezogen werden und diejenigen Beträge davon subtrahiert werden, die das Betriebsergebnis *nicht* direkt beeinflusst haben. Abb. 5-15 zeigt die für den NOPAT zu berücksichtigenden Änderung der EE für die Beispiel-AG.

Änderung der Equity Equivalents für NOPAT (in CHFm)	1991	1992	1993	1994	1995
Änderung der Equity Equivalents (für NOA) (Abb. 5-9)	n/a	2'390	1'431	483	401
- Änderung Bewertungskorrekturen Brandversicherungswerte	n/a	-33	-33	-37	-63
- Änderung Bewertungskorrekturen Beteiligungen (Abb. 5-9)	n/a	11	-26	20	0
- Goodwill direkt dem EK belastet (Abb. 5-13)	-1'631	-1'679	-1'117	0	0
Änderung der Equity Equivalents (für NOPAT)	n/a	689	255	466	338

Abb. 5-15: Berücksichtigung der für NOPAT relevanten EE-Änderungen der Beispiel-AG

In unserem Beispiel wurden bei der Berechnung der Equity Equivalents für die Vermögensgrösse NOA unter anderem Bewertungskorrekturen für die Marktwerte der nicht konsolidierten Beteiligungen sowie der Brandversicherungswerte der Sachanlagen vorgenommen. Diese Elemente beeinflussten das Betriebsergebnis in seiner Entstehung *nicht*. Auch hatten die dem Eigenkapital direkt belasteten erfolgsneutralen Goodwillabschreibungen keinen direkten Einfluss auf das Betriebsergebnis.

Alle anderen Elemente der in Abb. 5-9 berechneten Equity Equivalents (z.B. Kapitalisierung und Abschreibung der Forschungs- und Entwicklungskosten) standen in einem direkten Zusammenhang mit dem betrieblichen Gewinn und werden aus Gründen der Konsistenz zwischen Vermögens- und Gewinngrösse auch für die Berechnung des NOPAT entsprechend berücksichtigt.

5.3.6. Cash Operating Taxes (COT)

Cash Operating Taxes (COT) stellen theoretische Steuern auf den betrieblichen Gewinn dar. Theoretisch bedeutet in diesem Zusammenhang, dass man (in Abweichung von den tatsächlichen Verhältnissen) von einem Unternehmen ausgeht, das zu hundert Prozent mit Eigenkapital finanziert ist und nur betriebliche Tätigkeiten wahrnimmt.[698] Für unser Zahlenbeispiel werden die COT folgendermassen berechnet:[699]

COT (Cash Operating Taxes) (in CHFm)	1991	1992	1993	1994	1995
Steueraufwand (gemäss Erfolgsrechnung) (Abb. 10-2)	496	531	539	622	674
/ Gewinn vor Steuern (gemäss Erfolgsrechnung) (Abb. 10-2)	1'241	2'139	2'843	3'144	3'555
Steuerrate	40%	25%	19%	20%	19%
Steueraufwand (gemäss Erfolgsrechnung) (Abb. 10-2)	496	531	539	622	674
+ Tax shield für Zinsaufwendungen (Abb. 10-2)	127	141	128	104	123
+ Tax shield für die Zinsanteile in Leasingraten (Abb. 5-7)	2	2	1	1	1
- Steuern für Finanzerträge (ohne Beteiligungserträge) (10-2)	-154	-299	-250	-256	-298
- Jährlich ausgewiesener Teil von latenten Steuern (Abb. 10-3)	-138	45	-115	-45	-16
COT	333	419	303	426	485

Abb. 5-16: Berechnung der COT (Cash Operating Taxes) der Beispiel-AG

Um die Steuereffekte von nichtbetrieblichen Positionen rückgängig zu machen, wird sowohl in der Literatur als auch in der Praxis ein *Pauschalsteuersatz* vorgeschlagen.[700] Anhand einer Kosten-Nutzen-Analyse sollte vom externen Bilanzleser darüber befunden werden, ob *individuelle*, d.h. für einzelne Erfolgsrechnungspositionen gesonderte Steuersätze verwendet werden sollen. In unserem Beispiel werden die Steuereffekte auf der Basis der Konzernsteuerrate als Mischsatz gerechnet. Dieser ergibt sich aus der Division des Steueraufwandes mit dem Gewinn vor Steuern.

Anschliessend werden ausgehend vom ausgewiesenen Steueraufwand positive und negative Steuereffekte von nichtbetrieblichen Grössen rückgängig gemacht. So sind die Steuerersparnisse von Finanzaufwendungen zu addieren und die auf den Finanzerträgen bezahlten Steuern vom Steueraufwand abzuzählen. Zudem

---

[698] Vgl. auch Knüsel (1995) 623.

[699] Analoge Berechnungen findet sich bei Copeland/Koller/Murrin (1994) 156ff. und Stewart (1991) 104ff.; Volkart (1990) 546; Gomez/Weber (1989) 31; Rappaport (1986) 52.

[700] Knüsel (1994) 128; auch Helbling (1995a) 412.

sind analog den Finanzaufwendungen die Steuereffekte der in den Leasingraten und Mietzahlungen integrierten Zinsanteile zu berücksichtigen.[701]

In einem letzten Schritt werden die im ausgewiesenen Steueraufwand eingeschlossenen jährlich gebuchten latenten Steuern vom Steueraufwand abgezogen:[702] „For valuation and analytical purposes, income taxes should be stated on a cash basis. [...] Putting taxes on a cash basis is consistent with the treatment of deferred tax balances as capital on which investors expect to earn a return just as they do on all other capital."[703]

5.4. Ermittlung des Kapitalkostensatzes c*

Der Kapitalkostensatz c* erfüllt bei EVA eine doppelte Funktion. Zum einen dient er als *Mindestrendite*, zum anderen wird er als *Basis zur Diskontierung* zukünftiger EVAs im Rahmen der Unternehmensbewertung benutzt. Für beide Zwecke wird die gleiche, das Risiko der Investition berücksichtigende, Berechnung des Kapitalkostensatzes durchgeführt. Im Vordergrund dieses Kapitels steht die Berechnung einer risikoadjustierten Mindestrendite.[704] Multipliziert mit der oben berechneten Vermögensgrösse ergeben sich die mit der betrieblichen Tätigkeit gesamthaft verursachten *Kapitalkosten*.

5.4.1. Interpretationen des Kapitalkostenbegriffes

Analog den unterschiedlichen Sichtweisen (Economic Model – Accounting Model) bei der Definition der beiden Basiselemente NOA und NOPAT können bei der Interpretation der Kapitalkosten ebenfalls zwei Perspektiven eingenommen werden: Kapitalkosten betrachtet als *Finanzierungskosten* oder als *Opportunitätskosten*.

---

[701] Siehe Abb. 5-7.
[702] „Taking it away leaves only the taxes that actually were paid." (Stewart (1991) 105).
[703] Copeland/Koller/Murrin (1994) 159; zum Thema der Rückstellungen für latente Steuern siehe ausführlich Kapitel 6.2.5.e.
[704] Zur Ermittlung des Diskontierungssatzes siehe Kapitel 6.2.4.

Dem Verständnis der Kapitalkosten als *Finanzierungskosten* liegt ein auszahlungsbezogener (pagatorischer) Kostenbegriff zugrunde.[705] Es entspricht dem traditionellen Ansatz, die Kosten primär aus der Sicht des Managements zu erfassen, um den periodischen Erfolg nach Berücksichtigung aller angefallenen Ausgaben auszuweisen. Im Fall der Entgelte für Fremdkapital ist es auf der Basis der vertraglich vereinbarten Auszahlungskomponenten ohne weiteres möglich, eine effektive Zinsbelastung zu ermitteln. Im Fall von Eigenkapital ergeben sich jedoch weitaus schwierigere Messprobleme pagatorischer Grössen. Neben den Dividendenzahlungen[706] und den Kosten bei Kapitalerhöhungen[707] können unter Umständen die bei der Liquidation des Unternehmens anfallenden Kosten[708] als dem Eigenkapital direkt zurechenbar und ausgabenwirksam aufgezählt werden. Mit Ausnahme der Dividendenzahlungen sind sie jedoch unter der Annahme einer unbegrenzten Laufzeit eines Unternehmens für das Management vernachlässigbar, und so auch entscheidungsirrelevant.

Erst indem darauf verzichtet wird, auf die einzelnen Finanzierungsmodalitäten unterschiedlicher Finanzierungsformen zu achten und die Kapitalkosten aus der Sicht des Kapitalgebers zu definieren, werden die Kapitalkosten in ihrer Höhe richtig bemessen und auch für das Management entscheidungsrelevant: „Anhaltspunkte für die Bestimmung der Kapitalkosten erhält man aufgrund der Fragestellung, welche Verzinsung der Investor bei der risikoäquivalenten Anlage seiner Mittel ausserhalb der Unternehmung erzielen könnte."[709] Die so ermittelten *Opportunitätskosten* stellen die Zielvorstellungen und das Entscheidungsfeld der Kapital*geber* (von Fremd- und Eigenkapital) und nicht der Kapital*nehmer* (Management) in den Vordergrund.[710]

---

[705]   Vgl. Freygang (1993) 185.

[706]   Zusätzlich Couponeinlösungsprovisionen.

[707]   Bankenkommissionen, Kotierungsgebühren, Veröffentlichungskosten, Druckkosten etc.

[708]   Zur Wichtigkeit der *cost of financial distress (bankruptcy costs)* siehe Miller (1977) 262ff; Brealey/Myers (1996) 484ff.

[709]   Freygang (1993) 190.

[710]   „Both creditors and shareholders expect to be compensated for the opportunity cost of investing their funds in one particular business instead of others with equivalent risk" (Copeland/Koller/Murrin (1994) 239); weiter Labbe (1994) 18: „When projects are considered,
(Fortsetzung...)

5.4.2. Umfang der Kapitalkosten

Auf dem Opportunitätskostenprinzip aufbauend bestimmt sich die Höhe der Kapitalkosten[711] durch die vom Investor *erwartete* Rendite auf dem Kapitalmarkt für Wertpapiere ähnlicher *Dauer* (Zeitentgelt) und ähnlichen *Risikos* (Risikoentgelt).[712]

a) Zeitentgelt

Der beim Kauf eines Schuldnerpapiers versprochene *Nominalzins* dient als Entgelt für den erwarteten Realzins und als Kompensation des erwarteten Kaufkraftverlustes (auch Inflationsaufschlag bzw. -prämie genannt).[713] Können die damit verbundenen Zinszahlungen „sicher" erwartet werden, so spricht man von einem „risikofreien" Zinssatz. Der risikofreie Zinssatz „bringt diejenige Verzinsung zum Ausdruck, die von Schuldnern höchstmöglicher Bonität für die Ausgabe festverzinslicher Kapitalmarkttitel bezahlt wird. Solche in der Regel von staatlichen Stellen emittierten Papiere weisen nahezu kein Risiko hinsichtlich Zins- und Tilgungszahlungen auf und können daher als repräsentativ für einen einwertigen ('quasisicheren') Erfolgsstrom stehen."[714] In der Schweiz zählen üblicherweise

---

the evaluation must include the opportunity cost of capital. That is, the analysis must take into account the competing alternatives for the money and their respective benefits. It isn't enough to show that the net benefits of a project will be positive. The evaluation must show that the net benefits are greater than the net benefits of alternative projects." Diesem Gedanken folgt auch Rappaport (1986) 27: „Economic value calculations explicitly incorporate the idea that a dollar of cash received today is worth more than a dollar to be received a year from now, because today's dollar can be invested to earn a return over the next year."

[711] Aus Vereinfachungsgründen spricht man in der Literatur statt vom Kapitalkosten*satz* lediglich von den Kapitalkosten, obschon die letzteren eine absolute Grösse darstellen und nicht mit einem Kostensatz vergleichbar sind (vgl. auch Freygang (1993) 183).

[712] Vgl. auch Zimmermann (1994) 540ff. Nicht erst in der modernen Portfolio-Theorie wird von einem grundsätzlich risikoaversen Anlageverhalten der Investoren ausgegangen, welche für eingegangene Risiken angemessen kompensiert werden möchten. Schon 1946 richtet sich nach Käfer der zu verwendende Zinsfuss einerseits nach einem „landesüblichen Zinsfuss" und andererseits nach einem Risikofaktor für Unternehmungsart, -form, -grösse, und -branche. „Es handelt sich dabei eigentlich um die Gleichsetzung des Verhältnisses zwischen Rente und Kapital für Branche und Unternehmung, wobei auch dafür zu sorgen ist, dass sich die Grössen wirklich entsprechen" (Käfer (1946) 76).

[713] Dazu Helbling (1995a) 402: „Der reine Kapitalzins ist im wesentlichen abhängig von der staatlichen *Geldpolitik*, den *Inflationserwartungen* und dem *Auslandeinfluss*. In den Kapitalmarktsätzen zeigen sich die langfristigen Inflationserwartungen" (Hervorhebungen im Original).

[714] Freygang (1993) 177.

die Wertpapiere der öffentlichen Schuldner, insbesondere der Eidgenossenschaft, zu den risikofreien Wertpapieren.[715]

Abb. 5-17 zeigt die durchschnittlichen Renditen[716] der Jahre 1991 bis 1995 von Obligationen der Eidgenossenschaft und von Obligationen inländischer Schuldner, deren vertraglich vereinbarten Zahlungen *nicht* als risikofrei gelten und entsprechende Risikoaufschläge aufweisen.

Durchschnittsrenditen von Obligationen inländischer Schuldner 1991-1995[717]	Jahr	Restlaufzeit bis 7 Jahre in %	Aufschlag in Basispunkten[718]	Restlaufzeit mehr als 7 Jahre in %	Aufschlag in Basispunkten
Eidgenossenschaft	1991	6.25		6.21	
(Risikofreie Anlage)	1992	6.43		6.42	
	1993	4.54		4.61	
	1994	4.80		5.04	
	1995	4.33		4.75	
Andere: Finanzgesellschaften	1991[719]	7.34	+109	6.93	+72
(ohne Banken), Kraftwerke, Industriegesellschaften, ohne	1992	7.27	+84	7.08	+66
	1993	5.10	+56	5.36	+75
Kantone und Gemeinden	1994	5.33	+53	5.35	+31
	1995	4.91	+58	5.00	+25

Abb. 5-17: Durchschnittsrenditen von Obligationen inländischer Schuldner 1991-1995

Die Renditen von risikofreien Anlagen dienen als Basisgrösse für die von den Kapitalgebern minimal geforderte Rendite. Je nachdem, auf welchen Zeithorizont der Kapitalgeber sein Geld ausleihen will, wird er die Renditen der Anlagen mit einer Restlaufzeit bis sieben bzw. über sieben Jahre als Basisgrösse heranziehen.

---

[715] Vgl. Helbling (1995a) 402.

[716] Die „Rendite ist derjenige Kalkulationszinssatz, bei welchem der Kapitalwert gleich Null ist" (Spremann (1991) 366).

[717] SNB (1996) 50ff.

[718] 100 Basispunkte entsprechen einem Prozentpunkt.

[719] Die Renditen des Jahres 1991 sind ohne die Berücksichtigung der Obligationen der Omni-Holding AG, Bern, berechnet (siehe SNB (1996) 51).

b) Risikoentgelt

Der Kapitalgeber möchte entsprechend dem gewählten Anlagerisiko[720] entschädigt werden.[721] Das gesamte Anlagerisiko in einem Unternehmen kann in die beiden Grundtypen *Geschäftsrisiko* und *Finanzierungsrisiko* unterteilt werden.[722]

- Zum *Geschäftsrisiko*: Das allgemeine Geschäftsrisiko *(Business Risk)* ist einerseits Ausdruck *instabiler* Umsätze[723] und andererseits Ausdruck des sog. *Operating Leverage*, das heisst der Gefahr, dass bei schwindenden Umsätzen die damit verbundenen Kosten nicht im Gleichschritt angepasst werden können.[724] Ein hoher Operating Leverage ist für die Unternehmen kennzeichnend, deren Kostenstruktur durch einen vergleichsweise hohen Anteil an fixen Kosten belastet wird.[725] Dabei ist der Grad an Operating Leverage weitgehend durch die Art des Fertigungsverfahren (Grad der Kapitalintensität) festgelegt und somit von der jeweiligen Branche bestimmt.[726] Das Geschäftsrisiko zeigt sich primär in den Schwankungen der Vermögensrendite (NOPAT / NOA) und ist sowohl für die Risikoeinschätzung des Fremd- als auch Eigenkapitalgebers von entscheidender Bedeutung.

---

[720] „Risiko heisst Gefahr des Eintritts eines schädigenden Ereignisses, dessen exogene Ursachen Natur, Gesellschaft und Markt und dessen endogene Ursachen objektive und subjektive Faktoren bzw. Verumständungen sein können, die sich in einer Ertragsschmälerung oder Aufwandserhöhung, aber auch in unmittelbaren Substanzverlusten auswirken können" (Viel/Bredt/Renard (1975) 127).

[721] „Kein Investor wird Geld für Risikokapital zur Verfügung stellen, um darauf eine Rendite zu erzielen, die unter dem Zinssatz für risikolose Anlagen liegt" (Weber (1990) 577); ebenfalls Jaensch (1966) 28: „Für die Unternehmer stellt der landesübliche Zinsfuss die Untergrenze der Rentabilität ihrer Kapitalinvestition dar"; Bühner (1990) 15: Aktionäre erwarten „eine Mindestrendite in Höhe der Rendite für risikofreie Anlagen plus einer Risikoprämie"; auch Rappaport (1986) 21: „Risk is a parameter of central importance in establishing the economic value of any asset. [...] Earnings figures do not incorporate consideration of risk"; siehe auch Süchting (1989) 348 und Käfer (1969) 351.

[722] Zu den Risikokonzepten auch Heri (1991) 78ff.

[723] Nachfrageverschiebungen, Währungseinflüsse, Konkurrenzsituation, etc.

[724] „Business risks occur because of the volatile economic environment in which businesses operate and the nature of their operations" (Price Waterhouse (1993) 26).

[725] Vgl. Freygang (1993) 276; Brealey/Myers (1996) 222.

[726] „A firm's business or economic risk is related to the industry to which it belongs and to the general conditions of the economy" (Levy/Sarnat (1990) 334).

- Zum *Finanzierungsrisiko*: Das Geschäftsrisiko wird durch das finanzwirt-schaftliche Risiko, den *Financial Leverage*[727], verstärkt.[728] Mit dem Financial Leverage wird die erwartete Eigenkapitalrendite proportional zum Verschuldungsgrad gesteigert, solange die *erwartete* Vermögensrendite über dem Fremdkapitalkostensatz liegt.[729] Geht man von der Existenz eines Geschäftsrisikos aus, so kann die *tatsächlich eintretende* Vermögensrendite ohne weiteres unter den Fremdkapitalkostensatz fallen. Je nach Ausgestaltung des Verhältnisses zwischen Fremd- und Eigenfinanzierung besteht in diesem Fall für das Nettoergebnis ein Ausfallrisiko, was primär für den Aktionär und seine minimal geforderte Eigenkapitalrendite von Bedeutung ist.[730]

(i) Abbilden des Anlagerisikos mit direktem Zugriff auf Kapitalmarktdaten

Der intuitiv verständliche Zusammenhang zwischen höherem Anlagerisiko und damit verbundenem höheren Erwartungswert der Anlagerendite wurde durch das Capital Asset Pricing Model (CAPM) in zwei Richtungen spezifiziert:[731] „Erstens wird der Begriff des Risikos präzisiert, nämlich als Beta. Zweitens wird die zu erwartende Rendite in einen mathematisch einfachen, nämlich linearen Zusammenhang zum Risiko gesetzt."[732] Entsprechend dem CAPM berechnet sich die

---

[727] Im Zusammenhang mit der Beeinflussung der Eigenkapitalrentabilität durch Beanspruchung von Fremdkapital spricht man „von der Hebelwirkung des niedrigverzinslichen Fremdkapitals zugunsten der Eigenkapitalrentabilität, vom *Leverage factor*" (Boemle (1995) 60).

[728] Süchting (1989) 384; auch Rappaport (1986) 21: „The level of risk is determined both by the nature of the firm's operations and by the relative proportions of debt and equity used to finance its investments."

[729] Siehe Spremann (1991) 283.

[730] Dazu Brealey/Myers (1996) 213: „But shareholders also bear *financial risk* to the extent that the firm issues debt to finance its real investments. The more a firm relies on debt financing, the riskier its common stock is. [...] Financial leverage does [...] lead the stockholders to demand a correspondingly higher return." Zum Leverage Effekt auch Levy/Sarnat (1990) 330ff. Die in diesem Zusammenhang geführte Diskussion der Existenz bzw. der Ausgestaltung einer *optimalen Kapitalstruktur* soll in dieser Arbeit nicht aufgegriffen werden. Siehe dazu: Modigliani/Miller (1958) 262ff.; Süchting (1989) 385ff.; Copeland/Weston (1988) 497ff., Spremann (1991) 283ff.; Neish (1994) 26ff.

[731] In dieser Arbeit wird auf eine umfassende Darstellung des CAPM verzichtet. Dafür bieten sich an: Rudolph (1979) 1034ff.; Sharpe/Alexander (1990) 194ff.; Brealey/Myers (1996) 173ff.; Copeland/Weston (1988) 193ff.; Freygang (1993) 203ff.; Gallati (1994) 49ff.; Fischer (1988) 12ff.

[732] Spremann (1992) 54.

erwartete Rendite einer Aktie aus der Summe von risikofreiem Zinssatz plus einer Risikoprämie. Die Risikoprämie ergibt sich aus der Multiplikation der Marktrisikoprämie[733] (für die Schweiz 3.5%)[734] mit dem Unternehmensbeta[735]. So berechnet sich beispielsweise die Eigenkapitalkosten (ke) für Merkur im Jahre 1995 folgendermassen:[736]

$$ke = 4.75\% + 3.5\% \times 0.8 = 7.55\%$$

Nicht zuletzt wegen dieser Einfachheit der Anwendung scheint die Anziehungskraft des CAPM-Ansatzes ungebrochen.[737] Dies, obschon mehrere Studien dem CAPM die empirische Validität abgesprochen haben.[738]

---

[733] Üblicherweise wird sie als Differenz zwischen der Rendite des (gesamten) Aktienmarktes und dem risikofreien Zinssatz definiert. (vgl. Brealey/Myers (1996) 179/180; Knüsel (1994) 211). Die verschiedenen Auffassungen bezüglich der Höhe dieser Marktrisikoprämien variieren stark. So findet sich bei Brealey/Myers (1996) 180 für die USA eine Prämie von 8,4% p.a. (berechnet für eine Periode von 69 Jahren). Copeland/Koller/Murrin (1994) 260 empfehlen eine Marktprämie für US-Gesellschaften zwischen fünf und sechs Prozent zu wählen (unter Bezugnahme auf eine Analyse des US-Marktes zwischen 1926 und 1992). Für den US-Markt siehe auch die Publikationen der *Financial Analysts Research Foundation, University of Virginia.*

[734] Für die Schweiz ist eine Marktrisikoprämie zwischen drei und vier Prozent anzusetzen (vgl. Knüsel (1994) 213). Dies stimmt auch mit den Ergebnissen von Gallati (1994) 209 überein.

[735] „Der β-Faktor einer Aktie drückt die Reagibilität einer Aktie auf Markttrends aus. Eine Aktie mit einem β-Faktor von 1,2 lässt beispielsweise eine Kurssteigerung von 12 Prozent erwarten, wenn der Marktindex um 10 Prozent steigt" (Kleeberg (1992) 474)

Schweizer Branchenbetas gleichen sich stark dem Beta von 1,0 an. Die stärksten Ausschläge: Bereich Detailhandel, Konsum: 0,8 und 1,1 für Banken. Alle anderen *Branchen* des SPI bewegen sich innerhalb dieser Grenzen und sind als Indikation für das Unternehmensrisiko wenig hilfreich. In diesem Zusammenhang bemerkt Helbling (1995a) 413: „Das Beta ist stets schwierig zu bestimmen und oft ebenso 'aus der Luft gegriffen' wie Zuschläge nach anderen Verfahren."

Möglicherweise hilfreicher als Hinweis auf das Investitionsrisiko sind die Branchenbetas für den UK-Markt. Folgende Beispielwerte (nach Hawawini (1994b)): Bau 1.8; Rechtsberatung 1.5; Spitäler 1.1; Restaurants 1.0; Verlagswesen 0.9; Autoreparaturen 0,8; Forstwirtschaft 0.7; Metall- und Goldminen 0,3. Bleibt anzuführen, dass in Grossbritannien rund zwanzig mal mehr Gesellschaften als in der Schweiz (rund 4'500) kotiert sind (aus Helbling (1995a) 412).

[736] Risikofreie Rendite von 4,75% siehe Abb. 5-17 und Ausführungen gleich nachfolgend zu Abb. 5-21; Marktprämie von 3,5% wird als Schweizerischer langfristig gültiger Wert betrachtet; Beta für 1995 stammt von 0,8 aus SBC (1996).

[737] Vgl. Keppler (1990) 611.

[738] Die wohl wichtigste Untersuchung wurde von Fama/French (1992) durchgeführt. Die Autoren kamen zu folgendem Schluss: „We are forced to conclude that the SLB model [gemeint ist das CAPM von Sharpe-Lintner-Black] does not describe the last 50 years of average stock returns" (Fama/French (1992) 464). Dazu auch deutlich Spremann (1992) 56: „Die dem CAPM widersprechenden Befunde sind so zahlreich geworden und haben sich so verdichtet, dass eigentlich niemand mehr an der Hypothese festhalten kann, Beta erkläre Aktienrenditen." Sehr kritisch auch Keppler (1990) 610ff. Eine Gegenüberstellung zahlreicher Studien zur empirischen Validität des CAPM findet sich bei Freygang (1993) 225ff.

Schon 1976 entwickelte Ross ein zum CAPM alternatives Vorgehen der sog. *Arbitrage Pricing Theory (APT)*.[739] „Im Gegensatz zum *CAPM*, das die Renditen risikobehafteter Vermögensanlagen anhand eines einzigen Faktors, des Marktportfolios, erklärt, basiert die *APT* auf der Grundannahme, dass sich die Zufallsrendite eines Wertpapiers [...] als lineare Funktion einer für alle Wertpapiere relevanten Anzahl von systematischen Faktoren [...] ergibt."[740] So konnten beispielsweise folgende Faktoren mit einem signifikanten Einfluss auf die Renditen des Schweizer Aktienmarktes für den Zeitraum von 1988 bis 1992 festgestellt werden:[741]

- Euromarkt SFr 1-Monats-Zinssatz

- EFFAS[742] Schweiz Allg. Obligationen-Index

- Euromarkt DM 3-Monats-Zinssatz

- FTSE100 (Aktienmarkt London, Index der Financial Times)

Im Gegensatz zum CAPM liegen für die APT eine Vielzahl von empirischen Untersuchungen mit Gültigkeit vor.[743] Trotzdem ist die umfassende Nutzung des APT vor allem für den Schweizer Markt eingeschränkt. Zum einen sind es die technischen Anforderungen, wie z.B. (elektronische) Verfügbarkeit von aufbe-

---

[739] Grundlegend: Ross (1976) 341ff. Weitere Ausführungen dazu bei: Copeland/Weston (1988) 219ff.; Brealey/Myers (1996) 191ff. Gute Darstellungen finden sich in Freygang (1993) 232ff. und im speziellen als Anwendung für die Schweiz bei Gallati (1994) 197ff. Zum Vergleich der beiden Ansätze CAPM und APT siehe Hörnstein (1990).

[740] Freygang (1993) 232. Die einzelnen Faktoren fliessen über die Multiplikation von Faktorbeta mit Faktorprämie in die Berechnung der Eigenkapitalkosten ein. Folgende Basisformel dient als Hinweis der Funktionsweise des APT (in Anlehnung an Freygang (1993) 235):
Eigenkapitalkostensatz = ke = Rf + b1 x P1 + b2 x P2 + [...] + bn x Pn
Mit: Rf = Risikofreier Zinssatz; bn = Beta des Faktors n; Pn = Prämie des Faktors n.

[741] Siehe Gallati (1994) 234.

[742] EFFAS: *European Federation of Financial Analyst Service Bond Index* (siehe dazu SBG (1994) 65).

[743] Vgl. Freygang (1993) 240. Einen Überblick über die wichtigsten Ergebnisse gibt Copeland/Weston (1988) 228ff. Für die USA kommen Chen/Roll/Ross (1986) zu folgendem Resultat: „Several [...] economic variables were found to be significant in explaining expected stock returns, most notably, industrial production, changes in the risk premium, twists in the yield curve, and, somewhat more weakly, measures of unanticipated inflation and changes in expected inflation during periods when these variables were highly volatile" (a.a.O. 402). Kritisch dagegen: Dhrymes/Friend/Gultekin (1984) 323ff.; Hawawini (1994a) 603ff.

reitetem, umfangreichem Datenmaterial[744] oder aufwendige Berechnungsinstrumente[745], zum anderen die spezielle Situation in der Schweiz, wo enge Kapitalmärkte nur beschränkt als Basis für weitgehende Aussagen dienlich sind.[746] Ebenfalls „scheitert eine praktische Anwendung der APT bislang an der mangelnden Spezifizierung der Risikofaktoren. Weder Anzahl noch ökonomische Interpretation der APT-Faktoren sind bislang hinreichend bestimmt."[747]

Sowohl das CAPM als auch die APT gehen von der Annahme der *Markteffizienz* aus.[748] In ihrer geläufigen Ausdeutung unterstellt die Theorie effizienter Kapitalmärkte[749], dass die Börsenkurse sämtliche öffentlich zugänglichen Informationen[750] über ein Unternehmen enthielten und somit folgerichtig dessen innerem Wert entsprächen.[751] „Mit dieser Antizipation aller verfügbaren Informationen in den Marktpreisen wird die Unmöglichkeit verknüpft, überdurchschnittliche Gewinne durch Identifikation und Handeln von über- oder unterbewerteten Titeln zu realisieren."[752] Die Informationseffizienz des Kapitalmarktes konnte bisher nicht

---

[744] Vgl. Knüsel (1994) 216.

[745] Vgl. Gallati (1994) 177ff.

[746] Zum Thema der Markteffizienz siehe Ausführungen gleich nachfolgend und ebenfalls Kapitel 7.1.1.

[747] Freygang (1993) 337; im Ergebnis gleich Reimann (1990) 59.

[748] Vgl. Gallati (1994) 63.

[749] Nicht zu verwechseln ist der Begriff des effizienten Kapitalmarktes mit dem *perfekten* Kapitalmarkt. Zum letzteren Copeland/Weston (1988) 330: „The following conditions are necessary for perfect capital markets: Markets are frictionless; [...] There is a perfect competition in product and securities market. [...] Markets are informationally efficient; [...] All individuals are rational expected utility maximizers."

Im Gegensatz zu den Einschränkungen des perfekten Kapitalmarktes verlangt der effiziente Kapitalmarkt, dass „prices fully and instantaneously reflect all available relevant information" (a.a.O. 331.) Dazu auch Rechsteiner (1994) 221: „Kapitalmärkte können auch dann noch als effizient bezeichnet werden, wenn einzelne Voraussetzungen für perfekte Kapitalmärkte nicht erfüllt sind." Als Beispiel kann die Existenz von Transaktionskosten (Gebühren, Kommissionen, etc.) erwähnt werden. Sie widersprechen der Bedingung des friktionslosen Kapitalmarktes im Modell des perfekten Marktes, aber greifen die These der Effizienz des Kapitalmarktes nicht an.

[750] Ähnlich Stern (1980) 7: „Share prices are simply the current values that the market as a whole places on companies' expected performance. To command a fair value in the eyes of the management, the share price must reflect management's expectations."

[751] „In the theory of stock market efficiency, public information that has not been fully reflected in stock prices is like gold lying in the streets; reports of either are treated with equal skepticism" (Ball (1995) 4).

[752] Vgl. Meier-Schatz (1985) 94/95.

eindeutig überprüft werden, „weil die Funktionsweise der Kapitalmärkte nicht vollständig bekannt ist."[753] „Wären die Märkte effizient, so wäre die Tätigkeit der meisten Finanzanalysten müssig. Die extreme Form der Markteffizienz ist inzwischen fallengelassen worden und hat einer abgeschwächten Form, bei der die Informationskosten eingebaut werden, Platz gemacht. Die modifizierten Ansätze gehen davon aus, dass die Marktteilnehmer darüber entscheiden, ob und in welchem Umfang sie Informationen beschaffen und/oder erwerben wollen. Je nachdem ist der Informationsstand der Marktteilnehmer unterschiedlich, und es können abweichende Erwartungen gebildet werden."[754] Selbst der Begründer des CAPM, William Sharpe, äusserte nach dem Börsencrash im Oktober 1987 seine Zweifel an der Effizienzthese.[755]

Auch andere, ebenfalls auf Kapitalmarktdaten basierende Ansätze sind auf für das Unternehmen aussagekräftige Aktienkurse angewiesen.[756] Besteht, wie z.B. bei nicht kotierten Gesellschaften (oder einzelnen Geschäftsbereichen), kein Aktienmarkt, oder werden aufgrund spezifischer Aktienmarktcharakteristika starke Verzerrungen der aktuellen Aktienpreise vermutet, so sollte die Bestimmung der Anlagerisiken und deren Abbildung auf Kapitalkosten auf einem alternativen Weg angegangen werden.

(ii) Abbilden des Anlagerisikos ohne direkten Zugriff auf Kapitalmarktdaten

Sind zur Bestimmung des Anlagerisikos nicht direkt Kapitalmarktdaten verfügbar (z.B. bei nicht kotierten Unternehmen), so kann nach Freygang (1993) entweder

---

[753] Sach (1993) 29; zur Messung der Effizienz siehe Copeland/Weston (1988) 332ff.; dazu auch Ball (1995) 17: „Are stock markets efficient? Yes and no. On the one hand, the research provides insights into stock price behaviour that were previously unimaginable. On the other hand, as research has come to show, the theory of efficient markets is, like all theories, an imperfect and limited way of viewing stock markets."

[754] Schiltknecht (1994) 5.

[755] „My theory assumes that at any given time, market prices reflect investors' opinions of the future course of the economy [...] The crash certainly raises serious questions about the efficiency of the markets" (zit. in Keppler (1990) 614 Endnote 6).

[756] Z.B. Dividendenmodell (siehe nachfolgend Kapitel 5.3.2.), Earnings/Price-Approach (wird im allgemeinen als Ansatz zur Bestimmung der Kapitalkosten abgelehnt; siehe dazu Ehrhardt (1994) 84; Brealey/Myers (1996) 72), Optionspreis-Modelle (Ehrhardt (1994) 85ff; Copeland/Koller/Murrin (1994) 446ff.; Brealey/Myers (1996) 991).

durch *Analogieansätze* oder durch *Analyseansätze* ein Ausgleich dieses Informationsdefizites (zumindest teilweise) erreicht werden.[757] Dabei basieren beide Ansätze grundsätzlich auf der Mechanik des CAPM. Dies bedeutet, dass zur Berechnung der Eigenkapitalkosten wiederum eine risikofreie Anlage, eine Marktprämie und ein Unternehmensbeta benötigt werden. Die risikofreie Anlage und die Marktprämie sind auch für nicht kotierte Gesellschaften vorgegeben.[758] Was fehlt, sind die Unternehmensbetas, welche über die Analogie- bzw. die Analyseansätze geschätzt werden sollen.[759]

Analogieansätze versuchen über den Vergleich risikorelevanter Merkmale mit börsennotierten Unternehmen Aufschluss über die anzuwendenden Eigenkapitalkosten (d.h. ein Beta) zu geben.[760] Dabei kann das Unternehmen mit Gesellschaften gleicher Branchen[761] oder ausgewählten Referenzunternehmen[762] verglichen werden.

Nachdem das Beta der vergleichbaren Unternehmen bzw. Branchen definiert wurde, ist es noch an die spezifische Finanzierungsstruktur des zu beurteilenden Unternehmens anzupassen. Dies geschieht anhand der Mechanik des *unlevered* Beta:[763] „The unlevered beta measures the business risk of a company by removing the effect of financial leverage."[764] Zur Umrechnung benötigt man das Marktbeta (levered), das Verhältnis zwischen Fremd- und Eigenkapital zu

---

[757] Freygang (1993) 251ff.

[758] Siehe Abb. 5-17 und Ausführungen im letzten Kapitel.

[759] Wenn man nicht vollständig auf subjektiven Einschätzungen der Risikolage bei der Bemessung des angemessenen Kapitalkostensatzes basieren will, so ist man so oder so auf einen funktionierenden Aktienmarkt und vergleichbare Unternehmen, deren Aktien in diesem Markt gehandelt werden, angewiesen.

[760] Siehe auch Mullen (1990) 571ff.

[761] Verwendung von Branchen-Betawerten: Beispiele finden sich bei Copeland/Koller/Murrin (1994) 330; Sharpe/Alexander (1990) 431; Freygang (1993) 255; für die Schweiz in SBC (1996).

[762] *Peer group*-Ansatz (Durchschnittsbeta vergleichbarer Unternehmen) oder *pure play*-Ansatz (Wahl des Betas eines sorgfältig ausgewählten Unternehmens); vgl. dazu auch Ehrhardt (1994) 103ff.

[763] Zum Vorgehen Brealey/Myers (1996) 215ff.

[764] Copeland/Koller/Murrin (1994) 331.

Marktwerten (FK/EK) und die Steuerrate (t). Den Zusammenhang zwischen *levered* und *unlevered* Beta zeigt folgende Formel:[765]

$$\text{Beta}_{\text{Unlevered}} = \text{Beta}_{\text{Levered}} / [1+(1-t)x(FK/EK)]^{766}$$

Mit dieser Beziehung ist es möglich, die auf dem Aktienmarkt beobachteten Betas, welche das betriebliche *und* das finanzielle Risiko beinhalten (levered Beta), auf Betas, die nur die Reagibilität der betrieblichen Tätigkeit ausdrücken (unlevered Beta), umzurechnen. So kann auch (in einem zweiten Schritt) das berechnete *unlevered* Beta wieder in ein *levered* Beta (unter Rücksichtnahme der neuen spezifischen Finanzierungsverhältnisse) für ein Unternehmen umgerechnet werden, welches nicht an der Börse kotiert ist. Angesichts der im Vergleich zu den USA kleinen Aktienmarktes der Schweiz stellt die Methodik der Risikoschätzung anhand der Analogieansätze nur ein beschränkt anwendbares Instrument dar.[767]

Analyseansätze gehen der Frage nach, welche fundamentalen Faktoren (meist unter Berufung auf publizierte Daten des Rechnungswesens) das Zustandekommens der *unlevered Betas* am besten erklären können.[768] Stewart führte eine solche Analyse mit 1'000 US-amerikanischen/kanadischen Unternehmen auf der

---

[765] Dazu ausführlich Ehrhardt (1994) 114ff.

[766] Ein Beispiel soll die Umrechnung verdeutlichen (siehe auch Copeland/Koller/Murrin (1994) 331ff.). Das Unternehmen, welches nicht kotiert ist, für welches jedoch ein Marktbeta gesucht wird, weist folgende Daten auf: Steuersatz: 34%; FK/EK: 0,8. Vom vergleichbaren Unternehmen, welches am Aktienmarkt kotiert ist, kennen wir folgende Grössen: Marktbeta: 1,2; Steuersatz: 25%; FK/EK: 1,3.
In einem ersten Schritt wird für das Vergleichsunternehmen das unlevered Beta berechnet:
Beta (unlevered) = Beta (levered) / [1+(1-t)x(FK/EK)] = 1,2 / [1+(1-0,25)x1,3] = 0,61.
In einem zweiten Schritt wird das levered Beta des zu beurteilenden Unternehmens auf der Basis des vorhin ermittelten unlevered Beta berechnet:
Beta (levered) = Beta (unlevered) x [1+(1-t)x(FK/EK)] = 0,61 x [1+(1-0,34)x0,8] = 0,93.

[767] In der Schweiz sind rund 220 Unternehmen, in den USA dagegen rund 13'500 kotiert (siehe Helbling (1995a) 412). Damit ist die Wahrscheinlichkeit, ein Unternehmen mit ähnlichem Risikoprofil, also vergleichbarem Beta zu finden, in den USA grösser als in der Schweiz. Unter anderem finden sich in den USA z.B. Sarghersteller, Bestattungsunternehmen oder Privatgefängnisse als kotierte Gesellschaften.

[768] Analyseansätze sind ausführlich diskutiert bei Freygang (1993) 274ff.

Basis von Finanzdaten von sechs Jahren durch.[769] Sein Resultat: „Altogether, four risk factors [...] were found to be highly statistically significant:

1. *Operating risk* [Fluktuationen der Erträge innerhalb eines Geschäftszyklus erhöhen das Risiko]

2. *Strategic risk* [Unsicherheiten bei der Realisierung von langfristigen Projekten erhöhen das Risiko]

3. *Asset management* [Die vier Faktoren (a) ein gegenüber der Konkurrenz tieferes und stabileres Nettoumlaufvermögen, (b) eine hohe Anlageintensität, (c) eine überdurchschnittliche Modernität der Fabrikanlagen und (d) eine hohe Langlebigkeit der Anlagen vermindern das Risiko]

4. *Size and diversity* [Grösse und geographische Diversifikation vermindern das Risiko]“[770]

Auch Brealey/Myers (1996) stellen fest, dass Unternehmen mit hohen *fundamentalen Betas*[771] ebenso hohe Aktienmarktbetas aufweisen.[772] Die Ermittlung solcher fundamentalen Betas gewinnt bei der Risikoeinschätzung zunehmend an Bedeutung, hat jedoch zum Nachteil, dass ohne *umfangreiches* (Anzahl Unternehmen, Anzahl Jahre) und *detailliertes* (Auskunft über einzelne Positionen der Erfolgsrechnung und Bilanz) Zahlenmaterial eine Analyse nicht möglich oder im Ergebnis nur beschränkt aussagekräftig ist.[773]

---

[769] Stewart (1991) 449ff.

[770] Stewart (1991) 452ff.

[771] „Das fundamentale beta stellt eine Vorhersage des zukünftigen betas von Aktien oder Portfolios dar. Es wird nicht durch eine Regression der historischen Kursverläufe ermittelt, sondern durch fundamentale Risikocharakteristika der Aktiven vorhergesagt" (Kleeberg (1992) 477).

[772] Brealey/Myers (1996) 222.

[773] Zur Ermittlung fundamentaler Betawerte siehe ausführlich Freygang (1993) 311ff.

5.4.3. Berechnung des Kapitalkostensatzes

a) Gesamtkapitalkostensatz

Da bei der Berechnung der bisherigen Basiselemente NOPAT und NOA vollständig die Art und Weise der Finanzierung ausser acht gelassen werden konnte sind nunmehr die Kapitalkosten von Eigen- *und* Fremdkapitalgeber zu berücksichtigen. So sollte der zu wählende Kapitalkostensatz die Opportunitäts- und Finanzierungskosten *beider* Kapitalgeber reflektieren.[774] In Theorie und Praxis hat sich die Vorgehensweise des *Weighted Average Cost of Capital (WACC)* als die geeignetste zur Berechnung des Gesamtkapitalkostensatzes etabliert.[775] Dabei entspricht der Kapitalkostensatz den mit dem Finanzierungsverhältnis gewichteten Kosten des Fremd- und Eigenkapitals.[776] Zu dessen Berechnung werden drei Elemente benötigt: *Eigenkapitalkosten (ke)*, *Fremdkapitalkosten (nach Steuern) (kf)* und *Gewichtungsverhältnis des Eigenkapitals (EK%GK)*:

$$\text{Gesamtkapitalkosten} = c^* = ke \times EK\%GK + kf \times (1 - EK\%GK)$$

Für unser Zahlenbeispiel berechnet sich c* wie folgt:[777]

Gesamtkapitalkosten c*	1991	1992	1993	1994	1995
Eigenkapitalkosten ke (Abb. 5-21)	12.4%	12.6%	10.8%	11.2%	11.0%
Fremdkapitalkosten (nach Steuern) kf (Abb. 5-20)	4.6%	5.7%	4.3%	4.5%	4.2%
Eigenkapital in % des Gesamtkapitals (EK%GK)	33%	33%	33%	33%	33%
Gewichtete Gesamtkapitalkosten (c*)	7.2%	8.0%	6.5%	6.7%	6.4%

Abb. 5-18: Berechnung von c* der Beispiel-AG

Da man teilweise mit Opportunitätskosten und nicht mit tatsächlich auftretenden Kosten rechnet, bleibt die berechnete Höhe der gesamten Kapitalkosten so oder

---

[774] „[T]he 'cost of capital' to the firm is the same regardless of how the investments are financed or how fast the firm is growing" (Modigliani/Miller (1961) 418).

[775] Als eine der wenigen Ausnahmen soll die in Kapitel 3.2.3. geschilderte Vorgehensweise des CFROI-Modells erwähnt werden.
Einschränkung bei der Verwendung des WACC erwähnen Brealey/Myers (1996) 518: „The formula works for the 'average' project. It is incorrect for projects that are safer or riskier than the average of the firm's existing assets."

[776] Ausführlich zum WACC Brealey/Myers (1996) 517ff.

[777] Die einzelnen Elemente werden nachfolgend in den Unterkapiteln a bis c diskutiert.

so mit Fragezeichen behaftet.[778] „Die Praxis zeigt oftmals, dass man der Frage der Kapitalkosten eine zu grosse Bedeutung beimisst. Aber es ist nicht entscheidend, ob die Kapitalkosten einen halben Prozentpunkt höher oder tiefer liegen, da es weit mehr darum geht, die eigenen Geschäftsbereiche nach Möglichkeit rentabler zu machen."[779] Dies sollte jedoch auch nicht dazu veranlassen, Kapitalkosten über den Daumen zu schätzen. Eine schrittweise Berechnung hilft nicht nur die Grössenordnung der Kapitalkosten möglichst treffend zu erfassen, sondern auch Fragen aufzuwerfen, welche für das generelle Verständnis des zu beurteilenden Unternehmens wesentlich sein können.[780]

b) Gewichtungsverhältnis

Das Gewichtungsverhältnis soll auf den *Marktwerten* von Fremd- und Eigenkapital basieren und die *Ziel*-Kapitalstruktur widerspiegeln.[781]

- Zur Verwendung von *Marktwerten*: Als Beurteilungsbasis sind Marktwerte den Buchwerten vorzuziehen. Buchwerte zeigen die Finanzierungssituation zum Zeitpunkt der Kapitalaufnahme, wogegen Marktwerte die aktuellen Finanzierungsrahmenbedingungen berücksichtigen. Das Opportunitätsprinzip bei der Definition der Kapitalkosten verlangt nach der Berücksichtigung der Ko-

---

[778] „Estimating the cost of capital is not an exact science" (Ehrhardt (1994) 33); ähnlich Kiechel (1981) 152: „Calculating the cost of equity is 75% science, 25% art." Nicht zuletzt aus diesem Grund werden in Unternehmen die Gesamtkapitalkosten durch das Management teilweise *geschätzt*. So z.B. bei Briggs & Stratton: Cost of Capital is the „Management's estimate of weighted average of the minimum equity and debt returns required by the providers of capital" (Briggs & Stratton (Geschäftsbericht) 1995 34).

[779] Lewis/Stelter (1993) 112. Die Frage der pauschalen Festsetzung eines Kapitalkostensatzes stellt sich vor allem bei der Festsetzung der Mindestrenditen unterschiedlicher Geschäftsbereiche. Grundsätzlich kann die Berechnung der Mindestrenditen einzelner Geschäftsbereiche eines Unternehmens analog den vorhergehenden Überlegungen zur Einschätzung des Risikos erfolgen. Dazu ausführlich Freygang (1993). Kritisch dagegen Reimann (1990) 57ff., welcher vorschlägt, nicht den Kapitalkostensatz, sondern die zu bewertenden Cash Flows entsprechend ihrer Eintretenswahrscheinlichkeiten zu bewerten und somit das Management von unnötigen technischen Kapitalkostendiskussionen zu entlasten und die Aufmerksamkeit auf den wichtigeren Punkt, nämlich „generating cash flows that create economic value" zu lenken.

[780] In diesem Sinne Helbling (1995a) 421: „In Bewertungsgutachten sollte der gewählte Zinssatz begründet werden."

[781] Vgl. unter anderem Copeland/Koller/Murrin (1994) 241; Copeland/Weston (1988) 446; Rappaport (1986) 56. Dazu auch Stewart (1991) 85: „All projects ought to be financed with a target blend of debt and equity no matter how they might specifically be financed."

sten von *neu* zu beschaffendem Kapital für das entsprechende Projekt bzw. Unternehmen.[782] Sinngemäss sollte sich auch das Gewichtungsverhältnis zur Berechnung der Kapitalkosten an Marktwerten orientieren.

- Zur Verwendung der *Ziel-Kapitalstruktur*: In der Praxis zeigt sich, dass zwar die meisten Unternehmen eine Vorstellung ihrer Ziel-Kapitalstruktur haben, diese sich aber überwiegend auf Buchwerte bezieht.[783] Trotzdem ist es nützlich mit einer solchen Angabe zu arbeiten, weil diese Unternehmen weitgehend versuchen werden, das angegebene Finanzierungsverhältnis langfristig beizubehalten und so sich das Finanzierungsrisiko nicht schlagartig ändern wird.[784] So ist es auch für die Beurteilung von neuen Projekten und Strategien sinnvoll, sich auf diese Angabe abzustützen.[785]

In unserem Zahlenbeispiel wird ein Zielverhältnis der Marktwerte zwischen Fremd- und Eigenkapital von 2:1 angenommen. Dies entspricht 33,3% Eigenkapital am Gesamtkapital.

c) Fremdkapitalkosten

Für Fremdkapital bestehen meist vertragliche Vereinbarungen über Zinsansprüche und Kapitalrückzahlungen. Im Normalfall sollte sich aus der Division zwischen Zinsaufwand und durchschnittlichem Fremdkapital in etwa der für das Unternehmen relevante Zinssatz (vor Steuern) der jeweiligen Periode ergeben.

---

[782] „Market values are the correct choice. Intuitively, this is because the cost of capital is going to be used in evaluating a proposed project. Therefore, the relevant concern is how much the project will earn with respect to the costs of the new capital, not the old capital" (Ehrhardt (1994) 74).

[783] Vgl. Ehrhardt (1994) 75.

[784] Vgl. Ehrhardt (1994) 22.

[785] Zudem ist es nicht zuletzt aus Gründen der mathematischen Einfachheit empfehlenswert, die Berechnung der Kapitalkosten auf ein Ziel-Finanzierungsverhältnis abzustützen. Dazu Knüsel (1994) 200: „Da durch die Bewertung der Wert des Eigenkapitals erst ermittelt wird, muss u.U. ein iteratives Verfahren zur Bestimmung des Gewichtungsverhältnisses angewandt werden. Zur Vereinfachung wird in der Praxis allerdings häufig davon abgesehen und eine Schätzung vorgenommen."

Fremdkapitalkosten (Basis: Jahresrechnung)	1991	1992	1993	1994	1995
Finanzaufwand (in CHFm) (Abb. 10-2)	317	566	675	524	649
/ Darlehen (Jahresdurchschnitt, in CHFm) (Abb. 10-1)	n/a	5'359	5'079	5'138	5'690
Fremdkapitalkostensatz vor Steuern	n/a	10.6%	13.3%	10.2%	11.4%
Steuersatz (Abb. 5-16)	40%	25%	19%	20%	19%
Fremdkapitalkostensatz nach Steuern	n/a	7.9%	10.8%	8.2%	9.2%

Abb. 5-19: Berechnung des Fremdkapitalkostensatzes auf der Basis von Daten publizierter Jahresrechnungen

Die Fremdkapitalkosten werden nach Berücksichtigung des Steuereffektes berechnet. *Erstens* aus Konsistenzgründen, da die Gewinngrösse ebenfalls *nach* Steuern definiert ist[786], und *zweitens* wegen des Opportunitätskostenprinzips: „The weighted average cost of capital is the same as the after-tax market determined opportunity cost of funds provided to the firm."[787]

Gegen dieses Vorgehen zur Ermittlung des Fremdkapitalkostensatzes ist einzuwenden, dass die Relation zwischen ausgewiesenem Finanzaufwand und durchschnittlich verzinslichem Fremdkapital nicht zwingendermassen die tatsächlichen Finanzierungskosten widerspiegelt. Wegen der immer komplexeren Finanzierungs- und Absicherungsinstrumente, welche vor allem für kapitalmarktfähige Unternehmen zur Verfügung stehen, kann erst anhand einer individuellen Betrachtung der einzelnen Finanzkontrakte eine treffende Aussage über die tatsächlichen Fremdkapitalsätze gemacht werden.[788] Auch ist der Ausweis der Verbindlichkeiten in der Bilanz zu einem bestimmten Zeitpunkt meist von Zufälligkeiten geprägt. Aus diesen Gründen verwenden wir zur Berechnung des Fremdkapitalkostensatzes der Beispiel-AG nicht Daten der publizierten Jahresrechnung, sondern Marktdaten.

---

[786] Copeland/Koller/Murrin (1994) 239: „[T]he estimate of the cost of capital must : [...] Be computed after corporate taxes, since the free cash flow is stated after taxes."

[787] Copeland/Weston (1988) 39; dazu ausführlich Brealey/Myers (1996) 538: „In some ways, this is an obvious result once you think about it. Companies are free to borrow or lend money. If they *lend*, they receive the after-tax interest rate on their investment; if they *borrow* in the capital market, they pay the after-tax interest rate. Thus, the opportunity cost to companies of investing in debt-equivalent cash flows is the after-tax interest rate. This is the adjusted cost of capital for debt-equivalent cash flows"; ebenfalls Rappaport (1979) 105: „Since interest on debt is tax deductible, the rate of return that must be earned on debt portion of the company's capital structure to maintain the earnings available to common shareholders is the after-tax cost of debt."

[788] Dazu ausführliche Darstellung bei Copeland/Koller/Murrin (1994) 251ff.

Für kapitalmarktfähige Unternehmen definieren sich die Fremdkapitalkosten üblicherweise als Summe der aktuellen Rendite eines risikolosen Wertpapiers[789] und einem Zuschlag der je nach Grösse und Bonität des Unternehmens zwischen 25 und 150 Basispunkten liegen kann (siehe auch Abb. 5-20). Auf der Basis von marktüblichen Sätzen berechnet sich der Fremdkapitalkostensatz wie folgt:

Fremdkapitalkosten (Basis: Marktsätze)	1991	1992	1993	1994	1995
Risikofreier Zinssatz (Restlaufzeit bis 7 Jahre) (Abb. 5-17)	6.25%	6.43%	4.54%	4.80%	4.33%
Marktüblicher Risikozuschlag für Fremdkapital (Abb. 5-17)	1.09%	0.84%	0.56%	0.53%	0.58%
Individueller Zuschlag/Abschlag	0.25%	0.25%	0.25%	0.25%	0.25%
Fremdkapitalkosten vor Steuern	7.59%	7.52%	5.35%	5.58%	5.16%
Steuersatz (Abb. 5-16)	40%	25%	19%	20%	19%
Fremdkapitalkosten nach Steuern	4.6%	5.7%	4.3%	4.5%	4.2%

Abb. 5-20: Berechnung des Fremdkapitalkostensatzes auf der Basis marktüblicher Zinssätze

Um auch dem Anteil des *kurzfristigen* Fremdkapitals genügend Rechnung zu tragen, wurden die Renditen mit einer Restlaufzeit von bis zu sieben Jahren gewählt. Die marktüblichen Risikozuschläge für Fremdkapital sind in Abb. 5-17 ersichtlich. Mit einem individuellen Zuschlag/Abschlag (in unserem Beispiel 25 Basispunkte) können unternehmensspezifische Finanzierungsverhältnisse, beispielsweise vorwiegend kurzfristige Finanzierung oder Finanzleasing, angemessen berücksichtigt werden.

d) Eigenkapitalkosten

Im Gegensatz zum Fremdkapital besteht beim Eigenkapital in der Regel keine explizite Abmachung der Zahlung eines Entgelts. Trotzdem wird von den Anlegern eine dem mit der Investition verbundenen Risiko entsprechende Ertragsrate gefordert.[790] Als wichtigste Ansätze zur Berechnung des Eigenkapitalkostensat-

---

[789] Z.B. Obligationen der Eidgenossenschaft. Wegen beschränkter Liquidität dieser Wertpapiere wird auch vielfach auf den LIBOR (London Interbank Offered Rate) basiert. Der LIBOR gibt an, zu welchem Zinssatz die Referenzbanken bereit sind, an erstklassige Banken Gelder mit einer Laufzeit von einem bis zwölf Monaten auszuleihen (siehe SKA (1991) 51). „Most international floating rates are quoted as LIBOR plus or minus a spread" (Gastineau (1992) 142).

[790] „The cost of borrowed capital shows up in a company's interest expense. But the cost of equity capital, which the shareholders have contributed, typically appears nowhere in any financial statement" (Tully (1993) 1). Auch Rappaport (1986) 57: „Nonetheless, there is some implicit rate

(Fortsetzung...)

zes können erwähnt werden: *CAPM, APT, Dividendenmodell* und *Risikokomponentenansatz*.[791]

Das Dividendenmodell geht von der Annahme aus, dass der aktuelle Aktienkurs den Barwert aller zu erwartenden Dividenden darstellt. In ihrer bekanntesten Form berechnen sich die Eigenkapitalkosten mit folgender Formel:[792]

ke = (Dividende/Aktienkurs) + Wachstumsrate der Dividende

Das Dividendenmodell ist nur sinnvoll anzuwenden, wenn die Dividendenzahlungen befriedigend prognostizierbar sind[793] bzw. wenn die Wachstumsrate der Dividendenzahlungen konstant ist.[794] Der Einsatz des *Dividendenmodells* ist nicht zuletzt wegen der nach wie vor gesetzlich gestatteten willkürlichen Bildung von stillen Reserven[795] in der Schweiz eingeschränkt. „Der Stellenwert der auf Dividenden beruhenden Unternehmensbewertung ist in der Schweiz mit ungefähr 1% äusserst gering."[796]

In der Schweiz werden in der Regel (80%[797]) die Eigenkapitalkosten anhand des *Risikokomponentenansatzes* berechnet.[798] Die Zu- und Abschläge zum risikofreien Zinssatz sind je nach gewünschtem Detailierungsgrad beliebig gestaltbar.[799]

Angesichts der breiten Akzeptanz dieses Ansatzes[800] schlagen wir vor, zur Berechnung der Eigenkapitalkosten einen *gemischten* Ansatz zu wählen. Dabei soll

---

of return required to attract investors to purchase the firm's stock and to induce shareholders to hold their shares."

[791] Zum CAPM und APT siehe Kapitel 5.4.2.b.i.

[792] Zur Herleitung siehe unter anderen Ehrhardt (1994) 35ff.; Brealey/Myers (1996) 60ff.

[793] Ehrhardt (1994) 93.

[794] Brealey/Myers (1996) 63: Dividend Growth Rate = (1-Payout Ratio) x ROE; Falls die *Payout Ratio*, d.h. die prozentuale Auszahlung des Konzerngewinnes in Form der Dividende) und der ROE konstant sind, dann ist die Wachstumsrate der Dividenden ebenfalls konstant.; siehe auch Heri (1991) 66ff.

[795] Siehe Kapitel 5.2.6.e.

[796] Knüsel (1994) 29; im Gegensatz zu den USA, wo 30% der 1'000 grössten Gesellschaften das *Dividend Growth Model* zur Eigenkapitalkostenschätzung anwenden.

[797] Knüsel (1994) 31.

[798] Dazu ausführlich Helbling (1995a) 402ff.; ebenfalls Viel/Bredt/Renard (1975) 121ff.

[799] Siehe Aufzählung der Risikokomponenten bei Helbling (1995a) 403ff.

[800] Vgl. Knüsel (1994) 205.

in einem ersten Schritt das allgemeine Anlagerisiko von Aktien auf der Basis der verfügbaren Daten des jeweiligen Kapitalmarktes durch das CAPM ausgedrückt und in einem zweiten Schritt die individuellen Risiken und Investitionsunsicherheiten in Anlehnung an den Risikokomponentenansatz berücksichtigt werden.[801]

Eigenkapitalkosten	1991	1992	1993	1994	1995
Risikofreier Zinssatz (Restlaufzeit über 7 Jahre) (Abb. 5-17)	6.21%	6.42%	4.61%	5.04%	4.75%
Marktprämie für Eigenkapital	3.5%	3.5%	3.5%	3.5%	3.5%
Marktbeta	1.2	1.2	1.2	1.2	1.2
Eigenkapitalkosten nach CAPM	10.4%	10.6%	8.8%	9.2%	9.0%
Zuschlag für erschwerte Verkäuflichkeit	0.0%	0.0%	0.0%	0.0%	0.0%
Zuschlag für spezifisches Unternehmensrisiko	2.0%	2.0%	2.0%	2.0%	2.0%
Total Eigenkapitalkosten	12.4%	12.6%	10.8%	11.2%	11.0%

Abb. 5-21: Berechnung der Eigenkapitalkosten der Beispiel-AG

Der risikofreie Zinssatz orientiert sich an den Durchschnittsrenditen risikofreier Anlagen. Dabei sollten die Renditen langfristiger Anleihen[802] als Basis dienen, weil diese eher dem langfristigen Bewertungshorizont entsprechen und die Inflationserwartungen besser als kurzfristige Varianten berücksichtigen.[803] Die Marktprämie von 3,5 Prozentpunkten stellt einen aus langfristiger Optik für die Schweiz vertretbaren Aufschlag für das Marktrisiko dar.[804] Das Marktbeta wird bei kotierten Unternehmen direkt aus einer Bankstatistik[805] herausgelesen.[806] Bei nicht kotierten Unternehmen (bzw. bei einzelnen Geschäftsbereichen) sollte eine Schätzung des Marktbetas über Analyse- oder Analogieansätze erfolgen.[807]

Der anhand des CAPM ermittelte Wert stellt die Grössenordnung des Eigenkapitalkostensatzes sicher und verhindert so eine allzu grosse Subjektivität bei des-

---

[801] Siehe auch Vorgehen bei Helbling (1995a) 413.

[802] In Abb. 5-17 mit einer Restlaufzeit über 7 Jahre.

[803] Dazu Rappaport (1986) 56: „Short-term rates do not incorporate expectations about the long-term inflation. The time horizon for estimating cost of capital should be consistent with the long-term horizon of the cash flow forecast period"; ebenfalls Knüsel (1994) 208.

[804] Siehe Ausführungen in Kapitel 5.4.2.b.i.

[805] Z.B. SBC (1996).

[806] Annahme bei der Beispiel-AG: Marktbeta = 1,2.

[807] Siehe Ausführungen in Kapitel 5.4.2.b.ii.

174

sen Berechnung. In einem zweiten Schritt werden in Anlehnung an den Risiko-komponentenansatz zwei weitere Komponenten berücksichtigt:[808]

- *Erstens* soll die *Unternehmensgrösse* und die damit verbundene schwere Ver-käuflichkeit berücksichtigt werden. Dieser Zuschlag kann sich zwischen einem und drei Prozentpunkten[809] bewegen. Dabei ist dieser Zuschlag nicht nur für *nicht* kotierte Unternehmen sinnvoll. Auch bei kleinen und mittleren kotierten Unternehmen ist es ohne weiteres zweckmässig, einen Zuschlag zu rechnen. So fanden beispielsweise Fama/French (1992) für den US-Markt einen signifi-kanten Zusammenhang zwischen Unternehmensgrösse (ausgedrückt als Marktkapitalisierung) und der Aktienrendite. Es konnte gezeigt werden, dass kleine Gesellschaften mit einer tiefen Marktkapitalisierung höhere Aktienren-diten aufwiesen als grosskapitalisierte Unternehmen.[810] Mit einer Kapitalisie-rung von über CHF 30 Milliarden (siehe Abb. 10-3) gehört die Beispiel-AG zu den grössten Unternehmen der Schweiz. Aus diesem Grund wird kein Zu-schlag für erschwerte Verkäuflichkeit berücksichtigt.

- *Zweitens* soll dem *spezifischen Unternehmensrisiko* insoweit Rechnung getra-gen werden, als dies durch das Marktbeta nicht zum Ausdruck kommt. Helbling führt eine Reihe von Faktoren auf, denen bei der Beurteilung eines möglichen Zuschlages Beachtung geschenkt werden sollte.[811] Diese reichen von einer generellen Einschätzung der Branche bis zu Standortfragen und ein-zelnen vertraglichen Bindungen. Der Zuschlag kann bis vier Prozentpunkte betragen.[812] In unserem Unternehmen soll mit einem Zuschlag von zwei Pro-zentpunkten gearbeitet werden.

Für die mit den Risikokomponenten durchgeführten Anpassungen des Kapitalko-stensatzes können nach Helbling keine festen Regeln aufgestellt werden. Sie sind

---

[808] Die Anzahl der berücksichtigten Komponenten sollte nach Knüsel (1994) 205 klein gehalten wer-den, um die Rechnung transparent zu halten.

[809] Helbling (1995a) 421.

[810] Vgl. Fama/French (1992) 427ff.

[811] Siehe Helbling (1995a) 403ff.

[812] Helbling (1995a) 421.

stark subjektiver Natur und werden intuitiv[813] vorgenommen: „Es bleibt dem einzelnen Experten überlassen, unter Würdigung aller Umstände den für seinen Fall richtigen Kapitalisierungszinsfuss zu finden."[814]

---

[813] Viel/Bredt/Renard (1975) 121.
[814] Helbling (1995a) 421.

Teil III

Anwendung des Konzeptes
Economic Value Added

6. Einsatz von EVA als Bewertungsinstrument

Die Gründe zur Unternehmensbewertung sind vielfältig. Sie erstrecken sich von der Ermittlung einer Diskussionsgrundlage im Falle einer Erbteilung bis zur Festlegung des Emissionspreises von Aktien bei einer Publikumsöffnung.[815] Diese Gründe sind für die eigentliche Bewertung nur insofern von Bedeutung, als sie die Sichtweise auf das zu bewertende Unternehmen beeinflussen. Nach Helbling ist bei der Unternehmensbewertung die Perspektive des Aktionärs bzw. des Investors einzunehmen: *„Die Bewertung hat nicht aus der Sicht des Unternehmens, sondern aus jener des Investors zu erfolgen."*[816] Dies manifestiert sich z.B. darin, dass üblicherweise bei der Bewertung von einer *unbegrenzten* Lebensdauer des Unternehmens ausgegangen wird.[817] Neben den traditionellen Ansätzen[818] zur Unternehmensbewertung bieten sich als neuere Ansätze die *kapitalmarktorientierten* Verfahren an.[819]

In diesem Kapitel wird zuerst die Grundform der kapitalmarktorientierten Bewertung (im speziellen die Bewertung mit EVA) theoretisch dargestellt und anschliessend das Zahlenbeispiel aus Kapitel 5 mit einer praktischen Unterneh-

---

[815] Siehe Aufzählung in Helbling (1995a) 31.

[816] Helbling (1995a) 131 (Hervorhebungen im Original).

[817] Vgl. Helbling (1995a) 72, Fussnote 25; Münstermann (1966) 61; Viel/Bredt/Renard (1975) 56; Jaensch (1966) 33. Der Begriff *unbegrenzt* ist unter Umständen irreführend. Wie Jaensch festgehalten hat, sind Unternehmen keineswegs unsterbliche Gebilde (Jaensch (1966) 35) Die Unternehmensdauer ist zwar unbestimmt, aber nicht unbegrenzt. (Käfer 1972 zit. nach Helbling (1995a) 72); ebenso wird im IAS Framework par. 23 der Begriff Going Concern nicht mit einer unbegrenzten Zukunft, sondern mit „foreseeable future" verbunden. Genauso FER 3 Ziff. 8.

[818] Siehe dazu: Bellinger/Vahl (1984), Moxter (1976), Jaensch (1966), Viel/Bredt/Renard (1975), Münstermann (1966), Helbling (1995a); Gerling (1985). Eine Zusammenstellung von Käfers Beiträgen zum Thema Bewertung der Unternehmung finden sich im *Reprint* seiner Aufsätze aus den Jahren 1946 bis 1973 im Band 136 der Treuhand-Kammer, Hrsg. C. Helbling, 1996.

[819] Zur Abgrenzung siehe auch Abb. 2-3. Die kapitalmarktorientierten Modelle basieren auf den Erkenntnissen von Modigliani/Miller (1961) 415ff. Dazu Stewart (1991) 252: Modigliani/Miller (M&M) „derived intrinsic valuation formulas by ingeniously applying long-standing microeconomic principles of price formation and market arbitrage. They liberated valuation from the tyranny of the accounting model, from P/E multiples and earnings per share, and from the view that the level of a company's dividend payments somehow fundamentally determined its value. To this day the propositions M&M set forth are considered by almost all serious academic researchers to be the definitive statements on corporate valuation." Siehe auch Copeland/Koller/Murrin (1994) 151ff.

mensbewertung mit EVA weitergeführt. In dritten Teil dieses Kapitels wird die Methodik auf eine Auswahl Schweizer Publikumsgesellschaften angewandt.

6.1. Der EVA-Ansatz als kapitalmarktorientierte Unternehmensbewertung

6.1.1. Grundform der kapitalmarktorientierten Unternehmensbewertung

Der Shareholder Value entspricht dem *Marktwert* des Eigenkapitals.[820] Effiziente Kapitalmärkte[821] vorausgesetzt, kann dieser Wert bei börsennotierten Titeln jederzeit im Kursblatt abgelesen werden. Bei nicht kotierten Unternehmen, oder bei Verdacht auf Falschbewertung durch den Kapitalmarkt, kann ein theoretischer Marktwert auf der Basis von Unternehmensdaten geschätzt werden.

Wie in Kapitel 2.2.2. erläutert entspricht der Marktwert des Eigenkapitals dem Gegenwartswert sämtlicher zukünftiger *Nettoeinnahmen* des Investors. Eine Bewertung auf der Basis dieser Nettoeinnahmen bezeichnet Helbling als die „theoretisch einzig richtige Methode".[822] Dabei entstammen die Nettoeinnahmen nicht nur der Beziehung Investor – Unternehmen (z.B. Dividendenzahlungen), sondern resultieren auch aus „Zahlungen an Dritte bzw. von Dritten als Folge des Eigentums am Unternehmen (z.B. bezahlte Kauf- und Verkaufpreise für Aktien oder Bezugsrechte, Steuerrückerstattungen, Synergieeffekte bei verwandten Unternehmen)."[823]

Die Praktikabilität der Bewertung auf der Basis der Nettoeinnahmen ist als problematisch einzustufen, „da eine Budgetierung solcher Zahlungsströme kaum möglich und sehr unsicher ist und auch der Markt und die Unternehmung bei der

---

[820] Siehe Kapitel 2.2.2.

[821] Zur Markteffizienz siehe Kapitel 5.4.2.b.i.

[822] Helbling (1995a) 130. Gleich Käfer (1967) 150.

[823] Helbling (1990b) 534; siehe auch Abb. 6-3; weiter Helbling (1990b) 534: „Grundsätzlich ist aber zu beachten – was meistens vernachlässigt wird –, dass nicht nur die Zahlungen zwischen Unternehmen und Investor zählen, sondern wie erwähnt, *alle Zahlungen schlechthin, die dem Investor als Folge seiner Investition zu- oder von ihm wegfliessen*" (Hervorhebung im Original). In diesem Sinne liegt Münstermann (1966) 151 falsch mit folgender Aussage: „Für die Unternehmensbewertung ist allein der Zahlungsstrom zwischen Unternehmung und Investor massgebend."

Bewertung nicht von den gleichen Informationen ausgehen."[824] Auch Käfer attestiert der Methode Schätzfehler[825] und führt als Problembereiche die mannigfachen Formen verdeckter Gewinnausschüttung und Vorzugskredite und -bezüge an.[826]

Mitunter aus diesen Gründen verzichten die modernen Ansätze darauf, den Wert des Eigenkapitals *direkt*, d.h. anhand der Nettoeinnahmen des Investors zu berechnen. Sie verlangen nach einer *indirekten* Berechnung des Wertes des Eigenkapitals über den Wert des gesamten Unternehmens. Folgende Beziehung spielt dabei eine zentrale Rolle:[827]

Marktwert des Betrieblichen Vermögens

+ Marktwert des Nichtbetrieblichen Vermögens

- Marktwert Verbindlichkeiten

= Marktwert des Eigenkapitals

Moderne Unternehmensbewertungsansätze lehnen sich in ihrer Grundform diesen Relationen an (siehe Abb. 6-1).

---

[824] Fickert (1991) 57.

[825] Käfer (1969) 308.

[826] Vgl. Käfer (1967) 153.

[827] Die Grundform der kapitalmarktorientierten Bewertungsansätze leitet sich über folgende Beziehungen ab (MW = Marktwert):

    MW(Unternehmen) =   MW(Vermögen)

und wegen der Gültigkeit der doppelten Buchhaltung auch

    MW(Unternehmen) =   MW(Verbindlichkeiten) + MW(Eigenkapital)

Nach der Gleichsetzung dieser beiden Beziehungen ergibt sich:

    MW(Vermögen) =   MW(Verbindlichkeiten) + MW(EK)

Für das Eigenkapital erhalten wir somit

    MW(EK) =   MW(Vermögen) - MW(Verbindlichkeiten)

Unterteilt man zudem das Vermögen in seine betrieblichen und nichtbetrieblichen Bestandteile (siehe Kapitel 3.1.1.a.), so erhält man

    MW(EK) =   MW(Betriebliches Vermögen) + MW(Nichtbetriebliches Vermögen)
                      - MW(Verbindlichkeiten)

EVA-Ansatz[828]	DCF-Ansatz[829]	CFROI-Ansatz[830]
Market Value Added (MVA)[831]	PV[832] der freien betrieblichen Cash Flows	PV der Brutto-Cash-Flows aus vergangenen Investitionen
+ Net Operating Assets (NOA)		+ PV der Brutto-Cash-Flows aus zukünftigen Investitionen
		- PV der geplanten Investitionen
= Marktwert des betrieblichen Vermögens (Unternehmenswert[833])		
+ Marktwert nichtbetriebliches Vermögen		
= Gesamtwert des Unternehmens		
- Marktwert Drittverbindlichkeiten		
= Marktwert des Eigenkapitals		

Abb. 6-1: Vergleich der Grundformen kapitalmarktorientierter Bewertungsmethoden

Die kapitalmarktorientierten Methoden unterscheiden sich *grosso modo* einzig in der Art und Weise der Berechnung des *Markwertes des betrieblichen Vermögens*. Dabei sind sie sich grundsätzlich einig darüber, dass der Wert des Vermögens ein *Gegenwartswert* auf der Basis von *zukünftigen* d.h. prognostizierten Ergebnissen (Anlehnung an die dynamische Investitionsrechnung) bestimmt wird[834] und dabei das *Bruttoprinzip* angewendet werden soll.[835]

---

[828] Stewart (1991) 250ff.

[829] Copeland/Koller/Murrin (1994) 129ff.; Rappaport (1986) 50ff.

[830] Lewis (1994) 109ff.

[831] Siehe gleich nachfolgend Kapitel 6.1.2. und 6.2.

[832] *Present Value* (Gegenwartswert).

[833] Der Unternehmenswert entspricht dem *Value of Operations*. Der Begriff des Unternehmenswertes ist mit dem Wert des operativen Vermögens gleichzusetzen und nicht zu verwechseln mit dem Gesamtwert des Unternehmens, bei welchen zusätzlich nichtbetriebliche Vermögensteile –zu Marktwerten bewertet – berücksichtigt werden (siehe auch Helbling (1995a) 139). Zudem darf der Begriff „Unternehmenswert" nicht mit dem Wert des Eigenkapitals verwechselt werden. Wenn in der Folge nicht explizit auf den Wert des Eigenkapitals oder den Gesamtwert des Unternehmens hingewiesen wird, ist vom Unternehmenswert wie vorgängig beschrieben auszugehen.

[834] Käfer hält bereits 1946 fest, dass die Bewertung von Unternehmen mit *Barwerten* zu erfolgen habe (vgl. Käfer (1946) 95). Münstermann stellte 1966 fest, dass sich alle massgebenden Autoren, die sich mit Fragen der Unternehmensbewertung befasst haben, darin einig sind, dass der Nutzen einer Unternehmung von den zukünftigen Erfolgen abhängig ist (Münstermann (1966) 29). Ähnlich Mullen (1990) 571: „For any valuation it is important to remember that all value lies in the future".

[835] Auch Käfer spricht bereits 1946 von einem „prinzipiell richtigen Verfahren", bei welchem die ganze Berechnung statt vom Standpunkt des Unternehmers vom Standpunkt der Unternehmung durchzuführen wäre und die Unternehmenserträge, die allen Kapitalgebern zufliessen, mit den entsprechenden Vermögensgrössen in Beziehung zu setzen sind (Käfer (1946) 76).

6.1.2. Grundform der Unternehmensbewertung mit EVA

a) Vorgehen

Mit der Methode EVA[836] ergibt sich der Wert der betrieblichen Tätigkeit aus der Summe von *Market Value Added* (MVA) und den *Net Operating Assets*. Dabei entspricht der Market Value Added dem *Barwert aller zukünftigen EVA*. Die Vermögensgrösse NOA entspricht dem betrieblich gebundenen Vermögen.[837] Vereinfacht[838] lässt sich der Wert der betrieblichen Tätigkeit somit folgendermassen berechnen:

Wert der betrieblichen Tätigkeit = NOA + MVA = NOA + EVA / c*

„The economic profit approach says that the value of a company equals the amount of capital invested, plus a premium or a discount equal to present value of its projected economic profit."[839]

b) Market Value Added (MVA)

Der *Market Value Added (MVA)* ist der *betriebliche Goodwill* bzw. der Geschäftsmehrwert der betrieblichen Tätigkeit. MVA ist das Pendant aus dem Kapitalmarkt zu EVA: „It reflects how successfully a company has invested capital in the past and how successful investors expect it to be in investing capital in the future."[840] Der MVA misst den Erfolg zu einem bestimmten Zeitpunkt (z.B. Ende Jahres), wogegen EVA den Erfolg eines Zeitraumes (z.B. eines Jahres) misst.[841] Das Verhältnis zwischen EVA und MVA wird mit dem folgenden Zitat treffend umschrieben: „EVA measures a company's success over the past year, while

---

[836] Damit direkt vergleichbar auch die Unternehmensbewertungen auf der Basis der im Kapitel 3.2. vorgestellten Ansätze des Economic Profit und des Cash Value Added (CVA).

[837] Zum Bewertungszeitpunkt; zur Berechnung der NOA siehe Kapitel 5.2.

[838] D.h. ohne detaillierte Prognose zukünftiger EVAs.

[839] Copeland/Koller/Murrin (1994) 146. Auch BCG definiert den Unternehmenswert (auf der Basis des CVA) als „dem in das Unternehmen investierten Kapital zuzüglich des kapitalisierten Übergewinnes" (Lewis (1994) 124).

[840] Stewart (1991) 180.

[841] Zum Verhältnis EVA – MVA siehe auch Kapitel 7.2.3.

MVA is forward-looking, reflecting the market's assessment of a company's prospects."[842]

Der MVA kann auf zwei Arten berechnet werden:

1. *Ex post:* Als Differenz zwischen Marktwert des gesamten Unternehmens[843] und ausgewiesenem Vermögen[844];

2. *Ex ante:* Als Barwert aller zukünftigen betrieblichen Übergewinne (EVA).[845]

Die beiden Berechnungsalternativen lassen sich graphisch miteinander verbinden (Abb. 6-2):[846]

---

[842] Walbert (1993a) 76.

[843] Marktwerte des Eigen- und Fremdkapitals (inkl. Minoritäten, Leasingverbindlichkeiten, etc.).

[844] „The difference between a firm's market value and its capital employed, MVA is a measure of the value a company has created in excess of the resources already committed to the enterprise" (Stewart (1991) 741).

[845] „In theory, a company's market value added at any point in time is equal to the discounted present value of all the EVA, or residual income, it is expected to generate *in the future*" (Stewart (1991) 192, Hervorhebungen im Original).

[846] Zur ex post-Berechnung siehe Kapitel 7.2.2.; ex ante-Berechnung nachfolgend Kapitel 6.2. Bleibt anzumerken, dass Stewart die Unterscheidung in der Namensgebung nicht vornimmt. Jedoch ist im Sinne einer besseren Kommunizierbarkeit der Materie die explizite Trennung der beiden Berechnungsmethoden für den MVA unverzichtbar.

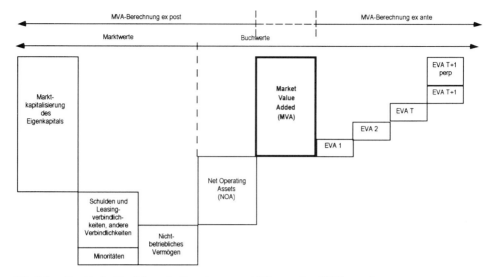

Abb. 6-2: Graphische Darstellung der Berechnung von MVA ex post und MVA ex ante

Der Vergleich zwischen den Resultaten der verschiedenen Rechnungswege lässt Rückschlüsse auf mögliche Fehlbewertungen durch den Markt (Über- bzw. Unterbewertungen) oder Fehleinschätzungen zukünftiger EVAs zu.[847]

c) Anlehnung an traditionelle Bewertungsmethoden

Die Ähnlichkeit des EVA-Bewertungsansatzes mit den traditionellen Bewertungsansätzen, insbesondere zu den *Goodwillberechnungsmethoden*[848], ist unverkennbar. Diese gehen vom Grundsatz aus, „dass der Käufer einer rentablen Unternehmung dem Verkäufer nicht nur die Reproduktionskosten bzw. den Substanzwert zu vergüten hat, sondern auch den Mehrwert, der den investierten Gütern nach Massgabe des Nutzens, den sie abwerfen, innewohnt. Dieser Mehrwert entspricht dem kapitalisierten Nutzen, der über die Normalverzinsung des Sub-

---

[847] Siehe dazu die Ergebnisse der Anwendung auf Schweizer Publikumsgesellschaften in Kapitel 6.3. und 7.2.3.
[848] Vgl. unter anderem Bellinger/Vahl (1984) 109ff.; Viel/Bredt/Renard (1975) 62ff.

185

stanzwertes hinaus erzielbar ist; er resultiert mithin aus erzielbaren Übergewinnen."[849]

Für Käfer ist der Wert der Unternehmung die Summe von Kapital und Goodwill, wobei er den Goodwill definiert als „Barwert aller über die normale Verzinsung des jeweiligen Kapitals hinausgehenden Reingewinne".[850] Preinreich hat schon 1939 festgehalten, dass die Berechnung des Goodwills auf der Basis von Übergewinnen erfolgen kann: „Goodwill can be computed [...] from 'excess earnings' or 'super-profit', i.e., earnings in excess of a normal return upon the investment, as indicated at the outset."[851] Fickert bezeichnet den Barwert der Übergewinne ebenfalls als Goodwill und beschreibt ihn als „Korrektur des Substanzwertes [...] um einen 'Ertragsbeitrag', der die bei der Substanzwertermittlung nicht berücksichtigten Verbundwirkungen der Reinvermögenspositionen erfassen soll."[852]

d) Problematik des Einbezuges eines Substanzwertes

Schon fast verpönt ist die Berücksichtigung einer *Substanz* in der Unternehmensbewertung.[853] Es scheint, als ob im Zeitalter der Cash Flows die Unternehmenssubstanz keine Daseinsberechtigung mehr hat.[854] Jedoch gehört die Substanz nach wie vor zur finanzwirtschaftlichen Realität. Nicht nur im täglichen Börsengeschehen[855], sondern auch in der Bewertungspraxis abseits der Börse spielen die Substanzwerte nach wie vor eine wichtige Rolle.[856]

---

[849] Viel/Bredt/Renard (1975) 62/63.

[850] Käfer (1946) 79.

[851] Preinreich (1939) 179.

[852] Fickert (1985) 146.

[853] Vgl. auch Bellinger/Vahl (1984) 127.

[854] Vgl. auch Gerling (1985) 43.

[855] Bewertung mit *Market-to-Book-Ratios* bzw. *Price-to-Book-Ratios*: Dabei wird das Verhältnis zwischen dem Kurswert einer Aktie und dem Buchwert (Anteil ausgewiesenes Eigenkapital) verstanden.

[856] Helbling (1989) 564: „138 (von 154) Experten berechneten den Substanzwert *in allen ihren Fällen*" (Hervorhebung im Original). In die gleiche Richtung gehen die Ergebnisse der Umfrage von Knüsel (1994) 24ff. Er zeigt, dass sich – vor allem in der Schweiz – die mit der Unternehmensbewertung vertrauten Personen mit Mittelwertmethoden und gewinnbasierten Ertragsgrössen begnügen. Nur 16% basieren auf dem Cash Flow und nur gerade 5% wenden die DCF-Methode an; siehe dazu auch Bär (1995) 304ff.

Über die Relevanz und die Definition des Substanzwertes ist man sich nicht einig: „Es gibt in der betriebswirtschaftlichen Literatur eine fast unübersehbare Vielzahl von Definitionen des Substanzwertes."[857] Von der Meinung Münstermanns, dass der Substanzwert für die Ermittlung des Gesamtwertes ohne Bedeutung wäre und bei der Wertermittlung nur auf den Ertragswert abzustützen sei[858], bis zu Käfer, der die Substanz im Vordergrund sieht und als „Vorrat an Ertrag" bzw. den Ertrag als „strömende Substanz" interpretiert[859] oder ihn gar als *Wertobergrenze*[860] versteht, reichen die Lehrmeinungen über alle Schattierungen.[861] Einig ist man sich im allgemeinen darin, dass der Substanzwert berechnet zu Liquidationswerten[862] als *Wertuntergrenze* eines Unternehmens herangezogen werden kann. Fest steht auch, dass durch übernommene, wie auch immer definierte Substanz, der Investor (im Normalfall) zukünftige Ausgaben einspart.[863]

---

[857] Bellinger/Vahl (1984) 13.

[858] Vgl. Münstermann (1966) 152.

[859] Käfer, K., 1976, zit. in Bellinger/Vahl (1984) 14; ähnlich Viel/Bredt/Renard (1975) 38: „Kein Ertrag ohne Substanz und kein Unternehmenswert ohne Ertrag."

[860] „Als absolut höchster Preis sind die Kosten der Neuerrichtung einer vollständig gleichen Unternehmung zu betrachten" (Käfer (1946) 77). Er führt weiter aus, dass diese Kosten unendlich hoch wären, da die Reproduktion des Kundenstammes, der Organisation, oder des in der Unternehmung vorhandenen Wissens unmöglich sei.

So z.B. auch Bellinger/Vahl: „Der sämtliche übertragungsfähigen Werte zu Wiederbeschaffungspreisen umfassende Substanzwert bildet gleichzeitig die Wertobergrenze einer Unternehmung, denn kein Unternehmen kann nicht mehr wert sein, als für seine Errichtung aufgewendet werden muss. Ein so verstandener Substanzwert ist nicht mehr nur als die Summe von Einzelwerten, sondern – wie der Ertragswert – als Gesamtwert anzusehen" (Bellinger/Vahl (1984) 14).

[861] In verschiedenen Schriften wurde der Fragestellung der Interdependenzen zwischen Substanz- und Ertragswert nachgegangen. Dazu Viel/Bredt/Renard (1975), Helbling (1995a), Käfer (1946), Käfer (1967), Käfer (1969), Münstermann (1966). Die Diskussion soll an dieser Stelle nicht aufgegriffen werden.

[862] Zerschlagungswert bzw. Schrottwert des Unternehmensvermögens.

[863] Die Übernahme von nahezu neuwertiger Substanz löst beim Investor eine künftige Ausgabenersparnis in der Höhe ihres künftigen Tagesbeschaffungswertes aus. Viel/Bredt/Renard (1975) 37 führen dazu aus: „In der Tat wird der Verkäufer einer Unternehmung neben seinen Investitionen die bislang erzielten Erträgnisse zum Massstab des Verkaufpreises nehmen, indem er erwartet, sie auch in Zukunft erzielen zu können. Der Kaufinteressent hingegen wird sich überlegen, was die Errichtung einer gleich leistungsfähigen Anlage kosten würde und ob er in Zukunft zumindest mit den bislang ausgewiesenen Gewinnen rechnen könne."

Das Ausmass der Ersparnis hängt dabei von seinen individuellen Absichten und Vorhaben ab.[864]

Fragt man nach der Wichtigkeit der „richtigen" Bewertung der Unternehmenssubstanz bei EVA, ist zu unterscheiden, ob EVA als Performancemass oder als Ansatz zur Unternehmensbewertung verwendet wird:

- Im Falle der Performancemessung spielt für die Berechnung von EVA die Bewertung der Vermögensgrösse NOA eine entscheidende Rolle. Je tiefer die Vermögensgrösse bewertet wird, desto kleiner die Kapitalkosten und desto grösser das berechnete EVA. Jedoch wird diese Wichtigkeit beim Vergleich der Performance verschiedener Unternehmen insofern relativiert, als die Vermögensgrösse bei allen verglichenen Unternehmen in gleicher Weise (z.B. auf der Basis historischer Kosten) bewertet wird und somit den gleichen methodenbedingten Verzerrungen unterliegt.[865]

- Im Falle der Unternehmensbewertung mit EVA hat die Höhe der zu Beginn in die Rechnung eingesetzten Substanz auf den berechneten Unternehmenswert – wie sich im nachfolgenden Kapitel herausstellt – *keinen* Einfluss.

6.1.3. Gleichwertigkeit der Bewertung auf der Basis von Gewinnen oder auf der Basis von Cash Flows

Nicht zuletzt wegen der Schwierigkeiten, einen Substanzwert befriedigend definieren und berechnen zu können, erfreuen sich Bewertungsmethoden, die auf die Ermittlung eines Substanzwertes verzichten (z.B. Cash Flow-Methoden), immer grösserer Beliebtheit.[866] Im folgenden soll gezeigt werden, dass sich – unter Verwendung identischen Datenmaterials – die Gewinn- und die Cash Flow-

---

[864] Dazu Münstermann (1966) 98: „Der Wert der Substanz kann infolgedessen ähnlich wie der Zukunftserfolgswert der Unternehmung nur als subjektive Grösse definiert werden."

[865] Siehe dazu auch Ergebnisse von Davis/Flanders/Star (1991) 32 (Kapitel 3.2.4.b.ii.) und Ausführungen zu der Bewertung der Sachanlagen in Kapitel 5.2.6.c.

[866] Vgl. auch Helbling (1995a) 153.

basierte Unternehmensbewertung (also mit und ohne Verwendung eines Substanzwertes) im Resultat entsprechen.[867]

a) Unterschiedliche Orientierungsgrössen zur Unternehmensbewertung

Um die theoretische Austauschbarkeit der verschiedenen Bewertungsansätze darzulegen bedarf es zunächst der Definition der Ertragsgrössen, welche als Basisgrössen zur Unternehmensbewertung herangezogen werden können. Helbling unterscheidet *vier* mögliche Basisgrössen zur Unternehmensbewertung: Nettoeinnahmen des Investors, Nettoausschüttungen des Unternehmens, Cash Flow und Gewinn. Die beiden ersten rekurrieren auf die Beziehung Umwelt – Investor, die beiden letzten auf die Beziehung Umwelt – Unternehmen (siehe Abb. 6-3).

---

[867] Zum Vergleich der Cash Flow-basierten und der Gewinnorientierten Methoden siehe unter anderem Volkart (1992) 815ff.; Bertschinger (1994b) 32ff.

„Die Auffassungen über die Basis des Rechnungswesens lassen sich in zwei grundsätzliche unterschiedliche 'Accounting Philosophie'-Richtungen einteilen, in die Richtung des '*Cash Flow*-Accounting' und in die Richtung des '*Accrual*-Accounting'. Während man bei der ersten Richtung der Auffassung ist, dass alle Unternehmensrechnungen auf der Basis von Zahlungsströmen gestellt werden können, sieht die zweite Richtung die Konzeption der richtigen Zurechnung der Unternehmensvorgänge auf einzelne Perioden und zum Teil auf einzelne Untersuchungsobjekte als die geeignete Rechnungsform an" (Fickert (1985) 132/133).

Dazu auch Horngren/Sundem (1987) 44: „In accrual accounting, the impact of transactions on financial position and performance is recognized on the accounting records in the time periods when services are rendered or used instead of when cash is received or disbursed."

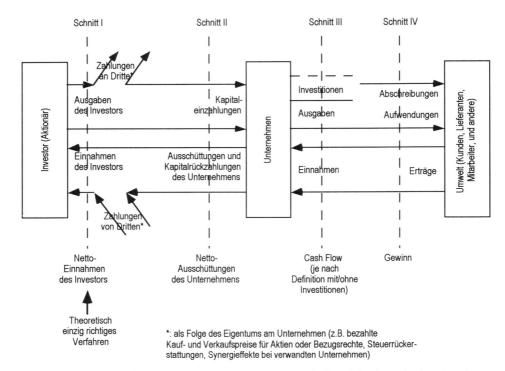

Abb. 6-3:   Unternehmensbewertung durch Kapitalisierung entweder der Netto-Einnahmen des Investors, der Netto-Ausschüttungen, des Cash Flows oder des Gewinnes[868]

Wie weiter oben angesprochen, entspricht das einzig richtige Verfahren zur Unternehmensbewertung der Schätzung der Nettoeinnahmen des Investors (Schnitt I). Diese Nettoeinnahmen sind jedoch nicht mit den Netto-Ausschüttungen des Unternehmens zu verwechseln (Schnitt II).[869]

Aufgrund der Regeln der doppelten Buchhaltung müssen sich die Resultate der beiden Verfahren, die auf den Zahlungsströmen von Schnitt II resp. Schnitt III basieren, entsprechen.[870] Auch die Schnitte III und IV entsprechen sich, aller-

---

[868]   Siehe Helbling (1990b) 534 und Fickert (1991) 56.

[869]   Dazu Helbling (1995a) 145: „[D]er allgemeine Ausdruck, dass eine Investition Werte- oder Zahlungsströme zwischen dem Investor und dem Investitionsobjekt indiziere, ist deshalb zu *erweitern um Zahlungsströme zwischen dem Investor und der Aussenwelt*, soweit jene durch die Investition bedingt sind" (Hervorhebungen im Original).

[870]   Fickert (1991) 58.

dings müssen dazu „zusätzlich auf den Kapitalbindungen, die durch die zeitlichen Unterschiede zwischen Zahlungen und Verrechnung entstehen, kalkulatorische Zinsen berücksichtigt werden und die Bewertung anhand der 'Übergewinne' durchgeführt werden."[871]

b) Das Lücke-Theorem

Lücke hat bereits 1955 den Nachweis erbracht, dass Cash Flow-basierte Bewertungen (Schnitt III) und Bewertungen auf Basis von Gewinnen (Schnitt IV) bei gleicher Projektdauer zum gleichen Bewertungsergebnis führen.[872] Lücke bezeichnet dabei den kalkulatorischen Zins als „Ausgleichsventil"[873], das den Unterschied zwischen den Ergebnissen der Ausgaben-Diskontierung und der Kosten-Diskontierungsreihe verschwinden lässt.[874]

„Ausgaben- und Kostenreihen stimmen in ihren Ergebnissen nur dann überein, wenn keine der beiden Reihen vorzeitig abgebrochen wird. Wir können das auch so formulieren: Die Investitionsrechnung, die alle Ausgaben oder Kosten vom Beginn weg der Investition bis zum Ende des Investitionsobjektes in sich begreift, stellt eine Totalrechnung dar. In ihr decken sich Ausgaben und Kosten. Es ist daher gleichgültig, ob man die Investitionsrechnung mit Ausgaben oder mit Kosten durchführt."[875]

c) Vergleich der DCF-Methode mit dem EVA-Ansatz

In Anlehnung an die Erkenntnisse von Lücke soll nun der Vergleich der DCF-Methode (Basis Cash Flows, Schnitt III) und dem EVA-Ansatz (Basis Gewinn-

---

[871] Fickert (1991) 58.

[872] Lücke (1955) 310ff.; andere Autoren haben ebenfalls die Überführbarkeit der Aufwands-Ertrags-in die Einnahmen-Ausgabenrechnung aufgezeigt: Modigliani/Miller (1961) 415ff., Münstermann (1966) 29ff., Fickert (1985) 145ff., Fickert (1986) 126ff., Gerling (1985) Anhang 9 und 10.

[873] Lücke (1955) 314.

[874] Zur Begriffsunterscheidung Aufwendung – Kosten nach Lücke: „Aufwendungen sind der wertmässige Verbrauch oder Gebrauch von Ersatzgütern in einer Periode. Die Aufwandsfeststellung dient der Erfolgsermittlung. Kosten sind dagegen der Wert des Einsatzes von Gütern zur Erstellung der betrieblichen Leistung (Hauptzweck) und zur Erhaltung der Betriebsbereitschaft" (Lücke (1965) 3).

[875] Lücke (1955) 323.

grössen, Schnitt IV) erfolgen. Dabei wird zunächst ein formaler Vergleich durchgeführt, welcher anschliessend mit einem Zahlenbeispiel verdeutlicht wird. In einem dritten Schritt wird gezeigt, inwiefern die Bewertungsfrage der Unternehmenssubstanz für das Bewertungsergebnis irrelevant ist.

Sowohl bei der DCF-Methode als auch beim EVA-Ansatz setzt sich der gesamte Unternehmenswert[876] aus dem erwirtschafteten Wert während des expliziten Prognosehorizontes[877] und dem Restwert nach dem Prognosehorizont[878] zusammen. Um das formale Beispiel nicht zu überladen wird ein expliziter Prognosehorizont von *einem* Jahr angenommen.[879]

(i) Formaler Vergleich

Für den formalen Vergleich der DCF-Methode und dem EVA-Ansatz benötigen wir folgende Elemente:

W	= Wert der betrieblichen Tätigkeit (Value of Operations) zu Beginn der Periode 1
T	= Anzahl Jahre der expliziten Prognose von EVAs bzw. Free Cash Flows (FCF)
FCF_x	= Betrieblicher freier Cash Flow der Periode x
EVA_x	= Betrieblicher Übergewinn (Economic Value Added) der Periode x
V_x	= Betrieblich gebundenes Vermögen am Ende der Periode x
k	= Gesamtkapitalkosten bzw. Diskontierungssatz
I_x	= Bruttoinvestition der Periode x
A_x	= Abschreibungen der Periode x
$NOPAT_x$	= Betrieblicher Gewinn (nach Abschreibungen und Steuern) der Periode x

---

[876] Im Sinne des Wertes der betrieblichen Tätigkeit (Value of Operations). Siehe Abb. 6-1.

[877] Als Summe der einzeln diskontierten FCF bzw. EVA. Siehe dazu Kapitel 6.2.2.b.

[878] Als diskontierter Wert der kapitalisierten FCF bzw. EVA. Siehe dazu Kapitel 6.2.2.c.

[879] Auf die Wahl der Länge des expliziten Prognosehorizontes wird nachfolgend in Kapitel 6.2.2.a. eingegangen.

Dabei gilt:[880]

$$T \quad = 1$$

$$W_{EVA} \quad = V_0 + [EVA_1/(1+k)] + [EVA_2/(k(1+k))]$$

$$W_{FCF} \quad = [FCF_1/(1+k)] + [FCF_2/(k(1+k))]$$

$$EVA_x \quad = NOPAT_x - V_{x-1}k$$

$$FCF_x \quad = NOPAT_x + A_x - I_x$$

$$V_x \quad = V_{x-1} + I_x - A_x$$

Behauptung:

$$W_{EVA} \quad = W_{FCF}$$

Umformungen:

$$W_{EVA} \quad = W_{FCF}$$

$$V_0+[EVA_1/(1+k)]+[EVA_2/(k(1+k))] = [FCF_1/(1+k)]+[FCF_2/(k(1+k))]$$

$$(k(1+k))V_0+kEVA_1+EVA_2 = kFCF_1+FCF_2$$

$$(k(1+k))V_0+k[NOPAT_1-V_0k]+[NOPAT_2-V_1k] = k[NOPAT_1+I_1-A_1]+[NOPAT_2+I_2-A_2]$$

$$kV_0+k^2V_0+kNOPAT_1-k^2V_0+NOPAT_2-V_1k = kNOPAT_1+kI_1-kA_1+ NOPAT_2+I_2-A_2$$

$$kV_0+k^2V_0-k^2V_0-V_1k = kI_1-kA_1+I_2-A_2$$

$$kV_0-V_1k-kI_1+kA_1 = I_2-A_2$$

$$kV_0-[V_0+I_1-A_1]k-kI_1+kA_1 = I_2-A_2$$

$$kV_0-kV_0+kI_1-kA_1-kI_1+kA_1 = I_2-A_2$$

$$0 = I_2-A_2$$

Hier offenbart sich eine wesentliche Bedingung, damit sich die beiden Rechnungen entsprechen. Die Bruttoinvestitionen der Perioden nach dem expliziten Prognosehorizont müssen gleich den Abschreibungen sein, also die Nettoinvestitionen null betragen. Ohne den Ausführungen zur Restwertbestimmung in Kapitel

---

[880] Der Zusammenhang zwischen FCF und NOPAT wurde in Kapitel 3.2.3. dargelegt. Siehe auch Kapitel 6.4.6.
Der Ausdruck $1/[k(1+k)]$ entspricht dem Produkt von $(1/k)$ und $(1/(1+k)^1)$. Damit wird ein Betrag zum Zeitpunkt des Beginnes der Periode 2 mit dem Satz k perpetuisiert und auf den Bewertungszeitpunkt (Ende der Periode 0 oder Beginn der Periode 1) diskontiert.

6.2.2.c. zu stark vorzugreifen, soll an dieser Stelle kurz die zugrundeliegende Überlegung erläutert werden.

Strategien sind dann wertschaffend, wenn sie Investitionen in Projekte erlauben, die interne Ertragsraten haben, welche über den Kapitalkosten liegen.[881] Da aufgrund von Wettbewerbskräften die internen Ertragsraten und die Kapitalkosten auf die lange Sicht *konvergieren,* ist für ein bestimmtes „Set"[882] an Strategien bzw. Projekten auch anzunehmen, dass sie früher oder später nur noch auf dem Niveau der Kapitalkosten rentieren: „Competition sooner or later drives rates of return on new projects down to the cost of capital."[883]

Daraus folgt, dass nach einem bestimmten Zeitpunkt Neuinvestitionen in *bekannte* Strategien keine Werte mehr schaffen: „Since investment beyond the forecast period will not affect the value of the firm, in order to calculate the residual value you need only to account for the investment required to maintain existing capacity. In the perpetuity method, it is assumed that the cost of maintaining existing capacity is approximately equal to depreciation expense."[884]

In diesem Sinne kann festgehalten werden, dass nach dem Zeitraum der expliziten Prognose die Ausgaben für die Investitionen den Abschreibungen entsprechen. Somit gilt in unserem Beispiel: $I_2=A_2$ oder auch $0=I_2-A_2$. Eingesetzt in obige Gleichung folgt: $0 = 0$.

---

[881] Siehe dazu auch Diskussion zur Länge des Prognosehorizontes in Kapitel 6.2.2.a.

[882] Schon Rappaport hat – um Missverständnissen vorzubeugen – ausgeführt, dass die Konvergenzannahme keinesfalls bedeutet, dass das Unternehmen nach dem expliziten Prognosehorizont keine wertschaffenden Strategien mehr initiieren kann. Vielmehr geht es darum, die *zum Bewertungszeitpunkt bekannten Projekte und Vorhaben* auf ihre Wertschaffung hin zu überprüfen (vgl. Rappaport (1986) 246, Ziff. 9).

[883] Stewart (1991) 289. Auch Rappaport (1986) 61: „Once the rate of return has been driven down to the cost of capital rate, period-by-period differences in future cash flows do not alter the *value* of the business." Ähnlich schon Jaensch (1966) 33.

[884] Rappaport (1986) 247.

(ii) Zahlenmässiger Vergleich

Anhand eines einfachen Zahlenbeispieles sollen die vorher geschilderten Zusammenhänge veranschaulicht werden. Dabei wird die Zeitdauer des expliziten Prognosehorizontes von einem auf sechs Jahre (T=6) ausgedehnt.

Jahr	NOPAT vor Abschr.	Abschr. 20%	NOPAT nach Abschr.	NAE Beginn	Brutto-investitionen	Netto-investitionen	NAE Ende	c*	FCF	EVA	Diskont-faktor	Diskonierte FCF	Diskonierte EVA
	a	b =(d+e)*0.2	c =a-b	d	e	f =e-b	g =d+f	h	i =a-e	j =c-d*h	k	=i*k	=j*k
0							2'000	10%			1.000		2'000
1	2'600	1'200	1'400	2'000	4'000	2'800	4'800	10%	-1'400	1'200	0.909	-1'273	1'091
2	2'700	1'560	1'140	4'800	3'000	1'440	6'240	10%	-300	660	0.826	-248	545
3	2'800	1'648	1'152	6'240	2'000	352	6'592	10%	800	528	0.751	601	397
4	3'100	1'678	1'422	6'592	1'800	122	6'714	10%	1'300	762	0.683	888	521
5	3'200	1'693	1'507	6'714	1'750	57	6'771	10%	1'450	836	0.621	900	519
6	3'100	1'694	1'406	6'771	1'700	6	6'777	10%	1'400	729	0.564	790	466
Nach 6	3'000	1'650	1'350	6'777	1'650	-	6'777	10%	13'500	6'723	0.564	7'620	3'795
											Wert der betrieblichen Tätigkeit	9'279	9'279

Abb. 6-4: EVA-DCF-Vergleich: Zahlenbeispiel mit Startwert für die NOA von 2000 (in CHFm)

Dieses Zahlenbeispiel berechnet den Verlauf der FCF und der EVA über sechs Jahre. Der FCF berechnet sich als Differenz zwischen NOPAT (vor Abschreibungen) und den Bruttoinvestitionen. EVA berechnet sich als NOPAT (nach Abschreibungen) minus den NOA (Beginn) mal den Kapitalkostensatz (c*).

Für die Zeit nach dem Jahr 6 nehmen wir an, dass keine wertschaffenden Investitionen in die bekannten Strategien und Projekte mehr möglich sein sollen. Wie weiter oben erläutert, entsprechen ab diesem Zeitpunkt die Abschreibungen gerade den Bruttoinvestitionen, so dass die Nettoinvestitionen null betragen. Der Abschreibungsbetrag richtet sich demnach nicht nach den Buchwerten der Investitionen (wie in den vorangehenden Perioden), sondern entspricht den Ausgaben, die zum Unterhalt der bestehenden Anlagen und zu deren Kapazitätserhaltung dienen.

Der Restwert[885] bei der DCF-Methode entspricht dem mit 10% kapitalisierten Wert des FCF „Nach Jahr 6" von 1'350 (=3'000-1'650).[886] Der Restwert beim EVA-Ansatz berechnet sich als der mit 10% kapitalisierte EVA „Nach Jahr 6"

---

[885] Zur Restwertbestimmung siehe ausführlich Kapitel 6.2.2.c.
[886] 1'350 / 10% = 13'500.

von 672.3 (=1'350 - 6'777 x 10%).[887] Die kapitalisierten Restwerte verstehen sich zu Beginn der Periode 7 und werden wie die anderen Werte auf den Bewertungszeitpunkt (Ende Jahr 0) abgezinst.

Die Summe der diskontierten Werte ergibt den Wert der betrieblichen Tätigkeit. Wie ersichtlich führen beide Verfahren zum gleichen Resultat. Aussagekräftiger als der blosse Resultatsvergleich ist jedoch der Blick auf die Zusammensetzung des Unternehmenswertes. Abb. 6-5 zeigt die *kumulierten* diskontierten FCF und EVA im Zeitablauf (in CHFm):

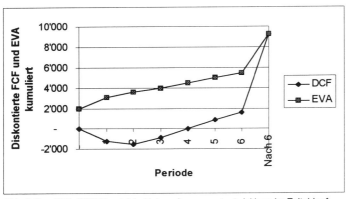

Abb. 6-5:   EVA-DCF-Vergleich: Unternehmenswertentwicklung im Zeitablauf

Da sich der Ertrag aus diesen Investitionen erst mit einiger Verzögerung einstellt, kommt es vorerst zu sehr tiefen – selbst negativen – freien Cash Flows. Erst im Jahr vier wird ein positiver Unternehmenswert anhand der DCF-Methode errechnet. Der Restwert für die Zeit nach Periode 6 macht rund 80% des berechneten Unternehmenswertes aus. Im Gegensatz dazu zeigt der Verlauf des Unternehmenswertes nach EVA einen ausgeglicheneren Verlauf.[888] Dies reduziert auch die Dominanz des eher schwierig zu schätzenden Restwertes. Beim mit EVA berechneten Beispiel macht der Restwert noch rund 40% des gesamten Unternehmenswertes aus.

---

[887]   672,3 / 10% = 6'723.
[888]   Siehe dazu auch Entwicklung der EVA und FCF bei Wal-Mart zwischen 1980 und 1989 in Abb. 7-9.

(iii) Technische Irrelevanz des Substanzwertes bei der Unternehmensbewertung

Wegen der vorhin angesprochenen Schwierigkeiten einen Substanzwert schätzen zu können[889], soll mit der Variation der Vermögensgrösse NOA zum Zeitpunkt 0 die Auswirkungen einer alternativen Bewertung der Unternehmenssubstanz (z.B. bei einer Verdoppelung des Wertes) beobachtet werden (Abb. 6-6).

Jahr	NOPAT vor Abschr.	Abschr. 20%	NOPAT nach Abschr.	NAE Beginn	Brutto-investitionen	Netto-investitionen	NAE Ende	c*	FCF	EVA	Diskont-faktor	Diskonierte FCF	Diskonierte EVA
	a	b	c	d	e	f	g	h	i	j	k		
		=(d+e)*0.2	=a-b			=e-b	=d+f		=a-e	=c-d*h		=i*k	=j*k
0							4'000	10%			1.000		4'000
1	2'600	1'600	1'000	4'000	4'000	2'400	6'400	10%	-1'400	600	0.909	-1'273	545
2	2'700	1'880	820	6'400	3'000	1'120	7'520	10%	-300	180	0.826	-248	149
3	2'800	1'904	896	7'520	2'000	96	7'616	10%	800	144	0.751	601	108
4	3'100	1'883	1'217	7'616	1'800	-83	7'533	10%	1'300	455	0.683	888	311
5	3'200	1'857	1'343	7'533	1'750	-107	7'426	10%	1'450	590	0.621	900	366
6	3'100	1'825	1'275	7'426	1'700	-125	7'301	10%	1'400	532	0.564	790	300
Nach 6	3'000	1'650	1'350	7'301	1'650	-	7'301	10%	13'500	6'199	0.564	7'620	3'499
										Wert der betrieblichen Tätigkeit		9'279	9'279

Abb. 6-6: EVA-DCF-Vergleich: Zahlenbeispiel mit Startwert für die NOA von 4000 (in CHFm)

Obschon der Startwert der Unternehmenssubstanz von CHF 2'000m auf CHF 4'000m verdoppelt wurde, änderte sich der berechnete Unternehmenswert nicht. Das liegt daran, dass die Prognose der betrieblichen Gewinne vor Abschreibungen (a), der Bruttoinvestitionen (e) und des Kapitalkostensatzes (c* bzw. Spalte h) nicht verändert wurde. In diesem Sinne kann von einer *technischen Irrelevanz* der Bewertungshöhe der Unternehmenssubstanz im EVA-Ansatz gesprochen werden.

6.1.4. Beurteilung des EVA-Ansatzes zur Unternehmensbewertung

Die Kombination dreier Eigenschaften spricht für eine bevorzugte Verwendung des EVA-Ansatzes gegenüber der DCF-Methode zur Unternehmensbewertung:

1. *Technische Gleichwertigkeit*: Wie in diesem Kapitel gezeigt werden konnte, spielt es aus technischer Sicht bei Verwendung identischen Datenmaterials keine Rolle, ob der Cash Flow oder der Gewinn als Basis zur Unternehmens-

---

[889] Siehe Kapitel 6.1.2.d. und auch Kapitel 5.2.6.b.

bewertung herangezogen wird.[890] Auch ist die „richtige" Bewertung des Substanzwertes unwesentlich.

2. *Einheitliche Sprache für Bewertung und Performancemessung:* Zwar besitzt
der DCF-Ansatz den Vorteil, dass durch die ausschliessliche Betrachtung von
Ein- und Auszahlungen grundsätzlich keine Bewertungsprobleme entstehen.[891]
Seine Aussagekraft bezüglich der Beurteilung der unternehmerischen Leistungsfähigkeit einer einzelnen Periode ist, im Gegensatz zu den gewinnbasierten Ansätzen (z.B. EVA), eingeschränkt: „The accrual basis provides more
precise measures of economic performance (income statement) and financial
position (balance sheet)."[892]

3. *Bessere Kommunizierbarkeit:* Im Gegensatz zur DCF-Methode verwendet
EVA aus der „traditionellen" Buchhaltung bekannte Elemente wie Gewinn-
und Vermögensgrössen, verbessert so die Kommunizierbarkeit[893] und reduziert
so die Hemmschwelle zur Anwendung: „Ein besonders im betrieblichen ge-
schulter und dieser Denkweise in besonderem Masse verhafteter Entschei-
dungsträger wird eine Bewertung aufgrund einer Ertrags-Aufwands-Rechnung
durchführen."[894] Nicht zuletzt deshalb gelingt es EVA, sich auch innerhalb der
Unternehmen als Basisgrösse für Anreizsysteme durchzusetzen.[895]

---

[890] Vgl. Noble (1994) IV. Auch Knüsel kommt nach der Diskussion der Gleichwertigkeit der beiden
Ansätze zum Schluss, dass es bei bekannter Kapitalbindung keinen Grund gäbe die Bewertung
nicht auf der Basis der Übergewinne darzustellen (Knüsel (1994) 85). Dazu auch Fickert (1985)
158: „Alle Verfahren lassen sich ineinander überführen und liefern bei konsequenter Anwendung
die gleichen Resultate. Welche Methoden man letztlich anwendet, ist eine Frage der zur Verfügung
stehenden Informationen." Ebenfalls Gerling (1985) 208: „Somit kann festgehalten werden, dass
sich auch im Normalfall der Unternehmensbewertung, d.h. auch wenn die Kapitalbindung im Bewertungszeitpunkt ungleich null ist, jedes Unternehmensbewertungskalkül, sei es nun auf der
Grundlage von Cash Flow, Gewinnen oder Dividenden in ein auf einer anderen Grundlage basie-
rendes Bewertungskalkül überführen lässt."

[891] Vgl. Röttger (1994) 5.

[892] Horngren/Sundem (1987) 115. Siehe dazu Beurteilung des FCF als Performancemass in Kapitel
7.2.4.

[893] Auch CS Research (1996a) 4 kommt zum Schluss, dass das EVA-Modell gegenüber dem FCF-
Modell „leichter verständlich" ist.

[894] Gerling (1985) 212; dazu auch Lücke (1955) 313: „In der betrieblichen Praxis werden in der Regel Wirtschaftlichkeitsberechnungen nicht mit Ausgaben, sondern mit Kosten durchgeführt. Die
gleiche Tendenz weisen auch wissenschaftliche Veröffentlichungen auf. Statt Ausgaben werden bei
dieser Methode Kosten abgezinst"; und auf S. 315: „Zweifellos wird die Rechnung mit Kosten
(Fortsetzung...)

6.2. Vorgehen im einzelnen

6.2.1. Übersicht

Zur Unternehmensbewertung mit EVA sind *vier* Elemente notwendig:

1. Market Value Added ex ante (Kapitel 6.2.2.)

2. Betrieblich gebundenes Vermögen (Kapitel 6.2.3.)

3. Marktwert des nichtbetrieblich gebundenen Vermögens (Kapitel 6.2.4.)

4. Marktwert der Drittverbindlichkeiten (Kapitel 6.2.5.)

Abb. 6-7 zeigt den Zusammenzug dieser Elemente für die Beispiel-AG:

---

zweckmässiger sein, da einmal das Kostendenken weiter verbreitet ist als das Ausgabedenken und zweitens die Kostenrechnung in den Betrieben stärker gepflegt wird als die Ausgabenrechnung." Ebenfalls Münstermann (1966) 33: „Zudem ist das Denken in Aufwendungen und Erträgen den Bewertern und den Bewertungsinteressenten wohl meist vertrauter als das Denken in Ausgaben und Einnahmen." Für Käfer (1967) 153 bedeutet die ausschliessliche Fokussierung auf Zahlungs-ströme sogar einen „Rückschritt [...] auf die primitive Stufe der Geldrechnung, der ältesten Kame-ralistik."

[895] Siehe dazu Kapitel 8.3.

Unternehmensbewertung mit EVA	1995
(in CHFm, per Ende 1995)	
Market Value Added (ex ante) (Abb. 6-14)	23'283
+ Net Operating Assets (NOA (Abb. 5-3)	24'698
Wert der betrieblichen Tätigkeit	47'980
Nicht betrieblich gebundenes Vermögen:	
+ Wertschriften	10'250
+ Anlagen im Bau	1'479
+ Andere nichtbetriebliche Aktiven	220
Gesamtwert der Unternehmung	59'929
Drittverbindlichkeiten:	
- Darlehen	-5'836
- Nichtbilanzierte Leasingverbindlichkeiten	-403
- Minderheitsanteile	-862
- Pensionsrückstellungen	-733
- Sonstige Rückstellungen	-1'743
Wert des Eigenkapitals nach EVA	50'353
Vergleich mit tatsächlicher Börsenkapitalisierung:	
Marktkapitalisierung tatsächlich	43'781
Theoretisches "Kurspotential"	15%

Abb. 6-7:   Unternehmensbewertung mit EVA für die Beispiel-AG

Die Addition von MVA und dem investierten Vermögen ergibt den *Wert der betrieblichen Tätigkeit*. Nach der Addition des Marktwertes der nicht betrieblich gebundenen Vermögensobjekte erhalten wir den *Gesamtwert* der Unternehmung. Dieser sollte ebenfalls der Summe der Marktwerte des Fremd- und des Eigenkapitals (Börsenkapitalisierung) entsprechen. Demnach ergibt sich der *Wert des Eigenkapitals* nach dem Abzug der Drittverbindlichkeiten vom Gesamtwert des Unternehmens. Der Vergleich mit der aktuellen Marktkapitalisierung des Eigenkapitals kann als Indikation für eine mögliche Unter- bzw. Überbewertung dienen oder aber auch auf eine Fehleinschätzung der in der Unternehmensbewertung verwendeten Daten schliessen lassen.[896]

---

[896]   Zur Frage der direkten Vergleichbarkeit von theoretischen und tatsächlichen Aktienkursen siehe Ausführungen in Kapitel 6.3. und 7.2.3.

6.2.2. Berechnung des Market Value Added (MVA) ex ante

Wie weiter oben kurz ausgeführt lässt sich der betriebliche Goodwill (Market Value Added) *ex post* oder *ex ante* berechnen.[897] Bei der Berechnung ex post dient der MVA als Performancemass (siehe Kapitel 7.2.2.), bei der Berechnung ex ante als Element zur Unternehmensbewertung. Im letzteren Fall sind zu dessen Berechnung fünf Arbeitsschritte notwendig:

1. Wahl der Länge des expliziten Prognosehorizontes

2. Prognose der EVAs für den expliziten Prognosehorizont

3. Schätzung des Restwertes

4. Festlegen der Diskontfaktoren

5. Diskontieren der einzelnen Werte und Addition zum MVA

a) Wahl der Länge des expliziten Prognosehorizontes

Die Dauer des Prognosehorizontes sollte abhängig von den in der Branche wirkenden Wettbewerbskräften und der damit verbundenen Investitionsdynamik gewählt werden. Dabei sollte sie vollständige Investitions- und Konjunkturzyklen umfassen, so dass die finanziellen Daten am Ende des expliziten Prognosehorizontes ein normalisiertes Bild der operativen Tätigkeit zum Ausdruck bringen.[898] In der angelsächsischen Literatur wird üblicherweise vertreten, die Länge des Prognosehorizontes sei so anzusetzen, dass es dem Unternehmen möglich ist, mit Investitionen und Projekten eine über den Kapitalkosten liegende Rendite zu erwirtschaften.[899]

---

[897] Siehe Kapitel 6.1.2.b.

[898] Dazu Copeland/Koller/Murrin (1994) 290: „The explicit forecast period should be long enough so that the business will have reached a steady state of operations by the end of the period."

[899] Rappaport (1986) 61: „Another way of expressing this idea is to say that after the forecast period, the business will invest, on average, in strategies whose net present value is zero"; und Rappaport (1979) 102: „[T]he forecast duration for cash flows should continue only as long as the expected rate of return on incremental investment required to support forecasted sales growth exceeds the cost-of-capital rate"; siehe auch Copeland/Koller/Murrin (1994), Stewart (1991) oder Brealey/Myers (1996).

Geht man nun davon aus, dass die meisten Unternehmen stetig nach Investitionsobjekten Ausschau halten, bei welchen die Renditen über den Kapitalkosten liegen, so scheint es schwierig zu sein, zu irgendeinem Zeitpunkt eine normalisierte Gewinnsituation definieren zu können. Dazu stellt Rappaport fest, dass nur die zum Zeitpunkt der Bewertung bekannten wertschaffenden Strategien betrachtet werden sollen.[900]

In der Praxis ist die Aufgabe der angemessenen Horizontschätzung äusserst schwierig zu lösen.[901] Je nach Branche und den darin wirkenden Wettbewerbskräften sind kürzere (z.b. Softwareunternehmen) oder längere Zyklen (z.B. Kraftwerke) anzusetzen. Auch sind Schätzungen der prognostizierten Daten (für die Dauer eines Zyklus) mit Unsicherheiten behaftet: „Für die meisten Unternehmen ist schon das nächstjährige Ergebnis sehr ungewiss."[902] Helbling hält fest, dass im allgemeinen die zur Verfügung stehenden Informationen im heutigen Marktumfeld eine Planung von drei bis höchstens sieben Jahren sinnvoll zulassen.[903] Auch Gomez/Weber sind der Meinung, dass die Zeitdauer der expliziten Prognose *nicht* mit objektiven Kriterien festgelegt werden kann und eine Ermessensfrage des Bewerters bleibt. Dabei stellen sie fest: „In der Regel dürfte der arbiträre Prognosehorizont zwischen 5 und 10 Jahren zu liegen kommen."[904]

In unserem Beispiel wird ein expliziter Prognosehorizont von *fünf* Jahren gewählt.

b) Schätzung der EVA während der expliziten Periode

Zur Prognose zukünftiger EVAs reicht grundsätzlich die Vorhersage von *fünf* Schlüsselgrössen (sog. *Key Drivers*) aus:[905]

---

[900] Rappaport (1986) 246 (Ziff. 9).
[901] Vgl. auch Knüsel (1994) 220.
[902] Helbling (1990b) 537.
[903] Vgl. Helbling (1995a) 72.
[904] Gomez/Weber (1989) 31. ebenso Brealey/Myers (1996) 76: „Valuation horizons are often chosen arbitrarily. Sometimes the boss tells everybody to use 10 years because that's a round number."
[905] Siehe dazu auch Gomez/Weber (1989) 29ff.

Schlüsselgrösse (Key Driver)	Berechnung
1) Umsatzwachstum	$(\text{Umsatz}_{T+1}/\text{Umsatz}_T)-1$
2) OPM (Operating Profit Margin)	NOPBT[906] / Umsatz
3) TO (Turnover of Assets)	Umsatz / NOA
4) CTR (Cash Tax Rate)	COT / NOPBT
5) c* (Gesamtkapitalkosten)	WACC-Ansatz[907]
Davon direkt abgeleitet:	**Berechnung**
r (Vermögensrendite)	OPM x TO x (1-CTR)
value spread	r - c*

Abb. 6-8:   Die Schlüsselgrössen der EVA-Analyse

Die Vermögensrendite r lässt sich einerseits als NOPAT / NOA[908] und andererseits aus den drei Schlüsselgrössen OPM, TO und CTR berechnen:[909]

r = OPM x TO x (1-CTR)

- Die *Operating Profit Margin (OPM)* gibt Auskunft über die Profitabilität des Unternehmens und berechnet sich aus der Division von NOPBT (Net Operating Profit Before Taxes) durch den Umsatz. Da sie keine Vermögensgrösse beinhaltet, sind Vergleiche von Unternehmen unterschiedlicher Branchen – mit unterschiedlichem Kapitalumschlag – anhand der OPM nicht aussagekräftig.

- Die Kapitalgrösse wird mit dem *Turnover of Net Operating Assets (TO)* in der Analyse berücksichtigt. Der Kapitalumschlag ergibt sich aus der Division von

---

[906]   NOPBT (Net Operating Profit Before Taxes) = NOPAT - COT.
[907]   Siehe ausführlich Kapitel 5.4.
[908]   Zur Vermögensrendite siehe auch Kapitel 3.2.2.b.iii.
[909]   Mit folgenden Umformungen kann die Übereinstimmung der beiden Berechnungsvarianten von r gezeigt werden (siehe auch Stewart (1991) 107):
r = OPM x TO x (1-CTR)
r = (NOPBT / Umsatz) x (Umsatz / NOA) x (1-CTR)
r = (NOPBT / NOA) x (1-CTR)
r = (NOPBT / NOA) - (NOPBT / NOA) x CTR
r = (NOPBT / NOA) - (NOPBT / NOA) x (COT / NOPBT)
r = (NOPBT / NOA) - (COT / NOA)
r = (NOPBT - COT) / NOA
r = NOPAT / NOA

Nettoumsatz[910] und NOA (zu Beginn der Periode). Der TO gibt Auskunft über die Intensität der Vermögensnutzung und ist stark branchenabhängig. Anlageintensive Branchen (z.B. Flugzeugindustrie) können einen typischen TO von unter 1 aufweisen, der Handel bis über 4.[911] Erst mit der Berücksichtigung des Kapitalumschlages werden Unternehmen verschiedener Branchen sinnvoll vergleichbar.

- Die *Cash Tax Rate (CTR)* ist „the taxes payable in cash on operating profits expressed as a percent of those pretax operating profits. It is the rate at which NOPBT would disappear as an immediate cash tax liability in the absence of debt financing."[912] Der Verwendung der CTR in den Kalkulationen ist gegenüber dem ausgewiesenen Steuersatz deshalb der Vorrang zu geben, weil die CTR finanzielle und nichtbetriebliche Elemente ausschliesst.[913]

Sind die Vermögensrendite r und die Kapitalkosten c* bekannt, kann der value spread (= r - c*) berechnet werden. Er gibt direkt an, ob mit der betrieblichen Tätigkeit Werte geschaffen (positiver value spread) oder vernichtet (negativer value spread) werden.[914]

Anhand des value spread lässt sich direkt die Plausibilität der Plandaten beurteilen. Mit Rekurs auf die Konvergenztheorie, welche davon ausgeht, dass Wettbewerbskräfte auf die lange Sicht über den Kapitalkosten liegende Renditen erodieren[915], kann für den prognostizierten value spread festgehalten werden, dass dessen Höhe (und Dauer) mit den (erhofften) Wettbewerbsvorteilen korrespondieren

---

[910] Nach IAS 18 par. 8 beinhalten die ausgewiesenen Umsätze nur die „gross inflows of economic benefits received and receivable by the enterprise on its own account. Amounts collected on behalf of third parties such as sales taxes, goods and services taxes and value added taxes are not economic benefits which flow to the enterprise and do not result in increases in equity."

[911] Siehe auch Stewart (1991) 107ff.

[912] Stewart (1991) 108.

[913] Siehe auch Berechnung der COT in Kapitel 5.3.6.

[914] Ausführlich zum value spread Kapitel 7.3.2.

[915] Siehe auch Ausführungen in Kapitel 6.1.3

muss.[916] Weit über dem Marktdurchschnitt[917] liegende value spread sind langfristig nur mit sehr starken „Wettbewerbsvorteile[n], die sich behaupten lassen"[918], zu erklären.[919]

Für unser Zahlenbeispiel sind die Schlüsselgrössen von 1991 bis 2000 in Abb. 6-9 abgebildet:

EVA Schlüsselgrössen	1991	1992	1993	1994	1995	1996	1997	1998	1999	2000
Umsatz (in CHFm)	9'670	11'451	12'953	14'315	14'748	16'223	17'845	19'630	21'593	23'752
Umsatzwachstum	n/a	18.4%	13.1%	10.5%	3.0%	10.0%	10.0%	10.0%	10.0%	10.0%
OPM	12.2%	19.2%	19.0%	19.9%	20.2%	17.3%	17.7%	17.7%	17.6%	17.5%
TO	n/a	0.73	0.71	0.69	0.65	0.66	0.70	0.73	0.76	0.78
CTR	28.3%	19.1%	12.3%	15.0%	16.3%	21.4%	17.8%	17.8%	17.9%	17.9%
c*	7.2%	8.0%	6.5%	6.7%	6.4%	6.0%	6.0%	6.0%	6.0%	6.0%
r = OPM x TO x (1-CTR)	n/a	11.3%	11.8%	11.7%	10.9%	8.9%	10.2%	10.6%	10.9%	11.2%
value spread (=r-c*)	n/a	3.3%	5.3%	5.0%	4.5%	2.9%	4.2%	4.6%	4.9%	5.2%
EVA (in CHFm)[920]	n/a	519	971	1'029	1'027	721	1'063	1'237	1'405	1'590

Abb. 6-9:   Schlüsselgrössen der Beispiel-AG für 1991-2000

Die Multiplikation des value spread mit dem eingesetzten Vermögen NOA (berechnet als Division des absoluten Umsatzes durch TO[921]) ergibt den EVA der jeweiligen Periode.

Für die Beispiel-AG rechnen wir mit einer gleichbleibenden betrieblichen Marge (OPM) zwischen 17 und 18 Prozent in den Jahren 1996 bis 2000. Bei einem leichten Anstieg des Kapitalumschlages (TO) von 0.66 auf 0.78 sowie einer

---

[916] Ähnlich auch Davis/Kay (1990) 16 die der Kennzahl Added Value die Fähigkeit zusprechen, ein Mass für die Stärke von Wettbewerbsvorteilen zu sein: Added Value „is at once a measure of competitive advantage and the source of operating profit and shareholder return."

[917] Siehe Ergebnisse für die Schweiz in Kapitel 7.3.2.

[918] Porter (1989) 31; zur Thematik auch Gomez (1990) 557ff.

[919] Z.B. Coca-Cola, für welche Stern Stewart & Co. im Jahre 1993 ein value spread von 19,2% ermittelt hat (siehe Walbert (1993a) 65).

[920] EVA = value spread x Umsatz / TO

[921] TO = Umsatz / NOA; somit gilt: NOA = Umsatz / TO.

gleichbleibenden Steuerrate von rund 18% kann der value spread so auf dem historischen Niveau zwischen vier und sechs Prozent gehalten werden. Das Wachstum von EVA resultiert vor allem aus dem Umsatzwachstum von 10% p.a., welches mit Blick auf die Entwicklung der Hauptabsatzmärkte der Beispiel-AG als realistisch eingestuft werden kann.

Bleibt zu erwähnen, dass die Prognose zukünftiger Daten nicht *ausschliesslich* auf die Vorhersage von sog. *Key Drivers* beschränkt bleiben sollte. Vielmehr wird gefordert „bewusst auch die erwarteten Buchungstatsachen [miteinzubeziehen und ...] auch die aus den Strategien zu erwartenden Bilanzen, Erfolgsrechnungen und Mittelflussrechnungen zu erstellen sowie die wichtigsten Führungskennzahlen zu berechnen und zu beurteilen."[922] Auch in unserem Beispiel wurden die Jahresabschlüsse und buchhalterischen Korrekturen[923] für die Jahre 1996 bis 2000 vollständig gerechnet.[924] Die Verwendung weniger Kenngrössen hat jedoch zum Vorteil, dass der Blick des Bewerters schneller auf markante Entwicklungen und gravierende Verschiebungen im Kosten-, Ertrags- oder Investitionsniveau gerichtet wird, so dass kritische Fragen rascher entwickelt werden können und mögliche Fehleinschätzungen der Zukunft sofort ersichtlich werden.

c) Schätzung des Restwertes

Der Restwert[925] stellt in der Regel den grössten Anteil am Unternehmenswert dar.[926] „Sein Anteil wird um so höher als die Dauer der expliziten Prognose kurz gewählt wird, die Kapitalkosten tief sind und während der expliziten Prognose eine intensive Investitionstätigkeit ausgeübt wird."[927] Bei den DCF-Modellen macht er üblicherweise über 70% des berechneten Unternehmenswertes aus. „Es

---

[922] Fickert (1991) 84.

[923] Siehe Kapitel 5.

[924] Siehe Anhang 10.1.

[925] *Endwert* bei Gomez/Weber (1989); *Residual Value* bei Rappaport (1986); *Continuing Value* bei Copeland/Koller/Murrin (1994); *Terminal Value* bei Morgan Stanley zit. in Behr (1995a).

[926] Vgl. Rappaport (1986) 59.

[927] Knüsel (1994) 219.

ist daher falsch, den Grossteil des Bewertungsaufwandes auf das Abschätzen von Free Cash Flows bis zu einem möglichst weit entfernten Planungshorizont zu verwenden, um dann die Schätzung des Endwertes gleichsam mit der linken Hand vorzunehmen."[928] Auch wenn im Modell EVA wegen der Berücksichtigung eines Substanzwertes der Restwert einen kleineren Teil des gesamten Unternehmenswertes ausmacht, darf die Restwertschätzung trotzdem nicht als Nebenaufgabe aufgefasst werden.

(i) Auswahl möglicher Vorgehensweisen

Für die Restwertschätzung bieten sich eine Vielzahl von Möglichkeiten an.[929] Sie reichen von der Schätzung eines *Liquidationswertes* bis zur Schätzung eines Fortführungswertes auf der Basis von *stark wachsenden freien Cash Flows*. Abb. 6-10 gibt einige Beispiele von Ansätzen zur Berechnung des Restwertes mit den Zahlen der Beispiel-AG.[930]

Möglichkeiten zur Berechnung des Restwertes[931] (in CHFm)	2000+
Liquidationswert (80% NUV, 50% AV)	14'161
Buchwert (100% NUV, 100% AV)	23'762
Markt-zu-Buchwert (z.B. 2.0x)	47'524
Preis/Gewinnverhältnis (z.B. mit P/E 18.0x)	55'523
Kapitalisierung des Gewinnes des Jahres 2000	51'434
Kapitalisierung normalisierter FCF (ohne Wachstum)	56'862
Kapitalisierung normalisierter FCF mit Wachstum (mit g=2%)	85'313

Abb. 6-10: Möglichkeiten zur Restwertberechnung für die Beispiel-AG

Die Wahl des Schätzungsansatzes und der damit verbundenen Parameter ist abhängig von den während der expliziten Planungsperiode getroffenen Annahmen:

---

[928] Studer (1992) 306/307. Copeland/Koller/Murrin (1994) 274 sind der gleichen Ansicht: „A high-quality estimate of continuing value is essential to any valuation, because continuing value often accounts for a large percentage of the total value of the company." Ebenfalls Gomez/Weber (1989) 34.

[929] Vgl. dazu Copeland/Koller/Murrin (1994) 274ff.; Rappaport (1986) 59ff; Fickert (1991) 60ff.

[930] Siehe Jahresabschluss für das Jahr 2000 der Beispiel-AG im Anhang Kapitel 10.1.2.

[931] Bei den berechneten Werte handelt es sich um Restwerte der betrieblichen Tätigkeit zu Beginn des Jahres 2001. Diese müssen noch auf den Bewertungszeitpunkt abgezinst werden.

„Eine Phase der Expansion oder der Restrukturierung beeinträchtigt den Cash flow innerhalb des Planungshorizontes, erhöht aber das Gewinnpotential. Demgegenüber gestattet die 'Cash Cow'-Situation forcierte Kapitalrückflüsse, hinterlässt aber einen Endwert im Bereich des Liquidationswertes."[932]

- Bei der Verwendung des *Liquidationswertes* geht man davon aus, dass während der Prognosedauer eine „Erntestrategie" gefahren und die Unternehmung anschliessend aufgelöst wird.[933] Dabei gelangen in unserem Beispiel Veräusserungswerte von 80% des Nettoumlaufvermögens und 50% des Anlagevermögens zum Zuge.[934]

- Die Verwendung der Restwertschätzung nach *Buchwert* – mit Marktwert/Buchwert-Verhältnissen von 1,0x bzw. 2,0x – ist für die Schweiz eher fragwürdig, da „in der Regel betriebswirtschaftliche Buchwerte für Vergleichszwecke kaum zur Verfügung stehen."[935] Der Durchschnitt des Market-to-Book-Ratio liegt in der Schweiz bei rund 2,0x.[936]

- Der Restwert kann auch anhand des erwarteten *Price-Earnings-Ratio (P/E)*[937] berechnet werden. Für die Verwendung dieser Methode spricht, dass es ein einfaches und auch populäres Bewertungsinstrument ist. Sie ist jedoch nicht so unproblematisch, wie sie auf den ersten Blick zu sein scheint. Die Schätzung des P/E-Niveaus für den Gesamtmarkt in fünf bis sechs Jahren ist äusserst schwierig zu beurteilen.[938] Für unser Beispiel wurde eine P/E von 18,0x gewählt.[939]

---

[932] Gomez/Weber (1989) 35.

[933] Vgl. auch Fickert (1991).

[934] Je nach Alter und Charakter des Unternehmensvermögens sind diese Werte zu ändern. Es handelt sich dabei um Werte, die von Copeland/Koller/Murrin (1994) 282 zur Schätzung des Liquidationswertes verwendet wurden.

[935] Knüsel (1994) 223.

[936] SBC Warburg (1995) 4.

[937] Siehe dazu unter anderem Brealey/Myers (1996) 72ff.

[938] Vgl. auch Einwände gegen diese Methodik bei Knüsel (1994) 223; Rappaport (1986) 63 oder Copeland/Koller/Murrin (1994) 285/286.

[939] Siehe P/E-Entwicklung des Schweizer Aktienmarktes in SBC Warburg (1996) 3.

- Teilweise wird auch die *Kapitalisierung des Nettogewinnes* der letzten expliziten Prognoseperiode als mögliche Schätzung vorgeschlagen.[940] Dieses Vorgehen führt nur unter gewissen Bedingungen zu vertretbaren Resultaten.[941]

- „Streng genommen berechnet sich der Endwert durch die *Kapitalisierung* des 'Schwellen-*Cash flows*' mit dem Kapitalkostensatz."[942] Dies bedeutet, dass von normalisierten Zuständen ausgegangen wird. Diese sind dann erreicht, wenn wegen der Konkurrenzsituation Neuinvestitionen im Durchschnitt eine Rendite erwirtschaften, welche die Kapitalkosten zu decken vermögen. Ab diesem Zeitpunkt können mit Neuinvestitionen keine Mehrwerte geschaffen werden.[943]

  Bei der Festlegung des normalisierten freien Cash Flow muss darauf geachtet werden, dass die zugrundeliegenden operativen Erträge eine *mid-cycle*-Situation wiedergeben und die davon abgezogenen Investitionsausgaben – in Umlauf- und Anlagevermögen – den langfristig zum Gedeihen der Unternehmung notwendigen Ausgaben entsprechen.[944] Eine Normalisierung bedeutet keinesfalls, dass sämtliche zukünftigen freien Cash Flows identisch sind: „It simply reflects the fact that the cash flows resulting from future investments will not affect the value of the firm because the overall rate of return earned on those investments is equal to the cost of capital."[945]

- Vereinzelt wird noch vorgeschlagen, den normalisierten FCF zusätzlich mit einer *Rate g* wachsen zu lassen.[946] In diesem Fall folgt die Berechnung des Restwertes der Formel:

Restwert = Normalisierter FCF / (c* - g)

---

[940] Z.B. bei Stöckli (1990) 566.

[941] Siehe dazu Gomez/Weber (1989) 34 oder Knüsel (1994) 222.

[942] Gomez/Weber (1989) 34 (Hervorhebungen hinzugefügt). Rappaport (1986) 61 spricht von *Perpetuity Cash Flow*.

[943] Siehe dazu Ausführungen in Kapitel 6.1.3.c.i.

[944] Copeland/Koller/Murrin (1994) 295.

[945] Rappaport (1986) 61.

[946] Z.B. bei Copeland/Koller/Murrin (1994) 277.

Für eine Annäherung an g gilt als beste Schätzung „the expected long-term rate of consumption growth for the industry's products plus inflation."[947] Im obigen Zahlenbeispiel wird eine Inflation von 1% erwartet und ein reales Marktwachstum von 1% angenommen. Summiert ergibt sich ein g von 2%. Gegenüber der Variante „kein Wachstum" (also g=0%) erhöhte sich der Restwert bereits um rund 50%. Abbildung 6-11 zeigt die Sensitivität des so berechneten Restwertes gegenüber Änderungen von g:

Sensitivität des Restwertes gegenüber Änderungen von g (in CHFm)	2000+
Normalisierter FCF mit g=0%	56'862
Normalisierter FCF mit g=1%	68'241
Normalisierter FCF mit g=2%	85'313
Normalisierter FCF mit g=3%	113'777
Normalisierter FCF mit g=4%	170'744
Normalisierter FCF mit g=5%	341'961

Abb. 6-11: Sensitivität des Restwertes gegenüber Änderungen des Wachstumsfaktors g

Schon bei einem Wachstumsfaktor von 5% hat sich der ursprünglich errechnete Wert (g=0%) *versechsfacht*.[948] Dies zeigt die grosse Sensitivität des Modelles gegenüber Wachstumsannahmen.

(ii) Restwertbestimmung für das Modell EVA

Die Restwertbestimmung von EVA lehnt sich an das Verfahren der Kapitalisierung des normalisierten FCF (ohne Wachstum) an. Der normalisierte EVA basiert auf dem NOPAT des letzten Prognosejahres und den NOA per Ende des letzten Prognosejahres (Jahr 2000).

---

[947] Copeland/Koller/Murrin (1994) 295.

[948] Aus diesem Grund sprechen Copeland/Koller/Murrin (1994) 283 bei diesem Ansatz auch von der *aggressive formula*.

Residualwert mit normalisierten EVA (in CHFm)	2000+
NOPAT (Jahr 2000) (Abb. 10-9)	3'410
NOA (Ende 2000) (Abb. 10-14)	32'355
c* (Abb. 6-13)	6.0%
Jährliches EVA (für die Jahre nach 2000)	1'470
/ c* (Abb. 6-13)	6.0%
Kapitalisierte EVA nach 2000	24'507

Abb. 6-12: Restwertberechnung für EVA bei der Beispiel-AG

Der so berechnete Restwert stellt im Unterschied zu den anderen Restwerten nur den *betrieblichen Goodwill* zum Zeitpunkt Beginn 2000 dar. Dieser Wert ist deshalb *nicht* direkt mit den anderen Restwerten von Abb. 6-10 vergleichbar. Die Vergleichbarkeit wird erst durch die Addition der NOA (zu Beginn 2000) erreicht. Man erhält (in CHFm): 24'507 + 32'355 = 56'862. Dies entspricht dem Wert des Verfahrens „Kapitalisierung normalisierter FCF (ohne Wachstum)" (siehe Abb. 6-10).[949]

d) Festlegen der Diskontierungsfaktoren

Diskontfaktoren werden zur Abzinsung zukünftiger Zahlungsströme, Aufwendungen, Erträge, etc. verwendet. Das Ziel ist es dabei, vergleichbare Grössen auf der Basis des Gegenwartswertes zu erhalten.[950] Brealey/Myers führen die Berechtigung der Diskontierung auf zwei Prinzipien der Finanzierung zurück: Erstens, „*a dollar today is worth more than a dollar tomorrow*", und zweitens, „*a safe dollar is worth more than a risky one*"[951]. Diese beiden Prinzipien gelten unter der Annahme, dass zinstragende Investitionen jederzeit möglich sind und dass Anleger grundsätzlich risikoavers sind.[952] Der jährliche Diskontfaktor (per Ende Jahr) wird mit der Formel $1/(1+c^*)^P$ errechnet.

---

[949] Siehe dazu auch Ausführungen und Zahlenbeispiel in Kapitel 6.1.3.
[950] Vgl. Staehelin (1992) 52.
[951] Vgl. Brealey/Myers (1996) 12 und S. 13 (Hervorhebungen im Original).
[952] Siehe dazu Ausführungen in Kapitel 5.4.

Berechnung Diskontfaktor	1995	1996	1997	1998	1999	2000
Eigenkapitalkosten	11.0%	10.2%	10.2%			
Fremdkapitalkosten (nach Steuern)	4.2%	3.9%	3.9%			
Eigenkapital in % des Gesamtkapitals	33.3%	33.3%	33.3%			
c*	6.4%	6.0%	6.0%	6.0%	6.0%	6.0%
Periode (P)	0	1	2	3	4	5
Diskontfaktor (per Ende Jahr)	**1.000**	**0.943**	**0.890**	**0.840**	**0.792**	**0.747**
Diskontfaktor (Mitte Jahr adjustiert)	1.032	0.971	0.916	0.864	0.816	0.769

Abb. 6-13: Berechnung der Diskontfaktoren der Beispiel-AG

Grundsätzlich gelten für die Berechnungen der Diskontfaktoren die gleichen Überlegungen, wie für die Berechnung der Mindestrenditen (siehe Kapitel 5.4.3.). Der Unterschied besteht darin, dass die Diskontfaktoren auf *erwarteten* Kapitalkosten[953] basieren.[954]

Bleibt anzumerken, dass bei der Berechnung des Diskontfaktors Stewart[955] und Copeland/Koller/Murrin[956] eine Mitte-Jahr-Adjustierung vorschlagen. Sie gehen von der Überlegung aus, dass die Zahlungsströme über das ganze Jahr verteilt fliessen (und nicht jeweils per Ende des Jahres), und es daher sinnvoll ist, den Ende-Jahr-Diskontfaktor auf Mitte Jahr anzugleichen. Dies geschieht mit der Multiplikation mit dem Faktor $(1+c^*)^{0.5}$. Die Mitte-Jahr-Adjustierung erhöht die Diskontierungsfaktoren und somit auch den Gegenwartswert der abgezinsten Beträge, was am Ende zu einem höheren theoretischen Unternehmenswert führt.[957]

---

[953] Siehe Anhang Kapitel 1.5.4.

[954] Auch die Bestimmung der Fremdkapitalkosten sollte sich an den aktuell geltenden Sätzen für *neues* Fremdkapital ausrichten: „This is so because the economic desirability of a prospective investment depends upon future costs and not past or sunk cost" (Rappaport (1986) 56); vgl. auch Copeland/Weston (1988) 527.

[955] Stewart (1991) 348.

[956] Copeland/Koller/Murrin (1994) 309.

[957] In unserem Beispiel würde sich der Wert des Eigenkapitals um 1% erhöhen.

e) Diskontieren der einzelnen Werte und Addition zum MVA ex ante

Berechnung Market Value Added (ex ante) (in CHFm)	1995	1996	1997	1998	1999	2000	2000+
Prognose EVA 1996 - 2000 (Abb. 6-9)		721	1'063	1'237	1'405	1'590	
Restwert nach 2000 (Abb. 6-12)							24'507
x Diskontfaktor (Abb. 6-13)		0.943	0.890	0.840	0.792	0.747	0.747
EVA diskontiert		680	947	1'039	1'113	1'188	18'316
MVA ex ante als Summe der diskontierten EVA	23'283						

Abb. 6-14: Berechnung des Market Value Added ex ante für die Beispiel-AG[958]

Die Summe der diskontierten EVA ergibt den MVA und entspricht dem *betrieblichen Goodwill* zum Zeitpunkt Ende 1995. Dies bildet das erste Element der Unternehmensbewertung anhand des EVA-Ansatzes.

6.2.3. Betrieblich gebundenes Vermögen (NOA)

Wie in Kapitel 6.1.2. ausgeführt, entspricht der Wert der betrieblichen Tätigkeit nach EVA der Summe aus MVA ex ante und dem betrieblichen notwendigen Vermögen.[959] Die Berechnung der Vermögensgrösse NOA wurde in Kapitel 5.3. im Detail dargestellt. Der Zeitpunkt richtet sich nach dem Bewertungszeitpunkt. Somit ist in unserem Beispiel der Zeitpunkt „Ende 1995" relevant, was einen Betrag von CHF 24'698m ausmacht.[960]

6.2.4. Nicht betrieblich gebundenes Vermögen (aktiviert und nicht aktiviert)

Alle im betrieblichen Vermögen NOA nicht berücksichtigten Vermögensobjekte sind nun zu ihren *Marktwerten* in die Rechnung aufzunehmen.[961] Diese umfassen die gesamten (auch nicht aktivierten) Vermögensteile, die aus betrieblicher Sicht überzählig sind. Der Entscheid, ob es sich um „überzählige" oder für den Betrieb

---

[958] Die ex post Berechnung des MVA zeigt Abb. 7-3.

[959] „Ziemlich einheitlich wird die Auffassung vertreten, dass in den Substanzwert nur die Werte der betriebsnotwendigen, nicht die der neutralen Vermögensteile aufzunehmen seien" (Münstermann (1966) 91). Auch Bellinger/Vahl (1984) 13: „Der Begriff des *Substanzwertes* geht letztlich von der Vorstellung eines Reproduktionswertes der Unternehmung aus. Grundlage der Bewertung ist hierbei das betriebsnotwendige Vermögen."

[960] Siehe Abb. 6-7.

[961] Siehe auch Abb. 5-4.

notwendige Vermögensobjekte handelt, ist von den Absichten des Käufers abhängig.

Die Bewertung dieser Vermögensobjekte richtet sich nach den *Veräusserungswerten* oder unter Umständen auch den *Liquidationswerten*.[962] Dies wird auch – mehr oder weniger einheitlich – in der Literatur vertreten.[963]

Die in Kapitel 5.2.2. von den NOA der Beispiel-AG ausgeklammerten Werte umfassten unter anderem Wertschriften (inkl. aktivierte eigene Aktien) von CHF 10'250m, Anlagen im Bau von CHF 1'479m und andere nichtbetriebliche Aktiven im Betrag von CHF 220m (siehe Abb. 6-7).

Üblicherweise stellen die Wertschriften die wichtigste aktivierte, nicht betrieblich notwendige Vermögensposition dar.[964] Deshalb spielt deren Bewertung im Rahmen des angewandten Rechnungslegungsstandards eine wichtige Rolle. Bei der Bewertung weicht das Aktienrecht vom Realisationsprinzip ab, und lässt den Ausweis von unrealisierten Gewinnen zu. Wertschriften mit Kurswert *dürfen* höchstens zum Durchschnittskurs des letzten Monats vor dem Bilanzstichtag bewertet werden.[965] Es besteht jedoch keine Pflicht zum Ausweis von Marktwerten.[966] Die FER lassen die Bewertung der Wertschriften zu Marktwerten zu[967], schreiben sie aber ebenfalls nicht vor. IAS verlangt den Ausweis des Marktwertes der Wertschriften, falls dies nicht schon in der Bilanz geschehen ist.[968]

---

[962] „Grundsätzlich geht die Unternehmens-Bewertungs-Lehre vom Verkauf bzw. der Liquidation von nicht-betriebsnotwendigen Aktiven aus, weshalb sie separat zu Verkehrswerten erfasst sind" (Bertschinger (1994b) 33). Dazu auch Helbling (1995a) 63: „Die nichtbetrieblichen Werte können nicht nach den Grundsätzen der Unternehmensbewertung bewertet werden, sondern bilden eigene selbständige Bewertungsobjekte. In der Regel erfolgt die Bewertung dieser Güter [...] zum Liquidationswert"; im weiteren Moxter (1976) 54: „[Ü]berzählige Objekte werden mit ihren Veräusserungspreisen angesetzt."

[963] Vgl. Bertschinger (1992a) 79; Helbling (1995a) 171; Viel/Bredt/Renard (1975) 37; Bertschinger (1992a) 79; Weber (1990) 578; Nicht zu vergessen ist, dass die unter Umständen erst in der Zukunft realisierbaren Liquidationserlöse auf den Bewertungszeitpunkt abgezinst werden müssen.

[964] Siehe Diskussion in Kapitel 5.2.2.a.

[965] Art. 667 Abs. 1 OR.

[966] Vgl. Böckli (1996) N 1027.

[967] FER 5 Ziff. 2.

[968] IAS 25 par. 55.

214

In unserem Zahlenbeispiel nehmen wir an, dass die ausgewiesenen Buchwerte in etwa den Marktwerten der Wertschriften entsprechen.

6.2.5. Drittverbindlichkeiten

Als letztes Element zur Berechnung des Marktwertes des Eigenkapitals sind die Marktwerte aller Verbindlichkeiten gegenüber *Dritten*[969] zu berücksichtigen. Das folgende Schema hilft, sich bei der Ermittlung der Verbindlichkeiten zurechtzufinden:

Drittverbindlichkeiten	Kurzfristig	Mittel- und langfristig
Zinstragend	• Bankdarlehen • Anleihen • Passivierte Leasingverbindlichkeiten • Verbindlichkeiten der nicht aktivierten Operating-Leasing und Mietobjekte (nur falls in den NOA berücksichtigt)	
Nicht zinstragend[970]	*Kein* Handlungsbedarf (wurden schon in den NOA berücksichtigt[971])	Problembereiche: • Minderheitsanteile • Rückstellungen im allgemeinen • Pensionsrückstellungen • Rückstellung latente Steuern

Abb. 6-15: Raster zur Gliederung von Drittverbindlichkeiten

a) Zinstragende Drittverbindlichkeiten

Im Normalfall bietet die Bewertung der explizit zinstragenden Positionen wenig Probleme. Grundsätzlich können Nominalwerte aus der Bilanz übernommen werden.[972] Jedoch ist vor allem bei starken Schwankungen des Zinsumfeldes zu berücksichtigen, dass der Nominalwert und der zu bezahlende Zins die Situation zum Zeitpunkt der Kreditaufnahme und nicht die aktuell im Kapitalmarkt geltenden Werte widerspiegelt. Vor allem bei Fremdkapitalien mit langen Laufzeiten kommt dieser Effekt zum Tragen. Zur Korrektur bieten sich Marktwerte an, wie

---

[969] Also allen Nichtaktionären der Gesellschaft.
[970] In dem Sinne, als keine gesonderten Zinszahlungen erfasst werden.
[971] Siehe Kapitel 5.2.4.
[972] Vgl. auch Stewart (1991) 744.

sie entweder im publizierten Jahresbericht[973] oder, bei kotierten Wertpapieren, im Kursblatt ersichtlich sind. Falls Marktwerte nicht verfügbar sind, können die vereinbarten Zins- und Tilgungszahlungen mit *aktuellen* Zinssätzen zu einem Gegenwartswert abgezinst werden.[974]

In unserem Beispiel übernehmen wir die Buchwerte des zinstragenden Fremdkapitals im Betrage von CHF 5'836m.

Neben den zinstragenden Verbindlichkeiten sind die nicht aktivierten Leasing- und Mietverbindlichkeiten, welche unter Umständen als Bestandteil des betrieblichen Vermögens NOA berücksichtigt worden sind[975], als Drittverbindlichkeit zu behandeln. So wird in unserem Beispiel ein Betrag von CHF 403m in Abzug gebracht (siehe auch Abb. 5-7).

b) Minderheitsanteile am Eigenkapital

Minderheitsanteile am konsolidierten Eigenkapital[976] figurieren als gesonderter Posten in der Bilanz.[977] „Ihre Rechtsnatur ist nicht klar zuteilbar. Aus diesem Grunde wird in der Mehrzahl der Fälle der Anteil am Konzernkapital unter den Passiven zwischen dem Fremd- und Eigenkapital [...] ausgewiesen."[978] Stewart qualifiziert die Minderheitsbeteiligten als aussenstehende Gläubiger und lehnt sich so der *Interessentheorie*[979] an. Aus der Sicht des Aktionärs der Muttergesellschaft scheint dieses Vorgehen auch gerechtfertigt. Für ihn ist entscheidend „wieviel Dividenden- oder andere Ausschüttungen er aus dem Konzern

---

[973] Im Gegensatz zu IAS und FER verlangt US-GAAP die Angabe von Marktwerten des Fremdkapitals (siehe Bertschinger (1995) 275).

[974] Dazu umfassend Copeland/Koller/Murrin (1994) 243ff.

[975] Siehe Kapitel 5.2.3.

[976] „Ein Minderheitsanteil ist der Teil am Unternehmensgewinn und an den Nettovermögenswerten einer Tochtergesellschaft, welcher nicht direkt oder indirekt dem Anteil der Muttergesellschaft zuzurechnen ist" (STG-C&L (1995b) 143). „A minority interest occurs when a third party owns some percentage of one of the company's consolidated subsidiaries" (Copeland/Koller/Murrin (1994) 176).

[977] Zenhäusern/Bertschinger (1993) 140.

[978] Zenhäusern/Bertschinger (1993) 238.

[979] Als Gegensatz zur *Einheitstheorie*, die den Minderheitsgesellschaftern die Rolle von „Mitunternehmern" zubilligt und deren Anteile zum Eigenkapital des Konzerns rechnet (Zenhäusern/Bertschinger (1993) 238).

[tatsächlich] beziehen kann."[980] Der Anteil an Grundkapital und Reserven der konsolidierten Tochtergesellschaft wird daher als Fremdkapital eingestuft und so bei der Unternehmensbewertung als Drittverbindlichkeit behandelt.[981] In unserem Beispiel betragen die Minderheitsanteile am Eigenkapital Ende 1995 CHF 862m.

c) Rückstellungen im allgemeinen

Üblicherweise wird von den Rechnungslegungsstandards der separate Ausweis der *Rückstellungen*[982] verlangt.[983] „Im Gegensatz zu den *Reserven*, die zur Stärkung des Unternehmens im Hinblick auf *irgendwelche* künftige, noch unbekannte Herausforderungen gebildet werden, dienen Rückstellungen der Abdeckung *konkret erwarteter oder drohender* Verpflichtungen, von Schulden, die wegen der Ungewissheit ihres Bestehens oder ihrer Höhe noch nicht endgültig als Verbindlichkeiten passiviert werden."[984]

Die Beurteilung von Rückstellungen zur Unternehmensbewertung gestaltet sich deshalb so schwierig, weil die Rückstellungen sowohl den Charakter von *Verbindlichkeiten* als auch denjenigen von *Reserven* in sich tragen. Je nach Informationsstand und Optik des Bewerters wird er einzelne Positionen als Verbindlichkeit, also Fremdkapital deklarieren, andere hingegen als Reserven einschätzen und dem Eigenkapital zurechnen.

Den fliessenden Übergang zwischen Verbindlichkeit und Reserve zeigt anschaulich die Regelung von Art. 669 Abs. 3 OR im Rahmen der Möglichkeit zur Bildung von stillen Reserven[985]: „Der Verwaltungsrat darf [...] davon absehen,

---

[980] Vgl. Bertschinger (1992a) 87.

[981] Zur Berechnung der Minderheitsanteile im weiteren Schäfer (1982) 65ff.

[982] Nicht zu verwechseln mit *Rücklagen* oder *Reserven*. Beide sind Bestandteile des Eigenkapitals.

[983] IAS 5 par. 16: „The significant items included in other liabilities and in provisions and accruals should be separately disclosed"; FER 7 Ziff. 2; auch das Aktienrecht mit Art. 663a Abs. 3 OR. Zur Behandlung der Rückstellungen unter US-GAAP siehe unter anderem Kupsch (1995) 101ff.

[984] Forstmoser/Meier-Hayoz/Nobel (1996) par. 49 N 65; Für Böckli (1996) N 1054 sind Rückstellungen „rein 'interne' Vorgänge, Wissens- und Willensakte der Unternehmensleitung, die allerdings aufgrund pflichtgemässen Ermessens zustandekommen müssen. Sie entsprechen dem Vorsichts- und dem Stetigkeitsprinzip und müssen sachlich begründet sein."

[985] Siehe dazu Kapitel 5.2.6.e.

überflüssig gewordene Rückstellungen aufzulösen." Somit wechselt diese Position auf einem Schlag den Status und wird von einer Verbindlichkeit (Fremdkapital) zur Reserve (Eigenkapital).

Vor allem aus externer Sicht ist es eine der schwierigsten Aufgaben, die Rückstellungspositionen in ihrem Charakter richtig einzuschätzen. Das *true and fair view*-Testat ist an dieser Stelle besonders hilfreich. Bei einer Rechnung, welche die tatsächlichen Verhältnisse widerspiegelt, kann grundsätzlich davon ausgegangen werden, dass die Rückstellungen primär den Charakter von Verpflichtungen haben und dementsprechend als relevante Drittverbindlichkeit angesehen werden können.[986] In unserem Beispiel betrugen die sonstigen Rückstellungen Ende 1995 CHF 1'743m.

d) Pensionsrückstellungen

„Pensionsrückstellungen stellen bilanzielle Vorsorgen für Ausgaben dar, die aufgrund von erteilten Zusagen in Zukunft noch an Arbeitnehmer zu leisten sein werden."[987] 1994 haben zwei Drittel der untersuchten Gesellschaften[988] Rückstellungen für Personalvorsorge ausgewiesen.

Für die Unternehmensbewertung ist wesentlich, ob die ausgewiesene Position den tatsächlich zu erwartenden Verpflichtungen entspricht. Wird mehr als die zukünftig absehbare Leistung zurückgestellt, haben die Pensionsrückstellungen den Charakter stiller Reserven, im umgekehrten Fall entsprechen sie einer stillen Last.

Die in der Schweiz geforderte rechtliche Selbständigkeit der Personalvorsorgeeinrichtung entlastet weitgehend die Bilanz der Unternehmung von Pensionsverpflichtungen.[989] Der vom Aktienrecht verlangte separate Ausweis der Verbind-

---

[986] In den USA ist die Verpflichtung zur Bildung von Rückstellungen wesentlich geringer als beispielsweise in Deutschland (Beatge/Ross (1995) 39).

[987] Burger/Schellberg (1995) 567.

[988] Arthur Andersen (1995) 48.

[989] Vgl. Marty (1995) 281.

lichkeiten gegenüber Vorsorgeeinrichtungen im Anhang[990] hat meist den Charakter einer Kontokorrentschuld gegenüber dem jeweiligen Vorsorgeinstitut.[991] Falls vom Unternehmen gegenüber seinen Arbeitnehmern keine direkten Vorsorgeverpflichtungen bestehen und für laufend anfallende Verpflichtungen, wie z.B. für nicht bezogene Ferien oder Überzeit, Rückstellungen (bzw. transitorische Passiven) gebildet wurden[992], kann ohne weiteres davon ausgegangen werden, dass keine stillen Lasten im Zusammenhang mit der Personalvorsorge existieren.

Schwieriger ist diese Einschätzung bei international tätigen Konzernen. Dort stellen die ausgewiesenen Pensionsverpflichtungen grösstenteils nicht eine Kontokorrentschuld gegenüber einem Vorsorgeinstitut dar, sondern entsprechen einer Schuld gegenüber den eigenen Mitarbeitern. Diese Schuld bemisst sich anhand der erwarteten geldlichen Verpflichtungen aus der Zusage von Vorsorgeleistungen. Die (Barwert-)Berechnung dieser Schuld richtet sich nach den Vorschriften des jeweiligen Rechnungslegungsstandards.[993] Da solche Berechnungen umfassende Informationen benötigen, sehr umfangreich und auch versicherungstechnisch anspruchsvoll sind, ist es aus externer Sicht (fast) nicht möglich, die Angemessenheit der Rückstellungshöhe zuverlässig einzuschätzen. Der Outsider ist darauf angewiesen, dass (im Sinne des true and fair view-Testats) die publizierten Daten die tatsächliche wirtschaftliche Situation des Unternehmens widerspiegelt und mit keinen stillen Lasten (resp. Reserven) zu rechnen ist.

In unserem Beispiel übernehmen wir den Buchwert der Pensionsrückstellungen per Ende 1995 von CHF 733m.

---

[990] Art. 663b Ziff. 5 OR.

[991] Vgl. Böckli (1996) N 949.

[992] Dazu Bertschinger (1994a) 336: „Spätestens bei der Entlassung zeigen sich die Folgen einer Nichtpassivierung, wenn die Beträge bar ausgezahlt werden müssen."

[993] IAS 19 (revised) ist per 1.1.95 in Kraft getreten. Das IASC plant diesen Standard erneut zu revidieren. Im September 1996 soll dazu das Exposure Draft der *Retirement Benefit Costs* erscheinen (vgl. IASC (1995b)). Zu den einzelnen Berechnungen siehe auch Suter (1995) 289ff.
US-GAAP: Als Überblick Price Waterhouse (1994b) 42ff.; zu den einzelnen Berechnungen Marty (1995) 281ff.
FER 16: Pensionsverpflichtungen ist in Vorbereitung.

e) Behandlung von Rückstellungen für latente Steuern

„Latente Steuern oder Deferred taxes können bezeichnet werden als die zur korrekten Periodenabgrenzung der Ertragssteuern im Jahresabschluss berücksichtigten temporären Steueraufwandsdifferenzen. Die latente Steuerabgrenzung korrigiert sowohl in der Entstehungs- als auch in der Kompensationsperiode den im handelsrechtlichen Abschluss ausgewiesenen Ertragssteueraufwand, erreicht dadurch einen adäquaten Ausweis der Relation zwischen ausgewiesenem Ergebnis und Steueraufwand und führt letztlich zu periodengerechten Ergebnisaussagen."[994] Der Ausweis von latenten Steuern wird auf internationaler Ebene gefordert.[995] 77% der untersuchten Unternehmen[996] weisen in ihrem Konzernabschluss 1994 Rückstellungen für latente Steuern aus. Sie stellen meist einen massgeblichen Teil des Fremdkapitals dar und sind somit für die Behandlung als wesentlich einzustufen.[997]

Rückstellungen für latente Steuern dürfen nicht verwechselt werden mit den Rückstellungen für die laufenden Steuern[998] und sollten von diesen auch separiert ausgewiesen werden: „Trotz der Empfehlungen im Revisionshandbuch, wonach Steuern nach der wirtschaftlichen Verursachung und nicht nach der Fälligkeit zu erfassen sind, wurde im Einzelabschluss und teilweise in Konzernabschlüssen toleriert, dass lediglich die geschuldeten Steuern zurückgestellt wurden."[999] Auch

---

[994] Zenhäusern/Bertschinger (1993) 312.
„Latente Steuern werden verbucht, um den Einfluss von Zeitunterschieden zu beseitigen, die durch Ertrags- oder Aufwandskosten entstehen, welche buchhalterisch in einer Periode einbezogen werden, für steuerliche Zwecke jedoch in einer anderen Periode zu berücksichtigen sind" (Nestlé (Geschäftsbericht) 1995 50). „Diese Abweichungen entstehen vor allem durch die Anwendung von steuerlich zugelassenen degressiven Abschreibungsmethoden und Reservebildung auf Vorräten" (Alusuisse (Geschäftsbericht) 1995 53).

[995] Bertschinger (1992a) 88: „Es ist nicht möglich, eine Bestätigung über True and Fair View abzugeben, ohne dass latente Steuern berücksichtigt werden"; IAS 12 bzw. Exposure Draft E49; FER 11.

[996] Arthur Andersen (1995) 48.

[997] „Die Berücksichtigung der Steuern bedarf besonderer Sorgfalt, da sie sich aufgrund ihres grossen Umfanges in der Regel massiv auf den Unternehmenswert auswirken" (Knüsel (1995) 623).

[998] Zählen zu den nicht zinstragenden kurzfristigen Verbindlichkeiten. Siehe Kapitel 5.2.4.

[999] Williams (1995) 975.

FER 11 Ziff. 1 weist auf die unterschiedliche Behandlung der laufenden und latenten Ertragssteuern hin.

Im folgenden wird kurz auf die Entstehung, die Berechnung und den Ausweis latenter Steuern eingegangen und anschliessend deren Behandlung im Economic Model beleuchtet:

- *Entstehung:* „Ob eine latente Steuerabgrenzung vorzunehmen ist, hängt ab von der zeitlichen Limitierung der Steuerabweichungen."[1000] Zeitliche Differenzen zwischen Steuer- und Konzernabschluss werden nach Zenhäusern/Bertschinger (1993) in zeitlich *begrenzte*[1001], *unbegrenzte*[1002], und *quasi unbegrenzte*[1003] Differenzen aufgeteilt. Für unbegrenzte zeitliche Differenzen werden *keine* latenten Steuern berechnet. Für quasi unbegrenzte und begrenzte zeitliche Differenzen müssen grundsätzlich[1004] latente Steuern berechnet werden.

Dabei wird die Unterscheidung gemacht, ob *alle* Differenzen *(comprehensive method)* oder nur jene Differenzen zu berücksichtigen sind, bei welchen davon ausgegangen werden kann, dass „die Steuerzahlung als Folge der zukünftigen Aufhebung von bestehenden zeitlichen Unterschieden innerhalb der nächsten 3 bis 5 Jahre fällig wird"[1005] *(partial method).* FER schreibt die comprehensive

---

[1000] Zenhäusern/Bertschinger (1993) 313.

[1001] *Timing* oder *Temporary differences:* Unterschiede im Zeitpunkt von steuerlicher und handelsrechtlicher Berücksichtigung von Aufwänden und Erträgen: z.B. Bewertungsunterschiede aufgrund der Verwendung der degressiven Abschreibungsmethode zur Erstellung der Steuerbilanz, und der linearen Methode bei der Konzernbilanz.

[1002] *Permanent differences:* „Aufwendungen oder Erträge werden entweder nur in der Steuer oder in der Konzern- bzw. Handelsbilanz erfasst, z.B. steuerfreie Erträge oder steuerlich nicht anerkannte Aufwendungen" (Zenhäusern/Bertschinger (1993) 314).

[1003] Diese heben sich zwar im Zeitablauf auf, die Realisierung liegt jedoch in weiter Zukunft (im Extremfall bei der Liquidation der Unternehmung).

[1004] Ausnahmen bilden unter anderem Bewertungsdifferenzen auf (1) nicht ausgeschütteter Gewinnen von Konzerngesellschaften und assoziierten Gesellschaften, (2) Goodwill, sofern die Abschreibung steuerlich nicht anerkannt ist, (3) (bei FER) steuerlich nicht wirksamen Aufwertungen von Anlagen (z.B. bei Nestlé (Geschäftsbericht) 1995 61 „Differenz zwischen Buch- und Wiederbeschaffungswerten"); siehe dazu FER 11 Ziff. 18; IAS 12 par. 51ff., IAS E49 par. 26 und 41.

[1005] Holderbank (Geschäftsbericht) 1995 67.

method vor, IAS lässt (in der aktuellen Fassung) die Wahl zwischen den beiden Methoden.[1006]

Wie die Beispiele von Holderbank[1007] und Nestlé[1008] zeigen, können die Differenzen zwischen den Systemen Partial-Liability- und Comprehensive-Liability-Methode zu markanten Unterschieden im Bilanzbild führen.

- *Berechnung (Wahl des Steuersatzes):* Die Verwendung des in der Schweiz üblichen halben Steuersatzes[1009] ist nach IAS und US-GAAP sowie FER nicht erlaubt. Obschon der halbe Steuersatz einen Diskontierungseffekt (zumindest teilweise) berücksichtigen würde[1010], verlangen internationale Standards die Verwendung von vollen Steuersätzen. Dabei bestimmt sich der anzuwendende Steuersatz nach der Methode der periodengerechten Zuteilung der Ertragssteuer. Steht der Ausweis einer betriebswirtschaftlich richtigen Bilanz im Vordergrund, verwendet man die *zu erwartenden*[1011] Steuersätze *(Liability Methode)*. Ist umgekehrt der Ausweis einer betriebswirtschaftlich stimmigen Erfolgsrechnung prioritär, so sind die *aktuellen* Steuersätze massgebend *(Deferral Methode)*.[1012] Aktuell lässt IAS 12 die Wahl zwischen diesen beiden Metho-

---

[1006] FER 11 Ziff. 22; IAS 12 par. 43; IAS E49 sieht die *comprehensive method* als Standard vor.
In Arthur Andersen (1995) 51 geben 31% der Unternehmen an, die *comprehensive method* anzuwenden, 10% die *partial method*. Die restlichen machen diesbezüglich keine Angaben.

[1007] Holderbank (Geschäftsbericht) 1995 69: Rückstellung latente Steuern nach Partial-Liability-Methode CHF 278m und nach Comprehensive-Liability-Methode CHF 837m.

[1008] Nestlé (Geschäftsbericht) 1995 60: Rückstellung latente Steuern nach Partial-Liability-Methode CHF 138m und nach Comprehensive-Liability-Methode CHF 1'832m.

[1009] Vgl. Helbling (1995a) 293ff.

[1010] Dazu Helbling (1995a) 293: „Unbestrittenermassen ist es falsch, die ganze Steuerlast (zum maximalen Steuersatz) sofort als Rückstellung einzusetzen, da die Steuern zurzeit noch gar nicht fällig sind."

[1011] IAS E49 par. 51: „based on tax rates that have been enacted or substantively enacted".

[1012] „Die Deferral-Methode richtet ihr Augenmerk auf den periodengerechten Ausweis des Steueraufwandes in der Erfolgsrechnung. [...] Die Liability-Methode ist bilanzorientiert und interpretiert die latenten Steuerbeträge als Steuerverbindlichkeiten, die mit ihrem Rückzahlungsbetrag bilanziert werden müssen" (Zenhäusern/Bertschinger (1993) 317).
Dazu Price Waterhouse (1994a) 37: „Under the *balance sheet approach* the temporary differences are the differences between the tax and the book bases of assets and liabilities; the deferred tax expense is the change during the period in deferred tax liabilities and assets. [...] This approach contrasts with the *income statement approach* [...] where timing differences are differences between taxable and accounting income" (Hervorhebungen durch den Verfasser).

den, jedoch ist zu erwarten, dass eine Anpassung an US-GAAP (Liability Methode) stattfinden wird.[1013] FER 11 schreibt die Liability-Methode vor. Nicht zuletzt wegen der Schwierigkeiten, die zukünftigen Steuersätze zu bestimmen, haben „vielfach schweizerische Konzerne diesen Betrag als Durchschnittswert auf 30% festgesetzt."[1014]

- *Offenlegung:* Der Ausweis der berechneten Steuerschuld bzw. -guthaben hat nach IAS und FER separiert zu geschehen.[1015] Dabei ist nach FER die Verrechnung zwischen aktiven und passiven latenten Ertragssteuern nur gestattet, „soweit sie das gleiche Steuersubjekt betreffen."[1016] Zudem dürfen aktive latente Steuern nur ausgewiesen werden, wenn es wahrscheinlich ist, dass sie tatsächlich realisiert werden können.[1017]

Da in den USA die Comprehensive-Methode (also Berücksichtigung aller zeitlicher Differenzen) vorgeschrieben ist, weisen die Unternehmen teils Rückstellungen aus, die nach Stewarts Ansicht eher einer *Reserve* als einer *Verpflichtung* entsprechen.[1018] Er geht davon aus, dass Unternehmen unter der Annahme des Fortführungsprinzips die Rückstellungen für latente Steuern stetig erhöhen, *de facto* aber nie zahlen werden müssen: „Because the shareholders in a going concern do not expect it ever to be repaid, the company's deferred tax reserve is properly considered to be the equivalent of common equity and thus a meaning-

---

[1013] IAS E49.

[1014] Bertschinger (1994a) 336.

[1015] IAS E49 par. 61: „Tax assets and liabilities should be presented separately from other assets and liabilities in the balance sheet. Deferred tax assets and liabilities should be distinguished from assets and liabilities arising from current tax expense."
FER 11 Ziff. 7.

[1016] FER 11 Ziff. 5; auch IAS E49 par.63: „Tax assets and tax liabilities should not be offset unless they relate to income taxes levied by the same taxation authorities."

[1017] So dürfen nach FER 11 Ziff. 26 aktive latente Steuern auf Verlustvorträgen nur dann bilanziert werden, „wenn wahrscheinlich ist, dass sie in Zukunft durch genügend steuerliche Gewinne realisiert werden können"; auch IAS E49 par. 37: „A deferred tax asset should be recognized for the carryforward of unused tax losses and unused tax credits to the extent it is probable that future taxable profit will be available against which the deferred tax asset can be utilized."

[1018] Stewart (1991) 33; „[Deferred tax] represents a reserve of cash on which the firm is expected to earn an adequate return" (Stern (1994a) 48).

less accounting segregation from net worth."[1019] Im speziellen trifft dies bei wachsenden Unternehmen zu: „For growing companies, deferred income tax accounts are likely to accumulate to enormous amounts that will never diminish unless the company discontinues the replacement of old facilities used in its operations."[1020] Auch kann bei der Verwendung der Partial-Liability-Methode, welche nur die für die nächsten Jahre tatsächlich erwarteten Steuerschulden bzw. -forderungen bilanziert, eine analoge Entwicklung beobachtet werden.[1021]

Die latente Steuerschuld gleicht nach Stewart einer Zahlungsverpflichtung mit einem unendlich in der Zukunft liegenden Erfüllungsdatum. Eine Schuld mit einer *unendlichen* Dauer hat jedoch einen Gegenwartswert von null. Sie hat somit den Charakter einer Verpflichtung verloren und entspricht mehr einer Reserve. Folglich werden die latenten Steuerschulden bei der Unternehmensbewertung nicht als Drittverbindlichkeit betrachtet.[1022]

Analog kann für die latenten Steuerforderungen argumentiert werden. Latente Steuerforderungen, welche (aus Sicht des gesamten Konzerns) de facto erst in weiter Zukunft realisiert werden, haben ebenfalls einen Barwert von null. Aus diesem Grund werden die aktiven latenten Steuern nicht als betrieblich gebundenes Vermögen betrachtet und bei der Berechnung der NOA nicht berücksichtigt.[1023]

[1019] Stewart (1991) 33. Ähnlich Zenhäusern/Bertschinger (1993) 314: „Eine latente Steuerabgrenzung für Differenzen, die sich erst im Liquiditätsfall kompensieren, widerspricht dem Going-concern-Grundsatz."

[1020] Horngren/Sundem (1987) 592.

[1021] Z.B. nahm bei Holderbank die Rückstellung für latente Steuern (berechnet nach Partial-Liability-Methode) von CHF 229m (1991) auf CHF278m (1995) zu.

[1022] Dazu auch Copeland/Koller/Murrin (1994) 162: „Deferred income taxes are quasi-equity account. For accounting purposes, they are treated like a liability. For economic analysis, they are more like equity. Until the taxes are paid to the government, the funds belong to the shareholders, and the shareholders expect to earn a return on these funds."

[1023] Siehe Kapitel 5.2.5.

6.3. Bewertungsergebnisse für Schweizer Publikumsgesellschaften

Analog dem in diesem Kapitel geschilderten Vorgehen zur Unternehmensbewertung der Beispiel-AG (siehe Abb. 6-7) soll nun eine Anwendung auf eine Auswahl Schweizer Publikumsgesellschaften erfolgen.[1024]

Die dazu notwendigen Elemente (1) MVA ex ante, (2) NOA, (3) nicht betriebliches Vermögen und (4) Drittverbindlichkeiten wurden zu drei Elementen zusammengefasst, indem (3) und (4) zur „Nettoschuld" addiert wurden. Die Nettoschuld umfasst beispielsweise Wertschriften, verzinsliches Fremdkapital, sonstige Verbindlichkeiten und Minderheitsanteile am Eigenkapital.

Abb. 6-16 zeigt das Untersuchungsergebnis der 15 Unternehmen mit den grössten Bewertungsunterschieden zum Aktienmarkt. Im Anhang ist das gesamte Untersuchungsergebnis wiedergegeben.[1025]

[1024] Siehe Ausführungen Kapitel 1.5. und Liste der Unternehmen im Anhang Abb. 10-20. Zu den Berechnungsmodalitäten siehe Kapitel 1.5.4.
[1025] Siehe Anhang 10.2.2.b.

Unternehmen	MVA ex ante Ende 1995 (CHFm)	NOA Ende 1995 (CHFm)	Netto-schuld (CHFm)	Kapitalisierung theoretisch (CHFm)	Kapitalisierung tatsächlich (CHFm)	Bewertungs-potential	Rang
Bucher	542	278	134	954	279	242%	1
Interdiscount	498	744	-566	676	216	214%	2
Feldschlösschen	-678	1'466	629	1'416	466	204%	3
Zehnder	404	195	-68	531	189	181%	4
Prodega	140	250	-154	236	86	175%	5
Fuchs Petrolub	238	506	-219	525	195	169%	6
Schweizerhall	360	227	-88	499	192	160%	7
ABB AG[1026]	26'146	8'636	-6'111	28'671	11'531	149%	8
Edipresse	677	332	-195	814	332	145%	9
Gurit-Heberlein	397	390	-239	547	238	130%	10
Holderbank	4'844	10'864	-4'101	11'607	5'117	127%	11
Richemont[1027]	10'689	8'955	2'573	22'217	9'934	124%	12
SIG	736	945	-185	1'495	703	113%	13
Loeb	3	226	-22	207	100	107%	14
Sarna	284	250	53	587	300	96%	15

Abb. 6-16: Bewertungsergebnisse Schweizer Publikumsgesellschaften per Ende 1995[1028]

Die Addition der drei Elemente MVA ex ante, NOA und Nettoschuld ergibt die theoretische Kapitalisierung zum Bewertungszeitpunkt per Ende 1995. Diese, ausgedrückt in Prozent der tatsächlichen Kapitalisierung des Eigenkapitals, zeigt einen theoretischen Bewertungsunterschied des Eigenkapitals.[1029]

Die so ermittelten theoretischen Marktwerte des Eigenkapitals können aus folgenden Gründen nur *bedingt* mit der tatsächlichen Marktkapitalisierung verglichen werden:

[1026] An der Generalversammlung der BBC Brown Boveri AG vom 2. Mai 1996 wurde die Namensänderung in ABB AG beschlossen (siehe auch Finanz und Wirtschaft (1996e) 2).

[1027] Ebenfalls in Schweizer Franken. Zu den Berechnungsgrundlagen siehe Anhang Kapitel 1.5. und 10.2.

[1028] Wie in Kapitel 1.5.2. erwähnt, basieren diese Daten auf dem Wissensstand der Finanzanalysten per Ende März 1996.

[1029] Wichtig ist noch der Hinweis, dass diese Bewertungsergebnisse in *keinem* Zusammenhang mit den Aktienempfehlungen von SBC Warburg in Verbindung stehen. Siehe auch Ausführungen in Kapitel 1.5.2.

1. Der Aktienkurs berücksichtigt eine *Vielzahl von Grössen,* die aus analytischer Sicht nur schwer trennbar sind und in einer Bewertungsrechnung nur schwer in ihrer Gesamtheit nicht erfasst werden können.[1030]

2. Der Aktienmarkt weist in der Schweiz für zahlreiche Aktientitel nur eine *geringe Markteffizienz* auf.[1031]

3. Bei grosszahligen Anwendungen von Unternehmensbewertungsmethoden gehen die *Berücksichtigung branchen- und unternehmensspezifischer Gegebenheiten* verloren. Auch Röttger zweifelt an der Durchführbarkeit von aussagekräftigen, breit angelegten Unternehmensbewertungen und bemerkt, dass sich im Schrifttum keine praktischen Beispiele dazu finden liessen.[1032]

In diesem Sinne soll nochmals betont werden, dass die hier errechneten Bewertungsdifferenzen zwar als Indikation für mögliche interessante, d.h. noch im Detail zu überprüfende Unter- oder Überbewertungen[1033] dienen können. Doch wäre es nicht vertretbar, die berechneten Werte der Eigenkapitalien unreflektiert als einziges Investitionskriterium zu verwenden.[1034]

6.4. Bewertung der Beispiel-AG mittels der DCF-Methode

In der vorliegenden Arbeit wurden die EVA- und die DCF-Methode als gleichwertige Bewertungsansätze vorgestellt.[1035] Der direkte Vergleich soll nun nochmals durch die Bewertung der Beispiel-AG auf der Basis diskontierter freier Cash Flows dargestellt werden.

[1030] Siehe Kapitel 2.3.3.

[1031] Siehe dazu Kapitel 5.4.2.b.i. und 7.1.1. Dazu auch Sach (1993) 21: „Offen ist jedoch, ob die Aktienkurse immer die fundamentalen Werte der Unternehmung widerspiegeln oder nicht."

[1032] „Zur Performance-Messung von bestehenden Unternehmen, deren Fortbestand i.d.R. auf unbestimmte Zeit anzunehmen ist, eignet sich die Kapitalwertmethode jedoch nicht, da eine auch nur annähernd objektivierbare Zukunftsplanung für mehrere hundert Unternehmen zur Zeit nicht durchführbar ist. Ausserdem ist eine über wenige pauschale Annahmen hinausgehende Zukunftsplanung ohne Verwendung unternehmensinternen Datenmaterials nicht darstellbar. Letztlich würde sich die Wertfindung überwiegend nach subjektiven Schätzgrössen richten" (Röttger (1994) 6).

[1033] Oder falscher Prognosedaten.

[1034] Siehe dazu auch Ergebnisse bei Stalder (1995) 38ff.

[1035] Siehe auch Vergleich in Kapitel 6.1.3.c.

Die EVA- und die DCF-Methode liefern das gleiche Resultat, wenn *identisches Datenmaterial* für die Rechnungen verwendet wird. Identisch heisst in diesem Fall, dass die selben Bilanzen, Erfolgsrechnungen, buchhalterischen Adjustierungen, sowie Diskontierungsfaktoren zugrunde gelegt werden. Zudem sind die folgenden Punkte bei einem direkten Vergleich der beiden Bewertungsmethoden zu beachten:

1. Der freie Cash Flow (FCF) versteht sich als operativer Cash Flow nach Steuern und nach Investitionsausgaben und berechnet sich auf der Basis des adjustierten betrieblichen Gewinnes (NOPAT):[1036]

   FCF = NOPAT + Abschreibungen - Bruttoinvestitionen

   FCF = NOPAT - Nettoinvestitionen

2. Die Nettoinvestitionen eines Jahres entsprechen der jährlichen Änderung des betrieblich investierten Vermögens (NOA), gemessen zu Beginn der jeweiligen Periode:[1037]

   Nettoinvestitionen = NOA (Beginn) - NOA (Beginn Vorperiode)

3. Die Nettoinvestitionen *nach* dem expliziten Prognosehorizont betragen null:[1038]

   Nettoinvestition (nach explizitem Prognosehorizont) = 0

Mit diesen Entsprechungen lässt sich die DCF-Bewertung der Beispiel-AG folgendermassen darstellen:

[1036] Gleiches Vorgehen durch Copeland/Koller/Murrin (1994) 169. Zur Berechnung des NOPAT siehe Kapitel 5.3.

[1037] Das in der Bilanz zu Buchwerten ausgewiesene Vermögen versteht sich *nach* Abschreibungen. Aus diesem Grund entspricht die jährliche Änderung der NOA direkt der jährlichen Nettoinvestition. Zur Berechnung der NOA siehe Kapitel 5.2. Siehe dazu auch Ausführungen bei Copeland/Koller/Murrin (1994) 155ff.

[1038] Siehe dazu ausführlich die Erklärung in Kapitel 6.1.3.c.

Unternehmensbewertung anhand der DCF-Methode (in CHFm)	1995	1996	1997	1998	1999	2000	2000+
NOPAT (Abb. 10-14)		2'202	2'589	2'851	3'117	3'410	3'410
- Nettoinvestitionen in NOA (Abb. 10-9)		-747	-1'463	-1'639	-1'810	-1'998	-
Betrieblicher freier Cash Flow (FCF)		1'455	1'127	1'212	1'307	1'412	3'410
Restwert nach 2000 (ohne Wachstum)							56'862
Diskontfaktor		0.943	0.890	0.840	0.792	0.747	0.747
Diskontierte FCF		1'373	1'003	1'018	1'035	1'055	42'496
Wert der betrieblichen Tätigkeit (Summe)	47'980						
+ Wertschriften	10'250						
+ Anlagen im Bau	1'479						
+ Andere nichtbetriebliche Aktiven	220						
Gesamtwert der Unternehmung	59'929						
- Darlehen	-5'836						
- Nichtbilanzierte Leasingverbindlichkeiten	-403						
- Minderheitsanteile	-862						
- Pensionsrückstellungen	-733						
- Sonstige Rückstellungen	-1'743						
Wert des Eigenkapitals mit DCF-Methode	50'353						
Marktkapitalisierung tatsächlich	43'781						
Theoretisches "Kurspotential"	15%						

Abb. 6-17: Bewertung der Beispiel AG unter Anwendung der DCF-Methode

Der Restwert zu Beginn des Jahres 2001 wird als kapitalisierter freier Cash Flow des Jahres 2001 berechnet (Kapitalisierungssatz 6%). Er wird wie die anderen FCF auf den Bewertungszeitpunkt (Ende 1995) diskontiert. Die Summe aller diskontierten betrieblichen freien Cash Flows ist dann gleich dem Wert der betrieblichen Tätigkeit per Ende 1995 (CHF 47'980m).[1039]

Entsprechend der weiter oben dargestellten Grundform der kapitalmarktorientierten Unternehmensbewertung,[1040] lässt sich anschliessend ein theoretischer Wert des im Unternehmen gebundenen Eigenkapitals berechnen. Zu diesem Zweck wird das nicht betriebsnotwendige Vermögen[1041] zum Wert der betrieblichen Tä-

---

[1039] Dieser stimmt mit dem für EVA berechneten Wert überein (siehe Abb. 6-7).
[1040] Siehe Ausführungen in Kapitel 6.1.1.
[1041] Siehe Kapitel 6.2.4.

tigkeit addiert und die gesamten Drittverbindlichkeiten subtrahiert.[1042] Das Ergebnis erhält man den auf Basis von freien betrieblichen Cash Flows geschätzten Wert des Eigenkapitals (CHF 50'353m). Im Vergleich zum aktuellen Marktwert (CHF 43'781m) ergibt sich so eine theoretische Unterbewertung der Beispiel-AG am Kapitalmarkt von rund 15%.

Dasselbe Resultat wurde auch mit der EVA-Methode errechnet (siehe Abb. 6-7). Bleibt die Frage, welche der beiden Methoden zur Unternehmensbewertung herangezogen werden sollte. Da beide Ansätze bei Verwendung identischen Datenmaterials zu denselben Ergebnissen führen, bleibt es am Ende dem Anwender überlassen, seine bevorzugte Methode zu wählen. Wie weiter oben festgestellt, spricht die Kombination dreier Eigenschaften für eine bevorzugte Verwendung des EVA-Ansatzes gegenüber der DCF-Methode:[1043]

1. Technische Gleichwertigkeit;

2. Einheitliche Sprache für Bewertung und Performancemessung;[1044]

3. Bessere Kommunizierbarkeit.

[1042] Siehe Kapitel 6.2.5.
[1043] Siehe Kapitel 6.1.4.
[1044] Siehe gleich anschliessend Kapitel 7.

7. Einsatz von EVA als Massstab für finanzielle Performance

7.1. Ansätze zur finanziellen Performancemessung

Die finanzielle Performancemessung hat die Beurteilung des Unternehmens auf den finanziellen Erfolg hin zu prüfen.[1045] Die Anwendung finanzieller Performance-Kennzahlen ergibt sich aus dem Bedürfnis sowohl *interner* als auch *externer* Benutzer, eine Erfolgsbeurteilung im Sinne einer *Zielerreichung* oder auch im Sinne eines *Vergleiches* zwischen Unternehmen durchzuführen. Da die Performancemessung definitionsgemäss auf die Messung finanzieller Grössen beschränkt ist, bleiben andere, für den nachhaltigen Erfolg des Unternehmens ebenfalls wichtige Parameter zum voraus aus der Diskussion ausgeklammert.[1046]

Wie festgestellt, beinhaltet der Aktienkurs eine Vielzahl von Grössen, die aus analytischer Sicht nicht ausreichend unterscheidbar und quantifizierbar sind.[1047] So wurde in Abb. 2-3 vorgeschlagen, in der Diskussion der Ansätze zur Messung der finanziellen Performance zwischen Instrumenten *mit* und solchen *ohne* Einbezug *börsenbasierter Aktienpreise* zu unterscheiden.

7.1.1. Performancemessung *mit* Einbezug börsenbasierter Aktienpreise

Aktienkurse haben gegenüber anderen Performance-Zahlen wesentliche Vorteile: Sie sind *täglich* beobachtbar und stellen wegen der Vielzahl von *Anlageentscheidungen* auf dem Aktienmarkt ein gutes Wertbarometer für Unternehmen dar. Auch ist ihre *Ermittlung* und *Auswertung* für den einzelnen Anwender schon so weit fortgeschritten[1048], dass sie sich teilweise direkt als Basis für Investitions-

---

[1045] Vgl. Röttger (1994) 3.

[1046] Z.B. Managementfähigkeiten, Image der Unternehmung, Arbeitsklima, Innovationspotential etc.; siehe auch Aufzählung bei Brand/Bruppacher (1990) 587ff.

[1047] „A company's market value is basically driven by facts, perceptions and expectations. These in turn are determine by three different types of factors: global/external, domestic/internal, and industry/company" (Doerig (1991) 27).

[1048] Z.B. Börsenbriefe, Technische Analysen, PC-unterstützte Börsen-Software etc.

entscheidungen anbieten.[1049] Letztlich ist es auch die Höhe des Aktienkurses, die den Shareholder Value massgeblich bestimmt.[1050]

Die benutzerfreundliche Performancemessung mittels Aktienkursen setzt jedoch einen *effizienten* Kapitalmarkt voraus.[1051] Effiziente Finanzmärkte sind in der Lage, „fundamentale Informationen zu verarbeiten und die unterschiedlichen Erwartungen der Marktteilnehmer zu einem akkuraten Marktpreis zu aggregieren, der gewissermassen die beste Prognose des fundamentalen Wertes einer Unternehmung darstellt."[1052] Dabei geht man üblicherweise davon aus, dass eine hohe Marktliquidität die Effizienz verbessert. Bei liquiden Märkten wird es wegen geringeren Transaktionskosten den Käufern und Verkäufern erleichtert, Marktkontrahenten zu finden, was tendenziell die Volatilität der Märkte und damit das Anlagerisiko für die Investoren reduziert. Dies begünstigt die effiziente Meinungsbildung über den fundamentalen Wert eines Unternehmens.[1053]

Röttger stellt in Anbetracht der unterschiedlichen Marktliquidität der Standard- und Nebenwerte für Deutschland fest, „dass die Performance-Messung anhand der Börsenbewertung nur für eine vergleichsweise geringe Anzahl von Unternehmen zu empfehlen ist."[1054] Mit Blick auf die Umsatzstatistik der Schweizer Börse kann dies ebenfalls auf den Schweizer Aktienmarkt übertragen werden. So machten die Umsätze von 21 (von insgesamt 288) Aktientitel rund drei Viertel des Aktienumsatzes im Jahre 1995 aus.[1055] Die noch vorhandene Unterscheidung

---

[1049] „Die Popularität [der Analyse der Börsenpreisreaktionen] ist einleuchtend, denn die benötigten Daten sind leicht zugänglich, oft schon für eine computerielle Weiterverarbeitung vorbereitet und die anzuwendenden Analysetechniken sind leicht verständlich und einfach in der Umsetzung" (Rechsteiner (1994) 219).

[1050] Siehe Kapitel 2.2. In diesem Sinne auch Stern (1980) 25: „From an investor's standpoint, the only effective measure of corporate performance is the relative change in the market value of his investment in the firm's common shares."

[1051] Gleich Röttger (1994) 8; zu *effizienten* Finanzmärkten und der Abgrenzung zu *perfekten* Finanzmärkten siehe Ausführungen in Kapitel 5.4.2.b.i.

[1052] Ruffner (1995) 245.

[1053] Ruffner (1995) 245. Zu den negativen Effekten hoher Marktliquidität siehe Bhide (1993) 31ff.; Bhide (1994) 129ff.; Meier-Schatz (1985) 76ff.; und auch Ruffner (1995) 261ff.

[1054] Röttger (1994) 8.

[1055] Gesamtumsatz der 21 Aktientitel des SMI in 1995 CHF 269 Milliarden; Gesamtumsatz aller kotierten Schweizer Aktientitel in 1995 CHF 355 Milliarden (Zahlen aus Schweizer Börse (1995b) 1ff.).

der Aktientitel in *permanent* und *nicht permanent* gehandelte Titel verschlechtert die Liquidität in der Schweiz zusätzlich. Mit der Einführung der elektronischen Börse Schweiz (EBS)[1056] werden *alle* kotierten Aktien permanent gehandelt, was mitunter auch die Marktliquidität von Nebenwerten ansteigen lässt.

Doch selbst in den USA, die einen der liquidesten Kapitalmärkte aufweisen, ist die für Anlageentscheide gewünschte Markteffizienz nicht ohne weiteres gegeben und findet nach wie vor ihre Zweifler. So hat z.B. für Warren Buffet der Aktienkurs nur eine beschränkte Informationskraft für seine Anlageentscheide: „Warren Buffet stresses that the critical investment factor is determining the intrinsic value of a business and paying a fair or bargain price. He doesn't care what the general stock market has done recently or will do in the future."[1057] So kommt Keppler (1990) sogar zum Schluss, dass der Anlageerfolg von Buffets Investment-Holding „Berkshire Hathaway" „die der modernen Portfolio-Theorie zugrundeliegende These von der Kapitalmarkteffizienz ad absurdum" führte.[1058]

Neben der weitgehend unbefriedigenden Aussagekraft von Aktienkursen in *engen* Kapitalmärkten[1059] ist nach Boemle eine weitere Verzerrung des Börsenwertes darin zu sehen, dass der Börsenkurs immer einen „Minderheitsaktienpreis" zeigt.[1060] Dies lehnt sich an die Überlegung an, dass an der Börse immer nur ein Bruchteil der gesamten Aktien gehandelt wird und üblicherweise beim Kauf von grossen Aktienpaketen (insbesondere bei Übernahmeinteressen) Zuschläge bzw. Prämien auf den aktuellen Aktienkurs bezahlt werden.[1061]

[1056] Dazu ausführlich Schweizer Börse (1995a) und NZZ (1995c).

[1057] Peter S. Lynch, Vorwort bei Hagstrom (1995).

[1058] Keppler (1990) 611; „Wer im Jahr 1956 10'000 Dollar in Buffet Partnership, Ltd. investiert und den Erlös 1969 in Berkshire Hathaway-Aktien angelegt hätte, besässe heute nach Abzug aller Spesen und Verwaltungsgebühren ein Aktienvermögen von mehr als 25 Millionen Dollar" (a.a.O.). Gemäss dieser Beschreibung betrug die Rendite für die 35 Jahre zwischen 1956 und 1990 rund 25% p.a. (berechnet als geometrisches Mittel).

[1059] So auch Sach (1993) 29, der zum Schluss kommt, dass die kapitalmarktorientierte Führung nur dann sinnvoll ist, „wenn die Kapitalmärkte informationseffizient sind."

[1060] Boemle (1995) 638.

[1061] Prämien liegen in den USA nach Ruffner (1995) 249 bei rund 40%.

Als Instrumente zur Messung der finanziellen Performance unter Verwendung von Aktienkursen können unter anderem erwähnt werden:[1062]

- Market Value Added ex post

- Marktkapitalisierung

- Aktienrendite

- Dividendenrendite

Der Market Value Added ex post, die Marktkapitalisierung und die Aktienrendite werden nachfolgend in Kapitel 7.2. besprochen und miteinander verglichen.

Zur Dividendenrendite: „Die Dividendenrendite gibt an, wie sich das eingesetzte Kapital, gemessen am Kurswert der Aktie, 'verzinst'."[1063] Sie berechnet sich als Quotient zwischen Dividende pro Aktie und Börsenkurs. In der Schweiz beträgt sie rund 2%[1064], in Europa ca. 3%.[1065] Die „traditionelle" Dividendenrendite ist nur noch beschränkt als Performancemass oder als Anlagekriterium aussagekräftig.[1066] Dies unter anderem aus folgenden Gründen:

1. Angesichts des Aufkommens *alternativer Ausschüttungsformen* verliert die traditionelle Dividendenzahlung zunehmend an Bedeutung.[1067]

[1062] Siehe auch Abb. 2-3.

[1063] Drill (1995) 41.

[1064] SBC Warburg (1996) 3.

[1065] SBC Warburg (1995) 4.

[1066] „Über die Bedeutung der Dividende lässt sich also kaum noch streiten: Für private Anleger mag sie noch eine gewisse Rolle spielen, für die tonangebenden institutionellen Investoren ist sie eine Nebensache" (Finanz und Wirtschaft (1994) 19).
Dabei ist zu erwähnen, dass z.B. bei den Pensionskassenverwalter die Dividendenrendite sehr wohl als Bewertungsfaktor herangezogen wird. Vor allem bei einem tiefen Zinsniveau und damit in der Regel bei tiefen jährlichen Zinszahlungen für Fremdkapital, gewinnen Dividendenzahlungen als *realisierte* Finanzerträge (im Gegensatz zu Buchgewinnen) zunehmend an Bedeutung. Siehe dazu auch Finanz und Wirtschaft (1995d) 400.

[1067] Zu den Alternativen zur Ausschüttung von Dividenden siehe als Überblick Kunz (1994) 37: Für Kunz gibt es neben der Dividendenzahlung grundsätzlich *zwei* Möglichkeiten:
(1) *Kapitalerhöhung mit Bezugsrecht:* Dazu zählt er auch Gratis- oder Aktionärsoptionen (z.B. Cash- oder Titeloption, COTO, der Ems-Chemie 1989/90)
(2) *Kapitalherabsetzung* in der Form einer Reduktion des Aktiennennwertes (z.B. Ems-Chemie 1995), Rückkauf eigener Aktien mit Put-Optionen (z.B. Surveillance 1993) oder direkter Rückkauf eigener Aktien (z.B. Ems-Chemie 1993 und 1994)

(Fortsetzung...)

2. Gegenüber Kursgewinnen machen die Dividendenzahlungen nur einen *kleinen Teil des gesamten Shareholder Value*[1068] aus. Dies zeigt deutlich die durchschnittliche Performance des Swiss Performance Index (SPI)[1069] seit Januar 1989 von rund 12% p.a.[1070]

3. Verbesserte *Finanzpublizität* erlaubt es, die zu erwartenden zukünftigen Erfolge besser einzuschätzen, was die Wichtigkeit der jährlichen Dividendenrendite (im Sinne des „realisierten" Aktionärseinkommens) als Bewertungsfaktor in den Hintergrund rücken lässt.[1071]

7.1.2. Performancemessung *ohne* Einbezug börsenbasierter Aktienpreise

Ein Ausklammern des Aktienkurses aus der Performancemessung bedeutet, dass nicht identifizierbare Parameter beim Unternehmensvergleich ausgeschlossen bleiben. Zum Vergleich der unternehmerischen Leistungsfähigkeit basiert man anschliessend ausschliesslich auf finanziellen Grössen des Rechnungswesens. Dies hat zum Vorteil, dass die Messgrössen in ihrem Zustandekommen (zumindest vordergründig) erklärbar sind. Dagegen spricht, dass die so verwendeten Grössen nur beschränkt für den Aktienkurs ausschlaggebend sind.[1072]

Siehe dazu auch die Replik von Arnold (1994) 35, welcher sich zu den steuerlichen Auswirkungen der von Kunz vorgeschlagenen Modelle äussert. Zur Steuerfrage ebenfalls Schuppli (1994) 19. Zum Ganzen Drill (1995) 191ff.

[1068] Siehe dazu Definition in Kapitel 2.2.2.

[1069] Der SPI berücksichtigt als *Performance-Index* die Dividendenzahlungen und Kapitalgewinne. Dies im Gegensatz zu sog. *Preis-Indices*, z.B. Swiss Market Index (SMI), die ausschliesslich Kursschwankungen berücksichtigen. Siehe auch SBG (1994) 4ff.

[1070] Siehe Abb. 7-1.

[1071] Vgl. Drill (1995) 41. In diesem Sinne Forker (1992) 113: „By controlling the quality of information disclosed in financial statements, management influences the uncertainty attached to the estimates that shareholders make on any given variable. Greater uncertainty reduces the effectiveness of monitoring procedures."

[1072] So haben z.B. Peters/Waterman (1982) anhand von buchhalterischen Grössen, wie z.B. ROS, ROE, ROA oder Wachstum der bilanziellen Aktiven, für die Jahre 1960-1980 aus 62 untersuchten Unternehmen 36 „exzellente" Betriebe selektiert. Die so *buchhalterisch* exzellenten Unternehmen waren aus Aktionärssicht (im Sinne der Schaffung von Shareholder Value) weit weniger erfolgreich. So folgern Johnson/Natarajan/Rappaport (1985) 61: „Corporate excellence ought to be judged in terms of a criterion of interest to shareholder returns. Furthermore, judgments about corporate excellence based solely on financial (accounting) performance criteria are occasionally misleading because commonly used measures of financial performance are often poor surrogates for economic performance. [...] Peters&Waterman 'excellent' firms have not demonstrated con-

(Fortsetzung...)

In der Literatur der neueren Konzepte zur Performancemessung werden die traditionellen buchhalterischen Leistungsgrössen, wie z.B. Gewinn, Gewinn pro Aktie, Umsatz, ROE und ROI einhellig als unzulänglich bezeichnet.[1073] Unter anderem werden dabei Problembereiche wie die fehlende Berücksichtigung des Investitions- und Finanzierungsrisikos, die unterschiedlichen Ansatz- und Bewertungslinien der Buchhaltungsvorschriften, die fehlende Berücksichtigung des Zeitwertes des Geldes oder der mangelnde Einbezug der Renditevorstellungen des Aktionärs erwähnt. Für diese traditionellen Kennzahlen wurde auch schon mehrfach das Fehlen eines signifikanten Zusammenhangs zum Aktienkurs nachgewiesen.[1074]

Obschon die Probleme traditioneller Kennzahlen in der Praxis sehr wohl bekannt sind, ist bis heute keine Abkehr von ihrer Verwendung zur Performancemessung erkennbar. Dies mag unter anderem daran liegen, dass sie einfach und auf der Basis von aus der doppelten Buchhaltung bekannten Grössen zu berechnen sind. Die in Kapitel 3.2. vorgestellten „modernen" Konzepte EVA, Economic Profit, CVA und Added Value bauen grundsätzlich auf diesem Verständnis auf, verstehen sich aber als kapitalmarkt- und aktionärsorientiert, indem sie (zumindest teilweise) versuchen, die oben genannten Problembereiche zu beseitigen. Die Darstellung und Abgrenzung dieser Konzepte erfolgte in Kapitel 3.2.[1075] Im folgenden wird bei der vorgestellten Performancemessung primär auf das Konzept des Economic Value Added abgestellt, jedoch ergänzt mit Ideen und Anregungen der anderen Ansätze.

---

sistently superior *economic* (stock market) performance over the years examined in the " (Hervorhebung im Original); siehe dazu auch Rappaport (1986) 10.

[1073] Unter anderem bei Walter (1992b) 6ff.; Stewart (1991) 21-67; Rappaport (1986) 20-45; Copeland/Koller/Murrin (1994) 69-92; Röttger (1994) 14ff.; Bühner (1990) 13-33; Lewis (1994).

[1074] Siehe unter anderem Johnson/Natarajan/Rappaport (1985) 54; Rappaport (1981) 140ff.; oder auch Brindisi (1985) 14: „[T] here's no correlation between the growth in earnings per share (EPS) and market to book."

[1075] Siehe insbesondere Abb. 3-12.

236

7.2. Messung des Shareholder Value in der Vergangenheit

Aus Investorensicht ist der Shareholder Value der Vergangenheit exakt messbar und ohne buchhalterische „Wenn und Aber" und ohne Probleme der Bewertung von Finanzgrössen definiert. Gemessen zu einem bestimmten Zeitpunkt entspricht der Shareholder Value dem Marktwert des Eigenkapitals, also der Börsenkapitalisierung des Eigenkapitals.[1076] So entspricht der während einer Periode geschaffene Shareholder Value grundsätzlich der Differenz von Anfang- und Schlussbörsenwert. Diese Grösse wird noch durch andere aus der Investition erfolgte Erträge (z.B. Dividenden, Bezugsrechte) erhöht.[1077] Der für den Aktionär geschaffene Wert lässt sich somit als Summe der tatsächlich oder potentiell (z.B. Verkauf der Anteilspapiere an der Börse) erhaltenen Nettoeinnahmen beziffern.[1078] Die Frage bleibt, wie nun Unternehmen *absolut* und auch *relativ* (also grössenbereinigt) auf der Basis dieser Nettoeinnahmen miteinander verglichen werden können.

7.2.1. Das relative Mass: Aktienrendite

Das einzig gültige Mass der Wertschaffung von Aktien ist die *Aktienrendite*.[1079] Für die Periode eines Kalenderjahres berechnet sie sich folgendermassen:

Aktienrendite = (SK - AK + D*) / AK

[1076] Siehe dazu Ausführungen in Kapitel 2.2.2.

[1077] Siehe Helbling (1990a) 14; Helbling (1990b) 533.

[1078] In diesem Sinne Modigliani/Pogue (1974) 68: „The return on an investor's portfolio during a given interval is equal to the change in value of the portfolio plus any distributions received from the portfolio expressed as a fraction of the initial portfolio value." Siehe Ausführungen in Kapitel 6.1.1. und 6.1.3.a.

[1079] „The most direct way to measure shareholder wealth is by examining the worth of dividends plus share price appreciation" (Johnson/Natarajan/Rappaport (1985) 52); dieser Meinung sind auch Lewis (1994) 32; siehe auch Bauer (1991) 172; Harvard Business School (1976) 320; Gallati (1994) 11. Es mag den Leser überraschen, dass EVA nicht als das für die Periode entscheidende Instrument zur Messung des periodischen Shareholder Value hinzugezogen wird. Doch wie in Kapitel 2.2.4. schon erwähnt, darf der Shareholder Value einer Periode nicht *a priori* dem entsprechenden EVA gleichgesetzt werden. Weiter hinten in Kapitel 7.2.3. wird auf die Fragestellung nochmals kurz eingegangen.

Die so definierte Aktienrendite entspricht der Summe von Kapitalgewinn der Aktienanlage (Schlusskurs (SK) minus Anfangskurs (AK)) und der Dividendenzahlungen (D*)[1080] in Prozent des Wertes zu Beginn der Periode (AK).[1081]

Die Aktienrendite ist direkt mit Anlagealternativen auf dem Kapitalmarkt (also z.B. für Obligationen) vergleichbar. Am einfachsten wird sie anhand eines Aktien-Performance-Indexes[1082] gemessen, der im Gegensatz zu reinen Preisindizes[1083] neben den Kurssteigerungen auch die (reinvestierte[1084]) Dividendenzahlung berücksichtigt. Die folgende Graphik zeigt die Gegenüberstellung der Aktienrendite des Schweizer Aktienmarktes (auf der Basis des Swiss Performance Index SPI) und der Durchschnittsrendite der Obligationen der Eidgenossenschaft[1085] für die Jahre 1989 bis 1995:

[1080] Grundsätzlich sollten neben der Dividendenzahlung noch weitere Nettoeinnahmen, wie Bezugsrechte, verdeckte Gewinnausschüttungen, Steuerrückerstattungen, in der Berechnung der Aktienrendite berücksichtigt werden. Doch sind diese Informationen auf breiter Basis im Normalfall (z.B. durch Informationsdienst Datastream) nicht verfügbar. Aus diesem Grund wird üblicherweise bei der Berechnung der Aktienrendite nur auf Kursänderungen und Dividendenzahlungen abgestützt.

[1081] Siehe auch Brealey/Myers (1996) 59; Bauer (1991) 172; Gallati (1994) 11.

[1082] Z.B. Swiss Performance Index (SPI).

[1083] Z.B. Swiss Market Index (SMI).

[1084] Dies bedeutet, dass zum Zeitpunkt der Ausschüttung der Dividende (ex-dividend date) der Bruttoertrag wieder in den gesamten Aktienkorb (Index) investiert wird.

[1085] Siehe SNB (1996) 50.

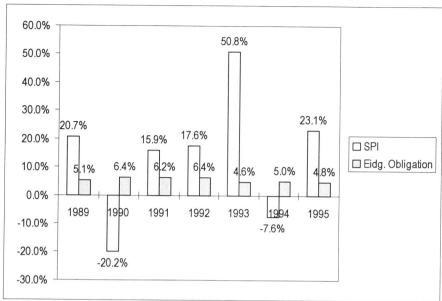

Abb. 7-1: Vergleich der Renditen des Schweizer Aktienmarktes mit der Durchschnittsrendite der Bundesobligationen

Das geometrische Mittel der Aktienrendite für den Schweizer Aktienmarkt im Zeitraum 1989 bis 1995 betrug 12,3% p.a., das der Renditen der eidgenössischen Obligationen (als „risikofreie" Anlage[1086]) 5,5% p.a. Die mittlere Renditedifferenz zwischen diesen beiden Anlagealternativen von rund sieben Prozentpunkten für den Zeitraum von 1989 bis 1995 ist für Schweizer Verhältnisse untypisch. Sie liegt bei langfristiger Betrachtung zwischen drei und vier Prozentpunkten.[1087]

Für eine Auswahl von Schweizer Aktiengesellschaften sind die (reinvestierten) Aktienrenditen von 1989 bis 1995 in Abb. 7-2 dargestellt:

[1086] Siehe dazu Kapitel 5.4.2.a.
[1087] Vgl. Knüsel (1994) 212ff. und Ausführungen zur Marktrisikoprämie in Kapitel 5.4.2.b.i.

239

Aktienrenditen[1088] ausgewählter Titel[1089] (in %)	1989	1990	1991	1992	1993	1994	1995	1989 bis 1995 p.a.[1090]
Alusuisse (N)	35.8	-16.1	-5.8	5.7	65.0	7.6	43.0	16.3
BBC (I)	89.3	-21.7	-14.7	12.7	67.5	5.2	21.0	17.2
Sulzer (N)	18.8	-12.0	-10.9	52.1	46.7	9.5	-25.1	7.9
Elektrowatt (I)	1.6	15.5	-16.8	-6.7	88.7	-13.7	27.4	9.5
Holderbank (I)	15.7	-27.5	5.3	29.8	83.6	8.4	-9.2	11.0
SMH (N)	34.7	-2.2	39.5	141.1	43.0	-35.8	6.0	23.2
Nestlé (N)	31.4	-17.6	25.9	37.8	14.2	-0.7	4.6	12.1
Roche (GS)	48.1	6.0	39.5	61.1	52.5	1.1	45.2	34.3
Sandoz (N)	36.1	-18.5	54.9	31.5	35.4	-11.8	57.2	22.9
Ciba (N)	38.7	-28.2	50.5	13.5	40.4	-11.7	32.8	15.8
Schw. Bankgesellschaft (I)	32.7	-29.6	36.8	23.7	62.0	-16.7	18.5	14.2
Schw. Bankverein (I)	7.1	-21.7	20.9	4.6	64.4	-20.8	35.4	9.4
CS Holding (N)	26.2	-43.0	19.0	27.2	95.1	-19.8	9.1	9.3
Schweizer Rück (N)	15.0	-23.4	8.0	32.9	63.2	8.8	72.0	21.3
Wintherthur (N)	4.5	-11.4	8.5	-3.9	68.0	-15.2	22.9	7.8
Zürich (N)	12.2	-20.8	27.1	9.0	61.1	-15.7	40.3	13.0

Abb. 7-2:   Aktienrenditen ausgewählter Schweizer Aktiengesellschaften 1989 bis 1995

Es zeigt sich, dass sich die Aktienrenditen einzelner Unternehmen sowohl unter-einander (selbst bei gleichen Branchen) als auch vom Marktdurchschnitt (12,3%) teilweise erheblich unterscheiden. Eine zentrale Fragestellung ist nun, wie sich diese Unterschiede auf der Basis von buchhalterischen Daten, ohne die Verwen-dung von börsenbasierten Aktienpreisen, erklären lassen. Dieser Fragestellung wird in Kapitel 7.4. nachgegangen.

[1088]   Quelle: Datastream; der dabei benützte RI-Index *(return index)* für die einzelne Aktie ist direkt mit dem SPI für den gesamten Aktienmarkt vergleichbar: „[The return index] shows a theoretical growth in value of a share holding over a specified period, assuming that dividends are re-invested to purchase additional units of an equity or unit trust at the closing price applicable on the ex-dividend date. For unit trusts, the closing bid price is used. The calculation is based on the re-investment of gross dividends and so ignores tax and re-investment charges" (Benutzerhandbuch Datastream).

[1089]   N = Namensaktie; I = Inhaberaktie; GS = Genussschein.

[1090]   Berechnet als geometrisches Mittel.

7.2.2. Das absolute Mass: Market Value Added (ex post)

Zum Grössenvergleich des Shareholder Value einzelner Unternehmen bietet sich prima vista die *Börsenkapitalisierung* des Eigenkapitals an. Sie gibt zwar einen Hinweis auf den Umfang des Shareholder Value, sagt jedoch nichts über die *Qualität* seines Zustandekommens aus. Nicht die Börsenkapitalisierung des Eigenkapitals selbst, sondern die Differenz zwischen der *gesamten Kapitalisierung* (des Fremd- *und* Eigenkapitals) und dem gesamten investierten Vermögen (betrieblich notwendig *und* betrieblich nicht notwendig) sollte die Messlatte für gute Leistungen darstellen. Diese Differenz entspricht dem Market Value Added (ex post).[1091] Dazu Stewart: „Shareholders' wealth is maximized only by maximizing the *difference* between the firm's total value and the total capital investors have committed to it. [...] By maximizing that spread, corporate management maximizes the wealth of its shareholders relative to other uses for their capital."[1092]

Wie in Kapitel 6.1.2.b. ausgeführt, entspricht der MVA dem betrieblichen Goodwill zu einem bestimmten Zeitpunkt. Dieser kann *ex ante*[1093] oder *ex post*[1094] berechnet werden.[1095] Für die Berechnung ex post benötigt man einerseits den Marktwert der gesamten Unternehmung (alle Kapitalgeber) und andererseits das gesamte Unternehmensvermögen. Für unsere Beispiel-AG zeigt Abb. 7-3 wie die ex post-Berechnung durchzuführen ist:

[1091] Ungenau Boemle (1995) 104: „Der MVA „berechnet sich aus der Differenz zwischen der Börsenkapitalisierung und dem eingesetzten *Eigen*kapital." (Hervorhebung hinzugefügt); ebenso Helbling (1995a) 104: „Der Market Value Added (MVA) ist die Differenz zwischen Börsenkapitalisierung und *Eigen*kapitaleinsatz" (Hervorhebung hinzugefügt).

[1092] Stewart (1994) 72 (Hervorhebung im Original). In diesem Sinne auch Stern (1994a) 48: „The mission of the corporation is not to maximize its market value, as economists like to say, but rather its 'market value added', or [...] MVA."

[1093] Als Gegenwartswert aller zukünftigen EVAs; siehe dazu ausführlich Kapitel 6.2.

[1094] Auf der Basis von historischen Grössen.

[1095] Zur graphischen Veranschaulichung der Beziehung zwischen MVA ex ante und MVA ex post siehe Abb. 6-2.

Berechnung Market Value Added (ex post) (in CHFm)	1991	1992	1993	1994	1995
Aktienkurs (Ende Jahr, in CHF)	900	1'035	1'553	1'459	1'751
x Anzahl Aktien (in Millionen Stück)	25.000	25.000	25.000	25.000	25.000
= Marktwert Eigenkapital	22'500	25'875	38'813	36'484	43'781
+ Darlehen	5'293	5'425	4'732	5'543	5'836
+ Minderheitsanteile	446	511	581	625	862
+ Pensionsrückstellungen	298	350	715	725	733
+ Sonstige Rückstellungen	1'031	1'621	2'195	1'585	1'743
+ Nichtbilanzierte Leasingverbindlichkeiten	236	269	302	339	403
= Marktwert des gesamten Unternehmens	29'804	34'051	47'338	45'301	53'357
- Wertschriften	-7'355	-7'801	-7'973	-8'911	-10'250
- Anlagen im Bau	-648	-793	-1'066	-965	-1'479
- Andere nichtbetriebliche Aktiven	-250	-225	-210	-230	-220
= Marktwert der betrieblichen Tätigkeit	21'551	25'232	38'089	35'195	41'408
- NOA	-15'779	-18'232	-20'653	-22'795	-24'698
Market Value Added (ex post)	5'772	7'000	17'436	12'400	16'710

Abb. 7-3: Ex post-Berechnung des Market Value Added für die Beispiel-AG

Der Marktwert des Eigenkapitals wird mit dem Marktwert der gesamten Verbindlichkeiten zum Marktwert des gesamten Unternehmens (gesamte Kapitalisierung des Unternehmens) ergänzt. Davon werden betrieblich nicht notwendige Vermögensobjekte (z.B. Wertschriften) und das betrieblich notwendige Vermögen (NOA) abgezählt. Was übrig bleibt, ist der Market Value Added (ex post).

Jährlich publiziert Stern Stewart & Co. eine Liste der 1'000 grössten US-Unternehmen, geordnet nach MVA ex post.[1096] Ein Auszug der Liste per Ende 1994 ist in Abb. 7-4 wiedergegeben.

[1096] Das dafür notwendige Datenmaterial ist von Stern Stewart & Co. auch elektronisch gespeichert auf Diskette erhältlich.

Rang 1994	Unternehmen	MVA ex post 1994 (in USDm)	Rang 1994	Unternehmen	MVA ex post 1994 (in USDm)
1	Coca-Cola	$60'846	991	Occidental Petroleum	$-2'320
2	General Electric	$52'071	992	Federated Dep. Stores	$-2'598
3	Wal-Mart Stores	$34'996	993	K Mart	$-2'630
4	Merck	$31'467	994	Westinghouse Electric	$-2'783
5	Microsoft	$29'904	995	Chrysler	$-3'177
6	Procter & Gamble	$27'830	996	Digital Equipment	$-4'684
7	Philip Morris	$27'338	997	IBM	$-8'864
8	Johnson & Johnson	$24'699	998	RJR Nabisco Holdings	$-11'761
9	AT&T	$22'542	999	Ford Motor	$-13'757
10	Motorola	$21'068	1000	General Motors (GM)	$-17'803

Abb. 7-4:   Auszug aus MVA Berechnung 1994 für US-Gesellschaften[1097]

Der MVA ex post kann je nach Blickwinkel des Betrachters in zwei Richtungen interpretiert werden:

1. *Rückblickend im Sinne einer Bestandsaufnahme:* Der Kapitalgeber zieht gedanklich einen Strich unter die Leistung des Unternehmens zu einem bestimmten Zeitpunkt. Ein positiver MVA ex post bedeutet für ihn, dass sein investiertes Kapital vermehrt worden ist, ein negativer, dass investierte Gelder „vernichtet" worden sind. Unternehmen mit einem positiven MVA ex post haben Werte geschaffen, solche mit negativen MVA ex post Werte vernichtet.[1098] Jensen bringt die Vorteile der Messung der Unternehmensleistung anhand des MVA ex post folgendermassen zum Ausdruck: „It's about time that somebody started to focus attention on real results rather than just on size."[1099] Nicht nur aus der theoretischen Perspektive, sondern auch aus der praktischen Anwendung ergeben sich Vorteile bei der Benutzung von MVA ex post. So führt Buffet aus: „We feel noble intentions should be checked periodically against results. We test the wisdom of retaining earnings by assessing whether reten-

---

[1097] Die MVA-Resultate per Ende 1995 waren zum Zeitpunkt der Drucklegung (April 1996) noch nicht erhältlich. Sie erscheint in der zweiten Jahreshälfte 1996.

[1098] Ähnlich Hax/Majluf (1990) 165 für den Market-To-Book-Ratio (M/B): „If M/B is less than 1, the return is under the benchmark provided by the market. The firm is destroying value for its shareholders."

[1099] Zit. in Walbert (1993b) 2.

tion, over time, delivers shareholders at least $1 of market value for each $1 retained."[1100]

2. *Vorausschauend im Sinne des Goodwill:* Der MVA ex post steht für den Goodwill, der vom Kapitalmarkt dem Unternehmen zu einem bestimmten Zeitpunkt zugebilligt wird. Ist er positiv, bedeutet es, dass der Kapitalmarkt in der Zukunft positive EVA erwartet; ist er negativ, wird erwartet, dass in Zukunft die jährlichen betrieblichen Gewinne die Finanzierungskosten des investierten Kapitals nicht zu decken vermögen.[1101]

Ein positiver MVA ex post bedeutet demnach, dass das Unternehmen mit seinen bisherigen Leistungen das investierte Kapital vermehren konnte und dass der Aktienmarkt eine positive Entwicklung für die Zukunft erwartet. In Abb. 7-5 sind die nach MVA ex post 1995 beurteilten zehn erfolgreichsten und zehn am wenigsten erfolgreichen Unternehmen unserer untersuchten Schweizer Unternehmen ersichtlich:[1102]

Unternehmen	Rang 1995	MVA ex post 1995 (in CHFm)	Unternehmen	Rang 1995	MVA ex post 1995 (in CHFm)
Roche	1	70'629	Zellweger Luwa	55	-237
Nestlé	2	31'088	Globus	56	-240
Sandoz	3	30'801	Danzas	57	-256
Ciba-Geigy	4	12'812	Oerlikon-Bührle	58	-283
ABB AG	5	9'006	Sulzer	59	-477
Alusuisse-Lonza	6	3'667	Schindler	60	-684
Surveillance	7	2'714	Richemont	61	-1'595
SMH	8	2'618	Feldschlösschen	62	-1'628
Ems-Chemie	9	2'255	Holderbank	63	-1'646
Ares-Serono	10	2'174	Swissair	64	-3'157

Abb. 7-5: Auszug aus MVA ex post 1995 für Schweizer Gesellschaften

---

[1100] Buffet (1995) 3; auch ist es für Roberto Goizueta (CEO Coca-Cola) selbstverständlich, dass der Unternehmenserfolg mit MVA gemessen werden sollte: „It's the way to keep score. Why everybody doesn't use it is a mystery to me" (zit. in Tully (1994) 77). Siehe ebenfalls Äusserungen Goizuetas in Bilanz (1996) 76.

[1101] Siehe auch Ausführungen zum MVA ex ante in Kapitel 6.2.2. und gleich nachfolgend Kapitel 7.2.3.

[1102] Im Anhang sind jeweils die Ergebnisse alle untersuchten Gesellschaften abgedruckt.

7.2.3. Verhältnis zwischen Aktienkurs, MVA und EVA

Der MVA dient als Bindeglied zwischen Aktienkurs und EVA. Im Gegensatz zum MVA, welcher eine Kennzahl eines Stichtages ist, stellt EVA eine Erfolgsgrösse einer Periode dar.[1103] Wie weiter vorne festgehalten[1104] kann der MVA auf zwei Arten berechnet werden: *Ex ante* als Barwert aller zukünftigen EVA[1105] und *ex post* als Differenz zwischen dem gesamten Marktwert des Eigen- *und* Fremdkapitals und dem gesamten investierten Vermögen. Diese beiden Werte sollten sich theoretisch entsprechen: „In theory, a company's market value added at a point in time is equal to the discounted present value of all the EVA it can be expected to generate in the future. To the extent that it is unanticipated, a change in EVA will tend to explain a contemporaneous change in MVA."[1106]

Ein Vergleich der beiden Werte gibt Hinweise auf mögliche Unter- oder Überbewertungen durch den Kapitalmarkt oder auch auf falsche Prognosen der Entwicklung zukünftiger EVAs. Für unsere Beispiel-AG zeigt Abb. 7-6 den Vergleich der beiden MVA:

Vergleich von MVA ex ante und MVA ex post (in CHFm)	1995
MVA ex ante	23'283
MVA ex post	16'710
Differenz	6'572
Börsenkapitalisierung	43'781
+ Differenz MVA	6'572
Theoretische Börsenkapitalisierung	50'353
Kurspotential	15%

Abb. 7-6:   Vergleich MVA ex ante und ex post der Beispiel-AG

[1103] „Related to MVA, EVA measures the wealth a company creates each year" (Tully (1994) 91); oder auch Plishner (1994) 20: „MVA is a cumulative measure. EVA is an incremental measure, which may be more indicative of trend"; ebenfalls Walbert (1993a) 76: „Note that EVA measures a company's success over the past year, while MVA is forward-looking, reflecting the market's assessment of a company's prospects."

[1104] Siehe Kapitel 6.1.2.b.; insbesondere Abb. 6-2.

[1105] „MVA is equal to the present value of future EVA" (Stern (1993b) 36).

[1106] Stewart (1991) 742.

Per Ende 1995 zeigte die Beispiel-AG eine Bewertungsdifferenz zwischen MVA ex ante und MVA ex post von CHF 6'572m. Dies kann bedeuten, dass die Börsenkapitalisierung zu tief ist, also die erwartete positive EVA-Entwicklung nicht adäquat widerspiegelt, oder, dass die erwarteten EVA zu optimistisch prognostiziert sind.

Unter der Annahme, dass die dem MVA ex ante zugrunde liegenden prognostizierten EVA realistisch geschätzt sind, lässt sich ein theoretischer Marktwert des Eigenkapitals berechnen. Zu diesem Zweck wird die Differenz zwischen MVA ex ante und MVA ex post zur tatsächlichen Börsenkapitalisierung hinzugerechnet. Dies ergibt eine theoretische Börsenkapitalisierung. Abb. 7-7 zeigt die Unternehmen mit den anhand des MVA-Vergleiches ermittelten grössten Bewertungsunterschieden zwischen theoretischer und tatsächlicher Börsenkapitalisierung.

Unternehmen	MVA ex ante 1995 (CHFm)	MVA ex post 1995 (CHFm)	Differenz (CHFm)	Börsen- kapitalisierung Ende 1995 (CHFm)	Kapitalisierung theoretisch (CHFm)	Bewertungs- unterschied	Rang
Bucher	542	-133	675	279	954	242%	1
Interdiscount	498	37	461	216	676	214%	2
Feldschlösschen	-678	-1'628	950	466	1'416	204%	3
Zehnder	404	62	342	189	531	181%	4
Prodega	140	-10	150	86	236	175%	5
Fuchs Petrolub	238	-92	330	195	525	169%	6
Schweizerhall	360	53	307	192	499	160%	7
ABB AG	26'146	9'006	17'140	11'531	28'671	149%	8
Edipresse	677	196	481	332	814	145%	9
Gurit-Heberlein	397	87	309	238	547	130%	10
Holderbank	4'844	-1'646	6'490	5'117	11'607	127%	11
Richemont	10'689	-1'595	12'284	9'934	22'217	124%	12
SIG	736	-56	792	703	1'495	113%	13
Loeb	3	-104	107	100	207	107%	14
Sarna	284	-4	287	300	587	96%	15

Abb. 7-7:　Vergleich von MVA ex ante und MVA ex post per Ende 1995

Der Vergleich mit den Ergebnissen in Abb. 6-16 zeigt, dass die Bewertungsmethode anhand des Vergleiches von MVA ex ante und MVA ex post zum gleichen

Resultat führt, wie die direkte Methode zur Unternehmensbewertung, wie sie in Kapitel 6.2. vorgestellt wurde.[1107]

Die theoretische Kapitalisierung wächst mit zunehmender positiver Differenz · zwischen MVA ex ante und MVA ex post. Das MVA ex ante wächst wiederum mit grösseren prognostizierten EVA.[1108] Einen signifikanten empirischen Zusammenhang zwischen EVA und den MVA ex post stellten Stern Stewart & Co. bei einer statistischen Untersuchung mit 613 Unternehmen im Zeitraum zwischen 1984 und 1988 fest. Sie berechneten, dass Schwankungen von MVA ex post durch EVA zu 50%, mit ROE zu 35%, Cash Flow-Wachstum zu 22%, mit dem Wachstum des Gewinnes pro Aktie und dem Umsatzwachstum zu je 18% erklärt werden konnte.[1109] So kommt Stewart zum Schluss: „No other measure can make the connection between performance and value as clear as EVA can."[1110]

7.2.4. Free Cash Flow als periodisches Erfolgsmass

Der Free Cash Flow (FCF) spielt in der Unternehmensbewertung anhand der DCF-Methode zur Ermittlung des *Totalerfolges* des Unternehmens, d.h. über dessen gesamte Lebensdauer, eine zentrale Rolle.[1111] Für die Messung des *Periodenerfolges* hingegen stellt er keine aussagekräftige Kennzahl dar: „Der Cash Flow ist kein absoluter branchenneutraler Leistungsmassstab. Er eignet sich nicht für den Vergleich von Unternehmen aus verschiedenen Branchen."[1112] Zudem wären nach der Meinung Münstermanns „Einnahmen und Ausgaben früherer Jahre als Basis für die Vorhersage der künftigen Erfolgsentwicklung wenig geeignet."[1113]

[1107] Zur Aussagekraft der theoretischen Marktkapitalisierung siehe Ausführungen in Kapitel 6.3.

[1108] „MVA [is] the value the market places on the *future* stream of annual EVAs" (Tully (1994) 91, Hervorhebung hinzugefügt). Im gleichen Sinne Pare (1994) 43: „Owners profit when the stock market translates EVA into higher share prices."

[1109] Stewart (1991) 215ff. und Stern Stewart & Co. (1993).

[1110] Stewart (1991) 225.

[1111] Zum Vergleich des EVA-Ansatzes mit der DCF-Methode siehe ausführlich Kapitel 6.1.3.

[1112] Studer (1992) 304; auch Stewart (1993) 39: „[C]ash flow is a poor retrospective measure of performance."

[1113] Münstermann (1966) 32.

Copeland/Koller/Murrin sprechen dem historischen Free Cash Flow die Aussagekraft bezüglich Performancemessung ab: „An advantage of the economic profit model over the DCF model is that economic profit is a useful measure for understanding a company's performance in any single year, while free cash flow is not."[1114] Zudem ist die Beeinflussbarkeit des Free Cash Flow durch das Management aus Sicht der Autoren zu gross: „For example, you would not track a company's progress by comparing actual and projected free cash flow, because free cash flow in any year is determined by highly discretionary investments in fixed assets and working capital. Management could easily delay investments simply to improve free cash flow in a given year at the expense of long term value creation."[1115]

Vor allem bei jungen und schnell wachsenden Unternehmen treten diese Nachteile zum Vorschein: „Der Free Cash Flow einer bestimmten Planungsperiode muss nicht zwingend positiv korreliert sein mit dem Unternehmenswert. Ein rasch wachsendes dynamisches Unternehmen kann in der Aufbauphase ja durchaus auch einen negativen Free Cash Flow aufweisen. Negative oder kleine Free Cash Flows deuten dann eben auf entsprechend attraktive Investitionsmöglichkeiten hin."[1116] Dies verdeutlicht das Zahlenbeispiel von Wal-Mart Stores. Wal-Mart wies in den achtziger Jahren ein durchschnittliches Umsatzwachstum von rund 35% p.a. auf (Abb. 7-8).

[1114] Copeland/Koller/Murrin (1994) 145.
[1115] Copeland/Koller/Murrin (1994) 145.
[1116] Studer (1992) 306.

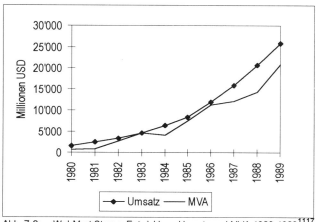

Abb. 7-8: Wal-Mart Stores: Entwicklung Umsatz und MVA 1980-1989[1117]

Der Umsatz stieg von USD 1,6 Milliarden im Jahre 1980 auf rund USD 26 Milliarden im Jahre 1989. Fast im Gleichschritt mit der Unternehmensgrösse (ausgedrückt als Umsatz) entwickelten sich die geschaffenen Aktionärswerte (ausgedrückt als MVA ex post). Das MVA ex post verdreissigfachte sich von USD 666m im Jahre 1980 auf rund USD 20 Milliarden im Jahre 1989. Diese Wertentwicklung wird denn auch deutlich durch die Entwicklung der jährlichen EVA dokumentiert. Dies im Unterschied zur Entwicklung der jährlichen FCF (siehe Abb. 7-9):

[1117] Die Zahlen sind entnommen aus Stewart (1991) 328/329.

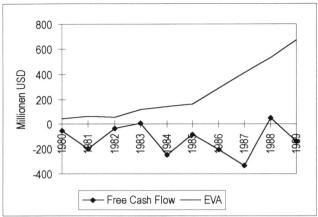

Abb. 7-9:   Wal-Mart Stores: Entwicklung der EVA und FCF 1980-1989

In acht von zehn beobachteten Jahren waren die jährlichen FCF negativ. Auch ist anhand der Entwicklung der FCF kein klarer Trend in Richtung Wertschaffung ersichtlich. Demgegenüber reflektiert die Entwicklung der EVA die aus Aktionärssicht wertschaffende Tätigkeit der Unternehmung auf einer jährlichen Basis. Der EVA erhöhte sich von USD 44m im Jahre 1989 auf USD 672m im Jahre 1989.[1118]

Das Beispiel Wal-Mart zeigt deutlich, wie eine Analyse der periodischen finanziellen Performance basierend auf FCF unter Umständen zu verkehrten Beurteilungen der Qualität der unternehmerischen Tätigkeit im Hinblick auf die Schaffung von Aktionärs(mehr)werten führen kann.[1119]

[1118] Weiter zu Wal-Mart auch Jones (1995) 12: „Some value-enhancing companies, such as Wal-Mart, have turned small amounts of capital into very large values during the past 20 years – that is, they produced great returns for shareholders from the capital invested – yet, their free-cash-flow performance has been negative for all 20 years."

[1119] Vgl. unter anderem Hesse (1996) 240; Stewart (1993) 53; Jones (1995) 15; Drill (1995) 43.

7.3. EVA als Basis zur Performancemessung

7.3.1. EVA als absolute Finanzgrösse

Anders als dem Free Cash Flow sprechen Copeland/Koller/Murrin (1994) dem Economic Profit[1120] die Fähigkeit eines Massstabes für den Periodenerfolg zu: „Economic profit measures the value created in a company in a single period of time."[1121] Folgende Tabelle zeigt die Unternehmen unserer Stichprobe mit den zehn grössten und den zehn kleinsten EVA für das Jahr 1995:

Unternehmen	Rang	EVA 1995 (in CHFm)	Unternehmen	Rang	EVA 1995 (in CHFm)
Nestlé	1	1'960	Schindler	55	-21
Roche	2	1'487	Sulzer	56	-30
Sandoz	3	1'468	Danzas	57	-34
Ciba-Geigy	4	1'122	Feldschlösschen	58	-35
ABB AG	5	766	Jelmoli	59	-41
Richemont	6	455	Globus	60	-52
Alusuisse-Lonza	7	279	Oerlikon-Bührle	61	-81
Surveillance	8	162	Saurer	62	-83
Holderbank	9	153	Elektrowatt	63	-105
SMH	10	92	Swissair	64	-261

Abb. 7-10: Auszug aus der EVA-Berechnung 1995

Die Aussagekraft absoluter EVAs beschränkt sich darauf, die Wertschaffung des Unternehmens innerhalb einer Periode anzugeben. Ein positiver EVA bedeutet, dass Aktionärswerte geschaffen wurden. Ein negativer EVA heisst, dass Werte in dem Sinne vernichtet wurden, als die betrieblichen Erträge nicht ausreichten, um die dem Investitionsrisiko entsprechenden Kapitalkosten zu decken.[1122] Die Kapitalkosten entsprechen somit einer Ertragshürde, die es mit der unternehmerischen Leistung zu überspringen gilt. Erst der Abzug der nach dem Risiko bemes-

---

[1120] Als gleichwertiger Ansatz zu EVA. Zur Gegenüberstellung siehe Kapitel 3.2.
[1121] Copeland/Koller/Murrin (1994) 145.
[1122] Vgl. auch Röttger (1994) 1.

251

senen Nutzungsgebühr des eingesetzten Kapitals führt zum geschaffenen Mehrwert.[1123]

Um eine Aussage über die Qualität der berechneten EVA unabhängig von der Unternehmensgrösse machen zu können, müssen die EVA-Ergebnisse grössenbereinigt werden. Dazu bieten sich insbesondere drei Varianten mit unterschiedlichen Bezugsgrössen an (siehe Abb. 7-11):

Kennzahl	Bezugsgrösse für EVA	Durchschnittswert für die Schweiz[1124] 1995	Die Kennzahl macht eine Aussage über ...
value spread	Net Operating Assets (NOA)	3,3%	die Verzinsung des betrieblich gebundenen Vermögens über der vom Aktionär geforderten Minimalrendite.
relEVA	Betriebliche Wertschöpfung	5,5%	den Anteil des Aktionärsmehrwertes an der gesamten betrieblichen Wertschöpfung.
EVA-ROS	Nettoumsatz	1,6%	die Attraktivität eines Wachstums der Unternehmensgrösse (ausgedrückt als Umsatzwachstum).

Abb. 7-11: Varianten der Grössenbereinigung von EVA

7.3.2. EVA relativ zum betrieblichen Vermögen (value spread)

Setzt man EVA in bezug zur Vermögensgrösse NOA erhält man den *value spread*:

value spread = EVA / NOA

Aus arithmetischen Gründen[1125] gilt auch die folgende Entsprechung:

value spread = r - c*

Die zweite Form der Berechnung unterstreicht den Ursprung der Bezeichnung value spread. Die Differenz *(spread)* zwischen interner Ertragsrate r und den Ka-

---

[1123] Vgl. auch Röttger (1994) 35.

[1124] Auf der Basis der untersuchten Unternehmen. Siehe Liste im Anhang Abb. 10-20.

[1125] Value spread = EVA / NOA = (NOPAT - c* x NOA) / NOA = (NOPAT / NOA) - (c* x NOA / NOA) = r - c* (siehe auch Kapitel 3.1.3.).

pitalkosten c* zeigt direkt an, ob mit dem investierten Kapital Werte geschaffen (positiver value spread) oder vernichtet (negativer value spread) werden.[1126]

Abb. 7-11 zeigt die 15 im Jahre 1995 erfolgreichsten Unternehmen unserer Stichprobe gemessen anhand des value spread:

Unternehmen	Rang	value spread 1995	EVA 1995 (in CHFm)	NOA 1995 (in CHFm)
Surveillance	1	25.1%	162	646
ESEC	2	21.9%	19	86
Phonak	3	16.8%	14	85
Sandoz	4	14.3%	1'468	10'242
Phoenix Mecano	5	14.0%	27	194
Logitech	6	9.9%	11	110
Edipresse	7	9.5%	31	322
Zehnder	8	9.4%	18	191
Kuoni	9	9.2%	24	260
Affichage	10	9.0%	13	141
ABB AG	11	8.7%	766	8'839
Roche	12	8.2%	1487	18'033
Adia	13	7.5%	44	587
Bucher	14	7.4%	21	277
Richemont	15	7.2%	455	6'297

Abb. 7-12: Erfolgreichste Gesellschaften nach dem *value spread* 1995

Für unsere gesamte Stichprobe berechnet sich ein Mittelwert des value spread im Jahre 1995 von 3,3%. Der value spread ist eine zentrale Kenngrösse zur Messung der risikoadjustierten Verzinsung des eingesetzten Kapitals. Anhand des value spread sind Unternehmen unterschiedlicher

- Grössen,

- Kapitalintensität,

- Finanzierungsstruktur,

[1126] „Economic Value will be created only if the company is investing at a rate of return greater than that demanded by investors in the security market" (Rappaport (1986) 173).

- Risikoprofils und

- Länder[1127]

betreffend Schaffung von Shareholder Value miteinander vergleichbar.

Benutzt man den value spread als Massstab zum Vergleich der betrieblichen Leistungsfähigkeit (und nicht zur Messung der Höhe der Verzinsung des eingesetzten Vermögens), so müssen Einschränkungen betreffend dessen Aussagekraft gemacht werden. Denn der value spread ist z.b. zwischen *investitionsintensiven* und *arbeitsintensiven* Unternehmen nur bedingt vergleichbar. Dieser Umstand fällt vor allem beim Vergleich des value spread von Dienstleistungsunternehmen ins Gewicht. Denn bei Dienstleistungsunternehmen erscheint das Hauptvermögen – das Humankapital – nicht in der Bilanz und ist somit nicht Element des für die Höhe der Kapitalkosten relevanten Vermögensgrösse. Dies wirkt sich auf die Berechnung von EVA insofern aus, als die Kapitalkosten gegenüber kapitalintensiven Betrieben weit kleiner ausfallen. Falls diese tieferen Kapitalkosten nicht durch höhere Personalkosten (als Element des NOPAT) kompensiert werden, führt dies tendenziell zu grösseren EVA. Höhere EVA bei zugleich kleineren Vermögensgrössen resultieren (aus Sicht der Performancemessung) in ungerechtfertigt hohen value spread (siehe z.B. Surveillance[1128]). Um diese Verzerrung beim value spread als Performancemass auszuräumen, hat die London Business School bei ihrer Added Value Analyse den sog. *relativen Added Value*

[1127] In Bezug auf unterschiedliche Zins- und Inflationserwartungen. Siehe dazu auch Beispiele von inflationsbereinigten Kapitalisierungszinsfüssen bei Helbling (1995a) 408.

[1128] SGS Surveillance ist mit einem Umsatz von ca. CHF 2,6 Milliarden der weltweit grösste Anbieter von Warenprüfungs- und Inspektionsdienstleistungen. Der Investitionsbedarf in das betriebsnotwendige Vermögen (z.B. weltweites Büronetzwerk, wissenschaftliche Labors) ist im Vergleich zu den Aufwendungen für das Personal eher klein. 1995 betrugen die Personalaufwendungen rund CHF 1,5 Milliarden (als Vergleich: Abschreibungen auf Sachanlagen 1995 CHF 103m).

Der Hinweis der geringen Kapitalintensität ist für die Beurteilung des Unternehmens entscheidend. Setzt man nämlich EVA von SGS Surveillance nicht ins Verhältnis ihres Betriebsvermögens (value spread), sondern ins Verhältnis zur betrieblichen Wertschöpfung (relEVA, siehe Kapitel 7.3.3.), so verliert die Gesellschaft in unserer Untersuchung ihre Nr. 1 Position und fällt auf Platz Nr. 17 zurück. (So weit ersichtlich, wurde diese Relation bei der Untersuchung des CS Research (1996a) nicht berücksichtigt.)

(rAV) berechnet, welcher den betrieblichen Übergewinn auf der Basis der *betrieblichen Wertschöpfung* grössenbereinigt.

7.3.3. EVA relativ zur betrieblichen Wertschöpfung (relEVA)

Die Berechnung des *relative Economic Value Added* (relEVA) lehnt sich an die Überlegungen der London Business School zum relative Added Value an.[1129] Dabei wird der EVA zur betrieblichen Wertschöpfung ins Verhältnis gesetzt. Der relEVA berechnet sich aus der Division zwischen EVA und der Summe von Personalkosten und gesamten Kapitalkosten (NOA x c*):

relEVA = EVA / (Personalaufwand + NOA x c*)

Für unsere Stichprobe errechnete sich ein durchschnittlicher relEVA für 1995 von 5,5%. Die nach dem Kriterium des relEVA 15 besten Unternehmen sind in Abb. 7-12 ersichtlich:

[1129] Siehe Kapitel 3.2.4.b.iii. So weit ersichtlich, wurde der relEVA in dieser Form von Stewart (1991) nicht beschrieben.

Unternehmen	Rang	relEVA 1995	EVA 1995 (in CHFm)	Betriebliche Wertschöpfung 1995 (in CHFm)
Sandoz	1	34.6%	1'468	4'239
ESEC	2	33.9%	19	56
Phoenix Mecano	3	29.1%	27	93
Phonak	4	28.3%	14	51
Richemont	5	26.0%	455	1'750
Roche	6	23.9%	1'487	6'226
Affichage	7	18.1%	13	70
Nestlé	8	17.4%	1'960	11'278
Edipresse	9	16.5%	31	186
Ems-Chemie	10	16.4%	49	301
Schweizerhall	11	15.6%	10	64
Alusuisse-Lonza	12	14.3%	279	1'950
Ciba-Geigy	13	13.7%	1'122	8'167
Adia	14	12.1%	44	362
ABB AG	15	12.0%	766	6'402

Abb. 7-13: Erfolgreichste Gesellschaften gemessen nach dem *relEVA* 1995

Für *arbeitsintensive* Unternehmen wirkt sich die Berücksichtigung der Personal-kosten im Nenner der Kennzahl merklich auf die Plazierung innerhalb der unter-suchten Unternehmen aus. So z.B. wechselte SGS Surveillance von der ersten Position nach dem Kriterium value spread auf Platz Nr. 17[1130] gemessen nach relEVA. Auch das Unternehmen Kuoni fällt von Nr. 9 (value spread) auf Nr. 25 (relEVA).

Nach Röttger ist die Verwendung der beiden Inputgrössen Arbeit (repräsentiert durch die Personalaufwendungen) und Kapital (repräsentiert durch die Kapital-kosten) am besten geeignet, „als Anhaltspunkt für die Unternehmensgrösse zu dienen und Produktions-, Handels- und Verwaltungsunternehmen vergleichbar zu machen."[1131]

[1130] Siehe vollständige Liste in Anhang.
[1131] Röttger (1994) 80ff.

256

Es soll an dieser Stelle nochmals betont werden, dass die beiden Grössen value spread und relEVA zwei unterschiedliche Sachverhalte messen. Der value spread gibt an, um wie viele Prozentpunkte über der von den Kapitalgebern geforderten minimalen Rendite das betrieblich gebundene Vermögen verzinst wird. Der relEVA hingegen gibt an, welcher Anteil an der gesamten betrieblichen Wertschöpfung Aktionärsmehrwert darstellt.

7.3.4. EVA relativ zum Nettoumsatz (EVA-ROS)

Die Attraktivität einer unternehmerischen Tätigkeit wird vorzugsweise auch durch die Angabe von sog. *Umsatzrentabilitäten* ausgedrückt. Die bekannteste Grösse ist der *Return On Sales (ROS)*, der als Quotient von Nettogewinn *(Bottom Line)* und Umsatz *(Top Line)* berechnet wird.[1132] Da der ROS finanzielle und alle nichtbetrieblichen Elemente miteinschliesst, versucht man dessen Aussagekraft zu steigern, indem anstelle des Nettogewinnes der betriebliche Gewinn als Zähler verwendet wird. Man erhält damit die *betriebliche Gewinnmarge*.[1133] Diese ist als Performancegrösse zur Messung der betrieblichen Leistungsfähigkeit weit aussagekräftiger als der ROS und wird meist als Kennzahl zu Profitabilitätsvergleichen zwischen Unternehmen der *gleichen* Branche herangezogen. Die Betriebsgewinnmarge lässt jedoch die Höhe des eingesetzten Kapitals unberücksichtigt. So führt ein Vergleich der Umsatzrentabilitäten von beispielsweise einem Handelsunternehmen mit schmalen Margen, aber geringen Kapitalintensitäten, mit einem Industrieunternehmen mit satten Margen, jedoch hohen Kapitalintensitäten, zu keinem aussagekräftigen Ergebnis.[1134] Zudem bleiben Risikoüberlegungen und Finanzierungskosten ausser acht.

[1132] Werte zwischen vier und fünf Prozent gelten bei den Industrie- und Handelsgesellschaften als Durchschnitt. Die Branchenwerte können sich jedoch beträchtlich unterscheiden. So gelten in der Pharmabranche Werte von über zehn Prozent (Roche ROS 1994 von 19,3%) als realistisch, im Detailhandel Werte von über vier Prozent (z.B. Fust: ROS 1994 von 5,7%) schon als Ausnahme.

[1133] Werte zwischen sechs und acht Prozent entsprechen der üblichen Betriebsgewinnmarge. Wiederum unterscheiden sich die Werte je nach Branche mehr oder weniger stark.

[1134] Vgl. auch Ausführungen bei Lewis/Lehmann (1992) 16 und Röttger (1994) 15.

Um diese fehlenden Elemente zu berücksichtigen, bietet sich an, EVA ins Verhältnis zum Umsatz zu setzen. Der *EVA-Return On Sales (EVA-ROS)* berechnet sich folgendermassen:

EVA-ROS = EVA / Umsatz

Abb. 7-13 zeigt das Resultat der nach diesem Kriterium gemessenen EVA in Prozent des Nettoumsatzes:

Unternehmen	Rang	EVA-ROS 1995	EVA 1995 (in CHFm)	Nettoumsatz 1995 (in CHFm)
Phonak	1	10.9%	14	132
Roche	2	10.1%	1'487	14'722
Sandoz	3	9.6%	1'468	15'244
ESEC	4	9.4%	19	202
Phoenix Mecano	5	8.7%	27	313
Edipresse	6	6.8%	31	448
Surveillance	7	6.2%	162	2'628
Richemont	8	5.8%	455	7'869
Affichage	9	5.5%	13	232
Ciba-Geigy	10	5.4%	1'122	20'699
Ems-Chemie	11	5.4%	49	924
Zehnder	12	4.4%	18	410
Hilti	13	4.0%	82	2'055
ABB AG	14	4.0%	766	19'400
Alusuisse-Lonza	15	3.7%	279	7'490

Abb. 7-14: Erfolgreichste Gesellschaften gemessen nach dem *EVA-ROS* 1995

Der Durchschnitt der für unsere Unternehmen berechnete EVA-ROS betrug für 1995 1.6%. Mit dem EVA-ROS lässt sich die Attraktivität eines angestrebten Wachstums des Unternehmens (ausgedrückt als Umsatzwachstum) in bezug auf die damit verbundene Wertschaffung direkt beurteilen. Investitionen in Unternehmensbereiche mit einem positiven (oder gar mit einem über dem Durchschnitt liegenden) EVA-ROS schaffen Aktionärsmehrwerte und sind somit aus Investorensicht grundsätzlich zu begrüssen.

7.4. Vergleich der EVA-Gesamtperformance mit den Aktienrenditen Schweizer Publikumsgesellschaften

Im folgenden Kapitel soll nun untersucht werden, ob die Unternehmen mit überlegener EVA-Performance auch tatsächlich eine bessere Bewertung durch den Aktienmarkt erfahren. Unter der Annahme, dass sich erstens der Aktienmarkt (zumindest teilweise) auch nach den qualitativen Eigenschaften der betrieblichen Tätigkeit eines Unternehmens richtet[1135], und dass - zweitens – die oben durchgeführte Analyse nach EVA ein gutes Instrument darstellt, solche unterschiedlichen Qualitäten der betrieblichen Tätigkeit festzustellen, müssten Unternehmen mit hervorragender EVA-Performance ebenfalls hervorragende Aktienrenditen erzielen.[1136]

Dies soll nun für unsere Unternehmen untersucht werden. Zu diesem Zweck wird zunächst die *EVA-Gesamtperformance* definiert. Anschliessend werden jeweils die besten zehn Unternehmen eines Jahres (gemessen anhand der EVA-Gesamtperformance) zu einer Gruppe, die sog. *EVA-Performer*, zusammengefasst. Diese EVA-Performer bilden pro Analysejahr einen „Aktienkorb"[1137]. Zum Schluss werden die Aktienrenditen dieser Aktienkörbe mit der Performance des gesamten Aktienmarktes verglichen.

7.4.1. Definition der EVA-Gesamtperformance

Im vorangehenden Kapitel wurde die finanzielle Performance von Unternehmen anhand der vier Performancegrössen EVA, value spread, relEVA und EVA-ROS gemessen und jeweils mittels einer Rangliste miteinander verglichen. Nun sollen diese vier Grössen zur sog. *EVA-Gesamtperformance* zusammengezogen wer-

---

[1135] In diesem Sinne auch Finanz und Wirtschaft (1996b) 20: „Wenn die Fundamentaldaten eines Unternehmens besser als in der Gegenwart erwartet werden, sind die technischen Daten seiner Aktien zwangsläufig positiv, vorausgesetzt, der Markt stimme der Vision der besseren Zukunft zu"; zur Frage der Markteffizienz siehe Ausführungen in Kapitel 5.4.2.b.i.

[1136] Zum Vergleich Aktienrendite und Economic Value Added siehe auch Hesse (1996).

[1137] In Anlehnung an den englischen Ausdruck *basket*.

den.[1138] Dazu werden die Rangnummern der jeweiligen Performancegrössen zu einer Rangsumme addiert (siehe Abb. 7-15):

Unternehmen	EVA (CHFm) 1995	Rang	value spread 1995	Rang	relEVA 1995	Rang	EVA-ROS 1995	Rang	EVA-Gesamt-performance Rangsumme 1995	Gesamt-rang
Sandoz	1468	3	14.3%	4	34.6%	1	9.6%	3	11	1
Roche	1487	2	8.2%	12	23.9%	6	10.1%	2	22	2
Phoenix Mecano	27	16	14.0%	5	29.1%	3	8.7%	5	29	3
ESEC	19	22	21.9%	2	33.9%	2	9.4%	4	30	4
Surveillance	162	8	25.1%	1	11.8%	17	6.2%	7	33	5
Phonak	14	25	16.8%	3	28.3%	4	10.9%	1	33	6
Richemont	455	6	7.2%	15	26.0%	5	5.8%	8	34	7
Edipresse	31	14	9.5%	7	16.5%	9	6.8%	6	36	8
ABB AG	766	5	8.7%	11	12.0%	15	4.0%	14	45	9
Nestlé	1960	1	6.3%	18	17.4%	8	3.5%	18	45	10

Abb. 7-15: Die zehn erfolgreichsten Unternehmen des Jahres 1995 gemäss EVA-Gesamtperformance

Jede der vier berechneten Grössen wird bei der Addition der Rangnummern gleich gewichtet. Die Summe der Rangnummern stellt die EVA-Gesamtperformance dar. Die Unternehmen mit den kleinsten Rangsummen weisen die beste EVA-Gesamtperformance auf. Daraus ergibt sich eine Gesamtrangliste, aus welcher die besten zehn Unternehmen, die EVA-Performer, herausgelesen werden können.

Mit der Gleichgewichtung der einzelnen Performancegrössen (EVA, value spread, relEVA und EVA-ROS) werden vier aus Investorensicht wesentliche *Qualitätsmerkmale* zur Aktienanlage ausgewogen berücksichtigt:

- **Liquidität am Kapitalmarkt:** Aus der Sicht des Investors ist der *absolute EVA* eine Indikation für die Grösse des Unternehmens und somit meist auch ein guter Hinweis für die Kapitalmarktliquidität der entsprechenden Aktientitel (siehe auch Unternehmen der Abb. 7-10). Wie schon ausgeführt, schützt eine

---

[1138] Das nachfolgend vorgestellte Verfahren stellt eine Methode zum Vergleich von Unternehmen dar, wie sie – soweit ersichtlich –für die EVA-Analyse noch nicht angewendet wurde.

angemessene Marktliquidität den Investor vor einer teilweisen Immobilität seines Aktienvermögens.

- **Risikogerechte Verzinsung des eingesetzten Kapitals:** Der *value spread* gibt an, um wie viele Prozentpunkte die Verzinsung des investierten Vermögens über bzw. unter der vom Investor geforderten Minimalrendite liegt, die das Investitionsrisiko angemessen berücksichtigt. Wiederum sind es Unternehmen mit hohen value spread, die in der Gunst der Anleger stehen.[1139]

- **Aktionärsmehrwert an der gesamten betrieblichen Wertschöpfung:** Der relEVA gibt an, welcher Anteil an der gesamten betrieblichen Wertschöpfung als Mehrwert dem Aktionär zu Gute kommt. Je höher der relEVA, desto grösser ist die Mehrwertschaffung im Verhältnis zu den Ausgaben für die Mitarbeiter und die Kapitalkosten. So wird die Attraktivität von Investitionen in Unternehmen, die sich hinsichtlich ihrer Arbeits- bzw. Kapitalintensität unterscheiden, direkt vergleichbar.

- **Attraktivität vom Unternehmenswachstum:** Der *EVA-ROS* zeigt, inwieweit ein Unternehmen durch Umsatzwachstum für Investoren attraktiver wird. Wenn sich die Vermögens- und Betriebsstruktur (und somit das Risikoprofil des investierten Kapitals) bei einem Umsatzwachstum nicht entscheidend verändern, sind Unternehmen mit hohen EVA-ROS denjenigen mit tiefen vorzuziehen.

7.4.2. Die EVA-Performer 1992 bis 1997

Die *zehn* Unternehmen, welche die kleinste Summe der Rangnummern, d.h. die beste EVA-Gesamtperformance pro Jahr, aufweisen, bezeichnen wir als *EVA-Performer* des jeweiligen Jahres.

Die vorgängig besprochene EVA Performancemessung anhand der Massstäbe absolutes EVA, value spread, relEVA und EVA-ROS sowie der Zusammenzug zur EVA-Gesamtperformance wurde für alle Unternehmen für die Jahre 1992 bis

---

[1139] Vergleiche auch CS Research (1996a, 1996b), Finanz und Wirtschaft (1996g, 1996h).

1997 durchgeführt. Auf der Basis dieser EVA-Gesamtperformance konnten die jeweils besten zehn Unternehmen zur Gruppe der EVA-Performer des jeweiligen Jahres zusammengefasst werden (siehe Abb. 7-16):

Unternehmen	1992	1993	1994	1995	1996	1997
ABB AG				10		
Arbonia-Forster	10	8	4			
Ares-Serono	3	3				4
Ciba-Geigy					6	7
Edipresse	8			8		
Ems-Chemie					8	9
ESEC		10	8	4	3	3
Nestlé	6	7	6	9	10	
Phoenix Mecano	7		9	3	4	5
Phonak		9	7	6	5	6
Richemont	1	1	1	7	9	10
Roche	9	5	3	2	2	2
Sandoz	4	4	2	1	1	1
SMH	2	2	10			
Surveillance	5	6	5	5	7	8

Abb. 7-16: Rangnummern der EVA-Performer der Jahre 1992 bis 1997[1140]

Abb. 7-16 zeigt pro Analysejahr jene zehn Unternehmen (mit den jeweiligen Rangnummern), welche die beste EVA-Gesamtperformance der untersuchten 64 Gesellschaften erreichten. Gesellschaften, die sich nicht unter den besten zehn plazieren konnten, sind in dieser Tabelle nicht aufgeführt. Ein leeres Feld bedeutet, dass sich die Gesellschaft im jeweiligen Jahr ausserhalb der zehn besten Unternehmen befindet. Nur gerade vier Unternehmen (Richemont, Roche, Sandoz und Surveillance) wiesen während der gesamten Betrachtungsperiode (1992 bis 1997) gegenüber den anderen Gesellschaften eine überlegene EVA-Performance auf und konnten sich somit jedes Jahr unter den besten zehn Gesellschaften plazieren.

[1140] Für 1996 und 1997 (teilweise auch für 1995) wurden Schätzwerte verwendet. Zu den Berechnungsmodalitäten und der Datenqualität siehe Kapitel 1.5.4.

7.4.3. Vergleich der Aktienrenditen der EVA-Performer mit der Performance des Gesamtmarktes

Nun wird für jedes Analysejahr (1992 bis 1997) ein Aktienkorb, bestehend aus den Aktien der EVA-Performer des jeweiligen Jahres, gebildet.[1141] Für jeden dieser insgesamt sechs Aktienkörbe wird die Aktienrendite berechnet. Dabei werden die Aktienrenditen der einzelnen Unternehmen gleich gewichtet. Falls für ein Unternehmen mehrere Aktienkategorien an der Börse gehandelt werden, wird für den Aktienkorb diejenige Aktie ausgewählt, die den im Durchschnitt höchsten Tagesumsatz (in Stück) aufweist.[1142] Abb. 7-17 zeigt die so ermittelten Aktienrenditen des Aktienkorbes „EVA-Performer 1995":

Börsenjahr	1989	1990	1991	1992	1993	1994	1995
Aktienrendite des Aktienkorbes „EVA-Performer 1995" im jeweiligen Börsenjahr	51.2%	-2.5%	26.2%	17.4%	35.4%	6.0%	60.9%
Anzahl berücksichtigte Unternehmen des Aktienkorbes	7	7	8	8	8	8	10

Abb. 7-17: Aktienrenditen (1989 bis 1995) des Aktienkorbes „EVA-Performer 1995"

Bei der Berechnung der Aktienrenditen eines Aktienkorbes können naturgemäss nur diejenigen Aktien berücksichtigt werden, die auch tatsächlich gehandelt wurden. So sind beispielsweise für die Berechnung der Aktienrendite des Korbes „EVA-Performer 1995" für die Jahre 1989 und 1990 nur Aktienrenditen von sieben Unternehmen (ohne Edipresse, Phonak und ESEC) verfügbar.[1143] Erst zur Berechnung der Aktienrendite für das Jahr 1995 können alle Titel des Aktienkorbes berücksichtigt werden.

[1141] So z.B. besteht der Aktienkorb „EVA-Performer 1995" aus den Aktien der zehn Unternehmen ABB, Edipresse, ESEC, Nestlé, Phoenix Mecano, Phonak, Richemont, Roche, Sandoz und Surveillance.

[1142] Siehe dazu Angaben in Finanz und Wirtschaft (1995d).

[1143] Going Public von Edipresse 1990, von Phonak und ESEC jeweils 1994.

Es mag überraschen, dass für den Aktienkorb „EVA-Performer 1995" nicht nur die Aktienrendite des Börsenjahres 1995 berechnet wurde. Der Grund liegt in den unklaren Antizipationsverhältnissen des Aktienmarktes. Man kann kaum genau feststellen, „welche Zahlungsströme und Entwicklungen der Kapitalmarkt antizipiert hat."[1144] Stellen bei Unternehmen mit stabilen Ertragsaussichten (z.B. Roche) fünf Jahre eine untere Grenze des Antizipationshorizontes dar, so können bei krisengeschüttelten Unternehmen (z.B. Interdiscount) schon ein Jahr oder weniger als relevant erachtet werden.

Abb. 7-18 zeigt die Aktienrenditen der Jahre 1989 bis 1995 für alle sechs Aktienkörbe (EVA-Performer 1992 bis 1997) im Vergleich zur Performance des Gesamtmarktes:

Börsenjahr	1989	1990	1991	1992	1993	1994	1995
EVA-Performer 1992	35.8%	-5.5%	30.1%	32.4%	61.0%	2.3%	20.4%
EVA-Performer 1993	28.5%	-7.5%	36.2%	40.3%	69.5%	-3.6%	54.4%
EVA-Performer 1994	37.0%	-3.0%	37.1%	36.9%	71.9%	-1.2%	56.7%
EVA-Performer 1995	51.2%	-2.5%	26.2%	17.4%	35.4%	6.0%	60.9%
EVA-Performer 1996	42.2%	-7.4%	42.2%	19.4%	51.0%	-3.1%	65.3%
EVA-Performer 1997	41.6%	-8.4%	40.2%	19.4%	54.3%	-4.7%	66.2%
SPI	20.7%	-20.2%	15.9%	17.6%	50.8%	-7.6%	23.1%

Abb. 7-18: Aktienrenditen von 1989 bis 1995 der EVA-Performer 1992 bis 1997

Die Zeile „EVA-Performer 1995" zeigt beispielsweise, welche Aktienrendite der Aktienkorb, zusammengestellt aus den Aktientiteln der zehn Gesellschaften mit der besten EVA-Gesamtperformance 1995[1145], in den Jahren 1989 bis 1995 hatte. Im Jahre 1994 wies der Aktienkorb eine durchschnittliche Aktienrendite von 6,0% aus; im Jahre 1995 eine von 60,9%.[1146]

[1144] Vgl. auch Sach (1993) 29.

[1145] Siehe Abb. 7-15 und 7-16.

[1146] Der Einfluss der beiden „Börsenlieblinge" Phonak und ESEC in der Berechnung der Aktienrendite 1995 ist beträchtlich. Die Aktienrenditen dieser beiden Gesellschaften für das Jahr 1995 betrugen 144% (Phonak) bzw. 238% (ESEC). Das Weglassen der beiden Gesellschaften zur Berechnung der Aktienkörbe 1995 der Aktienkörbe, welche diese Unternehmen beinhalten, führt zu einem rund 30 Prozentpunkte tieferen Wert. So z.B. würde die Aktienrendite 1995 des Aktienkorbes „EVA-Performer 1996" 34,0% und nicht 65,3% betragen. Die Aktienrenditen vor 1995 werden
(Fortsetzung...)

Nimmt man nun an, dass der Aktienmarkt ausserordentliche EVA-Gesamtperformance mit überdurchschnittlichen Aktienrenditen honoriert, so sollten demzufolge die Aktienrenditen der EVA-Performer 1992 bis 1997 tendenziell über denjenigen des gesamten Aktienmarktes liegen. Analysiert man die Ergebnisse von Abb. 7-18, so scheint dies (ohne Berücksichtigung von Antizipationsfristen) mit wenigen Ausnahmen[1147] auch tatsächlich zuzutreffen. Dies bedeutet, dass eine Investition in Aktien von Unternehmen mit hervorragender EVA-Gesamtperformance Aktienrenditen erwarten lässt, die über der Aktienperformance des Gesamtmarktes liegen.

Streicht man nun die herausragendsten Aktienrenditen aus dieser Tabelle heraus, so zeigt sich – zumindest für die Börsenjahre 1992 bis 1995 – ein Muster, welches auf eine Antizipationsfrist von rund *einem Jahr* schliessen lässt. Dies bedeutet, dass die höchste Aktienrendite[1148] im Börsenjahr 1992 durch den Aktienkorb „EVA-Performer 1993", im Börsenjahr 1993 durch den Aktienkorb „EVA-Performer 1994", im Börsenjahr 1994 durch den Aktienkorb „EVA-Performer 1995" usw. erzielt wurde.

Oder anders formuliert: Der Schweizer Aktienmarkt honoriert eine auf ein Jahr erwartete herausragende EVA-Gesamtperformance mit überdurchschnittlichen Aktienrenditen im aktuellen Jahr. Trifft ein solches Antizipationsverhalten tatsächlich zu, so dürfte sich beispielsweise, unter Verwendung (richtig) prognostizierter Daten für die Jahre 1997 und 1998, schon heute diejenigen Unternehmen bestimmen lassen, die in den Börsenjahren 1996 und 1997 die höchsten Aktienrenditen erzielen werden.[1149]

---

durch die Performance von Phonak und ESEC nicht beeinträchtigt, da erst für das Börsenjahr 1995 eine vollständige Aktienrendite für die beiden Gesellschaften gerechnet werden konnte.

[1147] So lag z.B. die Aktienrendite des Korbes „EVA-Performer 1995" im Jahre 1993 deutlich unter der Rendite des Gesamtmarktes.

[1148] Der untersuchten Aktienkörbe.

[1149] Es bleibt anzumerken, dass dieses Ergebnis mit Vorsicht zu geniessen ist. Das Ziel dieses Kapitels war lediglich aufzuzeigen, in welche Richtung die Performancemessung der betrieblichen Leistungsfähigkeit eines Unternehmens aus Sicht des Aktionärs mit dem Instrument EVA in Zukunft gehen könnte.

7.4.4. Auswirkungen geänderter Berechnungsmethoden für die Industrietitel des Swiss Market Index (SMI)

Für die Industrieunternehmen des SMI[1150] soll im folgenden untersucht werden, wie sich zwei Adjustierungen, welche innerhalb der Shareholder Conversion[1151] besprochenen wurden, auf die EVA-Gesamtperformance- und die MVA ex post-Ergebnisse auswirken. Die Einschränkung auf die Industrieunternehmen des SMI erfolgt aus drei Gründen:

1. Der Umfang und die Qualität der publizierten Finanzdaten sind vergleichbar.[1152]

2. Vergleichbare (hohe) Marktliquidität der gehandelten Aktien.[1153]

3. Die hohe Marktliquidität der gehandelten Aktien fördert die Markteffizienz[1154] und damit die Wahrscheinlichkeit, dass sich auch „versteckte" Informationen über das Unternehmen im Aktienkurs adäquat widerspiegeln.[1155]

Zunächst soll für das Jahr 1995 die EVA-Gesamtperformance der SMI-Industrieunternehmen *ohne Korrekturen* berechnet werden (Abb. 7-19).

[1150] Per Ende März 1995, siehe Abb. 10-1.

[1151] Siehe Kapitel 4.3.4. und 5.2.6.

[1152] Siehe auch Abb. 4-2.

[1153] Siehe unter anderem Schweizer Börse (1995b).

[1154] Siehe dazu Diskussion in Kapitel 7.1.1. Zur Markteffizienz siehe Kapitel 5.4.2.b.i.

[1155] Nicht zuletzt deshalb, weil üblicherweise bei den liquiden Hauptwerten des Aktienmarktes weit intensivere Research-Aktivitäten als bei illiquiden Nebenwerten zu beobachten sind.

Unternehmen	EVA (CHFm) 1995	Rang	value spread 1995	Rang	relEVA 1995	Rang	EVA-ROS 1995	Rang	EVA-Gesamt-performance Rangsumme 1995	Gesamt-rang
Sandoz	1'468	3	14.3%	2	34.6%	1	9.6%	2	8	1
Roche	1'487	2	8.2%	4	23.9%	2	10.1%	1	9	2
Surveillance	162	7	25.1%	1	11.8%	7	6.2%	3	18	3
Nestlé	1'960	1	6.3%	6	17.4%	3	3.5%	8	18	3
ABB AG	766	5	8.7%	3	12.0%	6	4.0%	5	19	5
Ciba-Geigy	1'122	4	6.2%	7	13.7%	5	5.4%	4	20	6
Alusuisse-Lonza	279	6	7.1%	5	14.3%	4	3.7%	6	21	7
SMH	92	9	4.7%	8	11.4%	8	3.6%	7	32	8
Holderbank	153	8	1.4%	9	8.8%	9	1.8%	9	35	9
Sulzer	-30	10	-0.8%	10	-1.3%	10	-0.5%	10	40	10
Elektrowatt	-105	11	-1.0%	11	-5.7%	11	-2.1%	11	44	11

Abb. 7-19: EVA-Gesamtperformance 1995 der SMI-Industrieunternehmen (vor Berücksichtigung der EE)

Drei Equity Equivalent-Korrekturen (EE-Korrekturen)[1156] wurden für die folgenden Überlegungen vorgenommen:

1. Erhöhung der NOA um die kumulierten, seit 1990 dem Eigenkapital direkt belasteten Goodwillzahlungen.[1157]

2. Erhöhung der NOA um die kumulierten, seit 1990 erfolgten erfolgswirksamen Goodwillabschreibungen. Entsprechende Korrektur des NOPAT.[1158]

3. Korrektur der NOA und des NOPAT um die kumulierten und (einheitlich) über eine Periode von *fünf* Jahren abgeschriebenen Ausgaben für Forschung und Entwicklung (ebenfalls berücksichtigt seit dem Jahre 1990).[1159]

Falls ein Unternehmen keine Angaben zu den einzelnen erwähnten Positionen machte, unterblieb eine Korrektur. Die Auswirkungen auf EVA 1995 und MVA ex post per Ende 1995 zeigt Abb. 7-20:

[1156] Siehe Kapitel 5.2.6.

[1157] Siehe Diskussion in Kapitel 5.2.6.d. und Abb. 5-13.

[1158] Zur Korrektur NOPAT siehe insbesondere Abb. 5-15.

[1159] Zur Korrektur der Forschungs- und Entwicklungsaufwendungen siehe Kapitel 5.2.6.c. und Abb. 5-12.

Unternehmen	EVA 1995			MVA ex post Ende 1995		
(in CHFm)	mit EE	ohne EE	Änderung	mit EE	ohne EE	Änderung
Roche	1'391	1'487	-6.5%	56'704	70'629	-19.7%
Sandoz	902	1'468	-38.5%	21'676	30'801	-29.6%
Ciba-Geigy	521	1'122	-53.6%	6'061	12'812	-52.7%
ABB AG	890	766	16.1%	3'233	9'006	-64.1%
Alusuisse-Lonza	234	279	-16.0%	2'795	3'667	-23.8%
Sulzer	-41	-30	38.6%	-1'251	-477	162.4%
Holderbank	230	153	50.4%	-1'907	-1'646	15.9%
Elektrowatt	-117	-105	11.1%	1'628	1'917	-15.1%
SMH	87	92	-4.8%	2'559	2'618	-2.3%
Nestlé	1'477	1'960	-24.6%	21'139	31'088	-32.0%
Surveillance	150	162	-7.5%	2'497	2'714	-8.0%

Abb. 7-20: EVA und MVA ex post 1995 der SMI-Industrieunternehmen (vor und nach Berücksichtigung der EE)

Eine Änderung von EVA ergibt sich bei einer Änderung der Basiselemente. Da der Kapitalkostensatz von den hier durchgeführten EE-Korrekturen nicht betroffen ist, kommt dem Einfluss der Korrekturen auf die Vermögensgrösse NOA und auf die Gewinngrösse NOPAT entscheidende Bedeutung zu (Abb. 7-21):

Unternehmen	Zu-/Abnahme NOA	Zu-/Abnahme NOPAT
Roche	70.5%	27.6%
Sandoz	88.8%	0.0%
ABB AG	63.4%	31.1%
Surveillance	33.6%	0.0%
Alusuisse-Lonza	22.3%	0.2%
Nestlé	31.9%	1.0%
SMH	3.1%	0.0%
Holderbank	2.0%	11.3%
Ciba-Geigy	37.9%	-7.6%
Sulzer	20.5%	17.0%
Elektrowatt	2.7%	-0.1%

Abb. 7-21: Änderungen der Basisgrössen NOA und NOPAT nach EE-Korrektur

Eine Zunahme der Vermögensgrösse NOA beeinflusst den EVA (wegen der damit verbundenen höheren Finanzierungskosten) negativ; eine Zunahme der Gewinngrösse NOPAT hingegen positiv. Für die Nettowirkung auf EVA ist ausschlaggebend, in welchem Verhältnis die beiden Änderungen zueinander stehen.

Eine für die Höhe von EVA äusserst negative Kombination ergibt sich bei einer starken Zunahme der NOA bei gleichbleibendem (oder gar abnehmendem) NOPAT. Dies ist (im Rahmen der oben beschriebenen Korrekturen) vor allem dann der Fall, wenn die Goodwillabschreibung gegen das Eigenkapital korrigiert wird. Bei den Gesellschaften Nestlé, Sandoz und Ciba zeigt sich dies sehr deutlich. Alle drei Unternehmen verrechneten zwischen den Jahren 1990 und 1994 beträchtliche Goodwillzahlungen direkt mit dem Eigenkapital.[1160] Wegen des eben beschriebenen Mechanismus resultierten nach Berücksichtigung der EE-Korrekturen bei diesen Gesellschaften zwischen 25% und 54% kleinere EVA (siehe Abb. 7-20). Zwar wurde auch bei Roche ein massgeblicher Betrag (insgesamt CHF 8'817m) als Goodwillzahlung im Laufe der Jahre 1990 bis 1994 direkt dem Eigenkapital belastet. Doch ist bei dieser Gesellschaft der negative Effekt auf EVA wegen der Zunahme des NOPAT (siehe Abb. 7-21) kleiner ausgefallen.

Der NOPAT erhöht sich bei den hier durchgeführten EE-Korrekturen vor allem dann, wenn die Forschungs- und Entwicklungsaufwendungen eine steigende Tendenz aufweisen.[1161] Rückläufige F+E-Aufwendungen haben den gegenteiligen Effekt. So z.B. führte bei Ciba der Rückgang der jährlichen F+E-Ausgaben von 16% (1995 gegenüber 1992) zum Rückgang des NOPAT von 7,6%.

Eine über 50-prozentige Zunahme des EVA nach den EE-Korrekturen zeigt sich bei Holderbank; dies wegen einer fast gleichbleibenden Vermögensgrösse (+2%) und einer 11-prozentigen Zunahme des NOPAT. Der Grund für den positiven Verlauf liegt in der erfolgswirksamen Behandlung des Goodwills durch Holderbank. Im Rahmen der EE-Korrekturen werden Goodwillabschreibungen ebenfalls erfolgswirksam rückgängig gemacht und erhöhen somit nicht nur die Vermögensgrösse NOA sondern auch die Gewinngrösse NOPAT.

[1160] Direkt dem Eigenkapital belastete Goodwillzahlungen (kumuliert) zwischen 1990 und 1994: Nestlé: CHF 8'564m; Ciba: CHF 2'503m; Sandoz: CHF 5'908. Alle drei Gesellschaften aktivieren ab Geschäftsjahr 1995 den Goodwill und schreiben ihn erfolgswirksam ab. Siehe dazu Ausführungen in Kapitel 5.2.6.d.

[1161] Roche wies 1995 in der Position Forschung und Entwicklung einen um 50 Prozent höheren Betrag als 1992 aus.

Setzt man die absoluten Veränderungen des EVA wieder in das Bild der EVA-Gesamtperformance erhalten wir folgendes Ergebnis (Abb. 7-22):

Unternehmen	EVA		value spread		relEVA		EVA-ROS		EVA-Gesamtperformance	
	(CHFm)								Rangsumme	Rang
	1995	Rang	1995	Rang	1995	Rang	1995	Rang	1995	neu / alt
Roche	1'391	2	4.5%	5	19.7%	1	9.4%	1	9	1 / 2
Sandoz	902	3	4.7%	4	18.8%	2	5.9%	2	11	2 / 1
ABB AG	890	4	6.2%	2	13.4%	3	4.6%	4	13	3 / 5
Surveillance	150	8	17.4%	1	10.8%	8	5.7%	3	20	4 / 3
Alusuisse-Lonza	234	6	4.9%	3	11.7%	6	3.1%	6	21	5 / 7
Nestlé	1'477	1	3.6%	7	12.5%	5	2.6%	8	21	6 / 4
SMH	87	9	4.4%	6	10.8%	7	3.4%	5	27	7 / 8
Holderbank	230	7	2.1%	9	13.2%	4	2.6%	7	27	8 / 9
Ciba-Geigy	521	5	2.1%	8	6.1%	9	2.5%	9	31	9 / 6
Sulzer	-41	10	-0.9%	10	-1.8%	10	-0.7%	10	40	10 / 10
Elektrowatt	-117	11	-1.1%	11	-6.3%	11	-2.4%	11	44	11 / 11

Abb. 7-22: EVA Gesamtperformance 1995 der SMI-Industrieunternehmen (nach Berücksichtigung der EE)

Der durchschnittliche value spread und der relEVA reduzierten sich je um ca. drei Prozentpunkte, der EVA-ROS verringerte sich von 4,1% auf 3,4%.[1162] Trotz der teilweise bedeutenden absoluten Änderungen von EVA (siehe Abb. 7-21) hat sich die Reihenfolge der Unternehmen bei der EVA-Gesamtperformance nur geringfügig geändert. Am meisten betroffen ist Ciba, welche vom sechsten auf den neunten Rang zurückgefallen ist.

Als Ergebnis der in diesem Kapitel durchgeführten alternativen Berechnungsmethode für EVA kann folgendes festgehalten werden: Der gesamte EVA 1995 der SMI-Industrietitel reduzierte sich um rund 22%. Von der Korrektur waren vor allem die Unternehmen betroffen, die den Goodwill in der Vergangenheit erfolgsneutral direkt mit dem Eigenkapital verrechneten. Obschon sich bei einzelnen Unternehmen (z.B. Ciba oder Holderbank) das absolute EVA-Niveau mass-

---

[1162] Durchschnittliche value spread vor EE-Korrektur 7,3%; nach EE-Korrektur 4,3%. Durchschnittliche relEVA vor EE-Korrektur 12,8%; nach EE-Korrektur 9,9%. Siehe dazu auch Durchschnittswerte für alle untersuchten Gesellschaften in Kapitel 7.3.

geblich veränderte, zeigten sich im relativen Vergleich der Unternehmen keine grossen Auswirkungen.

8. EVA im Lichte der aktuellen Corporate Governance-Diskussion

Nachdem in Kapitel 6 und 7 die Sichtweise des Investors untersucht wurde, befasst sich dieses Kapitel mit der Unternehmensführung und der Möglichkeiten der unternehmensinternen Anwendung von EVA.

In einem ersten Teil wird aufgezeigt, in welcher Hinsicht die Unternehmensführung – insbesondere Schweizer Verwaltungsräte – zunehmend zur professionelleren Gestaltung der Corporate Governance herausgefordert ist. Zentrales Anliegen ist dabei die Umsetzung der von den Investoren geforderten Maximierung des Shareholder Value.[1163] Denn nur mit einem alleinigen (Lippen-)Bekenntnis zum „Shareholder Value" bleiben in der Unternehmung im täglichen Geschehen die Aktionärsinteressen noch grösstenteils unberücksichtigt.[1164] Als mögliches Instrument bietet sich der Einsatz eines aktionärsorientierten Anreizsystems für das Management an.[1165] So werden in einem zweiten Teil dieses Kapitels die Grundlagen für das Verständnis von Anreizsystemen gelegt und im dritten Teil ein EVA-basiertes Entlöhnungssystem vorgeschlagen.[1166]

[1163] Siehe dazu Ausführungen zu Beginn des Kapitels 2.2.2.

[1164] Vgl. unter anderem Rumpf (1994) 495 oder Volkart (1996) 30: „Wirksame Instrumente zur erfolgreichen Implementierung eines Value based management stehen [...] vielerorts erst in einem Anfangsstadium."

[1165] Siehe auch Financial Times (1996a) 12.

[1166] Dabei ist es wesentlich vorauszuschicken, dass die in diesem Kapitel aufgegriffenen Themen einzig Denkanstösse zur Umsetzung des Shareholder Value-Gedankens im Unternehmen gegeben werden. Es soll aufzeigen, in welche Richtung die Corporate Governance-Diskussion in Zukunft gehen könnte.

8.1. Corporate Governance in der Schweiz

8.1.1. Zum Begriff der Corporate Governance

Wegen der *fehlenden Trennschärfe* des Begriffs der Corporate Governance[1167] ist der Ausdruck, ähnlich wie Shareholder Value, zu einem Modewort verkommen.[1168] Corporate Governance kann als „system by which companies are directed and controlled"[1169] verstanden werden. Ausführlicher wird es beschrieben als: „The exercise of power over the direction of the enterprise. Literally, how corporate entities, particularly limited liability companies, are governed. It concerns the supervision of executive actions, the duty to be accountable, and the regulation of the company within the laws of the land. Corporate governance concentrates upon the board of directors, its structure and style and relationships with auditors and outside agencies."[1170]

Eine direkte Übersetzung des Begriffs der Corporate Governance führt zur Kurzformel „Unternehmenskontrolle"[1171], wobei der Verwaltungsrat als Organ zur Geschäftsführung und Überwachung des Unternehmens[1172] klar ins Zentrum der aktuellen Diskussion rückt.[1173] Somit beschäftigt sich Corporate Governance *„im Kern mit den Zusammenhängen zwischen Unternehmensleitung, Leitungskontrolle und Unternehmenserfolg aus der Sicht der Anteilseigner."*[1174]

[1167] Vgl. Nobel (1995) 1057: „Der Begriff 'Corporate Governance' ist aber, gelinde gesagt, sehr schillernd".

[1168] „Corporate governance has replaced phrases like junk bonds and leveraged buy-outs as boardroom buzzword of the 1990s" (Brady (1993) 14).

[1169] Commitee on the Financial Aspects of Corporate Governance (1992) Punkt 2.5.

[1170] Bob Tricker, zit. in Clarke (1993) 3; kürzer: „Corporate governance is all about finding ways to make companies run better." Financial Times, 6. April 1992, zit. in Clarke (1993) 3; weitere Definitionen siehe auch Wunderer (1995) 12/13.

[1171] Birchler (1995) 270.

[1172] Vgl. Wunderer (1995) 10.

[1173] Gleich Wunderer (1995) 14; auch Stewart (1993) 51; zur Thematik der Rolle des Verwaltungsrates zur Wahrnehmung der Corporate Governance siehe Pound (1995) 89ff. und die Replik von Millstein (1995) 168.

[1174] Heinz-Dieter Assmann, zit. bei Nobel (1995) 1059 (Hervorhebung im Original); weitere Aspekte des Corporate Governance Hanke/Walters (1994) 87; The Economist (1994) 2ff.; Der Schweizer Treuhänder (12/1995) 1017ff.; NZZ (1995b) 27. Zur Corporate Governance – im speziellen in der Schweiz – siehe Wunderer (1995) 12ff.

Diese Aktionärssicht manifestiert sich unter anderem darin, dass sich immer mehr Unternehmensführungen explizit zur Maximierung des Shareholder Value bekennen.[1175] Damit einhergehend sind prioritär die *finanziellen Aspekte* der Corporate Governance angesprochen.

8.1.2. Finanzielle Aspekte der Corporate Governance

„The specifically financial aspects of corporate governance [...] are the way in which boards set financial policy and oversee its implementation, including the use of financial controls, and the process whereby they report on the activities and progress of the company to the shareholders."[1176] Aus dieser Eingrenzung der Corporate Governance auf finanzielle Aspekte geht hervor, dass im Zentrum (wiederum) der Verwaltungsrat steht, der über

1. gegen *innen* gerichtete Massnahmen (Festlegung, Umsetzung und Kontrolle von finanziellen Zielen, Definition von Anreizsystemen)[1177], und über

2. gegen *aussen* gerichtete Massnahmen (Umfang und Qualität der Kommunikation von Finanzdaten)[1178]

befinden muss.[1179] Dabei sind beide Aufgabenbereiche eng miteinander verknüpft. Als Datenlieferant für die externe Berichterstattung hat das interne Berichtwesen mindestens einen dem Rechnungslegungsstandard genügenden Komplexitätsgrad aufzuweisen.[1180] So führt eine umfassende externe Berichterstattung

---

[1175] Vgl. Ausführungen zu Beginn des Kapitels 2.2.

[1176] Commitee on the Financial Aspects of Corporate Governance (1992) Punkt 2.6.

[1177] Zur Thematik Corporate Governance und internes Informationssystem siehe auch Drucker (1995) 54ff. und Matter (1995).

[1178] Aspekte zum Themenkreis Corporate Governance – Rechnungslegung/Abschlussprüfung siehe Achleitner (1995) 881ff.; Forker (1992); Burritt (1985); Miller/O'Leary (1993); Macdonald (1995); Collins/DeAngelo (1990).

[1179] Ähnlich Burritt (1985) 35: „From an accounting perspective directors or 'governors' have two main roles – they act as 'overseers' and as 'strategic managers' of the corporation's resources"; und auch Stewart (1993) 48: „Proper governance is a closed-loop system of decision making, accountability, and incentives."

[1180] Gleich: Burritt (1985) 35: „Hence, both governance roles are served by periodic accounting information. The question is what type of accounting information can best fulfill governance needs?"

gezwungenermassen zu umfangreichen internen Finanzinformationen.[1181] Diese wiederum stellen eine Voraussetzung zur finanziellen Steuerung und Kontrolle des Unternehmens dar.

Wegen der engen Verbindung zwischen dem finanziellen und betrieblichen Rechnungswesen besteht bei schnell wachsenden Unternehmen die Gefahr, dass sich ohne umfangreiche Vorschriften zum externen Berichtswesen wegen des fehlenden Zwanges zur Ermittlung umfangreicher finanzieller Daten ebenfalls Defizite im internen Informationsfluss ergeben. Damit können sich Lücken in der finanziellen Steuerung und Kontrolle auftun, was in wirtschaftlich schwierigeren Zeiten unter Umständen zum Untergang des Unternehmens führen kann. So traten z.B. nach dem konjunkturellen Einbruch Ende der achtziger Jahre solche Defizite unmittelbar zu Tage.

Konkurse von gesund geglaubten Unternehmen in Grossbritannien bildeten denn auch einer der Hintergründe zur Gründung des *Cadbury Committee* Anfangs 1991.[1182] Diese Kommission verfolgte das Ziel, einzelne Abläufe der Entscheidungsfindung und der internen Kontrolle vorzuschreiben und diese in einen „starren Rahmen"[1183] zu zwängen. Zu diesem Zweck arbeitete das Cadbury Committee rasch umsetzbare Empfehlungen aus[1184] und forderte die Spitzengremien der Unternehmen darin auf, unter anderem die Wirksamkeit der internen Kontrollprozesse zu überprüfen und sicherzustellen, dass die Berichterstattung und Offenlegung den Vorschriften genügen.[1185]

[1181] Siehe dazu auch Matter (1992).

[1182] Dazu Macdonald (1995) 1051: „Why the creation of the Cadbury Committee? In the late 1980's within the UK business community there was a growing sense that the system was not working. Deficiencies in the existing accounting standards were increasingly evident. The pressure for ever increasing earnings and growth had led to many companies exploiting weaknesses in accounting standards in order to report much better positions than were 'real'. The problems affected both reported profits and the full extent of companies liabilities."

[1183] Vgl. Macdonald (1995) 1056.

[1184] Dargestellt im Report of the Cadbury Committee on the Financial Aspects of Corporate Governance, London 1992.

[1185] Vgl. Macdonald (1995) 1051ff.; United Nations (1995) 6ff.

Mit den zunehmenden Anforderungen an die externe Berichterstattung – schärferes Aktienrecht, de facto FER-Umsetzung durch das neue Kotierungsreglement – konnte aus Schweizer Sicht die Situation insofern entschärft werden, als der Verwaltungsrat zumindest in bezug auf die *externe* Berichterstattung in ein engeres Korsett gebunden worden ist. In der Ausgestaltung der *internen* finanziellen Führung bestehen aber immer noch Mängel.[1186]

8.1.3. Die Agency-Theorie als Bezugsrahmen

Wird der Konflikt zwischen Aktionären und Management diskutiert, so geschieht dies in der Betriebswirtschaftslehre in der Regel unter Beizug der *Agency-Theorie* (auch *mikroökonomische Firmentheorie* genannt).[1187]

Die Agency-Theorie baut grundsätzlich auf den Erkenntnissen von Berle und Means auf.[1188] Berle/Means haben 1932 als erste[1189] in aller Klarheit mit der *Trennungsthese*[1190] auf die Tatsache hingewiesen, dass sich das Management grosser Gesellschaften mit gestreutem Aktienbesitz einer direkten Überwachung durch die Kapitalgeber tendenziell entzieht. Dabei verlangten sie *rechtliche* Gegenwehr, um den Machtfreiraum der Unternehmensleitung einzuschränken.[1191]

Durch die *mikroökonomische Firmentheorie* wurde die Trennungsthese von Berle/Means in *zwei* Richtungen reinterpretiert:[1192]

[1186] Siehe Ausführungen in Kapitel 8.1.4.

[1187] Referenzwerk: Jensen/Meckling (1976) 305ff.

[1188] Berle, A.A., Means, G.C.: The Modern Corporation and Private Property, New York, 1932.

[1189] „Heute wird von Nationalökonomen gern darauf hingewiesen, dass das Grundphänomen der These von *Berle/Means* längstens (insb. seit Adam *Smith*) bekannt war" (Meier-Schatz (1985) 91, Hervorhebungen im Original).

[1190] Die Trennungsthese besagt, „dass das Management moderner Grossgesellschaften mit gestreutem Aktienbesitz sich tendenziell direkter Überwachung durch die Kapitaleigner entzieht. [...] Der Mangel an wirksamen rechtlichen Kontrollen und das Fehlen anderweitiger Sanktionsmechanismen verschaffe der Unternehmensleitung einen Machtfreiraum, der ihr die Gesellschaft ohne Mitsprache der Aktionäre und auf Kosten von deren Gewinnerwartungen zu führen erlaube" (Meier-Schatz (1985) 89/90).

[1191] Meier-Schatz (1985) 93; siehe auch Bühner (1990) 5.

[1192] Vgl. Meier-Schatz (1985) 91; Ross (1973) 134ff.

276

Zum *einen* wird das Trennungsphänomen als Spezialisierung der Grundfunktionen Entscheidfällung und Risikotragung begriffen, was zusätzliche Effizienzvorteile (Spezialisierungsvorteile) birgt.

Zum *anderen* wird das Verhältnis zwischen Aktionär und Management als Agenturbeziehung verstanden. Der Aktionär übernimmt dabei die Rolle des Auftraggebers (Principals) und versucht die Interessendivergenzen[1193] zum Management als Auftragnehmer (Agenten) zu möglichst geringen Kosten (*agency costs*[1194]) zu überbrücken.

Im Gegensatz zu Berle/Means verlangen Vertreter der mikroökonomischen Firmentheorie in erster Linie keine rechtlichen Massnahmen, weil sie davon ausgehen, „dass

- *marktmässige* Sanktionsmechanismen auf den Märkten für Manager, für Kapital und für Unternehmenskontrolle sowie

- *unternehmensinterne* Überwachungstechniken

ausreichen, um den Aktionärsinteressen zum Durchbruch zu verhelfen."[1195]

[1193] Dazu Bühner/Weinberger (1991) 194: „Interessenkonflikte zwischen Eigentümern und Managern (sog. Agency-Konflikte) entstehen, wenn Manager eigene Ziele verfolgen, die nicht mit den Zielen der Aktionäre übereinstimmen. Beispiele für solche Ziele sind das Streben nach Grösse, Macht oder Sicherheit"; oder Jensen (1986) 323: „Managers have incentives to cause their firms to grow beyond the optimal size. Growth increases managers' power by increasing the resources under their control. It is also associated with increases in managers' compensation, because changes in compensation are positively related to the growth in sales" (sog. *empire building*).

Beim *empire building* strebt das Top-Management prioritär ein Grössenwachstum des Unternehmens an. Dieses Grössenwachstum hat nicht zwingend (aus Aktionärssicht) ökonomische Motive. Vielmehr stehen Gründe wie erhöhter Schutz vor Übernahme durch eine andere Gesellschaft, Sicherung des eigenen Arbeitsplatzes oder auch Erhöhung der Macht und des Status (und nicht zuletzt des Einkommens) des Top-Managements im Vordergrund der Anstrengungen. Siehe dazu Meier-Schatz (1985) 101; Mahari (1988) 15ff.; Janisch (1992) 158ff. und Brindisi (1985) 14, welcher unter anderem auf eine Untersuchung der Unternehmensberatung Booz Allen & Hamilton, Inc. hinweist: „Booz Allen & Hamilton Inc. studied the process of market valuation, shareholder value, and the executive reward systems among the Standard & Poor 400 companies over a thirty-year time frame. The results showed that since 1961 total shareholder value [including dividends] increased by only 10.6 percent [...]. On the other hand, executive pay rose 36.5 percent during the same period."

[1194] Dazu Jensen/Meckling (1976) 308: „We define *agency costs* as the sum of: (1) the monitoring expenditures by the principal, (2) the bonding expenditures by the agent, (3) the residual loss."

[1195] Ladner (1996) 116 (Gliederung und Hervorhebungen hinzugefügt).

Sodann geht die *Agency-Theorie* nicht von einer a priori negativen Wirkung der Trennung von Eigentum und Kontrolle aus, sondern gewinnt der Aufteilung zwischen den beiden Funktionen des *Kapitalnehmers* (repräsentiert durch das Management, welches realwirtschaftliche Projekte betreibt und deshalb Finanzkapital nachfragt) und des *Kapitalgebers* (repräsentiert durch Eigen- und Fremdkapitalgeber, die Finanzkapital anbieten) positive Seiten ab.[1196] Die Agency-Theorie untersucht dabei im Kern „die Frage, auf welche Weise Anreiz- und Kontrollsysteme Auftragnehmer (Agents) dazu veranlassen können, trotz eigenständiger Zielsetzungen, eigenständiger Risikoneigungen und problemspezifischer Informationsvorsprünge im Interesse der sie beauftragenden Auftraggeber (Principals) zu handeln."[1197]

Hierzu sollten die damit verbundenen Informationsbeschaffungs- und Überwachungskosten der Anteilseigner so gering wie möglich gehalten werden. Spremann führt dazu aus: „Ein schweres Hemmnis für die Marktfähigkeit von Finanzierungskontrakten liegt vor, wenn Eigenkapitalgeber einen hohen Aufwand zur Kontrolle der Manager zu leisten haben, etwa durch den persönlichen Einsatz laufender und direkter Überwachung. Wenn sich aber generelle und überindividuelle Mechanismen finden lassen, die zur Kontrolle der Manager beitragen, dann wird die Beziehung zwischen Prinzipal und Agent entlastet und damit die Marktfähigkeit von Finanzierungskontrakten begünstigt."[1198]

Bei ansteigender Grösse, zunehmender Internationalität und steigendem Dezentralisierungsgrad des Unternehmens werden die Kontrollaufwendungen grösser. So stellt sich die Frage, welche Vertreter des Aktionariats (als Auftraggeber) diese Kontrollaufwendungen auf sich nehmen wollen. Bei breit gestreutem Aktienbesitz (vor allem bei grossen Unternehmen) lohnt es sich für den einzelnen Aktionär kaum, Anstrengungen zur Informationsbeschaffung und zur Kontrolle des Managements vorzunehmen. Erst wenn die Früchte der Kontrollkosten grösser

---

[1196] Vgl. Spremann (1991) 601.

[1197] Elschen (1991) 209.

[1198] Spremann (1991) 602; kürzer Kaplan/Atkinson (1992) 721: „An agency relationship exists whenever one party (the principal) hires another party (the agent) to perform some service".

sind als der dazu benötigte Einsatz, wird ein einzelner Aktionär ein solches Vorgehen in Betracht ziehen. Wegen ihrem teilweise grossen Aktienbesitz an einzelnen Unternehmen kommt diese Aufgabe vor allem den institutionellen Aktionären zu. Die von ihnen gehaltenen Aktienpakete überschreiten die kritische Masse, ab welcher sich massgebliche Kontrollanstrengungen lohnen. Bei genügend grossen Aktienpaketen, bei welchen der Nutzen der Kontrollanstrengungen zu einem grossen Teil dem aktiven Aktionär selber zufällt, wird zudem das Trittbrettfahrerproblem[1199] teilweise entschärft.[1200]

8.1.4. Rahmenbedingungen für die Corporate Governance in der Schweiz

Wie oben festgestellt steht im Zentrum der Corporate Governance der Verwaltungsrat. In der Schweiz ist heute die Wirksamkeit der Kontrolle durch die Verwaltungsräte typischerweise mit Mängeln behaftet: „Erstens hängt der Verwaltungsrat in der Informationsbeschaffung stark von der Geschäftsleitung ab.[1201] Zweitens fehlt den Verwaltungsratsmitgliedern häufig die Zeit, vorhandene Informationen zu verarbeiten [...]. Drittens ist die in der Schweiz vorherrschende Konsenskultur[1202] einer verstärkten Kontrolle der Geschäftsleitung nicht förderlich.“[1203] Nicht nur aufgrund gesetzlicher Vorschriften, sondern auch unter Druck des zunehmend professionelleren Aktionariats wird der Verwaltungsrat in Zu-

---

[1199] Da alle Aktionäre proportional zu ihrer Investition in gleichem Masse von einer möglichen Verbesserung der Unternehmens-Performance profitieren, hat derjenige Anleger einen komparativen Nachteil, welcher sich zu einer intensiveren Überwachung der Gesellschaft mit entsprechenden Kosten entschieden hat. Vgl. dazu Gottschlich/Meier-Scherling (1995) 25 und Elschen (1991) 215.

[1200] Vgl. Birchler (1995) 271

[1201] Auch Meier-Schatz (1993) 310: „[B]oards barely have sufficient *information*“.

[1202] Dazu Meier-Schatz (1993) 311: „Moreover, until now, board meetings in Switzerland were often simply not considered the proper forum for substantive and critical debates and, hence, were nearly ritualistic performances.“

[1203] Birchler (1995) 269; vgl. auch Meier-Schatz (1993) 310ff.; zur neuen Aufgabengestaltung des Verwaltungsrates siehe auch Steiger (1995) 29. Er führt fünf Schlüsselkompetenzen eines Verwaltungsrates an: „Unternehmenführungs-Kompetenz, Management- und Instrumente-Kompetenz, Marketing- und Verkaufs-Kompetenz, Kontakt- und Beziehungs-Kompetenz sowie Financialengineering-Kompetenz.“

kunft gezwungen sein, seine eigene Professionalität in dieser Hinsicht zu erhöhen.[1204]

a) Aktienrechtliche Pflicht der Finanzverantwortung

Bisher kannte das Obligationenrecht vier Grundfunktionen des Verwaltungsrates:[1205]

1. Bindegliedfunktion[1206]

2. Normsetzungsfunktion[1207]

3. Wahlfunktion[1208]

4. Überwachungs- und Begleitfunktion gegenüber der Geschäftsleitung.[1209]

Die genannten vier Grundfunktionen wurden im Rahmen der *Gestaltungsverantwortung*[1210] mit drei weiteren Aufgaben ergänzt:[1211]

- Oberleitung der Gesellschaft[1212]

- Organisationsverantwortung[1213]

- Finanzverantwortung[1214]

[1204] Vgl. unter anderen Nobel (1991) 531ff.; Langenauer (1994) 9ff.; Böckli (1991) 36ff. und Hunsiker (1991) 45ff.

[1205] Böckli (1994) 4ff.

[1206] Die *Bindegliedfunktion* des Verwaltungsrates zwischen den Aktionären und dem Management gewinnt im Zusammenhang mit dem Shareholder Value wieder an Bedeutung.

[1207] Damit ist der Erlass der nötigen Reglemente und Weisungen an die mit der täglichen Geschäftsführung betrauten Personen verbunden.

[1208] Ernennung und Abberufung der Geschäftsleitung.

[1209] Überwachung der Geschäftsleitung im Hinblick auf die Einhaltung der Gesetze, Statuten und Reglemente.

[1210] Böckli (1994) 5.

[1211] Art. 716a OR; Überblick über die Rechte und Pflichten des Verwaltungsrates unter anderem bei Müller (1995) 807ff.

[1212] Im Rahmen der Oberleitung muss der Verwaltungsrat Ziele festlegen und für eine Aufrechterhaltung eines Gleichgewichtes von „unternehmerischen Zielen (Was will man?) und finanziellen Mitteln (Was kann man finanzieren?) [...] sorgen" (NZZ (1994a)).

[1213] Festlegung der 1) Spitzenorganisation (Niederschlag im Organisationsreglement), 2) Grundstruktur des Unternehmens (Stammhaus-, Holdingstruktur, betriebswirtschaftliche Organisation, was die funktionale und spartenmässige Ausprägung anbelangt), 3) Pflicht zur Anpassung an die sich verändernde Umwelt.

Dabei bezeichnet Art. 716a diese Aufgaben als (durch die Generalversammlung) *unentziehbar* und als (an die Geschäftsleitung) *unübertragbar*. Die Unübertragbarkeit bedeutet jedoch keinesfalls, dass der Verwaltungsrat alles selber machen muss. Sie „bezieht sich weder auf die Beschluss*initiative* noch auf die Beschluss*gestaltung*, sondern immer auf die Beschluss*fassung*."[1215] Der Verwaltungsrat kann sich Lösungsvorschläge präsentieren lassen und auf dieser Basis Entscheide fällen.

Die *Finanzverantwortung* des Verwaltungsrates bedeutet, „dass er im Auf und Ab des Geschäftsganges, sowohl in der Expansion wie im taktischen Rückzug, sowohl bei sprudelndem Cash-flow wie beim Eintreffen von Verlustnachrichten, sich um das *finanzielle Gleichgewicht des Unternehmens* zu kümmern hat."[1216] Im einzelnen sind damit drei Aufgabenbereiche verbunden:[1217]

1) Ausgestaltung des Rechnungswesens[1218]

2) Ausgestaltung der Finanzkontrolle[1219]

3) Ausgestaltung der Finanzplanung[1220]

Auch zur Wahrnehmung dieser Aufgaben darf der Verwaltungsrat die Geschäftsleitung mit vorbereitenden Arbeiten beauftragen. Doch Entscheidungen in diesen Bereichen muss der Verwaltungsrat selbst treffen und verantworten. Dies verlangt (besonders in finanziellen Fragen) nach einer minimalen finanziellen

---

[1214] Siehe gleich nachfolgend.

[1215] Böckli (1994) 6 (Hervorhebungen im Original).

[1216] Böckli (1996) N 1556 (Hervorhebungen im Original).

[1217] Vgl. Art. 716a Abs. 1 Ziff. 3 OR.

[1218] Ordnungsmässigkeit der Rechnungslegung, zweckmässige Organisation des Rechnungswesens (Böckli (1996) N 1557); auch verlangt Böckli nach einer „zeitnah geführten Rechnung und einem entsprechenden, dynamisch verstandenen Umgang mit den Zahlenwerken", was das Rechnungswesen zum eigentlichen „Führungsmittel" werden lässt (a.a.O. N 1558).

[1219] „Überwachung und Erhaltung des finanziellen Gleichgewichts, das Wachen insbesondere über die *Liquidität*, [...] kritische Verfolgung und Nachprüfung der finanziellen Abläufe im Unternehmen" (Böckli (1996) N 1561 und N 1562).

[1220] „Sicherstellung einer mehrjährigen Finanzplanung, die den VR in die Lage versetzt, allenfalls rechtzeitig notwendige Korrekturen vorzunehmen" (Revisuisse Price Waterhouse (1994) 2). Der Gesetzgeber schränkte die Pflicht zur Finanzplanung dahingehend ein, dass sie nur durchgeführt werden muss, sofern sie für die Führung der Gesellschaft notwendig ist (Art. 716a Abs. 1 Ziff. 3 OR).

Sachkompetenz.[1221] Doch gerade diesem Punkt messen Schweizer Verwaltungsräte noch eine zu geringe Bedeutung zu. Gemäss einer Umfrage bei den Verwaltungsratspräsidenten der hundert grössten Publikumsgesellschaften in der Schweiz werden „Spezialkenntnisse in Finanzen und im Gesellschaftsrecht" für die Auswahl von Verwaltungsratspositionen nur von 22% als „wichtig" und von 20% der befragten Verwaltungsratspräsidenten sogar als „unwichtig" eingestuft.[1222]

In diesem Sinne tun sich hier Lücken im Aufgabenbewusstsein von Verwaltungsräten auf, von denen anzunehmen ist, dass sie sich im Laufe der Zeit, nicht zuletzt unter dem Druck eines zunehmend professionelleren Aktionariats, schliessen werden.

b) Professionalisierung des Aktionariats

„Dem Verwaltungsrat wird bewusst, dass er nicht dazu da ist, dem Management Geborgenheit zu geben und ihm Freude zu machen, sondern dass er von den *Aktionären* eingesetzt ist und *ihnen* unmittelbar Rechenschaft schuldet."[1223] So wird es in Zukunft primär nicht nur das Gesetz sein, welches als Regulativ dem Verwaltungsrat die gewissenhafte Handhabung der neuen Aufgaben aufzwingt. Vielmehr sind es die Forderungen eines zunehmend *professionelleren Aktionariats*, die vermehrt die Handlungen des Verwaltungsrates prägen werden.[1224] Dabei ist es die Kumulation *dreier* Faktoren, welche zur ansteigenden Professionalisierung des Aktionariats beitragen:

1. *Vormarsch der institutionellen Anleger*;

2. zunehmender *Performance-Druck* der Institutionellen;

[1221] Dazu pointiert De Pury (1995) 1033: „Eminent wichtig ist, dass *jedes* Verwaltungsratsmitglied mit Fragen des Rechnungswesens und der Finanzen vertraut ist, denn Verwaltungsräte sehen in erster Linie Zahlen. Wer mit Zahlen nichts anfangen kann, hat in einem Verwaltungsrat nichts zu suchen" (Hervorhebung im Original).

[1222] Egon Zehnder/Finanz und Wirtschaft (1994) 9.

[1223] Böckli (1994) 4 (Hervorhebungen im Original).

[1224] Siehe auch Ladner (1995) 11; zur generellen Entwicklung der Schweizer Aktionärsstruktur siehe Gallati (1994) 65ff.

3. teilweise *Immobilisierung* von grossem Aktienbesitz.

(i) Vormarsch der institutionellen Anleger

Aus mehren Gründen muss erwartet werden, dass die Bedeutung der institutionellen Investoren[1225] rasch zunehmen wird:

- *Zunehmende Präsenz ausländischer Investoren:* Die Schweizer Aktien gehören zu ungefähr einem Drittel ausländischen Aktionären. Diese sind mehrheitlich (zu ca. 70%) institutionelle Anleger.[1226] Mit besserer Verfügbarkeit von Informationen über Schweizer Publikumsgesellschaften und zunehmender Hinwendung Schweizerischer Führungsgremien zum Shareholder Value-Denken ist damit zu rechnen, dass ausländische Gelder in Zukunft noch vermehrt in Schweizer Aktien fliessen.

- *Lockerung der Anlagevorschriften für Pensionskassen:* „Das institutionelle Sparen macht uns zunehmend zu einem Volk von indirekten Aktionären."[1227] Mit einem Vermögen von derzeit rund CHF 300 Mrd.[1228] hat die Schweiz den fünftgrössten Pensionskassenmarkt der Welt.[1229] Dabei ist zu erwarten, dass einerseits ein zunehmender Performance-Druck[1230] und andererseits die Lockerung der Anlagevorschriften[1231] den im internationalen Vergleich kleinen Aktienanteil am Pensionskassenvermögen von 10%[1232] rasch erhöhen werden.[1233]

[1225] Siehe auch Aufzählung in Kapitel 1.3.

[1226] Birchler (1995) 265.

[1227] Ackermann (1995) 27; ähnlich Müller-Möhl (1995) 1043: „Das Versicherungssparen macht die Arbeitnehmer zu indirekten Aktionären, deren Vertretung intensiviert werden muss."

[1228] Dabei spricht Nolmans (1996) von einem Vermögen von CHF 350 Milliarden.

[1229] Müller-Möhl (1995) 1043; Gallati (1994) 68 schätzt das Pensionskassenvermögen im Jahre 2010 auf rund 1'000 Milliarden Franken. Birchler (1995) 266 rechnet bis ins Jahr 2000 mit einer Verdoppelung des Pensionskassenvermögens.

[1230] Siehe gleich nachfolgend.

[1231] Seit 1.1.93 ist es den Pensionskassen erlaubt, insgesamt bis zu 50% des Anlagevermögens in Aktien zu investieren (vorher 30%). Siehe dazu Art. 54 und 55 der zweiten Vollziehungsordnung (BVV 2, Stand 1. Januar 1995) zum Bundesgesetz über die berufliche Alters-, Hinterlassenen- und Invalidenvorsorge (BVG).

[1232] USA 60%; England 80% (siehe Müller-Möhl (1995) 1043).

[1233] Gleich Birchler (1995) 266: „Die Renditevorgaben und die Freizügigkeit (Versiegen von Zügergewinnen) zwingen die Pensionskassen zu einer Performance, die nur mit einem gut diversifizierten

(Fortsetzung...)

- *Zunehmendes (freiwilliges) Aktiensparen:* Vielfältige Aktienfonds, Beteiligungsgesellschaften und neue Formen von Versicherungen machen das Aktiensparen für den individuellen Anleger attraktiv und die direkte Aktienanlage teilweise überflüssig. Der individuelle Anleger profitiert nicht nur von tieferen Transaktionskosten und verringertem Anlagerisiko, sondern auch von (unter Umständen) besseren langfristigen Renditen.[1234]

Inländische institutionelle Anleger besitzen schon heute insgesamt rund ein Drittel[1235] der Schweizer Aktien.[1236] Bei einem geschätzten Vermögen von ca. CHF 1'000 Mrd.[1237] haben sie somit in etwa 15% in inländische Aktien investiert. Lüscher rechnet bis ins Jahr 2000 mit einer Verdoppelung des institutionellen Vermögens auf zwei Billionen Franken, welches sich bis ins Jahr 2010 nochmals verzweieinhalbfachen wird.[1238] Aufgrund dieser Prognosen kann ohne weiteres angenommen werden, „dass der Vormarsch institutioneller Anleger das Kräfteverhältnis zwischen Aktionären und Geschäftsleitungen verändert und damit indirekt auch den Wert der Unternehmen beeinflusst."[1239]

(ii) Performance-Druck der Institutionellen

Institutionelle Anleger gehören zu einer Generation von Aktionären, die mit den „dummen und frechen"[1240] Aktionären zu Zeiten Carl Fürstenbergs kaum mehr vergleichbar sind.[1241] Wegen des grossen Umfanges der anzulegenden Gelder ist es für die Institutionellen ökonomisch sinnvoll, Anlagen unter Verwendung pro-

---

Portefeuille renditestarker Titel erreichbar ist. Die (in der Vergangenheit schrittweise gelockerten) gesetzlichen Bestimmungen lassen eine beträchtliche Aufstockung der Aktienbestände zu."

[1234] Vgl. Drill (1995) 19.

[1235] Birchler (1995) 265.

[1236] Börsenkapitalisierung Ende 1995: CHF 458 Milliarden (vgl. Schweizer Börse (1995b) 2).

[1237] Studie der Bank Julius Bär, zit. in Drill (1995) 19.

[1238] Lüscher (1994) 48.

[1239] Birchler (1995) 271. Die zunehmende Präsenz der Institutionellen in der Schweiz dokumentiert auch die von Baladi ins Leben gerufene „Lobby für institutionelle Anleger in der Schweiz" (siehe Baladi (1994)).

[1240] „Der Aktionär ist nicht nur dumm, sondern auch frech. Erstens gibt er sein Geld in fremde Hände, und zweitens verlangt er auch noch eine Dividende." Carl Fürstenberg (Berliner Bankier 1850-1933), zit. in Drill (1995).

[1241] Zum Vergleich der Investorentypen „individuell" und „institutionell" siehe auch Drill (1995) 18.

fessioneller Portfoliotechnik und unter Ausnützung umfangreicher Informationssammlung und -auswertung zu tätigen.[1242]

Diese Anstrengungen bei den Anlageentscheiden gewinnen vor dem Hintergrund des zunehmenden Wettbewerbes unter den Institutionellen zunehmend an Bedeutung. Der Wettbewerb zeigt sich bis jetzt am deutlichsten bei immer häufiger publizierten Performance-Vergleichen der Aktienanlagefonds. Aber auch schon Renditevergleiche von Pensionskassen, welche Banken und Versicherungen anvertraut werden[1243], erhöhen den Performance-Druck. Und falls es eines Tages für den Arbeitnehmer möglich sein wird, seine „persönliche" Pensionskasse frei wählen zu können[1244], werden auch die Pensionskassenverwalter gezwungen sein, eine Rentabilität zu erreichen, die über dem technischen Mindestzinssatz von 4%[1245] zu liegen kommt.[1246]

Dieser Performance-Druck äussert sich auch in der homogenen Interessenlage der institutionellen Anleger.[1247] Sie verlangen in der Regel nach einer Wertmaximierung der von ihnen gehaltenen Unternehmensteile.[1248] Diesen Wert messen sie mit dem tatsächlich erwirtschafteten Shareholder Value, der mit dem Instrument der Aktienrendite zwischen den verschiedenen Aktienanlagen vergleichbar gemacht werden kann. In letzter Konsequenz bedeutet es, dass institutionelle Anleger „ihr Geld ziemlich emotionslos dort anlegen, wo sie die besten Renditen erwarten".[1249]

[1242] Vgl. Ladner (1996) 10; ebenfalls NZZ (1994b) 33, Wittmann (1994) 45 und Schiltknecht (1994) 4ff.; für Pensionskassen im speziellen siehe auch Zimmermann et al (1992).

[1243] Siehe z.B. bei Nolmans (1996) 67.

[1244] Auch im Sinne der „Forderung der Arbeitnehmer nach einer paritätisch mitgestalteten Anlagepolitik der Pensionskassen" (Behr (1994d) 643).

[1245] Art. 12 der BVV 2 in Verbindung mit Art. 15 Abs. 2 BVG.

[1246] Siehe auch Nolmans (1996) 68. Zum heutigen Zeitpunkt sehen Gottschlich/Meier-Scherling (1995) 25 noch keinen echten Wettbewerb zwischen den Pensionskassen.

[1247] Ladner (1996) 102.

[1248] Vgl. Rumpf (1994).

[1249] Mühlemann (1995) 1047 und Mühlemann (1991) 8: „More sophisticated institutional and private investors would put increasing pressure on companies for more and more value in terms of higher market capitalization or higher dividends."

(iii) Teilweise Immobilisierung des Aktienbesitzes von Institutionellen

Diese Emotionslosigkeit ist vor allem im teilweise illiquiden Schweizer Aktienmarkt nicht ohne weiteres realisierbar. In der Regel gelten nur gerade die Titel
des Swiss Market Index (SMI) als liquide.[1250] Bei nicht liquiden Aktien ist ein
Kauf oder Verkauf grosser Aktienpakete über die Börse meist nur unter Inkauf-
nahme grosser Kurssteigerungen bzw. -verluste realisierbar. Zudem besteht die
Gefahr, vor allem bei Handlungen eines „Marktgurus", dass andere Marktteilnehmer von der „Aktion" erfahren und sich dieser in *gleicher* Richtung (Kauf
oder Verkauf) anschliessen.[1251] Dies verstärkt den unerwünschten Kursausschlag,
was dazu führen kann, dass beispielsweise der geplante Verkauf von Aktienan-
teilen ökonomisch unattraktiv wird. Grundsätzlich[1252] kann somit von der *Immobilisierung eines grösseren Aktienpaketes* (im Sinne einer schweren Veräusser-
lichkeit) gesprochen werden.[1253]

Die Kombination der vorher genannten Faktoren *Vormarsch der institutionellen
Anleger, grösserer Performance-Druck* und *de facto Immobilisierung von grossem Aktieneigentum* führt dazu, dass Unternehmensleitungen in Zukunft kaum
mehr einem passiven und atomistischen Aktionariat gegenüberstehen werden,
sondern einem, das es sich leisten kann (und muss), qualifizierte Meinungen über
die Unternehmensführung und -strategie zu bilden.[1254] Die institutionellen Aktionäre werden ihren Einfluss bei den Geschäftsleitungen stetig erhöhen und sich so
mit der Zeit vermehrt um die (Investitions-[1255])Politik *ihrer* Unternehmen kümmern.[1256]

[1250] Siehe dazu auch Kapitel 7.1.1.

[1251] Vgl. auch Ruffner (1995) 275.

[1252] D.h. ohne die Möglichkeit *ausserbörslicher* Transaktionen miteinzubeziehen.

[1253] Vgl. Ladner (1996) 104; Weber-Thedy (1994) 23 stellt selbst für viele institutionellen Anleger in
den USA fest, dass sie „praktisch keine realistische Möglichkeit mehr besitzen, sich von ihrer
Analge zu trennen."

[1254] „[T]he economic power of shareholders and institutional investors is growing each year, and corporate executives can no longer expect these classes of investors to remain passive" (Blair (1991)
9). Zur zunehmenden Relevanz der institutionellen Anleger siehe auch Abt (1995) 1024ff.

[1255] Aus der Sicht der professionellen Anleger stellt nicht der firmeninterne Konsum, wie luxuriöse Ge-
schäftsräume, Firmenjets, Dienstreisen, etc., das grösste Problem dar. Grössere Wertverluste resultieren aus nicht-optimalen Investitionsobjekten: „Interessenkonflikte zwischen Aktionären und
(Fortsetzung...)

c) Versagen marktmässiger Sanktionsmechanismen

Die zunehmende Einflussnahme der institutionellen Anleger auf die Unternehmensführung wird zusätzlich dadurch verstärkt, dass die nach Agency-Theorie[1257] *marktmässigen Sanktionsmechanismen* zur Disziplinierung des Managements in der Schweiz *nicht* greifen. So kommt Meier-Schatz zum Befund, „dass ausserrechtliche Überwachungstechniken (allein) das Kontrollproblem nicht bewältigen und keine Interessenharmonie zwischen Kapitaleignern und Unternehmensleitungen verbürgen können."[1258]

Bei einer Selbstfinanzierungsquote von 50% und einer *privaten* Fremdfinanzierung[1259] von 35% machen die Anleihensemissionen am Kapitalmarkt lediglich rund 15%[1260] aus.[1261] Damit ist die Distanz zum *Kapitalmarkt* für Schweizer Unternehmen zu gross, als dass dieser die Unternehmensleitung unmittelbar disziplinieren könnte.[1262] Auch der *Markt für Unternehmenskontrolle*[1263] ist als Regu-

---

dem Management hat man in den letzten Jahren vor allem bei Unternehmen beobachtet, die über einen hohen freien Cash Flow verfügten, aber nicht über adäquate Überpari-Investitionsobjekte" (Börsig/Grünewald/Mirow/Siegert (1991) 248); The Economist (1994) 11: „This limited outside supervision has allowed managers to make lots of lousy investments."

[1256] Birchler (1995) 276; ähnlich Schiltknecht (1994) 10ff., der von der Rolle der institutionellen Anleger als „Eigentümer-Aktionär" spricht. Diese „können darauf hinwirken, dass die Führungsstrukturen in einer Unternehmung in Ordnung sind, dass notwendig werdende Anpassungen in einer Unternehmung rasch und erfolgreich durchgeführt werden. Einflussreiche Aktionäre haben es in der Hand, jene Weichenstellungen vorzunehmen, die im Hinblick auf einen effizienten Einsatz des Aktienkapitals erforderlich sind" (Schiltknecht (1994) 10).

[1257] Siehe Kapitel 8.1.3.

[1258] Meier-Schatz (1988) 231.

[1259] Z.B. (Hypothekar-)Bankkredite.

[1260] Obligationen und Aktien.

[1261] Zahlen aus Birchler (1995) 269.

[1262] Siehe dazu Meier-Schatz (1988) 212; andere Meinung hat Süchting (1989) 283: „Als Ergebnis [...] zeigt sich, dass keine Unternehmensleitung – auch nicht in Publikumsgesellschaften – eine Kursbestrafung durch unzufriedene Aktionäre übersehen kann, wenn sie eine Erhöhung der Kapitalkosten vermeiden will"; in diesem Sinne auch Gottschlich/Meier-Scherling (1995) 25: „Gespräche ohne echte Sanktionsmöglichkeiten haben oftmals nur kosmetischen Charakter und erlangen bestenfalls Bedeutung, weil ein drohender, massierter Verkauf von Aktien höhere Kapitalkosten nach sich ziehen kann. Erst wenn die institutionellen Anleger in der Lage sind, den Unternehmensleitungen gegenüber glaubwürdige Drohungen auszusprechen, stossen ihre Vorstellungen auf Gehör"; so z.B. unter US-amerikanischen Verhältnissen wie sie Tully (1993) 4 beschreibt: „think of it from the point of view of the shareholder who has given his money to you instead of to Coca-Cola or Berkshire Hathaway or the Magellan Fund. If you're not employing his money as successful as they are – and not showing any promise of doing so – he will take his money back by selling your stock, sending its price down."

lativ – trotz der Möglichkeit des Opting-out[1264] – nur beschränkt massgebend, ist er doch durch Beschränkung der Aktienübertragung (Vinkulierung) und des Stimmrechts (Obergrenzen für Stimmenanteile) sowie durch die dominante Rolle der Banken in den Unternehmen verzerrt.[1265] Beschränkte Managermobilität, hohe Stabilität der Managerpositionen und auch hohe Transaktionskosten (z.B. Einarbeitung neuer Unternehmen) lassen ebenfalls den *Managermarkt*[1266] als disziplinierendes Instrument in den Hintergrund rücken.[1267]

Mit Rekurs auf die Agency-Theorie verbleiben demzufolge die *unternehmensinternen* Überwachungstechniken zur Kontrolle der Unternehmensleitung. An dieser Stelle ist der Verwaltungsrat (als der Überwachende) selbst herausgefordert,

---

[1263] Bei einem funktionierenden Markt für Unternehmenskontrolle *(market for corporate control)* wird unterstellt, „dass tiefe Titelkurse fremde Übernahmeaspiranten anlocken, da sie den Erwerb des Unternehmens qua Aktienkauf verbilligen. Preisrückgänge steigern sonach die Chancen eines Übernahmeangebots" (Meier-Schatz (1988) 203). Dazu Bühner/Weinberger (1991) 194: „Manager, die gegen die Interessen der Aktionäre verstossen, setzen sich auf dem Markt für Unternehmenskontrolle der Bedrohung einer unerwünschten Übernahme durch einflussreiche Aktionäre aus. Die Fiktion, dass Aktionäre über die Verwendung erwirtschafteter Finanzmittel mitentscheiden, wird dann zu Realität"; siehe auch (u.a. zum Fall Holvis) Meier-Schatz (1995a) 19. Dass ein funktionierender Markt für Unternehmenskontrolle zum Vorteil der Aktionäre ist, folgern Jensen/Ruback (1983) 47: „In brief, the evidence seems to indicate that corporate takeovers generate positive gains, that target firm shareholders benefit, and that bidding firm shareholders do not lose."
Zum Thema siehe auch Jensen/Ruback (1983) 5ff.; Stulz (1990) 666ff.; Collins/DeAngelo (1990) 213ff.; Finanz und Wirtschaft (1995a) 33. Eine empirische Untersuchung für die USA findet sich bei Jarell/Brickley/Netter (1990) 639ff.
Zum Verhältnis Aktienstruktur (insbesondere Einheitsaktie) und dem Markt für Unternehmenskontrolle siehe Kunz (1995) 27.

[1264] „Das Opting out, das den potentiellen Käufer einer Gesellschaft von der Pflicht zur Unterbreitung einer gleichlautenden Übernahmeofferte an sämtliche Aktionäre befreit, muss in den Statuten verankert werden" (Finanz und Wirtschaft (1995b) 17); siehe auch Von der Crone (1994) 47 zu BEHG Art. 22 Abs. 2 und 3 sowie Art. 32. Im Frühjahr 1996 haben die vier von der BZ Holding kontrollierten Beteiligungsgesellschaften („Visionen") als erste Gesellschaften in der Schweiz die Opting-out Klausel in die Statuten aufgenommen (vgl. auch Finanz und Wirtschaft (1996d) 3).

[1265] „Ein freier Markt für Unternehmenskontrolle existiert in der Schweiz nicht" (Mahari (1988) 15); in abgeschwächter Form äussert sich Birchler (1995) 270: „Der Markt für Unternehmenskontrolle funktioniert in der Schweiz [...] verhältnismässig schlecht"; zu Ausgestaltung von Kontrolltransaktionen im Markt für Unternehmenskontrolle siehe auch Von der Crone (1994) 29ff.

[1266] Unterstellt, dass ein verlässliches Leistungsindiz eines Managers der Erfolg der geführten Unternehmung sei. So hat jeder Manager einen natürlichen Anreiz sein Unternehmen möglichst effizient und erfolgreich zu führen, um „damit seinen eigenen Marktwert zu maximieren" (Meier-Schatz (1988) 204).

[1267] Vgl. Meier-Schatz (1988) 220; zum Ganzen siehe Meier-Schatz (1988), Mahari (1988), Bhide (1994), Theisen (1987), Meier-Schatz (1985).

Lösungen zu entwickeln und zu implementieren. Dass heisst, dass er unter anderem dazu aufgefordert wird, mit der Einführung eines *Anreizsystems* sein eigenes Verhalten und dasjenige des übrigen Managements zu disziplinieren und primär auf die Interessen des Eigentümers auszurichten.[1268] Dass nur gerade 28%[1269] der befragten Verwaltungsratspräsidenten die Rolle des Polizisten/Aufpassers als wichtige Aufgabe erachten, ist ebenfalls in Anbetracht der zwingenden Vorschriften des Aktienrechts bedenklich.[1270]

8.2. Das Anreizsystem als zentrales Element der Corporate Governance

8.2.1. Anreizsysteme als möglicher Lösungsansatz der Agency-Problematik

Gemäss der *Anreiz-Beitrags-Theorie*[1271] „wägt der Mensch [...] den Nutzen der von der Unternehmung angebotenen Anreize mit dem Wert seiner eigenen Gegenleistung ab."[1272] Dabei erbringt er seine Gegenleistung nur dann, „wenn die Anreize – unter Berücksichtigung der individuellen Werte und der sich bietenden Alternativen – gleich oder grösser den geforderten Beiträgen sind."[1273] Falls es nun möglich ist, im Rahmen eines Anreizsystems[1274] die Anreize und die dazu

---

[1268] Direkt als Aufgabe des Verwaltungsrates erkennen Heinimann/Imboden (1994) 18 die Definition eines Besoldungssystems.

[1269] Egon Zehnder/Finanz und Wirtschaft (1994) 6.

[1270] „Das Aktienrecht gewichtet die Kontrollaufgaben stärker, als es die befragten VR-Präsidenten in ihrem Selbstverständnis wahrnehmen" (Egon Zehnder/Finanz und Wirtschaft (1994) 6).

[1271] „Ansatz von J.G. March und H. A. Simon [1958] zur Erklärung für die Verknüpfung der divergierenden Ziele, die Unternehmensträger, gesellschaftliche Gruppen und die Unternehmung selbst durch ihre Mitwirkung am Unternehmensprozess durchsetzen wollen und die deshalb solange Beiträge zur Erfüllung der Unternehmensziele leisten, wie diese ihre eigenen Ziele fördern" (Woll (1992) 32).

[1272] Wälchli (1995) 26.

[1273] Guthof (1994) 18.

[1274] „Summe aller bewusst gestalteten Arbeitsbedingungen, die bestimmte Verhaltensweisen (durch positive Anreize, Belohnungen etc.) verstärken, die Wahrscheinlichkeit des Auftretens anderer dagegen mildern (negative Anreize, Sanktionen)" Wild, J. (1973) zit. in Baumgartner (1992) 12; ausführliche Begriffserklärung bei Wälchli (1995) 26ff.
In dieser Arbeit beschränken wir das Anreizsystem auf den materiellen Vergütungsaspekt. Dieses umfasst „die Gesamtheit aller bewusst gestalteten Stimuli, die sich auf monetäre Leistungen der Unternehmung beziehen." Damit klammern wir Anreizsysteme aus, die Anreize immaterieller Art (Karriere, Aus- und Weiterbildung, etc.) beinhalten. Auch wird auf die Unterscheidung zwischen

(Fortsetzung...)

erforderlichen Leistungen so zu definieren, dass die geforderten Beiträge des Managements sich positiv auf die Zielerreichung des Eigentümers auswirken, so kann ein Anreizsystem ohne weiteres einen Beitrag zur Entschärfung der Agency-Problematik liefern.

Dieser Meinung ist auch Meier-Schatz, der „zweckmässig konzipierte ertragsgerichtete Managersaläre"[1275] zu den geeigneten unternehmensinternen Techniken zur Kontrolle des Managements zählt.[1276] Deren Einführung stellt zwar selbst Agenturkosten dar, ist aber bei einer aktionärsorientierten Ausgestaltung dazu geeignet, die Interessen der Agenten (Management) denjenigen des Prinzipals (Aktionär) anzugleichen und so im Ergebnis für den Aktionär bessere Resultate zu erzeugen.[1277]

Die Notwendigkeit und Wirksamkeit von Anreizsystemen wird mittlerweile kaum mehr in Frage gestellt.[1278] Rund 90%[1279] der Publikumsgesellschaften in den

---

extrinsischen (z.B. Geld) und *intrinsischen* (aus der Natur der zu lösenden Aufgabe selbst entspringenden und ohne ein äusseres Dazutun als motivierend und befriedigend empfundene) Belohnungen nicht eingegangen. Die Unterscheidung ist für unsere Betrachtung in dem Sinne irrelevant, als dass intrinsische Anreize von den Eigentümern einer Publikumsgesellschaft nur selten geschaffen werden können, weil sie meist keinen direkten Einfluss auf die Ausgestaltung der Tätigkeit und den Arbeitsinhalt des Managements haben.

[1275] Meier-Schatz (1988) 201.

[1276] „Fraglich wichtigstes und meistgenanntes vertragliches Mittel zur Bekämpfung des Überwachungsproblems bildet die Entlöhnungspolitik gegenüber der Unternehmensleitung" (Meier-Schatz (1988) 206). Ausserdem Spremann (1991) 612ff., welcher ebenfalls Anreizsysteme als geeigneten „überindividuelle Wirkungsmechanismus" zur Managerkontrolle erkennt.

[1277] „Eine enge Verknüpfung des Management-Gehaltes mit dem Unternehmenswert soll den Gegensatz überbrücken und gleichgerichtete Interessen schaffen" (Meyer (1993) 9); und weiter Börsig/Grünewald/Mirow/Siegert (1991) 247: „Eine Verknüpfung der Management-Vergütung mit der erzielten Wertsteigerung ist theoretisch sicherlich sinnvoll."

[1278] Fischer (1990b) zeigt mit seiner Umfrage bei 457 Führungskräften ein übereinstimmendes Bild: 76% sind der Meinung, dass finanzielle Anreize das Unternehmen für *unternehmerisch* denkende Kaderleute attraktiver macht und 59%, dass sie die Leistungsmotivation fördern (a.a.O. 277).
Dazu weiter Stimmen, wie z.B. Stern (1993a) 32: „Motivation is a reflection of commitment to measurable performance"; ähnlich auch Baumgartner (1992) 279, welcher vom Grundsatz spricht, dass Menschen hauptsächlich das tun, wofür sie belohnt werden. Ebenfalls Stern (1994a) 50: „You will not succeed in changing behavior simply by changing corporate performance objectives *without changing the compensation scheme.*" Auch stellte Brindisi (1985) 17 für die USA fest: „Reward systems are the single most visible support for effective strategic management. They deserve the same kind of attention and sophistication that strategy and finance now receive in the management process." Zur Wichtigkeit von Anreizsystemen auch Hanke/Walters (1994) 87: „Managements, unchallenged by owners, all too often put profits for the shareholders way down on their priority lists."

USA haben Anreizsysteme (zumindest für das Top-Management). Auch in der Schweiz sind es zwischen 70 bis 80%[1280] der Unternehmen, die eine Gewinnbeteiligung für Mitarbeiter kennen. Es besteht also eine breit abgestützte Anerkennung der Notwendigkeit einer erfolgsabhängigen Entlöhnung. In den Vordergrund rückt deshalb die Frage nach der effektiven, d.h. aktionärsorientierten Ausgestaltung des Anreizsystems.[1281]

8.2.2. Überbrückung des Interessenkonfliktes zwischen Management und Eigentümer durch die direkte Beteiligung des Managements am Unternehmen

Die Aktienbeteiligung der Unternehmensleitung erscheint als „unmittelbarste Spielform der Interessenharmonisierung, weil sie zu einer (wenigstens partiellen) Rollenidentität von Aktionariat und Management führt."[1282] Wenn sich die Interessen des Managements mit denjenigen der Aktionäre decken, so kann man auch annehmen, dass die Aktionäre „optimal in der Unternehmensführung vertreten sind."[1283] Die positiven Effekte einer direkten Beteiligung des Managements am Unternehmen werden spätestens seit der Zeit der *Management Buyouts (MBOs)*[1284] nicht mehr in Frage gestellt.[1285]

[1279] Vgl. McMillan (1993) 48.

[1280] Birchler (1995) 269.

[1281] Dazu Müller-Möhl (1995) 1045: „Der relativ ohnmächtige institutionelle Anleger ist an Modellen interessiert, bei denen er sich darauf verlassen kann, dass die oberste Führung mit seinen Interessen parallel läuft."

[1282] Meier-Schatz (1988) 207.

[1283] Zehnder (1996) 30; ebenfalls Stern (1994b) 43: „The principal objective of corporate governance – maximizing shareholder value – can be attained only if management and shareholder interests are aligned."

[1284] „Als Management Buyout (MBO) wird eine Transaktion bezeichnet, durch die Angehörige der bisherigen Geschäftsleitung einer Unternehmung oder Teile davon unter umfangreichen Beanspruchung von Fremdkapital mit der Zielsetzung zu erwerben, unternehmerische Freiheit mit langfristiger Existenzsicherung zu erlangen" (Boemle (1995) 538).
Für Bellinger/Vahl (1984) 842 ist ein Management Buyout (MBO) ein durch die Führungskräfte des Unternehmens selbst durchgeführter Leveraged Buyout (LBO): „Ein Leveraged Buyout (LBO) ist der Erwerb eines Unternehmens mit vorwiegend fremden Mitteln. Deren Beschaffung erfolgt durch die Begebung von Anleihen und / oder durch Verkäufe von Aktiven des erworbenen Unternehmens" (Rupp (1989) 37; im weiteren zum LBO auch Maier (1989) 283ff.; Milde (1990a) 7ff.; Milde (1990b) 647ff.; Garfinkel (1989) 23ff.).
Der MBO darf nicht mit MbO (Management by Objectives) verwechselt werden. Letzteres ist ein strategisches Zielfindungs- und -vereinbarungssystem, welches das Management in den Willens-

(Fortsetzung...)

Die Grundidee aktienkursbasierter Anreiz- und Belohnungsysteme besteht darin, Führungskräften eine bestimmte Anzahl Aktien (bzw. Aktienoptionen) zuzuteilen, „in der Erwartung, dass sie durch unternehmerisches Denken und Handeln versuchen werden, über eine entsprechende Wertvermehrung des Unternehmens eine Steigerung des Aktienkurses zu bewirken."[1286] Um kurzfristigen Kursmanipulationen Einhalt zu gebieten und das langfristige Denken zu fördern sind die ausgehändigten Wertpapiere meistens an eine *Verkaufssperre* gebunden.[1287] Zudem werden, um das Bonuspotential zu erweitern, die Wertpapiere zu Vorzugsbedingungen angeboten. Dabei können verminderte Ausgabepreise der Wertpapiere selbst[1288] oder auch zinsgünstige Unternehmenskredite, die zum Kauf der Wertpapiere verwendet werden, zum Einsatz kommen.[1289]

Die Ausprägungen der Aktienpläne oder Aktienoptionspläne haben in der Zwischenzeit (vor allem in den USA) eine solche Vielfalt angenommen, dass deren eingehende Erläuterung den Rahmen dieser Arbeit sprengen würde.[1290] Vielmehr soll an dieser Stelle eine summarische Würdigung aktienkursbasierter Anreizsysteme unter Berücksichtigung der schweizerischen Verhältnisse vorgenommen werden.[1291] Als *Vorteile* können unter anderem erwähnt werden:

---

bildungsprozess innerhalb einer Unternehmung zu integrieren versucht. Siehe dazu ausführlich Wunderer/Grunwald (1980) 305ff.

[1285] Vgl. Stern (1993b) 35; auch Müller-Möhl (1995) 1046, welcher auf Beispiele von erfolgreichen, eigentümerorientierten Unternehmen wie Phoenix Mecano oder Ems-Chemie hinweist. Zum Einfluss der Aktionärsstruktur auf den Unternehmenswert siehe auch Untersuchung von Birchler (1995) 265ff.; dazu auch NZZ (1995d) 25 und Finanz und Wirtschaft (1995c) 36.

[1286] Wälchli (1995) 314; ähnlich Baumgartner (1992) 145; oder auch England (1992) 39: „The realization that they could influence both the company's value and their own wealth caused owner-managers to sit up and take notice. They slashed bloated payrolls, reduced unnecessary expenses, and focused on making every dollar of cash account."

[1287] Vgl. Baumgartner (1992) 145.

[1288] Z.B. liegt in der Schweiz dieser Erwerbspreis bei Aktien zwischen 50-75% des Börsenkurses (Wälchli (1995) 320).

[1289] Siehe dazu Bsp. bei Millmann (1991).

[1290] Als guten Überblick bieten sich an: Wälchli (1995) 313ff.; Baumgartner (1992) 145ff.; Kaplan/Atkinson (1992) 728ff.; Guthof (1994) 53ff.; England (1992) 39ff; Stern (1994b) 44; Rosen (1989) 189ff.; Financial Executive (1992).

[1291] Siehe auch Wälchli (1995) 321ff.; Guthof (1994) 53ff.; Baumgartner (1992) 155ff.

- Weitgehende Überbrückung des Interessengegensatzes zwischen Aktionär und Management

- Objektivität des Börsenkurses als Basis der Vergütungszahlung

- Kein Liquiditätsabfluss vom Unternehmen zur Zahlung des Bonus[1292]

Als *Nachteile* können erwähnt werden:

- Generelle Schmälerung der Aussagekraft des Börsenkurses wegen der geringen Markteffizienz (enge Aktienmärkte)[1293]

- Fehlende oder mangelhafte Instrumentalität zwischen Leistung, Ergebnis und Belohnung[1294]

- Förderung des Trittbrettfahrerproblems wegen fehlender Differenzierungsmöglichkeiten bezüglich Leistungen einzelner beteiligter Manager: „Schwache" Führungskräfte profitieren ebenso von Kurssteigerungen wie „gute" Manager.[1295]

- Gefahr der Kapitalverwässerung[1296] (vor allem bei kleineren Gesellschaften)[1297]

[1292] Der Bonus fällt für den einzelnen Manager in der Form von Kapitalgewinnen an. Diese werden an der Börse aufgrund einer Höherbewertung der Aktien des Unternehmens generiert, was bedeutet, dass sie die Vermögensseite des Unternehmens nicht beeinträchtigen. Dies bedeutet jedoch nicht, dass die Bonuszahlung den Aktionär nichts kostet. Altaktionäre „bezahlen" diese Form der Bonusausschüttung in Form von Kapital- und Stimmverwässerung. Siehe Erläuterungen weiter unten.

[1293] Siehe dazu Kapitel 5.4.2. oder auch 7.1.2.; kritische Betrachtung für US-Gesellschaften bei Callard (1988) 34ff.

[1294] Auch *Instrumentalitätsklausel*, d.h. dass eine Kausalität zwischen der Arbeitsleistung der einzelnen Führungskraft, der Beurteilungsbasis und der damit verbundenen Belohnung bestehen sollte (siehe dazu Wälchli (1995) 345 und 194ff.).

[1295] Dies kann teilweise dadurch beseitigt werden, dass die Zuteilung von Wertpapieren auf der Basis der individuellen Leistung geschieht. Das entschärft zwar teilweise die Trittbrettfahrerproblematik, doch wird es der Forderung nach einer leistungsorientierten Entlöhnung trotzdem nicht vollständig gerecht (fehlende Kausalität zwischen Leistung und Belohnung).

[1296] Kapitalverwässerung: Bei der Ausgabe neuer Aktien, ohne entsprechende Gegenleistung und bei Ausschluss des Bezugsrechts des alten Aktionärs, reduziert sich der Kapital- und Reserveanteil pro alter Aktie. Ceteris paribus vermindert sich auch der Gewinn (und so auch die Dividendensubstanz) pro Aktie *(Gewinnverwässerung)*. Zudem ergeben sich auch Verschiebungen im Aktionariat, was für die Altaktionäre eine *Stimmverwässerung* bedeuten kann (vgl. dazu Ladner (1996) 193ff. oder Boemle (1995) 273ff.).

[1297] Vgl. Elschen (1991) 219. Einer Kapitalverwässerung kann dadurch ausgewichen werden, dass entweder Mitarbeiteraktien auf dem Markt zurückgekauft werden, oder dass nicht tatsächlich gehandelte Wertpapiere, sondern bloss Rechte an Kapitalgewinnen (z.B. beim Stock Appreciation

(Fortsetzung...)

In den USA finden sich fast keine börsenkotierte Unternehmen mehr, die nicht in irgendeiner Form solche Aktienkurssysteme realisiert haben.[1298] In Europa und im speziellen in der Schweiz finden sie nur beschränkt Anwendung.[1299] Bei ineffizienten Marktverhältnissen[1300] ist zu bezweifeln, ob Führungskräfte tatsächlich an einer direkten Entlöhnung ihrer Leistung auf der Basis von Aktienkursen interessiert sind.[1301] Daraus lässt sich auch der Bedarf eines alternativen Anreizsystems erklären. Auf der Grundlage von EVA soll in der Folge ein Konzept erarbeitet werden, welches versucht, die Aktionärsorientierung beizubehalten, jedoch die vorher erwähnten Nachteile einer direkten Beteiligung am Unternehmen auszuklammern.

8.3. Vorschlag eines EVA-basierten Anreizsystems

Das Ziel eines EVA-basierten Anreizsystems ist es, die Interessendivergenzen zwischen Management und Eigentümer zu beseitigen.[1302] Dabei soll dies nicht primär, wie im vorangehenden Kapitel ausgeführt, auf einer direkten Beteiligung der Führungskräfte am Unternehmen beruhen, sondern es soll mit anderen Instrumenten versucht werden, die Führungskräfte dazu zu bringen, wie Eigentümer zu denken und zu handeln.[1303] In diesem Sinne soll ein ergebnisorientiertes Entlöhnungssystem erarbeitet werden, das als Ansatz der anwendungsorientierten Betriebswirtschaftslehre aber nur einen Rahmen resp. Eckpunkte darstellt, inner-

---

Rights Plan (SARP)) oder fiktive Aktien (z.B. Phantom Stocks) zugeteilt werden. Zum SARP siehe Wälchli (1995); zu den Phantom Stocks England (1992) 39ff.

[1298] 1991 hatten 96% der US-Top-200 Industrieunternehmen Aktienoptionspläne (Wälchli (1995) 323).

[1299] Vgl. Wälchli (1995) 323; Fischer (1990b) 276; NZZ (1996a) 27; Jacob (1996) 93; Schoppig (1996).

[1300] Siehe Kapitel 5.4.2.b.i. und 7.1.1.

[1301] Gemäss den Umfrageergebnisse von Fischer (1990b) 576 ziehen in der Schweiz die Führungskräfte eine Barzahlung den Firmenaktien.

[1302] Stewart (1993) 52: „The ultimate objective is to make the managers think like and behave like owners. Owners manage with a sense of urgency in the short-term but keep an eye on a vision for the long-term"; gleich Stern (1993b) 35: „The objective has been to make employees behave as if they were owners."

[1303] Rappaport (1978) 81: „The challenge lies in designing incentive systems that induce executives to make decisions congruent with the long-term economic interests of the company – and, eventually, of the economy."

halb dessen zahlreiche Wahlmöglichkeiten zur Ausgestaltung eines konkreten Anreizsystems gegeben sind.[1304] Bei der Definition von Anreizsystemen wird davon ausgegangen, „dass Anreize, die als Stimuli bereitgestellt werden, Einfluss auf das Verhalten und Handeln von Mitarbeitern haben."[1305] Im Sinne eines aktionärsorientierten Anreizsystems[1306] sollten diese Stimuli

- einen *direkten Bezug* zum gewünschten Ergebnis (Maximierung Shareholder Value) aufweisen[1307],

- durch die Führungskraft *beeinflussbar* sein[1308],

- für die Führungskraft *wesentlich* sein[1309],

- ein *langfristig* orientiertes Handeln fördern[1310],

- *einfach zu kommunizieren* und

- *wirtschaftlich*

sein.[1311]

[1304] Vertiefend zum Thema (strategische) Anreizsysteme: ausführlich Wälchli (1995) 17ff. und 217ff.; Guthof (1994) 17ff.; Baumgartner (1992) 10ff. und 133 ff.; Kaplan/Atkinson (1992) 719ff.; Bühner (1990) 123ff.; Bleicher (1992) 11ff.

[1305] Bleicher (1992) 12.

[1306] Als Gegensatz zu heutigen Anreizsystemen, bei denen folgende Hauptkritikpunkte anzuführen sind (vgl. Wälchli (1995) 45ff.):
- übermässige Förderung der Kurzfristorientierung auf Kosten der langfristigen Entwicklung der Unternehmung
- Fehlender qualitativer Bezug
- Förderung von Ressortegoismen
- Aneinanderreihung möglicherweise dysfunktionaler Entlöhnungssysteme (Konzeptlosigkeit)
Ähnlich für die USA Walter (1992a) 6: „Most incentive plans in the United States today deliver limited, or capped, bonuses based on a variety of performance measures – measures that are easy to manipulate or easy to increase without truly elevating the company's intrinsic value."

[1307] Siehe auch Bleicher (1992) 16.

[1308] Im Sinne der geforderten Instrumentalität zwischen Leistung, Ergebnis und Belohnung. Dazu Baumgartner (1992) 136: „Von einer leistungsbezogenen Entlöhnung spricht man, wenn das variable Gehalt direkt von der individuellen Leistung einer Führungskraft beeinflusst wird. Bei einer erfolgsbezogenen Vergütung hingegen kann das variable Gehalt von der einzelnen Führungskraft nicht direkt beeinflusst werden." Siehe Ausführungen weiter vorne Kapitel 8.2.2.

[1309] Siehe auch Bleicher (1992) 19 zum Schlagwort der „Belohnungswirkung".

[1310] Als Gegenpol zu den kurzfristig orientierten Anreizsystemen.

8.3.1. Direkter Bezug zum Shareholder Value

Als Bezugsgrössen für Entlöhnungssysteme bieten sich grundsätzlich vier Kategorien an:[1312]

- Aktienkurs

- Strategische Erfolgsfaktoren (z.B. Marktanteil, Qualität, Innovationsrate, Produktivität, Mitarbeiterentwicklung, Image)[1313]

- Grössen des Rechnungswesens (z.B. Gewinn, Umsatz, ROI, ROE etc.)

- Ökonomische Werte (z.B. Equity-Spread-Approach, DCF-Methode, EVA)

Die Forderung der (in dieser Arbeit relevanten) Aktionäre an die Unternehmensführung wurde schon diskutiert: *Maximierung des Shareholder Value* und damit, mit Einschränkungen, die Maximierung des *Aktienkurses*. Eine solche Zielvorgabe wäre jedoch für die Ausgestaltung eines Entlöhnungssystems, welches möglichst die persönliche, individuelle Leistung einer Führungskraft zur Erreichung des Zieles berücksichtigen will, nicht sinnvoll.[1314] Da der Aktienkurs aufgrund einer Vielzahl von unternehmensexternen und vom einzelnen Manager nicht beeinflussbaren Grössen zustande kommt[1315], eignet er sich nur sehr beschränkt als Grundlage des Anreizsystems. Er kann höchstens für diejenigen Führungskräfte als Handlungsmaxime gelten, die die Verantwortung für das *gesamte* Unternehmen tragen.[1316] Da jedoch auch untere Managementebenen in die leistungsabhän-

---

[1311] Vgl. auch Anforderungen bei Heinimann/Imboden (1994) 17ff.; Ruhl/Cowen (1992) 44ff.; Muehlhauser (1995) 47ff. Ähnlich Rappaport (1986) 175ff., der folgende Kriterien für eine erfolgreiche Leistungskennzahl anführt: 1) Übereinstimmung mit ökonomischen Kriterien, 2) Objektivierbarkeit (reliable figures), 3) Kontrollierbarkeit 4) Globalität 5) Kommunizierbarkeit. Im weiteren können ebenfalls Anforderungen bzw. „prinzipielle Kriterien" (Bleicher (1992) 19) von strategischen Anreizsystemen nach Guthof (1994) 36ff. oder Baumgartner (1992) 26ff. herangezogen werden.

[1312] Vgl. Baumgartner (1992) 144.

[1313] Vgl. Baumgartner (1992) 191.

[1314] Vgl. Guthof (1994) 36.

[1315] Siehe Kapitel 2.3.3., 5.4.2.b. oder 7.1.1.

[1316] Z.B. Buffet (1995) 11: „At Berkshire, only Charlie and I have the managerial responsibility for the entire business. Therefore, we are the only parties who should be logically compensated on the basis of what the enterprise does as a whole."

gige Entlöhnung einbezogen werden sollen[1317], sind andere Forderungen als Maximierung des Aktienkurses aufzustellen und an die Führungskräfte zu richten.[1318]

Im Falle der Verwendung *strategischer Erfolgsfaktoren* als Bezugsgrössen für Anreizsysteme[1319] geht man davon aus, „dass es eine begrenzte Anzahl Variablen gibt, die einen massgebenden Beitrag zum Unternehmungserfolg leisten und denen langfristig eine existentielle Bedeutung für die Zukunftssicherung der Unternehmung zukommt."[1320] Diese Erfolgsfaktoren (für Beispiele siehe Aufzählung weiter oben) können ohne weiteres als ergänzende Punkte in ein umfassendes Konzept integriert werden, sollen jedoch in unserem Vorschlag ausgeschlossen bleiben.[1321]

Die Verwendung von *Grössen des Rechnungswesens* (z.B. Umsatz, Gewinn) als Grundlage für das Anreizsystem erfreuen sich deshalb grosser Beliebtheit, „weil sie einen direkten Bezug zu den finanziellen Zielen einer Unternehmung haben, oft automatisch verfügbar sind, da sie auch vor und vor allem ausserhalb von Entlöhnungsfragen benötigt werden und meistens einfach anzuwenden sowie leicht verständlich sind."[1322] Die Vorgabe zur Maximierung traditioneller Grössen des Rechnungswesens stellt jedoch nur bedingt einen Beitrag zur Wertschaffung dar.[1323] „Aus der Sicht der Anteilseigner ist das Wachstum der Unternehmung jedoch kein Selbstzweck, sondern nur erwünscht, wenn man vom Management erwartet, dass es bei Anlagen mit gleichem Risiko innerhalb der Unternehmung ei-

---

[1317] Dazu Stern (1993b) 35: „It was the realization that all salaried employees, not just senior managers, need to have their interests more closely aligned with shareholders"; ähnlich McMillan (1993) 48: „By far the most significant trend over the last five years is toward including more employees in incentive plans."

[1318] In diesem Sinne Wälchli (1995) 345: „Es ist anzunehmen, dass ein Leistungskriterium, das sich an innerbetrieblichen Erfolgsgrössen der Unternehmung orientiert, besser fähig ist, das Verhalten von Führungskräften widerzuspiegeln als ein Aktienkurs, der allzu stark von externen Tatbeständen determiniert ist."

[1319] *Strategische* Anreizsysteme sind, im Gegensatz zu den „traditionellen, kurzfristig-operativen Vergütungssystemen" (Bleicher (1992) 15), im Kern „auf den Aufbau und die Erhaltung von Erfolgspotentialen ausgerichtet" (Baumgartner (1992) 17; siehe auch Pümpin (1990) 553ff. und Pümpin/Prange (1991) 35ff.).

[1320] Baumgartner (1992) 189.

[1321] Zum strategischen Anreizsystem grundlegend: Bleicher (1992); ausführlich Wälchli (1995).

[1322] Baumgartner (1992) 169.

[1323] Siehe Kapitel 7.1.2. Zum *empire building* siehe weiter vorne Kapitel 8.1.3.

ne höhere Rendite erwirtschaftet als sie ausserhalb von den Anteilseignern selbst erwirtschaftet werden kann."[1324]

Dieses Anlagerisiko berücksichtigen u.a. die sog. *ökonomischen Werte*.[1325] Zu diesen sind u.a. zu zählen: Economic Value Added, Equity-Spread-Approach, DCF-Approach.

Zu EVA: Im Kapitel 6.1. wurde gezeigt, dass eine Maximierung von EVA den betrieblichen Übergewinn (Market Value Added) maximiert und so den Unternehmenswert insgesamt steigert.[1326] „Clearly, the closest linkage or indicator to shareholder value is an EVA type of measurement. It's a tool that will help us make better decisions consistent with maximizing shareholder value."[1327]

Ein Beispiel soll die Überlegenheit von EVA als Basis für ein Anreizsystem belegen. Gegeben seien zwei Entscheidungssituationen, in der sich ein Manager für oder gegen ein Projekt entscheiden soll. Im ersten Fall stützt sich sein jährlicher Bonus auf den ROI, eine Kennzahl, welche das Anlagerisiko unberücksichtigt lässt, im zweiten Fall auf EVA. Die wichtigsten Kennzahlen des Unternehmens und des Projekts A sehen folgendermassen aus (Abb. 8-1).

Beispiel A	Aktuell	Projekt A	Neu
(1) Betrieblicher Gewinn	250	200	450
(2) Investition	1'000	1'000	2'000
(3) ROI [= (1) / (2)]	25%	20%	22.5%
(4) Kapitalkosten	15%	15%	15%
(5) EVA [= (1)-(2)x(4)]	100	50	15ↄ

Abb. 8-1: Investitionsentscheid auf der Basis des ROI oder EVA (Bsp. A)

[1324] Elschen (1991) 215; ähnlich Modigliani/Miller (1961) 417: „The essence of 'growth', in short, is not expansion, but the existence of opportunities to invest significant quantities of funds at higher than 'normal' rates of return"; dazu auch Fruhan (1984) 84ff.

[1325] So z.B. Stewart (1994) 74 für Economic Value Added: EVA „is a superior measure of performance because it charges management for using capital at an appropriate risk-adjusted rate, and it eliminates financial and accounting distortions to the extent it is practical to do."

[1326] Dazu Tully (1993) 27: „One of EVA's most powerful properties is its strong link to stock prices. [...] Stock prices track EVA far more closely than they track such popular measures as earnings per share or operating margins or return on equity." Analog auch für Economic Profit Copeland/Koller/Murrin (1994) 113: „Maximizing economic profit over time will also maximize company value."

[1327] Financial Executive (1992) 16.

Ein Manager, dessen Bonus an den ROI geknüpft ist, wird Projekt A ablehnen, weil sich der ROI von 25% auf 22.5% reduziert. Ein Manager mit einem EVA-basierten Bonus würde sich hingegen für das Projekt entscheiden, was aus der Sicht der Anteilseigner richtig wäre, weil sich damit der Unternehmenswert erhöht. Eine andere Situation zeigt Abb. 8-2 für Projekt B:

Projekt B	Aktuell	Projekt B	Neu
(1) Betrieblicher Gewinn	50	100	150
(2) Investition	1'000	1'000	2'000
(3) ROI [=(1)/(2)]	5%	10%	7.5%
(4) Kapitalkosten	15%	15%	15%
(5) EVA [= (1)-(2)x(4)]	-100	-50	-150

Abb. 8-2: Investitionsentscheid auf der Basis des ROI oder EVA (Bsp. B)

Ein Manager, der nach einer Maximierung des ROI strebt, würde Projekt B offensichtlich annehmen (Steigerung des ROI um 2.5%). Dagegen würde ein Manager, der nach einer Steigerung von EVA entscheidet, das Projekt ablehnen, weil es EVA um 50 reduziert und damit Werte vernichtet. Auch in diesem Fall ist nur der Entscheid auf Basis von EVA im Sinn der Aktionäre. Damit wird deutlich, dass „[c]ommonly-used capital allocation yardsticks such as ROI often give a misleading picture of long-term capital productivity and neglect other equally important and related long-term resource allocation issues."[1328]

Auch die weiteren Ansätze der *ökonomischen Werte* (ESA und DCF-Methode) berücksichtigen das Anlagerisiko. So stehen beim *Equity-Spread-Approach (ESA)* drei Faktoren im Zentrum der Leistungserbringung:

- Differenz zwischen Eigenkapitalrendite und Eigenkapitalkosten *(equity spread)*

- Eigenkapitalwachstum

[1328] Domeniconi (1991) 18; ähnlich Stewart (1994) 82: „A focus on maintaining or improvement rate of return inadvertently sets up the current rate of return, rather than the cost of capital, as the hurdle for accepting new projects. Thus, any rate of return measure [...] is a wholly inappropriate measure for judging either a project or a company"; im weiteren zur unzureichenden Aussagekraft des ROI vgl. auch Rappaport (1983) 31

- Zeitdauer einer Aufrechterhaltung einer positiven Eigenkapitalspanne und des Eigenkapitalwachstums

„Der *ökonomische Wert* ist nun um so grösser, je höher diese positiven Werte sind und je länger sie über die Zeit bestehen."[1329] Das Anlagerisiko wird durch den Einbezug der Eigenkapitalkosten berücksichtigt. Der Nachteil des Equity-Spread-Approaches liegt darin, dass er sich auf das Eigenkapital bezieht und somit abhängig ist von der zugrundeliegenden Finanzierungsstruktur bzw. dem *financial leverage.*[1330]

Ein weiterer Ansatz ist der von Rappaport (1986) eingehend dargestellte *Discounted Cash Flow-Approach.*[1331] Auf der Basis der Unternehmensbewertung anhand der DCF-Methode[1332] wird die periodische Leistung der einzelnen Führungskraft (z.B. des Verantwortlichen einer Geschäftseinheit) folgendermassen bestimmt:[1333]

Wert der Geschäftseinheit am Ende der Periode (nach DCF-Methode)

- Wert der Geschäftseinheit zu Beginn der Periode (nach DCF-Methode)

+ Der an die Gesamtunternehmung abgeflossene Cash Flow

= Der durch die Geschäftseinheit geschaffene Beitrag zur Vermehrung des ökonomischen Wertes der Unternehmung

Die Berechnung der Geschäftseinheitswerte zu Beginn und am Ende der Periode anhand der DCF-Methode ist mit grossen Ungenauigkeiten behaftet, weil sie das

---

[1329] Wälchli (1995) 341.

[1330] Siehe dazu auch Reimann (1987) 39ff. und Ausführungen in Kapitel 3.1.1.b.

[1331] Rappaport (1986) 171ff. „The idea that business strategies should be judged by the economic value they create for shareholders is well accepted in the business community" (a.a.O. xiii). Siehe auch Wenner/LeBer (1989) 52ff.

[1332] Siehe Kapitel 6.1.1. und 6.1.3.

[1333] Vgl. auch Darstellung bei Wälchli (1995) 343; Zahlenbeispiel bei Zent (1988) 40ff.

Abschätzen zukünftiger Zahlungsströme beinhaltet.[1334] Damit reduziert sich die Objektivität bei der Leistungsbeurteilung und somit auch die Instrumentalität aus Sicht der Führungskraft. Im Ergebnis führt dies zu einer verminderten Wirksamkeit des Belohnungssystems. Aus diesem Grund schlagen Copeland/Koller/Murrin (1994) auch vor: „DCF value targets also need to be translated into shorter term, more objective financial performance targets, such as economic profit."[1335] Diese „Periodisierung" erhöht die Abschätzbarkeit, Messbarkeit und Beeinflussbarkeit der Leistungsgrösse massgeblich:[1336] „The ideas of net present value, discounted cash flow, and residual income have all been around for a while. But [...] EVA's contribution from a managerial point of view is that it has provided a method of taking those concepts and turning them into a simple, 'actionable' framework that can be pushed down into the corporation."[1337]

8.3.2. Beeinflussbarkeit durch Führungskräfte

Zur Berechnung von EVA sind drei Elemente notwendig: Gewinngrösse, Vermögensgrösse und Kapitalkostensatz. Die ersten beiden Elemente sind direkt durch die Führungskraft beeinflussbar. Das dritte Element, den Kapitalkostensatz, können jedoch nur wenige Personen im Unternehmen direkt beeinflussen.[1338] Diese Personengruppe umfasst meistens die Mitglieder des Verwaltungsrates (insbesondere den Präsidenten), den Geschäftsleitungsvorsitzenden und den Finanzverantwortlichen. Es sind primär diese Personen, die über die konzern-

---

[1334] Vgl. Baumgartner (1992) 165; dazu Börsig/Grünewald/Mirow/Siegert (1991) 247: „Eine Verknüpfung der Management-Vergütung mit der erzielten Wertsteigerung ist theoretisch sicherlich sinnvoll. Da der Unternehmenswert sich aber – vereinfacht ausgedrückt – als diskontierter zukünftiger Einnahme-/Ausgabeüberschuss als Ergebnis der Unternehmensplanung ergibt, wäre die Management-Vergütung an geplante 'Erträge' (ex ante) und nicht an die tatsächlich erzielten Erträge gekoppelt."

[1335] Copeland/Koller/Murrin (1994) 98.

[1336] Ähnlich Copeland/Koller/Murrin (1994) 116: „Economic profit is a single-period [...] performance metric that has the dual virtues of being tied to value creation and being easy to measure."

[1337] Stern (1994a) 60.

[1338] „Only a few people in any organization influence the cost of capital. In fact, for the most part, the market determines its cost through interest rates (cost of borrowing) and the stock performance of peer or comparable companies (cost of equity)" (Brossy/Balkcom (1994) 19).

weite strategische Ausrichtung, die Finanzierungsstruktur oder den Grad der finanziellen Transparenz[1339] entscheiden und somit das Geschäfts- und Finanzierungsrisiko massgeblich beeinflussen.[1340] Aus diesem Grund sollte der Kapitalkostensatz für das operative Management (u.U. pro Geschäftseinheit) vorgegeben werden.[1341]

Bei vorgegebenem Kapitalkostensatz kann ein Manager den EVA erhöhen, indem er[1342]

- die Effizienz erhöht, d.h. seine operativen Gewinne bei gleichem Kapitaleinsatz steigert;

- mehr Kapital in die Prozesse investiert, die eine grössere Rendite bringen als das dafür notwendige Kapital kostet;

- die Höhe des gebundenen Kapitals reduziert oder unbefriedigende Geschäfte abstösst.[1343]

EVA kann überall dort berechnet werden, wo operative Gewinne und das dafür gebundene Vermögen mit einem verhältnismässigen Aufwand sinnvoll abgrenzbar und berechenbar sind.[1344] So sind nicht nur die Leistungen der Divisionsleiter, sondern auch diejenigen der Abteilungsleiter oder der Profit-Center-Leiter mit

---

[1339] Insbesondere Wahl des Rechnungslegungsstandards und Ausgestaltung der Investor Relations.

[1340] In diesem Sinne Brossy/Balkcom (1994) 19: „In reality, a company can only alter its cost of capital by changing its capital structure or changing its selection of businesses – both of which alter the shape and risk of underlying cash flows." Siehe auch Copeland/Koller/Murrin (1994) 115ff.

[1341] Zur Bestimmung divisionaler Kapitalkostensätze siehe Reimann (1990) 57ff.; Ehrhardt (1994); Sach (1993); Freygang (1993).

[1342] In Anlehnung an Stewart (1993) 52ff.

[1343] „The appeal of EVA is that it encourages people to look for profitable growth opportunities while, at the same time, looking for ways to economize on the use of capital - not only by reducing capital needs in existing businesses, but also by eliminating unprofitable lines of businesses" (Stern (1994a) 56); zum Thema der Desinvestition zur Unternehmenswertsteigerung Rechsteiner (1994).

[1344] „You can only carry the new incentive structure as far down as you can sensibly identify and measure separate EVAs or EVA drivers" (Stern (1994a) 65).

EVA messbar, was der unternehmensweiten[1345] Ausrichtung der Tätigkeiten von Führungskräften auf den Aktionärsnutzen dienlich ist.[1346]

Direkt mit der Frage der Beeinflussbarkeit ist die Frage der Verwendung von Plan- oder Istdaten zur Leistungsmessung verbunden. *Leistungsbudgets* (Basis: Solldaten) haben den *Vorteil*, dass sich das Management detailliert Gedanken über die geschäftliche Zukunft machen muss. Sie helfen dabei, eine Vorstellung von den zu erwartenden Ergebnissen zu erarbeiten und so unter Umständen frühzeitig Korrektur- oder Koordinationsmassnahmen ergreifen zu können. Im Rahmen eines Anreizsystems haben Leistungsbudgets jedoch zwei wesentliche *Nachteile*:

1. *Verlust an Objektivität*: Das Festlegen von *bonusrelevanten* Budgets ist meist sehr zeitintensiv und in der Festlegung sehr subjektiv und von persönlichen Elementen geprägt.[1347]

2. *Verlust an Wertschöpfungspotential*: Leistungsbudgets beschränken die Leistung der Manager, schon bevor eine Handlung stattgefunden hat.[1348]

Stellt man hingegen die tatsächlich erbrachte Leistung in den Mittelpunkt des Anreizsystems, so verzichtet man auf langwierige Budgetgespräche, welche zu Zielsetzungen führen, die unter Umständen weit unter den Möglichkeiten des Managers liegen.[1349] Auch angesichts der sich immer schneller wandelnden Rahmenbedingungen im wirtschaftlichen Umfeld der Führungskräfte fragt es sich, ob Soll-Ist-Vergleiche (selbst auf Jahresbasis) nicht als obsolet zu bezeichnen

---

[1345] Zum Bestreben, möglichst viele Hierarchiestufen im Anreizsystem einzubeziehen siehe auch Fischer (1990a) 254.

[1346] EVA „attempts to reduce agency problems by motivating managers to feel like business owners" (Sheehan (1994) 86) und weiter Byrne (1994) 51: „EVA prompts managers to rethink operating procedures, expansion projects, including acquisitions, and take a close look at individual businesses to determine if they're worth keeping."

[1347] Vgl. auch Tully (1993) 32. Stern (1993b) 37 stellt im Falle eines Verzichts auf Leistungsbudgets fest: „Managers spend their budget meeting with the chief executive discussing plans, strategy and tactics rather than low-balling the estimates that they are expected to exceed and thus earn a bonus."

[1348] „If managers believe the sky is the limit, they will reach for the sky!" (Stern (1994a) 56).

[1349] Vgl. Stern (1994a) 50.

sind.[1350] Nochmals sei unterstrichen, dass Finanzpläne und -budgets auch in Zukunft einen zentralen Platz in der finanziellen Führung einnehmen sollen und müssen.[1351] Doch die Leistungsmessung zur Beurteilung der Managementfähigkeiten sollte auf der Basis von tatsächlich erbrachter Leistung beruhen.[1352]

8.3.3. Wesentlichkeit der Vergütung

Für den Manager persönlich bedeutsam ist ein Anreizsystem erst dann, wenn

1. der Bonus einen *wesentlichen Teil* seines Einkommens ausmacht,

2. ein persönliches *Verlustpotential* besteht, und wenn

3. die Höhe des Bonus *unbeschränkt* ist.

Zu (1): Leistungsbezogene Entgeltanteile sind nur dann wirksam, wenn sie ein gewisses *Mindestmass an Wert* aufweisen. Fällt der Anteil zu gering aus, so wird er gar nicht wahrgenommen oder reicht nur beschränkt zur Verhaltenssteuerung des Managers aus.[1353] Die Untergrenze sollte dabei bei fünf Prozent des Gesamtlohnes angesetzt werden.[1354] Für mittlere Führungskräfte wird im allgemeinen ein variabler Anteil von 20-30% und für obere Führungskräfte ein solcher von 30-40% des Jahreseinkommens empfohlen.[1355] In der Schweiz lag der durchschnittliche erfolgsabhängige Vergütungsanteil im Jahr 1992 bei 15%.[1356] In den

---

[1350] Nach wie vor basieren die meisten Unternehmen auf Leistungsbudgets: „Most companies determine bonuses by how an executive performs against a budget" (Tully (1993) 32). Beispiel von nicht budgetabhängigen Anreizen bei der IBM PC-Division: „To facilitate an appreciation of financial goals at the brand executives' level, Rogers [Finanzverantwortlicher PC-Division] has introduced them to economic value added analysis, which they will have to apply to their business in 1994. As a consequence, long budget sessions are almost extinct, replaced by flexible performance models" (Mintz (1993) 25).

[1351] Vgl. Forderung des Aktienrechts zur Finanzplanung (Art. 716a Abs. 1 Ziff. 3 OR).

[1352] Vgl. auch Stewart (1995) 82.

[1353] Ebenfalls Stern (1993b) 35: „The problem with the traditional approach to compensation is that it suffers from maldistribution. Too much takes the form of fixed-cost wages, retirement income and medical benefits, all of which are senior liabilities of the company; too little is in the form of variable equity claims, cash bonuses and shares or share options."

[1354] Wälchli (1995) 249.

[1355] Wälchli (1995) 253; anderer Vorschlag durch Stern (1993b) 36: „The first step in aligning manager and owner interests is to redress the distribution of compensation at least 50-50."

[1356] Umfrage der Schweizer Handelszeitung, zit. in Wälchli (1995) 254.

USA hingegen hatten 1990 90% aller US-Top-500 Unternehmen einen variablen Vergütungsanteil zwischen 20% und 90% der Gesamtvergütung.[1357]

Zu (2) und (3): Bei der Bemessung des variablen Anteiles kann es im Sinne einer aktionärsorientierten Ausgestaltung des Anreizsystems durchaus angebracht sein, sich an den Auszahlungserwartungen eines *typischen Aktionärs* zu orientieren. Ein spezifisches Charakteristikum des Aktionärs ist sein *unlimitiertes* Gewinnpotential und ein – in der Höhe der getätigten Einlage – *limitiertes* Verlustpotential. Übertragen auf die Auszahlung des Gehaltes an den Manager könnte die Auszahlung graphisch wie in Abb. 8-3 dargestellt werden:

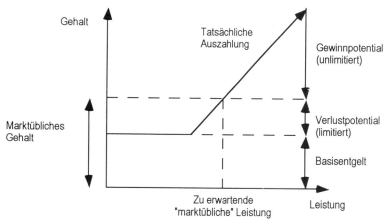

Abb. 8-3: Vorschlag einer leistungsabhängigen Entlöhnung mit persönlichem Verlustpotential

Das *limitierte Verlustpotential* wird bei diesem Vorgehen als Differenz zwischen dem marktüblichen Lohn und dem Basisentgelt[1358] ausgedrückt. Die Grössenordnungen sind jeweils individuell und unter Rücksichtnahme auf die Üblichkeiten des Landes, der Branche oder der Unternehmung festzulegen.[1359]

[1357] Siehe Wälchli (1995) 255 mit weiteren Hinweisen.

[1358] Basisentgelt im Sinne eines die Existenz sichernden Lohnes.

[1359] 82% der befragten Schweizer Verwaltungsratspräsidenten sind der Meinung sind, „dass der Geschäftsleiter auch Einbussen hinnehmen müsste, wenn sie den Wert des Unternehmens oder dessen Ertrag vermindert" (Egon Zehnder/Finanz und Wirtschaft (1994) 13).

Jedoch stellt Elschen (1991) 214 fest: „In der Praxis ist die Erfolgsbeteiligung häufig asymmetrisch ausgestaltet. Es gibt allein eine Gewinnbeteiligung und keine korrespondierende Verlustbe-

(Fortsetzung...)

Das *unlimitierte Gewinnpotential* ist eine weitere für die Aktionärsposition spezifische Eigenschaft. In der Theorie wird auf die Gefahren gegen oben offener Bonuszahlung hingewiesen und dabei teilweise gefordert, dass eine Obergrenze der Bonuszahlung zwingend vorgeschrieben und auch eingehalten werden muss.[1360] Diese Forderung wird unter anderem damit begründet, dass es zu einer Übergewichtung der Leistungsziele zu Lasten anderer betrieblicher Ziele (z.B. eines angenehmen Arbeitsklimas[1361]) kommen kann.[1362] Auch besteht aus der Sicht der Kapitalgeber auf den ersten Blick die Gefahr, dass die Bonuszahlungen Dimensionen annehmen, bei welchen die Kontrollkosten den Kontrollnutzen übersteigen. Dieses Risiko wird aber insofern eingeschränkt, als EVA für die Kapitalgeber einen Übergewinn darstellt, bei welchem die minimal geforderte Rendite bereits erreicht worden ist.[1363] In diesem Sinne stellt ein gegen oben offener von der Maximierung von EVA bestimmten Bonus eine „win-win situation"[1364] dar, bei welcher Kapitalgeber *und* das Management profitieren.

Der Bonus selbst errechnet sich auf der Basis der tatsächlich erwirtschafteten EVA. Dies stellt die – bei gegenwärtigen Anreizsystemen teilweise vermisste[1365] – direkte Verbindung zwischen Leistungs- und Anreizbasis her. Mit dem Bonus

---

teilung oder gar die Möglichkeit einer Kapitaleinbusse beim Management"; ähnlich Walter (1992a) 41: „Stock options, on the other hand, allow executives to participate in shareholder returns; however, they too impose no downside risk. Top managers typically pay nothing for their options and thus sustain no direct cash loss if the stock price never rises sufficiently to allow exercise of the options."
Einwände gegen ein Verlustpotential durch Wälchli (1995) 252: „Aus psychologischen Gründen ist es empfehlenswert, *das variable Gehalt bei Misserfolgen – ausgenommen bei provokativ schlechten Leistungen – nicht auf Null zu kürzen"* (Hervorhebungen im Original).

[1360] Wälchli (1995) 250: „Dabei ist für jeden variablen Anteil eine monetäre Obergrenze zu setzen, die unter keinen Umständen überschritten werden darf."

[1361] Bei Fischer (1990b) 277 erwähnten rund 30% von Schweizer Führungskräften, dass der „Teamgeist" unter einem finanziellen Anreizsystem leide.

[1362] Vgl. Wälchli (1995) 250.

[1363] „As a basis for incentives, it is fair because bonuses are paid only after shareholders have gained adequate compensation – the minimum amount of trading profit" (Stern (1993a) 31; siehe auch Meier-Schatz (1988) 206.

[1364] Stern (1993b) 37.

[1365] Bleicher (1992) 15 kritisiert bei gegenwärtigen Anreizsystemen, dass vor allem „die direkte Koppelung von Leistung und Entgelt weitgehend verloren gegangen ist."

wird einerseits die *Veränderung* und andererseits die *absolute Höhe* der erwirtschafteten EVA honoriert:[1366]

Bonus = M1 x (EVA$_T$ - EVA$_{T-1}$) + M2 x EVA$_T$

Multiplikator M1 berücksichtigt die jährliche Änderung, M2 die absolute Höhe von EVA. M1 bleibt konstant (z.B. 15%) und sichert so, dass Manager eine EVA-Änderung in die positive Richtung anstreben.[1367] Falls sich EVA gegenüber dem Vorjahr verkleinert, wird dem Verantwortlichen ein negativer Bonus, also ein Malus, belastet. Die zweite Komponente mit M2 (z.B. 5%) trägt nur dann einen Bonusbeitrag bei, wenn EVA positiv ist. Ist EVA negativ, so wird M2 auf 0% gesetzt. Abb. 8-4 zeigt die Berechnung anhand eines Zahlenbeispiels (alles in CHF 1'000):

Jahr	EVA (absolut)	EVA Änderung	M1	M2	Bonus
0	5'000				
1	6'000	1'000	15%	5%	450
2	4'000	-2'000	15%	5%	-100
3	-500	-4'500	15%	0%	-675
4	2'500	3'000	15%	5%	575

Abb. 8-4: Bonusberechnung auf Basis historischer EVAs

Das Beispiel zeigt, wie bei sinkenden EVA negative Boni auftreten können, und bei steigenden EVA das Potential für gegen oben unlimitierte Boni besteht. Wie diese Boni tatsächlich zur Auszahlung gelangen, wird im folgenden Kapitel besprochen.

8.3.4. Langfristige Ausrichtung des Anreizsystems

Anreizsystemen wird oft vorgeworfen, dass sie Manager dazu bringen, sich zu sehr auf kurzfristige Erfolge zu fokussieren und so die langfristige Perspektive

---

[1366] Stern (1990) 53: „The essence of EVA bonuses is to pay management a percentage of both the total EVA and the change in EVA"; siehe auch Stewart (1991) 247.

[1367] „So, whether EVA is positive or negative currently, the goal for the next period is to improve it. Even if the final sign is still negative, positive incremental improvement is great news for shareholders" (Jones (1995) 13); oder Stern (1993b) 37: „Thus, making EVA less negative – which also adds to a company's share price – should also be rewarded."

bei ihren Entscheiden ausser acht zu lassen.[1368] Diesem Risiko kann mit zwei Einrichtungen entgegengetreten werden:

1. *Bonusbank*

2. *Economic Model Konversionen*

Zu (1): Die Benützung einer *Bonusbank* bei der Auszahlung der Vergütungen bedeutet, dass alle Boni (positive und negative) vor der Auszahlung zunächst auf ein persönliches Bonuskonto jeder einzelnen Führungskraft gutgeschriebenen werden. Die jährliche Auszahlungshöhe wird, falls der Endsaldo positiv ist, über einen fixen Prozentsatz (z.B. 25%) des Kontosaldos berechnet. Der Auszahlungsprozentsatz ist um so tiefer, je längerfristiger die Aktivitäten des Managers ausgerichtet sein sollen.[1369] Bei einem Auszahlungssatz von einem Drittel[1370] wird ein mindestens dreijähriger Entscheidungshorizont als zeitlich minimale Orientierung der Führungskraft impliziert. Bei einem Auszahlungssatz von 100% verliert die Bonusbank ihre Wirkung. Ein Rechenbeispiel (mit den Boni aus Abb. 8-4) veranschaulicht die Mechanik der Bonusbank.

[1368] Zur kurzfristigen Orientierung bisheriger Anreizsysteme siehe Wälchli (1995) 43ff.; auch in der Umfrage von Fischer (1990b) 277 erwähnten 61% der 457 befragten Schweizer Führungskräfte, dass finanzielle Anreizsysteme kurzfristiges Denken fördern. Siehe auch Ackermann (1995) 27; Copeland/Koller/Murrin (1994) 112.
Zur Relevanz langfristig ausgerichteter Unternehmensführung für den Aktienmarkt Hax/Majluf (1990) 165: „There is plenty of evidence that the market does reward long-term performance, and penalizes erratic behaviour intended to hide unfavorable developments in the short run"; so auch Hector (1988) 32: „[P]lenty of companies receive considerable credit from investors for their long-term plans".

[1369] „Deferring bonus payments provide a key advantage, lengthening the manager's decision horizon" (Stern (1994b) 43).

[1370] So vorgeschlagen von Stern (1993b) 37.

Jahr	Bonus	Bonus-bank vor Aus-zahlung	Aus-zahlungs-satz	Aus-zahlung	Bonus-bank nach Aus-zahlung	Markt-üblicher Lohn	Theore-tisches Gehalt	Basis-entgelt	Tatsäch-liches Gehalt
	a	b = a + e.1	c	d = b * c	e = b - d	f	g = f + g	h	i = max(g;h)
0					100[1371]				
1	450	550	25%	138	413	400	538	300	538
2	-100	313	25%	78	234	400	478	300	478
3	-675	-441	25%	-110	-330	400	290	300	300
4	575	245	25%	61	183	400	461	300	461

Abb. 8-5: Auszahlungsschema unter Verwendung des Instrumentes der Bonusbank (in CHF 1'000)

Der jährlich ermittelte (auch negative) Bonus (a)[1372] wird dem Anfangsbestand der Bonusbank (e) hinzugerechnet (=b), und von diesem gelangen 25% (c) als jährlicher Bonus zur Ausschüttung (d). Dieser Bonus (auch mit negativem Vorzeichen) wird dem marktüblichen Gehalt (f) hinzugerechnet und gelangt grundsätzlich zur Auszahlung (g). Falls (wie z.B. im Jahr 3) das damit errechnete gesamte Jahresgehalt kleiner ist als das Basisentgelt (h), wird dieses als Minimallohn ausgezahlt.[1373]

Es mag verblüffen, dass (z.B. wie im Jahr 2) trotz negativem Jahresbonus von CHF 100'000 eine positive Vergütung von CHF 78'000 zur Auszahlung gelangt. Dies ist jedoch genau der gewünschte Effekt der Ergebnisglättung durch die Bonusbank, bei welchem sowohl die Gewinne *als auch die Verluste* auf mehrere Jahre verteilt werden.[1374]

[1371] Unter Umständen kann es sinnvoll sein, der Bonusbank ein „Startguthaben" einzubuchen. Entweder als „Eintrittsgeschenk" einer neuen Führungskraft oder auch als Bonuspuffer für die ersten Jahre, falls negative EVA-Prognosen die Hoffnung auf einen tatsächlich ausbezahlten Bonus stark schwinden lassen (z.B. bei einer Turnaround-Situation).

[1372] Siehe Abb. 8-4.

[1373] Betreffend der Form der Auszahlung (Lohnbestandteil, Aktien, Optionen, Naturalien etc.) schlägt Stewart (1993) 54ff. vor, sowohl ein Bargeldelement, als auch ein Aktienoptionselement einzubauen. Siehe dazu auch Stern (1990) 53ff. und O'Byrne (1995) 77ff. Zu den Vor- und Nachteilen von Aktienplänen und Aktienoptionsplänen – im speziellen für die Schweiz – siehe weiter vorne Kapitel 8.2.3.

[1374] Dazu Stewart (1993) 53: „To discourage managers from accelerating short-term performance at long-term expense, and to avoid improperly penalizing or rewarding merely cyclical swings in per-

(Fortsetzung...)

Das Instrument der Bonusbank bietet auch die Möglichkeit, dem Wunsch von rund 60% der befragten Schweizer Verwaltungsratspräsidenten zu entsprechen, die eine „long-term compensation" begrüssen würden: „So sollte beispielsweise der Vorsitzende einen wesentlichen Teil seines Bonus erst fünf Jahre nach der Übernahme der Geschäftstätigkeit erhalten."[1375]

Zudem stellt die Bonusbank eine Möglichkeit dar, die Attraktivität des Stellenwechsels zu beeinflussen. Falls im Anstellungsvertrag die Abmachung besteht, dass das Bonusguthaben bei einem Weggang vom Unternehmen nicht zur Auszahlung gelangt, und so unter Umständen als „Startwert" dem Nachfolger gutgeschrieben wird, so reduziert es die Attraktivität der Stellenaufgabe, erhöht jedoch gleichzeitig diejenige des Stellenantritts für den Nachfolger.[1376]

Zu (2): Zur Steuerung der langfristigen Ausrichtung des Managements ebenso wichtig wie das Festlegen der Auszahlungsmodalitäten ist die Möglichkeit der Unternehmensführung, über die Ausgestaltung der Konversionen zur Berechnung von EVA[1377] strategische Schwerpunkte bei der Arbeit der Führungskräfte setzen zu können. So kann im Rahmen der Shareholder Conversion vorgesehen werden, dass beispielsweise die Ausgaben für Forschung und Entwicklung, Schulung oder Markterschliessung nicht als einmalige Aufwendung, sondern als Investition mit jährlicher Abschreibung angesehen werden.[1378] Damit belasten diese Ausgaben den jährlichen EVA (und damit die Höhe der Bonuszahlung) nur in dem Masse, wie sie (wegen ihrer Aktivierung) Kapitalkosten verursachen und erfolgswirksam abgeschrieben werden müssen. Mit der Wahl des Abschreibungssatzes beeinflusst die Unternehmensführung direkt den Bonus und hat somit ein Instrument

---

formance, exceptional positive and negative bonuses are deferred, with a portion paid out in each subsequent year. Deferring bonuses also encourages good performers to stay and poor ones to depart, and makes the EVA plan double as both a short-term and long-term bonus plan."

[1375] Egon Zehnder/Finanz und Wirtschaft (1994) 13.

[1376] Vgl. Stern (1993b) 37. Bei einem negativen Saldo der Bonusbank ist sinnvollerweise auf eine Übertragung auf den Nachfolger abzusehen. Ein negativer Saldo dient eher als Hinweis auf den durch den verantwortlichen Manager angerichteten zahlenmässigen „Schaden".

[1377] Siehe Kapitel 4.3.

[1378] Zur Lenkungswirkung dieser Massnahmen unter anderen King/Cook (1990) 45: „Reporting values of brand names therefore will influence management decisions, perhaps even more than shareholder or creditor decisions."

zur Hand, welches die Übersetzung von strategischen Anliegen in konkrete finanzielle Anreize für die einzelne Führungskraft ermöglicht.

8.3.5. Einfache Kommunizierbarkeit und Wirtschaftlichkeit

Um ihre volle Effektivität zu entfalten, müssen Anreizsysteme einfach aufgebaut und leicht kommunizierbar sein.[1379] Dies begünstigt auch deren Wirtschaftlichkeit. Wirtschaftlich aus der Sicht des Aktionärs bedeutet, dass langfristig der vom Anreizsystem ausgehende Nutzen dessen Kosten der Gestaltung, Einführung, Anwendung und auch Weiterentwicklung übersteigen sollte.[1380]

Die Kommunizierbarkeit und Wirtschaftlichkeit des hier vorgestellten EVA-basierten Anreizsystems ist aus folgenden Gründen gegeben:[1381]

- Die notwendigen Daten sind grösstenteils im üblichen finanziellen Berichtswesen bereits vorhanden[1382]

- Die Daten basieren auf einem „traditionellen" Buchhaltungsverständnis[1383]

- Die Mechanik zur Berechnung ist einfach verständlich und transparent[1384]

Trotz der umfangreichen Berechnungsregeln für EVA (d.h. Definition der Konversionen, Vorgabe des Kapitalkostensatzes) und der Auszahlungsmodi (Festlegen der Höhe von M1, M2, Auszahlungssatz etc.) bleibt der Ansatz ein relativ einfaches Instrument zur Förderung des aktionärsorientierten Handelns der Führungskräfte im Unternehmen: „Although the process of coming up with the right definition of EVA for any given firm is often complicated and time-

---

[1379] Vgl. Heinimann/Imboden (1994) 18; Bleicher (1992) 16.

[1380] Baumgartner (1992) 28 und Bleicher (1992) 20; ebenfalls Elschen (1991) 213: „Insgesamt müssen die Vorteile für die Anteilseigner bei jedem Anreizsystem die zusätzlichen Kontrollkosten und die zusätzliche Belohnungsverpflichtung an die Manager übersteigen"; siehe auch Copeland/Koller/Murrin (1994) 127.

[1381] Vgl. auch Stewart (1993) 51ff.

[1382] Ausser den Kapitalkosten: diese sollten für die Linienverantwortlichen vom Finanzverantwortlichen vorgegeben werden.

[1383] Siehe auch Kapitel 4.2.

[1384] „Anyone with fourthgrade arithmetic skills can do it; no calculator is needed" (McConville (1994) 55)

consuming, the measure itself, once established, becomes the focal point of a simpler, more integrated overall financial management system – one that can serve to unite all the varied interests and functions within a large corporation."[1385]

8.3.6. Problembereiche bei der Umsetzung eines EVA-basierten Anreizsystems

Bei der konkreten Ausgestaltung eines Anreizsystems (und der Geschwindigkeit ihrer Implementation) müssen auf die Landes- und Unternehmenskultur, Branche, Einstellung einzelner Führungskräfte, Geschäftsstrategie sowie Risiko und Natur der zu bewältigenden Aufgabe Rücksicht genommen werden.[1386] Beispielsweise können Umfragen als Hinweise auf landesspezifische Gegebenheiten dienen.

So wurde bei der Umfrage von Fischer im Jahre 1990[1387] festgestellt, dass 76% der befragten Führungskräfte der Meinung sind, finanzielle Anreize förderten das *unternehmerische* Denken. Zudem sind 57% der Befragten der Ansicht, dass die *persönliche Leistung* der Arbeitnehmer das Hauptkriterium für finanzielle Anreize bilden soll. 85% der befragten Führungskräfte würden einem fixen Anteil zwischen 50% und 80% des Gehaltes zustimmen. Auch wird – im Gegensatz zu den in den USA bevorzugten Systemen – die Barzahlung anderer Vergütungen wie Aktien, Aktienoptionen oder auch Pensionsansprüchen vorgezogen.

Dies zeigt, dass ein blindes Kopieren von Anreizsystemen aus anderen Ländern (z.B. aus den USA) zu einem Scheitern und zur Frustration der Führungskräfte führen kann.[1388] Weitere typische Umsetzungsprobleme sind:

[1385] Stern/Stewart/Chew (1995) 42.

[1386] Vgl. Wälchli (1995) 251ff.

[1387] In Zusammenarbeit mit Spencer Stuart Management Consultants, Zürich, hat Fischer eine Umfrage unter 457 Schweizer Führungskräften ausgewertet. Siehe dazu Fischer (1990a) und Fischer (1990b).

[1388] Ein für die USA formulierter Vorschlag von Rappaport (1986) 7 verdeutlicht dies: „At least four major factors will induce management to adopt a shareholder orientation: (1) a relatively large ownership position, (2) compensation tied to shareholder return performance, (3) threat of take-over by another organization, and (4) competitive labor markets for corporate executives." Mit Blick auf die Verhältnisse in Kontinentaleuropa, insbesondere in der Schweiz, scheinen einzelne dieser Faktoren doch nur in einer abgeschwächten Form vorhanden bzw. durchsetzbar zu sein. So ist wie weiter oben festgestellt der Markt zur Unternehmenskontrolle und der Managermarkt nur beschränkt existent (vgl. Kapitel 8.1.4.). Auch ist die Mitarbeiterbeteiligung mit Blick auf den in der Schweiz doch engen Aktienmarkt keinesfalls problemlos (vgl. Kapitel 8.2.3.).

- Zu geringe Entschlossenheit des Top-Managements[1389]
- Primär sicherheitsbedachtes Management[1390]
- Zu rasche Implementierung des EVA-Konzeptes[1391]
- Unterdurchschnittliche Managementfähigkeiten[1392]
- Vielfalt der im Anreizsystem enthaltenen Finanzgrössen[1393]

Die Qualität des verwendeten Anreizsystems kann gemessen werden. Der Kapitalmarkt honoriert den Nutzen wertorientierter Anreizsysteme und eskomptiert die zu erwartenden qualitativen Verbesserungen[1394] schon bei deren Ankündigung: „With a large sample of companies demonstrating significant improvement in performance once the EVA system is in place, share prices usually respond to the adoption of an EVA framework well in advance of the beneficial results in corporate performance.“[1395] AT&T, Coca-Cola, Briggs&Stratton, Quaker Oats und CSX sind einige der bekannteren Firmen, die von der Einführung eines EVA-basierten Anreizsystems profitierten.[1396]

Jedoch darf, trotz der positiven Effekte bei der Einführung eines EVA-basierten Anreizsystems, nicht übersehen werden, dass EVA selbst nur ein Werkzeug darstellt: „EVA is just a tool – it doesn't run a business and it doesn't substitute for

---

[1389] Copeland/Koller/Murrin (1994) 98; Stewart (1995) 81 und Stern (1994b) 44: „But an EVA system is seriously handicapped if there is not a deep commitment by management to improve value or if there is not a high caliber of management or if the existing corporate culture is too rigid to accept a program that aims to affect how people think and behave.“

[1390] Stern (1994b) 34.

[1391] Als *Richtgrösse* für den Zeitaufwand gibt Stewart (1995) 81 an: Für mittlere Unternehmen mit einem Umsatz unterhalb CHF 300 Millionen vier bis fünf Monate, sechs bis neun Monate für Unternehmen mit bis zu einer Milliarde Franken Umsatz und mehrere Jahre für grössere Unternehmen.

[1392] Stern (1994b) 34.

[1393] Stewart (1991) 249.

[1394] Dazu Stewart (1993) 53: „Just as total quality management calls for the continuous improvement in products and processes, so do EVA bonus plans call for the continuous improvement in financial performance.“

[1395] Stern (1994b) 44.

[1396] Siehe weitere Beispiele bei Tully (1993) 24; Stern Stewart & Co. (1993); McWilliams (1993) 10ff.; Stewart (1995) 81; Millmann (1991).

creative new ideas, efficient production, the quality process, or inspired marketing and sales effectiveness. By depending on EVA to direct the basics of business, companies compromise EVA's ability to do its real job: Help managers ask
the right questions, make good choices, and monitor their effectiveness."[1397]

Da sich der Economic Value Added gleichermassen zur *Unternehmensbewer-*
tung wie auch zur *Performancemessung* eignet, drängt er sich als Basis eines
Anreizsystems geradezu auf. Gelingt es der Unternehmensführung durch eine ge-
schickte Ausgestaltung des Anreizsystems den EVA-Gedanken weit in das Unternehmen, auch auf die unteren Managementstufen, hineinzutragen, kann eine
prioritäre Behandlung von Aktionärsinteressen gefördert[1398] und eine *einfache*[1399]
und unternehmensweit *einheitliche*[1400] Sprachregelung installiert werden.

[1397] Brossy/Balkcom (1994) 21; auch Stewart (1993) 55: „In summary, the EVA financial management framework offers one attempt to calm the corporate governance fires and respond to the em-
powered organization of the information age. Yet, even proper internal governance is no guarantee
of success, and it is no substitute for leadership, entrepreneurism, and hustle"; ähnlich Freygang
(1993) 339.

[1398] Dazu im Coca-Cola (Geschäftsbericht) 1995: „We believe that a clear focus on the components of
economic profit, and the resultant growth in economic value added over time, leads to the creation
of share-owner wealth" (a.a.O. 43); ebenfalls Kellogg's (Geschäftsbericht) 1994: „The company
believes that the value to shareholders is directly related to economic profit growth" (a.a.O. 14)

[1399] Sheehan (1994) 85: „Many performance evaluation systems are not actionable. They don't tell
people what to do."

[1400] Vgl. Weber (1990) 580; Stewart (1994) 77: Companies „use seemingly simple and well-
established measures and practices – for example, discounted cash flow for capital budgeting;
earnings for setting goals, communications with investors, and performance measurement; and
budgets for bonuses. But this proliferation of measures and practices makes the system as a whole
needlessly complicated and disjointed, with a loss of comparability and accountability. Moreover,
in cases where the measures conflict (for after all earnings, return, cash flows and budgets are not
the same), the system becomes decisive." In die gleiche Richtung geht Jones (1995) 19: „A major
benefit of EVA is providing a common language for communicating performance and goals. Corporations often use different terms for different purposes or audiences. They report to the market
in terms of earnings, for example, often manage in terms of investment returns on capital, and often use DCF and NPV terms for capital budgeting and acquisitions. These different, competing
measures can lead to different conclusions about the same project; the use of EVA eliminates that
problem."

9. Zusammenfassung und Ausblick

Spricht man vom *Economic Value Added (EVA)*, so sind drei Bereiche auseinanderzuhalten:

1. Berechnung der Kennzahl EVA, welche einerseits durch die *Berechnungsmechanik*[1401] und andererseits durch die *Qualität der Berechnungselemente*[1402] definiert ist.[1403]

2. Einsatzmöglichkeiten der Kennzahl EVA, welche die *Unternehmensbewertung,*[1404] die *finanzielle Performancemessung,*[1405] sowie die Gestaltung der *internen Corporate Governance*[1406] umfassen.

3. Für das umfassende Verständnis des Konzeptes EVA darf zudem die Klärung der Beziehung zur Kennzahl *Market Value Added (MVA)*[1407] und zum *Shareholder Value*[1408] nicht fehlen.

Dabei gilt folgendes:

- *Zur Berechnungsmechanik der Kennzahl EVA:* Zur Berechnung der Kennzahl Economic Value Added braucht es drei Elemente: Betriebsgewinn (NOPAT), betrieblich gebundenes Vermögen (NOA) und den Gesamtkapitalkostensatz (c*):

  EVA = NOPAT - NOA x c*

  Ist der EVA positiv, konnten die Gewinne der betrieblichen Tätigkeit die gesamten damit verbundenen Finanzierungskosten decken. Ist der EVA negativ,

---

[1401] Kapitel 3.
[1402] Kapitel 4.
[1403] Ausführliche Berechnung von EVA in Kapitel 5.
[1404] Kapitel 6.
[1405] Kapitel 7.
[1406] Kapitel 8.
[1407] Kapitel 6.1.2.b., 6.2.2., 7.2.2. und 7.2.3.
[1408] Kapitel 2.2.

wurden Werte für die Kapitalgeber in dem Sinne vernichtet, als ihr zur Verfügung gestelltes Kapital in einem anderen Betrieb mit ähnlichem Risikoprofil adäquat verzinst hätte werden können. Als absolute Zahl steht EVA demzufolge für den über den Finanzierungskosten liegenden betrieblichen Gewinn *(Betrieblicher Übergewinn)*.[1409] Mehrere Autorengruppen haben diesen Basisgedanken aufgegriffen und in verschiedenen Konzepten mit jeweils unterschiedlichen Bezeichnungen *(Economic Profit, Added Value, Cash Value Added)* vorgestellt.[1410] Ein Vergleich dieser Ansätze zeigt, dass sie sich hauptsächlich in der Art und Weise der Berechnung von Vermögens-, Gewinn- oder Kapitalkostengrösse unterscheiden, jedoch in deren Basisaussage und der Beschreibung der Einsatzmöglichkeiten weitgehend übereinstimmen.[1411]

- *Zur Qualität der Berechnungselemente:* Die Berechnungsinhalte der Kennzahl EVA entspringen dem *Economic Model.* Das Economic Model wird dem traditionellen Verständnis von Buchhaltungsgrössen, dem Accounting Model, gegenübergestellt. Das Economic Model steht für eine streng betriebswirtschaftliche und aktionärsorientierte Sicht auf die finanziellen Daten des Unternehmens. Diese Sichtweise wird erlangt, indem auf dem Accounting Model aufbauend über *vier* Anpassungsstufen *(Konversionen)* die Qualität der Daten des Rechnungswesens verändert wird.[1412] Dabei wirkt sich die Ausgestaltung des finanziellen Rechnungswesens, insbesondere die Wahl des Rechnungslegungsstandards, direkt auf den mit den Konversionen verbundenen Arbeitsaufwand aus. Teils unterschiedliche Publikationsanforderungen und teils nach wie vor vorhandene (Quasi-)Wahlrechte – auch internationaler – Rechnungslegungsstandards lassen eine *direkte* Vergleichbarkeit der veröffentlichten Bilanzen und Erfolgsrechnungen nur beschränkt zu. So hilft das Economic Model (und die damit verbundenen Konversionen) die Vergleichbarkeit von Unterneh-

---

[1409] Kapitel 3.1.
[1410] Abb. 3-2 und Kapitel 3.2.2. bis 3.2.5.
[1411] Kapitel 3.2.6.
[1412] Abb. 4-4 und Kapitel 4.3. bzw. Kapitel 5.

mensabschlüssen zu erhöhen und dem externen Bilanzleser, allfällige Informationsmängel zu erkennen.[1413]

- *EVA im Einsatz zur Unternehmensbewertung:* Nach dem EVA-Ansatz berechnet sich der Wert der betrieblichen Tätigkeit aus der Summe von betrieblichem Vermögen (NOA) und dem Barwert aller zukünftigen EVAs.[1414] Bei Verwendung identischen Datenmaterials liefert dieses Vorgehen die gleichen Resultate wie die auf betrieblichen freien Cash Flow basierende DCF-Methode.[1415] Dies, obschon im EVA-Ansatz ein Substanzwert (NOA) berücksichtigt wird. Die Bewertungshöhe der betrieblichen Substanz ist – aus bewertungstechnischer Sicht – für das Bewertungsergebnis irrelevant.[1416] Die Berechnung zukünftiger EVA erfolgt auf der Basis der *fünf* Schlüsselgrössen Umsatzwachstum, OPM (Operating Profit Margin), TO (Turnover of NOA), CTR (Cash Tax Rate) und c* (Gesamtkapitalkostensatz).[1417]

- *EVA im Einsatz zur finanziellen Performancemessung:* EVA als Massstab der finanziellen Performance zeigt seine Überlegenheit gegenüber traditionellen Leistungskennzahlen wie Gewinn, Umsatz, ROE, ROI etc., indem er operative, investitive und finanzielle Grössen in einer einzigen Kennzahl erfasst und zudem das Investitionsrisiko berücksichtigt. So werden betriebliche Prozesse unterschiedlicher Profitabilität, Kapitalintensität, Finanzierungsstruktur und Risiko direkt miteinander vergleichbar. Da EVA eine absolute Grösse darstellt und somit von der Unternehmensgrösse abhängig ist[1418], muss er, um Aussagen über die Qualität des erwirtschafteten EVA machen zu können, grössenbereinigt werden. In dieser Arbeit werden drei auf der Basis unterschiedlicher Bezugsgrössen relativierte Performancemasse vorgestellt: (1) value spread

---

[1413] Kapitel 4.2.
[1414] Kapitel 6.1. und 6.2.
[1415] Ausführlich Kapitel 6.1.3.
[1416] Abb. 6-5 und 6-6.
[1417] Kapitel 6.2.2.b.
[1418] Kapitel 7.3.1.

(Basis: NOA)[1419], (2) relEVA (Basis: Betriebliche Wertschöpfung)[1420], und (3) EVA-ROS (Basis: Nettoumsatz)[1421].

- *Beziehung von EVA zum Market Value Added (MVA):* Der MVA entspricht einerseits dem Barwert aller zukünftigen EVAs und andererseits der Differenz zwischen Marktwert des gesamten Unternehmens (Marktkapitalisierung des Eigen- *und* Fremdkapitals) und dem gesamten investierten (betrieblichen *und* nichtbetrieblichen) Vermögen. Bei der letzteren Variante spricht man vom MVA *ex post*, da man für dessen Berechnung auf historischen Daten basiert[1422], bei der ersten Version vom MVA *ex ante*, da sich der Wert aus der Diskontierung von prognostizierten Daten ergibt.[1423] Da sich theoretisch die beiden Werte entsprechen, lässt ein Vergleich Rückschlüsse auf mögliche Unter- bzw. Überbewertungen durch den Aktienmarkt oder auf zu optimistisch oder zu pessimistisch prognostizierte EVAs zu.[1424]

- *Beziehung von EVA zum Shareholder Value:* Der Shareholder Value steht einerseits für eine *Finanzgrösse* und andererseits für eine *Handlungsmaxime*.[1425] In beiden Fällen lässt sich eine Beziehung zu EVA herstellen. Die Finanzgrösse kann auf der Basis diskontierter prognostizierter EVA als alternatives Vorgehen zum Shareholder Value-Ansatz berechnet werden.[1426] Je grösser die erwarteten EVA, desto grösser der berechnete Shareholder Value. EVA darf dabei *nicht* a priori dem jährlich auf dem Aktienmarkt realisierten Shareholder Value[1427] gleichgesetzt werden. Dies ist nur dann der Fall, wenn sich bei den Marktakteuren keine Änderungen der Erwartungen an die Unternehmensleistung oder an das Aktienmarktumfeld ergibt. Beim Shareholder Value verstan-

---

[1419] Kapitel 7.3.2.
[1420] Kapitel 7.3.3.
[1421] Kapitel 7.3.4.
[1422] Und so auch als Performancemass dient: Siehe dazu Kapitel 7.2.2.
[1423] Kapitel 6.2.2.
[1424] Kapitel 7.2.3.
[1425] Kapitel 2.2.2. und 2.2.3.
[1426] Vorgehen in Kapitel 6.2.
[1427] Kapitel 7.2.

den als Handlungsmaxime zeigt sich die Verbindung in dem Sinne, als drei für die Mehrung des Shareholder Value wichtige Entscheidungen (Operative Entscheidungen, Investitions- und Finanzierungsentscheidungen) in einer Kennzahl (EVA) zusammengefasst sind[1428], und diese sich demzufolge (beispielsweise im Rahmen eines Anreizsystems[1429]) direkt als die zu maximierende Kenngrösse eignet.

- *EVA als zentrales Element eines wertorientierten Anreizsystems im Rahmen der Corporate Governance-Diskussion:* EVA versucht als Gewinn einer Periode die gewohnte Sichtweise auf Bilanz und Erfolgsrechnung, d.h. das traditionelle Verständnis buchhalterischer Daten, zu wahren und gleichzeitig eine Brücke zu den kapitalmarktorientierten, meist Cash Flow-basierten Anwendungsbereichen zu schlagen. Gerade die Beibehaltung bekannter Rechnungen, wie Bilanz und Erfolgsrechnung, und der damit verknüpften populären Bezeichnungen, wie z.B. Gewinn, Vermögen oder Kapital, macht die gute Kommunizierbarkeit von EVA aus. Mit EVA kann so der bis anhin für die Unternehmensführung und die Mitarbeiter nicht greifbare Shareholder Value in leicht verständliche Finanzgrössen und Methoden gebracht werden.

Damit kann ebenfalls eine einfache gemeinsame Sprache zwischen Aktionär und Verwaltungsrat einerseits und Verwaltungsrat und Management (als Basis eines Anreizsystems) andererseits gefunden werden.[1430] So wird EVA zu einem Finanzinstrument, welches Antworten für zahlreiche Fragestellungen im Bereich des Corporate Finance und der Corporate Governance[1431] bereit hält: „Whether reviewing a capital budgeting project, valuing an acquisition, considering strategic plan alternatives, assessing performance, or determining bonuses, the goal of increasing EVA over time offers a clear financial mission for

---

[1428] Abb. 2-2
[1429] Kapitel 8.3.
[1430] Zur Agency-Problematik Kapitel 8.1.3.
[1431] Zur Corporate Governance in der Schweiz siehe Kapitel 8.1.

management and a means of improving accountability and incentives. In this sense, it offers a new model of internal corporate governance."[1432]

Die interne Ausrichtung auf eine Maximierung von EVA kommt am Ende auch den Eigentümern des Unternehmens zu Gute. Um diesen Effekt zu verstärken, ist es denkbar, dass in Zukunft spezialisierte Aktienfonds oder Beteiligungsgesellschaften nur noch Investitionen in Unternehmen tätigen, die *erstens* eine herausragende auf der Basis von EVA gemessene Performance haben und *zweitens* ein EVA-basiertes Anreizsystem aufweisen. Solche, auf der Basis des Economic Value Added definierten Anlagekriterien füllen die Forderung zur Steigerung des Shareholder Value mit konkreten und direkt durch die Unternehmensführung umsetzbaren Inhalten.

[1432] Stern/Stewart/Chew (1995) 42/43; siehe auch Kapitel 8.1.3.c.

10. Anhang

10.1. Finanzdaten der Beispiel-AG

10.1.1. Jahresabschluss 1991 bis 1995

Bilanz (per 31.12.) (in CHFm)	1991	1992	1993	1994	1995
Wertschriften	7'355	7'801	7'973	8'911	10'250
Liquide Mittel	3'736	2'930	2'917	1'895	1'790
Debitoren	1'788	2'120	2'457	2'664	2'987
Vorräte	2'234	2'587	2'864	3'127	3'690
Aktive Rechnungsabgrenzungen	767	759	904	917	1'124
Total Umlaufvermögen	8'525	8'396	9'142	8'603	9'591
Sachanlagen	4'725	5'379	6'045	6'789	8'050
Immaterielle Anlagen (inkl. Goodwill)	543	550	526	3'271	3'491
Sonstiges Anlagevermögen, Beteiligungen	1'299	1'175	1'474	1'237	1'238
Total Anlagevermögen	6'567	7'104	8'045	11'297	12'779
Total Aktiven	22'447	23'301	25'160	28'811	32'620
Kreditoren	448	417	536	662	751
Passive Rechnungsabgrenzungen	1'308	1'609	1'937	2'984	3'389
Kurzfristige Darlehen	1'573	1'050	1'674	820	940
Langfristige Darlehen	3'720	4'375	3'058	4'723	4'896
Rückstellungen latente Steuern	750	683	841	888	1'088
Rückstellungen Personalvorsorge	298	350	715	725	733
Sonstige Rückstellungen	1'031	1'621	2'195	1'585	1'743
Total Verbindlichkeiten	9'128	10'105	10'956	12'387	13'540
Minderheitsanteile	446	511	581	625	862
Aktienkapital	80	160	160	160	160
Reserven und Gewinnvortrag	12'793	12'525	13'463	15'639	18'058
Total Eigene Mittel	12'873	12'685	13'623	15'799	18'218
Verbindlichkeiten, Minoritäten, Eigene Mittel	22'447	23'301	25'160	28'811	32'620

Abb. 10-1: Bilanz der Beispiel-AG 1991 bis 1995

Erfolgsrechnung (1.1.-31.12.) (in CHFm)	1991	1992	1993	1994	1995
Nettoumsatz	9'670	11'451	12'953	14'315	14'748
Herstellkosten der verkauften Produkte	4'309	4'865	5'169	5'178	4'870
Forschung und Entwicklung	1'444	1'727	1'998	2'269	2'332
Marketing und Vertrieb	2'080	2'504	2'786	3'527	3'764
Administration	609	747	773	821	863
Abschreibungen Goodwill				150	175
Sonstiger betrieblicher Ertrag/Aufwand	-70	-120	-47	-12	-125
Betriebsergebnis	1'158	1'488	2'180	2'358	2'619
Finanzertrag	400	1'217	1'338	1'310	1'585
Finanzaufwand	317	566	675	524	649
Gewinn vor Steuern	1'241	2'139	2'843	3'144	3'555
Steueraufwand	496	531	539	622	674
Minderheitsanteile am Gewinn	8	24	13	34	58
Nettogewinn	737	1'584	2'291	2'488	2'823

Abb. 10-2: Erfolgsrechnung der Beispiel-AG 1991 bis 1995

Weitere Angaben (in CHFm)	1991	1992	1993	1994	1995
Angaben zur Erfolgsrechnung:					
Personalaufwand	3'345	3'949	4'303	4'769	4'952
Abschreibungen (ohne Abschreibungen Goodwill)	485	588	637	652	712
Aktivierte latente Steuerforderungen	57	45	71	69	103
Jährlich ausgewiesene latente Steuern in Steueraufwand	138	-45	115	45	16
Beteiligungserträge (Bestandteil Position Finanzertrag)	15	13	17	14	14
Angaben zur Bilanz:					
Nicht betriebsnotwendiges Vermögen	250	225	210	230	220
Buchwert nicht konsolidierte Beteiligungen	99	90	113	95	95
Marktwert nicht konsolidierte Beteiligungen	212	191	240	202	202
Brandversicherungswert der Sachanlagen	4'961	5'648	6'347	7'128	8'453
Anlagen im Bau	648	793	1'066	965	1'479
Nicht bilanzierte Leasing- und Mietverbindlichkeiten	236	269	302	339	403
Delkredere (in Debitoren eingerechnet)	100	109	119	144	155
Dividendenzahlung	157	173	236	312	404
Stille Reserven (Willkürreserven)	120	130	100	120	140
Direkt dem Eigenkapital belasteter Goodwill	1'631	1'679	1'117		

Abb. 10-3: Weitere Angaben der Beispiel-AG 1991 bis 1995

10.1.2. Jahresabschluss 1996 bis 2000

Bilanz (per 31.12.) (in CHFm)	1996	1997	1998	1999	2000
Wertschriften	12'985	14'596	16'436	18'542	20'779
Liquide Mittel	783	861	947	1'042	1'146
Debitoren	3'077	3'385	3'723	4'095	4'505
Vorräte	3'712	4'083	4'491	4'941	5'435
Aktive Rechnungsabgrenzungen	1'154	1'269	1'396	1'536	1'690
Total Umlaufvermögen	8'726	9'598	10'558	11'614	12'775
Sachanlagen	8'747	9'523	10'386	11'343	12'403
Immaterielle Anlagen (inkl. Goodwill)	3'316	3'141	2'966	2'791	2'616
Sonstiges Anlagevermögen, Beteiligungen	1'222	1'205	1'186	1'166	1'143
Total Anlagevermögen	13'285	13'869	14'538	15'299	16'161
Total Aktiven	34'996	38'063	41'532	45'455	49'716
Kreditoren	732	806	886	975	1'072
Passive Rechnungsabgrenzungen	2'802	3'082	3'390	3'729	4'102
Kurzfristige Darlehen	1'519	1'610	1'712	1'826	1'954
Langfristige Darlehen	5'067	5'369	5'709	6'090	6'516
Rückstellungen latente Steuern	1'096	1'206	1'327	1'459	1'605
Rückstellungen Personalvorsorge	704	774	852	937	1'030
Sonstige Rückstellungen	2'098	2'308	2'538	2'792	3'071
Total Verbindlichkeiten	14'018	15'155	16'414	17'809	19'352
Minderheitsanteile	726	770	819	873	934
Aktienkapital	160	160	160	160	160
Reserven und Gewinnvortrag	20'091	21'978	24'139	26'613	29'270
Total Eigene Mittel	20'251	22'138	24'299	26'773	29'430
Verbindlichkeiten, Minoritäten, Eigene Mittel	34'996	38'063	41'532	45'455	49'716

Abb. 10-4: Bilanz der Beispiel-AG 1996 bis 2000

Erfolgsrechnung (1.1.-31.12.) (in CHFm)	1996	1997	1998	1999	2000
Nettoumsatz	16'223	17'845	19'630	21'593	23'752
Herstellkosten der verkauften Produkte	6'364	7'000	7'700	8'471	9'318
Forschung und Entwicklung	2'502	2'752	3'027	3'330	3'663
Marketing und Vertrieb	3'733	4'106	4'517	4'968	5'465
Administration	986	1'084	1'193	1'312	1'443
Abschreibungen Goodwill	175	175	175	175	175
Sonstiger betrieblicher Ertrag/Aufwand	-3	14	33	54	77
Betriebsergebnis	2'467	2'714	2'985	3'283	3'612
Finanzertrag	1'248	800	990	1'220	1'220
Finanzaufwand	547	573	609	648	692
Gewinn vor Steuern	3'168	2'940	3'366	3'855	4'139
Steueraufwand	776	720	825	944	1'014
Minderheitsanteile am Gewinn	31	29	33	38	41
Nettogewinn	2'361	2'191	2'509	2'873	3'085

Abb. 10-5: Erfolgsrechnung der Beispiel-AG 1996 bis 2000

Weitere Angaben (in CHFm)	1996	1997	1998	1999	2000
Angaben zur Erfolgsrechnung:					
Personalaufwand	5'489	6'038	6'642	7'306	8'037
Abschreibungen (ohne Abschreibungen Goodwill)	877	955	1'042	1'138	1'244
Aktivierte latente Steuerforderungen	88	97	106	117	129
Jährlich ausgewiesene latente Steuern in Steueraufwand	8	110	121	133	146
Beteiligungserträge (Bestandteil Position Finanzertrag)	14	14	14	13	13
Angaben zur Bilanz:					
Nicht betriebsnotwendiges Vermögen	220	220	220	220	220
Buchwert nicht konsolidierte Beteiligungen	94	92	91	89	87
Marktwert nicht konsolidierte Beteiligungen	199	196	193	190	186
Brandversicherungswert der Sachanlagen	9'184	9'999	10'905	11'910	13'023
Anlagen im Bau	1'376	1'498	1'634	1'785	1'952
Nicht bilanzierte Leasing- und Mietverbindlichkeiten	437	476	519	567	620
Delkredere (in Debitoren eingerechnet)	161	177	195	214	236
Dividendenzahlung	328	304	348	399	428
Stille Reserven (Willkürreserven)	140	140	140	140	140
Direkt dem Eigenkapital belasteter Goodwill	0	0	0	0	0

Abb. 10-6: Weitere Angaben der Beispiel-AG 1996 bis 2000

10.1.3. Korrekturrechnungen 1996 bis 2000

Economic Value Added (EVA) (in CHFm)	1996	1997	1998	1999	2000
NOPAT	2'202	2'589	2'851	3'117	3'410
NOA (zu Beginn der Jahres)	24'698	25'445	26'908	28'547	30'357
c*	6.0%	6.0%	6.0%	6.0%	6.0%
EVA = NOPAT - NOA x c*	721	1'063	1'237	1'405	1'590

Abb. 10-7: EVA 1996 bis 2000 der Beispiels-AG (mit NOA zu Beginn des Jahres)

Economic Value Added (EVA) (in CHFm)	1996	1997	1998	1999	2000
NOPAT	2'202	2'589	2'851	3'117	3'410
NOA (als Jahresdurchschnitt)	25'071	26'176	27'727	29'452	31'356
c*	6.0%	6.0%	6.0%	6.0%	6.0%
EVA = NOPAT - NOA x c*	699	1'020	1'188	1'351	1'530

Abb. 10-8: EVA 1996 bis 2000 der Beispiels-AG (mit NOA als Jahresdurchschnitt)

Net Operating Assets (NOA) (in CHFm)	1996	1997	1998	1999	2000
Bilanzsumme	34'996	38'063	41'532	45'455	49'716
- Wertschriften	-12'985	-14'596	-16'436	-18'542	-20'779
- Eigene Aktien (sind in den Wertschriften enthalten)					
- Anlagen im Bau	-1'376	-1'498	-1'634	-1'785	-1'952
- Andere nicht betriebliche Aktiven	-220	-220	-220	-220	-220
+ Nicht bilanzierte Leasing- und Mietobjekte	437	476	519	567	620
- Nicht zinstragende kurzfristige Verbindlichkeiten	-3'534	-3'888	-4'277	-4'704	-5'175
- Aktive latente Steuern	-88	-97	-106	-117	-129
+ Equity Equivalents (EE)	8'216	8'668	9'169	9'703	10'273
NOA (Ende des Jahres)	25'445	26'908	28'547	30'357	32'355
NOA (Beginn des Jahres)	24'698	25'445	26'908	28'547	30'357
NOA (Durchschnitt)	25'071	26'176	27'727	29'452	31'356

Abb. 10-9: Net Operating Assets der Beispiel-AG 1996 bis 2000

Leasing- und Mietverbindlichkeiten (in CHFm)	1996	1997	1998	1999	2000
Nichtbilanzierte Leasing- und Mietverbindlichkeiten	437	476	519	567	620
Durchschnittliche Restlaufzeit (in Jahren)	4	4	4	4	4
Jährliche Miet- und Leasingzahlungen	109	119	130	142	155
Zinssatz (Risikofrei + fixer Zuschlag 3%)	7.0%	7.0%	7.0%	7.0%	7.0%
Jährliche implizite Zinszahlung (Bestandteil NOPAT)	8	8	9	10	11

Abb. 10-10: Berücksichtigung der Leasing- und Mietverbindlichkeiten der Beispiel-AG 1996 bis 2000

Equity Equivalents (EE) (in CHFm)	1996	1997	1998	1999	2000
+ Delkredererückstellung	161	177	195	214	236
+ LIFO-Reserve Vorräte					
+ Berücksichtigung Brandversicherungswerte (Diff.)	437	476	519	567	620
+ Bewertungskorrektur Beteiligungen (Diff. Markt-Buchwert)	106	104	103	101	99
+ Korrektur Forschung und Entwicklung	2'445	2'668	2'935	3'229	3'552
+ Korrektur Goodwill	4'927	5'102	5'277	5'452	5'627
+ Stille Reserven (Willkürreserven)	140	140	140	140	140
Equity Equivalents (Bestandteil NOA)	8'216	8'668	9'169	9'703	10'273
Jährliche Änderung der Equity Equivalents	349	452	501	534	570

Abb. 10-11: Berechnung der Equity Equivalents (EE) der Beispiel-AG 1996 bis 2000

Korrektur Forschung und Entwicklung für EE (in CHFm)		1996	1997	1998	1999	2000
Jährliche Aufwendung (gemäss Erfolgsrechnung)		2'502	2'752	3'027	3'330	3'663
Lineare Abschreibung erfolgt auf 3 Jahre						
	F+E 1994	756	0	0	0	0
	F+E 1995	777	777	0	0	0
	F+E 1996	834	834	834	0	0
	F+E 1997		917	917	917	0
	F+E 1998			1'009	1'009	1'009
	F+E 1999				1'110	1'110
	F+E 2000					1'221
Summe der jährlichen Abschreibungen		2'368	2'528	2'760	3'036	3'340
Kumulierte F+E Aufwendungen (Vortrag aus Abb. 5-12)		12'272	15'023	18'050	21'380	25'043
- Kumulierte F+E Abschreibungen		9'827	12'355	15'115	18'151	21'491
= Korrektur Forschung und Entwicklung (Bestandteil EE)		2'445	2'668	2'935	3'229	3'552

Abb. 10-12: Berechnung der kapitalisierten F+E-Aufwendungen der Beispiel-AG 1996 bis 2000

Goodwillkorrektur für Equity Equivalents	1996	1997	1998	1999	2000
(in CHFm)					
Goodwill direkt dem EK belastet	-	-	-	-	-
Jährliche Goodwillabschreibung	175	175	175	175	175
Summe	175	175	175	175	175
Kumuliert (Bestandteil der EE) (Vortrag aus Abb. 5-13)	4'927	5'102	5'277	5'452	5'627

Abb. 10-13: Berechnung der Goodwillkorrektur der Beispiel-AG 1996 bis 2000

Net Operating Profit After Taxes (NOPAT)	1996	1997	1998	1999	2000
(in CHFm)					
Betriebsergebnis (gemäss Erfolgsrechnung)	2'467	2'714	2'985	3'283	3'612
+ Zinsanteile Leasingraten	8	8	9	10	11
+ Nicht berücksichtigte Beteiligungserträge	14	14	14	13	13
+ Änderung der EE (für NOPAT)	315	414	460	488	519
NOPBT (Net Operating Profit Before Taxes)	2'804	3'150	3'467	3'795	4'155
- COT	-601	-561	-616	-677	-745
NOPAT	2'202	2'589	2'851	3'117	3'410

Abb. 10-14: Berechnung des NOPAT der Beispiel-AG 1996 bis 2000

Änderung der Equity Equivalents für NOPAT	1996	1997	1998	1999	2000
(in CHFm)					
Änderung der Equity Equivalents (für NOA)	349	452	501	534	570
- Änderung Bewertungskorrekturen Brandversicherungswerte	-35	-39	-43	-48	-53
- Änderung Bewertungskorrekturen Beteiligungen	1	1	2	2	2
- Goodwill direkt dem EK belastet	-	-	-	-	-
Änderung der Equity Equivalents (für NOPAT)	315	414	460	488	519

Abb. 10-15: EE Änderungen für NOPAT der Beispiel-AG 1996 bis 2000

COT (Cash Operating Taxes) (in CHFm)	1996	1997	1998	1999	2000
Steueraufwand (gemäss Erfolgsrechnung)	776	720	825	944	1'014
/ Gewinn vor Steuern (gemäss Erfolgsrechnung)	3'168	2'940	3'366	3'855	4'139
Steuerrate	24%	24%	24%	24%	24%
Steueraufwand (gemäss Erfolgsrechnung)	776	720	825	944	1'014
+ Tax shield für Zinsaufwendungen	134	140	149	159	170
+ Tax shield für die Zinsanteile in Leasingraten	2	2	2	2	3
- Steuern für Finanzerträge (ohne Beteiligungserträge)	-302	-193	-239	-296	-296
- Jährlich ausgewiesener Teil von latenten Steuern	-8	-110	-121	-133	-146
COT	601	561	616	677	745

Abb. 10-16: Berechnung der COT der Beispiel-AG 1996 bis 2000

Gesamtkapitalkosten c*	1996	1997	1998	1999	2000
Eigenkapitalkosten	10.2%	10.2%	10.2%	10.2%	10.2%
Fremdkapitalkosten (nach Steuern)	3.9%	3.9%	3.9%	3.9%	3.9%
Eigenkapital in % des Gesamtkapitals	33%	33%	33%	33%	33%
Gewichtete Gesamtkapitalkosten (c*)	6.0%	6.0%	6.0%	6.0%	6.0%

Abb. 10-17: Berechnung von c* der Beispiel-AG 1996 bis 2000

Fremdkapitalkosten (Basis: Marktsätze)	1996	1997	1998	1999	2000
Risikofreier Zinssatz (Restlaufzeit bis 7 Jahre) (Abb. 5-17)	4.33%	4.33%	4.33%	4.33%	4.33%
Marktüblicher Zuschlag (Abb. 5-17)	0.58%	0.58%	0.58%	0.58%	0.58%
Individueller Zuschlag/Abschlag	0.25%	0.25%	0.25%	0.25%	0.25%
Fremdkapitalkosten vor Steuern	5.16%	5.16%	5.16%	5.16%	5.16%
Steuersatz	24%	24%	24%	24%	24%
Fremdkapitalkosten nach Steuern	3.9%	3.9%	3.9%	3.9%	3.9%

Abb. 10-18: Berechnung der Fremdkapitalkosten der Beispiel-AG 1996 bis 2000

Eigenkapitalkosten	1996	1997	1998	1999	2000
Risikofreier Zinssatz (Restlaufzeit über 7 Jahre) (Abb. 5-17)	4.0%	4.0%	4.0%	4.0%	4.0%
Marktprämie für Eigenkapital (siehe auch Abb. 7-2)	3.5%	3.5%	3.5%	3.5%	3.5%
Marktbeta	1.2	1.2	1.2	1.2	1.2
Eigenkapitalkosten nach CAPM	8.2%	8.2%	8.2%	8.2%	8.2%
Zuschlag für erschwerte Verkäuflichkeit	0.0%	0.0%	0.0%	0.0%	0.0%
Zuschlag für spezifisches Unternehmensrisiko	2.0%	2.0%	2.0%	2.0%	2.0%
Total Eigenkapitalkosten	10.2%	10.2%	10.2%	10.2%	10.2%

Abb. 10-19: Berechnung der Eigenkapitalkosten der Beispiel-AG 1996 bis 2000

10.2. Grosszahlige Anwendung

10.2.1. Liste der Unternehmen und Überblick über die benutzten Daten

Unternehmen	Vertreten im Swiss Market Index (SMI)	Vollständiger Jahresabschluss für die Berechnung der EVA-Gesamtperformance 1992 bis 1997	Jahresendkurse der Aktien zur Berechnung des MVA ex post 1992-1995	Aktienrenditen 1989-1995
ABB AG[1433]	X	X	X	X
Adia		X	X	X
Affichage		X	X	X
Alusuisse-Lonza	X	X	X	X
Arbonia-Forster		X	X	X
Ares-Serono		X	X	X
Ascom		X	X	X
Bobst		X	X	X
Bucher		X	X	X
Ciba-Geigy	X	X	X	X
Clariant	ab 1. Juli 1996	ab 1994	1995	n/a
Danzas		X	X	X
Dätwyler		X	X	X
Edipresse		X	X	ab 1991
Elco Looser		X	X	X
Elektrowatt	X	X[1434]	X	X
Ems-Chemie	ab 1. Juli 1996	X	X	X
ESEC		X	1994 und 1995	1995
Feldschlösschen		X	X	X
Forbo		X	X	X
Fuchs Petrolub		X	X	X
Fust		X	X	X

[1433] An der Generalversammlung der BBC Brown Boveri vom 2. Mai 1996 wurde die Namensänderung auf ABB AG beschlossen (siehe Finanz und Wirtschaft (1996e) 3). Der Konzern ABB Asea Brown Boveri AG befindet sich je zur Hälfte im Besitz der ASEA AB, Stockholm (Schweden), und der ABB AG, Baden (Schweiz). Der Konzern publiziert seine finanziellen Daten in US-Dollar. Die in dieser Arbeit präsentieren Berechnungsresultate verstehen sich in Schweizer Franken und stellen nur den 50%-Anteil der ABB AG, Baden, dar. Dies hat den Vorteil, dass die berechneten Resultate direkt mit der Börsenkapitalisierung der ABB AG, Baden, verglichen werden können.

[1434] Ab Geschäftsjahr 1996 einschliesslich der Tätigkeiten der Landis & Gyr.

Unternehmen	Vertreten im Swiss Market Index (SMI)	Vollständiger Jahresabschluss für die Berechnung der EVA-Gesamtperformance 1992 bis 1997	Jahresendkurse der Aktien zur Berechnung des MVA ex post 1992-1995	Aktienrenditen 1989-1995
Georg Fischer		X	X	X
Globus		X	X	X
Gurit-Heberlein		X	X	X
Hero		X	X	X
Hilti		X	X	X
Holderbank	X	X	X	X
Interdiscount		X	X	X
Intershop		X	X	X
Jelmoli		X	X	X
Kaba		X	1995	n/a
Keramik Laufen		X	X	X
Kuoni		X	X	X
Landis & Gyr		bis 1995[1435]	X	X
Lindt & Sprüngli		X	X	X
Loeb		X	X	X
Logitech		X	X	X
Merkur		X	X	X
Motor-Columbus		X	X	X
Mövenpick		X	X	X
Nestlé	X	X	X	X
Oerlikon-Bührle		X	X	X
Phoenix Mecano		X	X	X
Phonak		X	1994 und 1995	1995
Prodega		X	X	X
Publicitas		X	X	X
Richemont		X	X	X
Rieter		X	X	X
Roche	X	X	X	X
Sandoz	X	X	X	X
Sarna		X	X	ab 1992
Saurer		X	X	X

[1435] Per 1. Oktober 1995 (Beginn Geschäftsjahr 1996) Integration der Landis & Gyr im Konzern der Elektrowatt.

Unternehmen	Vertreten im Swiss Market Index (SMI)	Vollständiger Jahresabschluss für die Berechnung der EVA-Gesamtperformance 1992 bis 1997	Jahresendkurse der Aktien zur Berechnung des MVA ex post 1992-1995	Aktienrenditen 1989-1995
Schindler		X	X	X
Schweizerhall		X	X	ab 1990
SIG		X	X	X
Sika		X	X	X
SMH	X	X	X	X
Sulzer	X	X	X	X
Surveillance	X	X	X	X
Swissair		X	X	X
Zehnder		X	X	X
Zellweger Luwa		X	X	X
Zürcher Ziegeleien		X	X	X

Abb. 10-20: Unternehmen der grosszahligen Anwendung und die zur Verfügung stehenden Daten

10.2.2. Darstellung der Ergebnisse für alle untersuchten Unternehmen

a) MVA ex post 1992 bis 1995

Unternehmen	MVA ex post 1995		MVA ex post 1994		MVA ex post 1993		MVA ex post 1992	
	Rang	(in CHFm)	Rang	(in CHFm)	Rang	(in CHFm)	Rang	(in CHFm)
ABB AG	5	9006	5	7207	5	6867	5	2121
Adia	14	1025	12	1293	14	992	10	362
Affichage	24	225	33	120	35	127	21	47
Alusuisse-Lonza	6	3667	7	2242	11	1534	18	188
Arbonia-Forster	29	137	25	285	27	200	26	-45
Ares-Serono	10	2174	9	1749	8	2169	7	1327
Ascom	52	-180	50	-74	51	-73	51	-478
Bobst	30	122	48	-23	31	174	30	-80
Bucher	51	-133	52	-87	45	6	40	-200
Ciba-Geigy	4	12812	4	7451	4	7950	60	-6437
Clariant	19	471	n/a	n/a	n/a	n/a	n/a	n/a
Danzas	57	-256	58	-268	56	-264	52	-540
Dätwyler	53	-181	28	243	26	276	33	-96
Edipresse	26	196	29	219	34	136	11	277
Elco Looser	43	-13	47	-21	37	97	32	-85
Elektrowatt	11	1917	13	1074	10	1674	16	193
Ems-Chemie	9	2255	10	1562	9	1914	9	364
ESEC	12	1093	26	275	n/a	n/a	n/a	n/a
Feldschlösschen	62	-1628	60	-1408	58	-1457	56	-1210
Forbo	41	-7	57	-220	53	-102	48	-284
Fuchs Petrolub	48	-92	49	-27	49	-45	38	-189
Fust	44	-17	39	68	39	91	29	-66
Georg Fischer	22	279	23	353	36	109	36	-176
Globus	56	-240	54	-192	38	92	50	-431
Gurit-Heberlein	33	87	35	99	33	140	27	-45
Hero	32	108	30	213	24	341	19	175
Hilti	13	1072	11	1397	12	1301	41	-216
Holderbank	63	-1646	61	-1978	59	-2757	59	-5050
Interdiscount	39	37	38	82	29	190	20	58
Intershop	21	304	31	162	21	366	37	-186
Jelmoli	47	-60	44	7	42	54	42	-217
Kaba	27	173	n/a	n/a	n/a	n/a	n/a	n/a
Keramik Laufen	34	68	36	91	43	11	46	-270

Unternehmen	MVA ex post 1995		MVA ex post 1994		MVA ex post 1993		MVA ex post 1992	
	Rang	(in CHFm)	Rang	(in CHFm)	Rang	(in CHFm)	Rang	(in CHFm)
Kuoni	25	211	56	-214	55	-203	45	-257
Landis & Gyr	17	530	21	381	18	547	39	-194
Lindt & Sprüngli	23	264	24	301	25	308	17	190
Loeb	49	-104	53	-95	54	-112	28	-46
Logitech	31	109	41	65	30	186	13	257
Merkur	20	333	17	680	15	872	12	266
Motor-Columbus	15	715	15	718	17	636	14	241
Mövenpick	38	40	34	117	40	90	31	-85
Nestlé	2	31088	2	31487	2	32786	1	28919
Oerlikon-Bührle	58	-283	20	388	23	353	55	-984
Phoenix Mecano	18	525	22	374	22	362	15	212
Phonak	16	678	27	244	n/a	n/a	n/a	n/a
Prodega	42	-10	46	-6	46	5	23	-37
Publicitas	45	-43	45	6	44	11	47	-279
Richemont	61	-1595	18	437	19	547	57	-1572
Rieter	37	48	40	67	50	-47	44	-241
Roche	1	70629	1	46045	1	44818	2	22531
Sandoz	3	30801	3	18968	3	21169	3	14384
Sarna	40	-4	37	86	41	55	34	-137
Saurer	54	-188	55	-210	57	-520	53	-564
Schindler	60	-684	16	715	16	861	49	-350
Schweizerhall	36	53	42	26	47	-2	25	-44
SIG	46	-56	43	14	32	148	35	-165
Sika	28	147	19	404	20	438	22	11
SMH	8	2618	6	2605	6	5588	4	12854
Sulzer	59	-477	14	839	28	199	54	-629
Surveillance	7	2714	8	2090	7	2268	6	1396
Swissair	64	-3157	62	-2847	60	-2788	58	-3690
Zehnder	35	62	32	139	48	-6	24	-43
Zellweger Luwa	55	-237	59	-337	13	1013	8	491
Zürcher Ziegeleien	50	-127	51	-82	52	-76	43	-217

Abb. 10-21: MVA ex post 1992 bis 1995[1436]

[1436] Siehe Ausführungen Kapitel 7.2.2.

b) Vergleich von MVA ex post und MVA ex ante per Ende 1995

Unternehmen	MVA ex ante 1995 (CHFm)	MVA ex post 1995 (CHFm)	Differenz (CHFm)	Börsen-kapitalisierung Ende 1995 (CHFm)	Kapitalisierung theoretisch (CHFm)	Bewertungs-unterschied	Rang
ABB AG	26146	9006	17140	11531	28671	149%	8
Adia	1620	1025	595	1306	1901	46%	27
Affichage	230	225	5	394	398	1%	45
Alusuisse-Lonza	7514	3667	3847	5592	9439	69%	21
Arbonia-Forster	88	137	-49	400	351	-12%	48
Ares-Serono	1340	2174	-834	3035	2201	-27%	53
Ascom	-72	-180	108	480	588	23%	38
Bobst	278	122	155	1006	1161	15%	42
Bucher	542	-133	675	279	954	242%	1
Ciba-Geigy	25358	12812	12546	29773	42319	42%	30
Clariant	1146	471	675	1512	2187	45%	28
Danzas	-277	-256	-20	638	617	-3%	47
Dätwyler	-49	-181	132	331	463	40%	32
Edipresse	677	196	481	332	814	145%	9
Elco Looser	-208	-13	-195	235	40	-83%	61
Elektrowatt	-766	1917	-2683	3619	936	-74%	59
Ems-Chemie	1025	2255	-1231	3287	2057	-37%	54
ESEC	815	1093	-278	1194	916	-23%	52
Feldschlösschen	-678	-1628	950	466	1416	204%	3
Forbo	320	-7	327	745	1072	44%	29
Fuchs Petrolub	238	-92	330	195	525	169%	6
Fust	83	-17	100	196	296	51%	26
Georg Fischer	476	279	196	976	1173	20%	40
Globus	-577	-240	-337	427	90	-79%	60
Gurit-Heberlein	397	87	309	238	547	130%	10
Hero	572	108	463	740	1203	63%	23
Hilti	1711	1072	640	2757	3397	23%	37
Holderbank	4844	-1646	6490	5117	11607	127%	11
Interdiscount	498	37	461	216	676	214%	2
Intershop	-143	304	-447	849	402	-53%	57
Jelmoli	-405	-60	-345	415	69	-83%	62
Kaba	235	173	62	305	367	20%	39
Keramik Laufen	628	68	560	672	1232	83%	19
Kuoni	565	211	354	592	946	60%	24

334

Unternehmen	MVA ex ante 1995 (CHFm)	MVA ex post 1995 (CHFm)	Differenz (CHFm)	Börsen-kapitalisierung Ende 1995 (CHFm)	Kapitalisierung theoretisch (CHFm)	Bewertungs-unterschied	Rang
Lindt & Sprüngli	852	264	588	628	1216	94%	16
Loeb	3	-104	107	100	207	107%	14
Logitech	288	109	179	194	372	92%	17
Merkur	514	333	181	1033	1214	18%	41
Motor-Columbus	715	715	0	1002	1002	0%	46
Mövenpick	-173	40	-213	445	232	-48%	56
Nestlé	49563	31088	18475	49921	68396	37%	34
Oerlikon-Bührle	-951	-283	-668	1142	474	-58%	58
Phoenix Mecano	777	525	252	636	888	40%	33
Phonak	528	678	-150	760	610	-20%	51
Prodega	140	-10	150	86	236	175%	5
Publicitas	36	-43	79	548	627	14%	43
Richemont	10689	-1595	12284	9934	22217	124%	12
Rieter	655	48	607	721	1328	84%	18
Roche	32728	70629	-37900	89949	52048	-42%	55
Sandoz	32265	30801	1464	40007	41471	4%	44
Sarna	284	-4	287	300	587	96%	15
Saurer	-903	-188	-715	686	-29	-104%	63
Schindler	407	-684	1091	1664	2755	66%	22
Schweizerhall	360	53	307	192	499	160%	7
SIG	736	-56	792	703	1495	113%	13
Sika	365	147	217	662	879	33%	35
SMH	1829	2618	-790	5002	4212	-16%	49
Sulzer	644	-477	1121	2128	3249	53%	25
Surveillance	3771	2714	1058	3883	4941	27%	36
Swissair	-3467	-3157	-310	1928	1618	-16%	50
Zehnder	404	62	342	189	531	181%	4
Zellweger Luwa	-44	-237	194	469	662	41%	31
Zürcher Ziegeleien	137	-127	264	379	643	70%	20

Abb. 10-22: Vergleich MVA ex ante und MVA ex post per Ende 1995[1437]

[1437] Siehe Ausführungen Kapitel 7.2.3. und auch Kapitel 6.3.

c) EVA-Gesamtperformance 1992

Unternehmen	EVA		value spread		relEVA		EVA-ROS		EVA-Gesamt-performance	
	(CHFm)								Rangsumme	Gesamt-
	1992	Rang	1992	Rang	1992	Rang	1992	Rang	1992	rang
ABB AG	228	6	2.4%	17	3.1%	20	1.1%	18	61	14
Adia	-129	59	-11.3%	63	-25.2%	62	-4.0%	57	241	62
Affichage	-5	38	-3.5%	51	-7.5%	50	-2.7%	50	189	44
Alusuisse-Lonza	-39	48	-0.9%	36	-1.8%	37	-0.6%	38	159	38
Arbonia-Forster	12	15	5.2%	9	11.3%	7	4.2%	8	39	10
Ares-Serono	109	8	13.5%	4	28.7%	3	9.1%	1	16	3
Ascom	-127	58	-5.7%	59	-8.5%	52	-3.8%	56	225	57
Bobst	-15	39	-1.6%	39	-3.1%	42	-1.5%	43	163	40
Bucher	7	19	2.1%	19	2.8%	22	0.9%	20	80	22
Ciba-Geigy	-417	62	-1.6%	40	-4.7%	44	-1.9%	44	190	46
Clariant	n/a	n/a	n/a	n/a	n/a	n/a	n/a	n/a	n/a	64
Danzas	-21	43	-2.4%	46	-2.2%	38	-0.5%	35	162	39
Dätwyler	5	22	0.8%	26	2.0%	24	0.8%	22	94	25
Edipresse	15	12	8.6%	5	9.3%	9	4.4%	7	33	8
Elco Looser	12	17	2.8%	14	4.3%	16	1.6%	15	62	15
Elektrowatt	-352	61	-3.5%	52	-18.4%	58	-7.6%	61	232	60
Ems-Chemie	15	11	2.1%	20	5.5%	12	1.8%	14	57	12
ESEC	0	30	0.7%	28	1.0%	28	0.4%	26	112	28
Feldschlösschen	-61	51	-3.8%	53	-18.6%	59	-6.4%	60	223	56
Forbo	4	26	0.4%	29	0.7%	29	0.2%	29	113	29
Fuchs Petrolub	0	32	0.0%	32	-0.1%	33	0.0%	33	130	32
Fust	1	29	0.8%	27	1.7%	26	0.4%	27	109	27
Georg Fischer	-59	50	-3.5%	50	-5.8%	47	-2.4%	49	196	50
Globus	-38	47	-4.9%	57	-9.8%	54	-2.3%	47	205	53
Gurit-Heberlein	-2	34	-0.7%	35	-1.5%	36	-0.5%	37	142	35
Hero	12	16	1.2%	24	4.1%	18	0.9%	19	77	19
Hilti	17	10	1.4%	22	1.8%	25	0.8%	21	78	21
Holderbank	-150	60	-1.5%	38	-8.0%	51	-1.9%	45	194	48
Interdiscount	-3	36	-0.5%	34	-1.2%	35	-0.2%	34	139	34
Intershop	-66	52	-4.7%	56	-54.4%	63	-62.1%	63	234	61
Jelmoli	-53	49	-8.1%	61	-14.4%	56	-3.7%	55	221	55
Kaba	-3	35	-1.6%	41	-2.3%	39	-1.2%	41	156	37
Keramik Laufen	-18	42	-2.1%	44	-5.6%	46	-2.8%	51	183	43
Kuoni	9	18	3.1%	13	2.8%	21	0.4%	25	77	20

336

Unternehmen	EVA (CHFm) 1992	Rang	value spread 1992	Rang	relEVA 1992	Rang	EVA-ROS 1992	Rang	EVA-Gesamt-performance Rangsumme 1992	Gesamt-rang
Landis & Gyr	4	25	0.3%	30	0.3%	31	0.1%	30	116	30
Lindt & Sprüngli	24	9	7.3%	8	5.4%	13	2.9%	10	40	11
Loeb	4	24	4.1%	11	7.6%	11	1.8%	13	59	13
Logitech	-4	37	-2.4%	47	-3.1%	41	-1.0%	39	164	42
Merkur	0	33	0.0%	33	0.0%	32	0.0%	32	130	33
Motor-Columbus	-101	57	-1.9%	42	-20.0%	60	-5.4%	59	218	54
Mövenpick	-22	45	-4.6%	55	-5.1%	45	-2.2%	46	191	47
Nestlé	1395	1	4.5%	10	11.9%	6	2.6%	11	28	6
Oerlikon-Bührle	-80	55	-2.2%	45	-6.0%	48	-2.4%	48	196	51
Phoenix Mecano	13	13	7.5%	6	15.7%	5	4.9%	6	30	7
Phonak	2	28	2.2%	18	4.7%	14	2.0%	12	72	17
Prodega	0	31	0.1%	31	0.6%	30	0.0%	31	123	31
Publicitas	-66	53	-10.9%	62	-21.4%	61	-3.2%	53	229	59
Richemont	549	3	13.8%	3	32.1%	1	7.1%	3	10	1
Rieter	-17	40	-2.1%	43	-2.6%	40	-1.1%	40	163	41
Roche	523	4	4.0%	12	9.7%	8	4.0%	9	33	9
Sandoz	736	2	7.3%	7	16.0%	4	5.1%	4	17	4
Sarna	5	23	2.4%	16	4.2%	17	1.3%	17	73	18
Saurer	-75	54	-5.3%	58	-10.7%	55	-4.1%	58	225	58
Schindler	-22	44	-1.4%	37	-1.0%	34	-0.5%	36	151	36
Schweizerhall	3	27	1.3%	23	4.5%	15	0.3%	28	93	24
SIG	13	14	1.4%	21	2.2%	23	0.8%	23	81	23
Sika	7	20	1.1%	25	1.6%	27	0.5%	24	96	26
SMH	240	5	14.9%	2	31.2%	2	8.7%	2	11	2
Sulzer	-99	56	-2.5%	48	-3.8%	43	-1.5%	42	189	45
Surveillance	124	7	23.8%	1	9.0%	10	5.0%	5	23	5
Swissair	-522	63	-7.2%	60	-16.0%	57	-8.7%	62	242	63
Zehnder	5	21	2.8%	15	3.9%	19	1.6%	16	71	16
Zellweger Luwa	-26	46	-4.1%	54	-7.0%	49	-3.5%	54	203	52
Zürcher Ziegeleien	-18	41	-3.1%	49	-8.7%	53	-3.2%	52	195	49

Abb. 10-23: EVA-Gesamtperformance 1992

d) EVA-Gesamtperformance 1993

Unternehmen	EVA (CHFm) 1993	Rang	value spread 1993	Rang	relEVA 1993	Rang	EVA-ROS 1993	Rang	EVA-Gesamtperformance Rangsumme 1993	Gesamtrang
ABB AG	24	18	0.3%	37	0.4%	39	0.1%	39	133	35
Adia	-33	52	-3.4%	56	-7.0%	53	-1.1%	47	208	51
Affichage	-1	40	-0.4%	42	-0.8%	41	-0.3%	42	165	42
Alusuisse-Lonza	7	30	0.2%	39	0.4%	38	0.1%	38	145	38
Arbonia-Forster	26	17	10.5%	7	21.2%	7	7.6%	6	37	8
Ares-Serono	121	8	14.8%	5	37.2%	2	12.3%	1	16	3
Ascom	-185	61	-9.0%	63	-13.6%	62	-5.8%	62	248	63
Bobst	-23	48	-2.3%	50	-5.0%	48	-2.5%	53	199	49
Bucher	7	29	2.3%	24	2.9%	31	0.9%	27	111	30
Ciba-Geigy	281	5	1.2%	31	3.3%	28	1.2%	21	85	20
Clariant	n/a	n/a	n/a	n/a	n/a	n/a	n/a	n/a	n/a	64
Danzas	-27	50	-3.2%	53	-3.0%	46	-0.6%	45	194	47
Dätwyler	-23	47	-3.6%	57	-8.9%	54	-3.4%	56	214	52
Edipresse	15	22	5.8%	15	8.9%	16	3.9%	13	66	15
Elco Looser	3	37	0.7%	36	1.0%	35	0.4%	35	143	37
Elektrowatt	-204	62	-2.0%	48	-11.3%	58	-4.3%	60	228	59
Ems-Chemie	47	10	6.5%	13	17.6%	11	5.7%	11	45	11
ESEC	7	28	21.7%	2	25.5%	5	7.8%	5	40	10
Feldschlösschen	-36	53	-2.3%	49	-11.5%	59	-3.9%	58	219	55
Forbo	18	19	2.3%	23	3.7%	26	1.1%	23	91	22
Fuchs Petrolub	5	33	1.0%	32	3.1%	29	0.7%	31	125	33
Fust	1	39	0.9%	33	2.0%	34	0.4%	34	140	36
Georg Fischer	-52	58	-3.2%	54	-5.8%	51	-2.5%	52	215	53
Globus	-19	46	-2.3%	51	-5.1%	49	-1.1%	48	194	48
Gurit-Heberlein	5	32	1.5%	30	3.0%	30	1.0%	25	117	31
Hero	30	14	3.1%	20	11.7%	12	2.5%	16	62	14
Hilti	47	11	4.0%	17	5.0%	22	2.2%	17	67	16
Holderbank	71	9	0.7%	35	4.1%	24	0.8%	28	96	23
Interdiscount	13	23	2.0%	28	5.3%	20	0.7%	30	101	27
Intershop	-41	56	-3.7%	58	-51.4%	63	-47.3%	63	240	61
Jelmoli	-38	54	-5.6%	62	-10.7%	56	-2.6%	54	226	58
Kaba	3	36	1.7%	29	2.7%	32	1.4%	20	117	32
Keramik Laufen	2	38	0.2%	38	0.7%	36	0.3%	36	148	39
Kuoni	13	25	4.8%	16	4.1%	25	0.5%	33	99	26

Unternehmen	EVA (CHFm) 1993	Rang	value spread 1993	Rang	relEVA 1993	Rang	EVA-ROS 1993	Rang	EVA-Gesamt-performance Rangsumme 1993	Gesamt-rang
Landis & Gyr	28	16	2.0%	27	2.2%	33	1.0%	26	102	28
Lindt & Sprüngli	33	12	8.6%	9	6.5%	18	3.7%	14	53	13
Loeb	-1	41	-0.3%	41	-1.0%	42	-0.2%	41	165	41
Logitech	-3	43	-1.5%	46	-1.8%	44	-0.5%	44	177	43
Merkur	31	13	2.4%	22	4.6%	23	1.1%	22	80	19
Motor-Columbus	-56	59	-1.0%	45	-13.0%	60	-3.6%	57	221	57
Mövenpick	-14	45	-2.8%	52	-3.4%	47	-1.3%	49	193	46
Nestlé	2328	1	7.5%	12	20.1%	8	4.0%	12	33	7
Oerlikon-Bührle	-68	60	-1.9%	47	-5.6%	50	-2.4%	51	208	50
Phoenix Mecano	15	20	8.2%	10	18.4%	10	6.1%	9	49	12
Phonak	11	27	14.2%	6	27.1%	4	10.0%	2	39	9
Prodega	4	35	2.6%	21	11.5%	13	0.8%	29	98	25
Publicitas	-32	51	-5.2%	60	-11.2%	57	-1.6%	50	218	54
Richemont	600	4	15.9%	3	39.4%	1	7.8%	4	12	1
Rieter	-1	42	-0.1%	40	-0.2%	40	-0.1%	40	162	40
Roche	1049	3	7.9%	11	18.6%	9	7.3%	7	30	5
Sandoz	1055	2	10.0%	8	22.7%	6	7.0%	8	24	4
Sarna	7	31	3.5%	19	5.6%	19	1.8%	18	87	21
Saurer	-45	57	-3.3%	55	-7.0%	52	-2.7%	55	219	56
Schindler	13	24	0.9%	34	0.6%	37	0.3%	37	132	34
Schweizerhall	4	34	2.2%	26	8.2%	17	0.7%	32	109	29
SIG	30	15	3.5%	18	5.1%	21	1.8%	19	73	18
Sika	15	21	2.2%	25	3.3%	27	1.1%	24	97	24
SMH	260	6	15.8%	4	34.8%	3	9.4%	3	16	2
Sulzer	-25	49	-0.6%	43	-1.0%	43	-0.4%	43	178	44
Surveillance	151	7	29.2%	1	10.5%	14	5.7%	10	32	6
Swissair	-359	63	-4.9%	59	-13.3%	61	-5.8%	61	244	62
Zehnder	12	26	6.5%	14	8.9%	15	3.6%	15	70	17
Zellweger Luwa	-40	55	-5.4%	61	-8.9%	55	-4.1%	59	230	60
Zürcher Ziegeleien	-4	44	-0.7%	44	-1.9%	45	-0.7%	46	179	45

Abb. 10-24: EVA-Gesamtperformance 1993

339

e) EVA-Gesamtperformance 1994

Unternehmen	EVA (CHFm) 1994	Rang	value spread 1994	Rang	relEVA 1994	Rang	EVA-ROS 1994	Rang	EVA-Gesamt-performance Rangsumme 1994	Gesamt-rang
ABB AG	628	6	6.9%	13	9.6%	19	3.1%	16	54	15
Adia	28	15	3.8%	22	5.9%	26	0.8%	36	99	26
Affichage	5	38	3.8%	23	7.7%	22	2.5%	21	104	27
Alusuisse-Lonza	159	9	4.1%	21	7.6%	23	2.1%	24	77	17
Arbonia-Forster	31	13	10.9%	6	23.3%	6	7.8%	5	30	4
Ares-Serono	24	22	2.7%	29	6.9%	24	2.7%	18	93	23
Ascom	-57	61	-3.3%	58	-4.5%	52	-1.9%	55	226	57
Bobst	-4	46	-0.4%	45	-0.8%	45	-0.4%	45	181	45
Bucher	10	35	3.4%	27	4.0%	33	1.2%	31	126	33
Ciba-Geigy	794	4	4.3%	20	10.0%	18	3.6%	15	57	16
Clariant	23	23	1.1%	38	3.3%	35	1.0%	33	129	35
Danzas	-36	57	-4.4%	62	-3.8%	51	-0.8%	48	218	54
Dätwyler	-14	51	-2.2%	52	-5.2%	53	-1.9%	56	212	52
Edipresse	24	20	7.5%	12	13.3%	13	5.6%	9	54	14
Elco Looser	-4	48	-1.1%	48	-1.5%	47	-0.6%	47	190	47
Elektrowatt	-201	63	-1.9%	51	-10.8%	59	-4.1%	60	233	59
Ems-Chemie	47	12	6.0%	16	16.6%	10	5.5%	10	48	11
ESEC	11	32	21.0%	2	30.1%	2	8.8%	3	39	8
Feldschlösschen	-46	58	-3.0%	56	-15.0%	63	-4.8%	62	239	61
Forbo	21.	26	2.4%	31	3.6%	34	1.2%	30	121	31
Fuchs Petrolub	7	36	1.4%	37	4.6%	32	1.0%	32	137	37
Fust	0	42	0.0%	42	0.1%	42	0.0%	42	168	42
Georg Fischer	4	40	0.3%	41	0.5%	41	0.2%	41	163	41
Globus	-27	54	-3.3%	57	-7.3%	56	-1.6%	54	221	55
Gurit-Heberlein	14	29	3.7%	24	8.1%	21	2.5%	22	96	25
Hero	27	16	2.7%	30	10.5%	16	2.2%	23	85	20
Hilti	105	11	9.1%	9	11.0%	15	4.6%	13	48	12
Holderbank	183	7	1.7%	35	10.2%	17	2.0%	25	84	19
Interdiscount	-2	43	-0.3%	44	-0.6%	44	-0.1%	44	175	43
Intershop	-19	52	-2.2%	54	-27.5%	64	-17.9%	64	234	60
Jelmoli	-47	59	-5.5%	63	-11.5%	61	-2.8%	59	242	62
Kaba	6	37	3.6%	25	5.5%	27	2.6%	19	108	29
Keramik Laufen	10	34	1.1%	39	3.1%	37	1.3%	29	139	38
Kuoni	17	28	7.5%	11	5.0%	29	0.6%	38	106	28

340

Unternehmen	EVA		value spread		relEVA		EVA-ROS		EVA-Gesamt-performance	
	(CHFm)								Rangsumme	Gesamt-
	1994	Rang	1994	Rang	1994	Rang	1994	Rang	1994	rang
Landis & Gyr	24	21	1.8%	32	1.9%	39	0.8%	35	127	34
Lindt & Sprüngli	26	18	5.1%	18	5.0%	31	3.0%	17	84	18
Loeb	-3	44	-1.5%	50	-5.2%	54	-1.4%	53	201	49
Logitech	-4	45	-2.4%	55	-3.2%	49	-0.9%	49	198	48
Merkur	25	19	1.8%	33	3.3%	36	0.9%	34	122	32
Motor-Columbus	-35	56	-0.7%	46	-8.4%	57	-2.3%	57	216	53
Mövenpick	-11	50	-2.2%	53	-2.8%	48	-1.2%	50	201	50
Nestlé	2091	1	6.8%	15	18.3%	8	3.7%	14	38	6
Oerlikon-Bührle	-49	60	-1.4%	49	-3.3%	50	-1.4%	52	211	51
Phoenix Mecano	20	27	10.8%	7	24.0%	5	7.6%	6	45	9
Phonak	12	30	15.9%	4	27.7%	3	9.9%	2	39	7
Prodega	4	41	1.7%	36	5.9%	25	0.5%	40	142	39
Publicitas	-26	53	-4.2%	61	-9.4%	58	-1.3%	51	223	56
Richemont	718	5	19.8%	3	46.9%	1	10.0%	1	10	1
Rieter	-8	49	-1.0%	47	-1.3%	46	-0.5%	46	188	46
Roche	1293	2	8.2%	10	21.4%	7	8.8%	4	23	3
Sandoz	1152	3	10.3%	8	24.8%	4	7.3%	7	22	2
Sarna	12	31	5.2%	17	8.6%	20	2.6%	20	88	21
Saurer	-87	62	-7.1%	64	-12.1%	62	-5.0%	63	251	64
Schindler	26	17	1.7%	34	1.1%	40	0.6%	39	130	36
Schweizerhall	10	33	5.0%	19	17.8%	9	1.5%	28	89	22
SIG	29	14	3.4%	26	5.1%	28	1.7%	26	94	24
Sika	22	24	3.3%	28	5.0%	30	1.7%	27	109	30
SMH	121	10	6.8%	14	15.5%	11	4.7%	12	47	10
Sulzer	-4	47	-0.1%	43	-0.2%	43	-0.1%	43	176	44
Surveillance	174	8	31.6%	1	12.3%	14	6.5%	8	31	5
Swissair	-294	64	-4.0%	60	-10.8%	60	-4.6%	61	245	63
Zehnder	21	25	11.4%	5	14.1%	12	5.4%	11	53	13
Zellweger Luwa	-29	55	-3.5%	59	-6.4%	55	-2.7%	58	227	58
Zürcher Ziegeleien	5	39	0.8%	40	2.2%	38	0.7%	37	154	40

Abb. 10-25: EVA-Gesamtperformance 1994

f) EVA-Gesamtperformance 1995

Unternehmen	EVA		value spread		relEVA		EVA-ROS		EVA-Gesamt-performance	
	(CHFm)								Rangsumme	Gesamt-
	1995	Rang	1995	Rang	1995	Rang	1995	Rang	1995	rang
ABB AG	766	5	8.7%	11	12.0%	15	4.0%	14	45	9
Adia	44	13	7.5%	13	12.1%	14	1.6%	27	67	18
Affichage	13	28	9.0%	10	18.1%	7	5.5%	9	54	14
Alusuisse-Lonza	279	7	7.1%	16	14.3%	12	3.7%	15	50	12
Arbonia-Forster	2	45	0.6%	43	1.4%	41	0.5%	42	171	43
Ares-Serono	14	27	1.5%	31	4.4%	30	1.6%	26	114	31
Ascom	-19	54	-1.3%	52	-1.5%	49	-0.6%	50	205	52
Bobst	7	38	0.7%	40	1.4%	42	0.6%	37	157	40
Bucher	21	21	7.4%	14	8.1%	22	2.2%	22	79	20
Ciba-Geigy	1122	4	6.2%	19	13.7%	13	5.4%	10	46	11
Clariant	21	20	1.0%	37	3.2%	34	1.0%	31	122	32
Danzas	-34	57	-4.2%	61	-3.6%	55	-0.9%	52	225	55
Dätwyler	-7	48	-1.1%	50	-2.5%	50	-0.9%	53	201	49
Edipresse	31	14	9.5%	7	16.5%	9	6.8%	6	36	8
Elco Looser	-17	53	-4.7%	62	-7.0%	58	-2.9%	59	232	58
Elektrowatt	-105	63	-1.0%	49	-5.7%	57	-2.1%	56	225	56
Ems-Chemie	49	12	5.7%	20	16.4%	10	5.4%	11	53	13
ESEC	19	22	21.9%	2	33.9%	2	9.4%	4	30	4
Feldschlösschen	-35	58	-2.4%	58	-11.4%	61	-3.6%	61	238	61
Forbo	10	31	1.0%	38	1.8%	39	0.6%	39	147	38
Fuchs Petrolub	5	39	1.1%	36	3.6%	32	0.8%	32	139	36
Fust	3	43	1.3%	35	2.8%	35	0.6%	36	149	39
Georg Fischer	2	44	0.1%	44	0.2%	45	0.1%	45	178	45
Globus	-52	60	-6.2%	63	-13.7%	63	-3.2%	60	246	63
Gurit-Heberlein	14	26	3.6%	25	8.0%	23	2.5%	21	95	25
Hero	8	36	0.8%	39	3.2%	33	0.6%	38	146	37
Hilti	82	11	7.1%	17	9.4%	20	4.0%	13	61	16
Holderbank	153	9	1.4%	33	8.8%	21	1.8%	25	88	23
Interdiscount	-3	47	-0.4%	46	-0.8%	46	-0.1%	46	185	46
Intershop	-11	51	-1.2%	51	-14.3%	64	-9.6%	64	230	57
Jelmoli	-41	59	-4.1%	60	-9.7%	60	-2.2%	57	236	60
Kaba	8	37	5.1%	21	7.5%	24	3.5%	17	99	26
Keramik Laufen	16	24	1.7%	30	4.7%	29	2.0%	23	106	28
Kuoni	24	18	9.2%	9	6.6%	25	0.8%	33	85	21

Unternehmen	EVA		value spread		relEVA		EVA-ROS		EVA-Gesamt-performance	
	(CHFm)								Rangsumme	Gesamt-
	1995	Rang	1995	Rang	1995	Rang	1995	Rang	1995	rang
Landis & Gyr	29	15	2.2%	28	2.5%	36	1.0%	30	109	29
Lindt & Sprüngli	26	17	4.3%	24	4.7%	28	2.8%	19	88	22
Loeb	-2	46	-0.8%	48	-2.8%	52	-0.8%	51	197	47
Logitech	11	30	9.9%	6	10.0%	19	2.6%	20	75	19
Merkur	9	34	0.6%	41	1.2%	43	0.3%	43	161	41
Motor-Columbus	5	40	0.1%	45	1.2%	44	0.3%	44	173	44
Mövenpick	-11	50	-1.9%	56	-2.7%	51	-1.1%	54	211	53
Nestlé	1960	1	6.3%	18	17.4%	8	3.5%	18	45	10
Oerlikon-Bührle	-81	61	-2.2%	57	-5.7%	56	-2.3%	58	232	59
Phoenix Mecano	27	16	14.0%	5	29.1%	3	8.7%	5	29	3
Phonak	14	25	16.8%	3	28.3%	4	10.9%	1	33	6
Prodega	4	41	1.7%	29	5.6%	27	0.5%	41	138	35
Publicitas	-8	49	-1.3%	54	-3.0%	53	-0.4%	47	203	51
Richemont	455	6	7.2%	15	26.0%	5	5.8%	8	34	7
Rieter	12	29	1.4%	34	1.8%	38	0.7%	35	136	34
Roche	1487	2	8.2%	12	23.9%	6	10.1%	2	22	2
Sandoz	1468	3	14.3%	4	34.6%	1	9.6%	3	11	1
Sarna	8	35	3.4%	26	5.8%	26	1.8%	24	111	30
Saurer	-83	62	-6.9%	64	-12.0%	62	-4.7%	63	251	64
Schindler	-21	55	-1.3%	53	-0.9%	47	-0.4%	48	203	50
Schweizerhall	10	32	4.5%	23	15.6%	11	1.4%	29	95	24
SIG	23	19	2.5%	27	4.0%	31	1.4%	28	105	27
Sika	10	33	1.4%	32	2.2%	37	0.7%	34	136	33
SMH	92	10	4.7%	22	11.4%	18	3.6%	16	66	17
Sulzer	-30	56	-0.8%	47	-1.3%	48	-0.5%	49	200	48
Surveillance	162	8	25.1%	1	11.8%	17	6.2%	7	33	5
Swissair	-261	64	-3.4%	59	-8.7%	59	-3.7%	62	244	62
Zehnder	18	23	9.4%	8	11.8%	16	4.4%	12	59	15
Zellweger Luwa	-14	52	-1.8%	55	-3.1%	54	-1.3%	55	216	54
Zürcher Ziegeleien	4	42	0.6%	42	1.5%	40	0.5%	40	164	42

Abb. 10-26: EVA-Gesamtperformance 1995

g) EVA-Gesamtperformance 1996

Unternehmen	EVA (CHFm) 1996	Rang	value spread 1996	Rang	relEVA 1996	Rang	EVA-ROS 1996	Rang	EVA-Gesamt-performance Rangsumme 1996	Gesamt-rang
ABB AG	931	5	10.4%	9	13.8%	18	4.3%	17	49	11
Adia	78	12	16.2%	6	17.1%	13	2.1%	29	60	15
Affichage	16	38	10.7%	7	21.6%	8	6.3%	10	63	17
Alusuisse-Lonza	358	7	9.1%	14	16.8%	14	4.3%	18	53	12
Arbonia-Forster	4	48	1.1%	43	3.0%	42	1.1%	38	171	45
Ares-Serono	55	15	6.2%	22	17.3%	12	5.7%	12	61	16
Ascom	0	50	0.0%	50	0.0%	50	0.0%	50	200	50
Bobst	17	35	1.7%	40	3.4%	40	1.4%	34	149	38
Bucher	27	27	9.3%	12	9.5%	24	2.6%	26	89	21
Ciba-Geigy	1483	4	7.7%	17	17.5%	11	6.9%	7	39	6
Clariant	55	14	2.7%	31	8.5%	28	2.5%	27	100	24
Danzas	-20	56	-2.5%	60	-2.0%	55	-0.5%	54	225	55
Dätwyler	-1	51	-0.1%	51	-0.3%	52	-0.1%	52	206	51
Edipresse	31	21	9.2%	13	16.3%	15	6.6%	8	57	14
Elco Looser	-9	55	-2.5%	59	-3.7%	57	-1.5%	57	228	57
Elektrowatt	-28	58	-0.3%	53	-0.9%	53	-0.4%	53	217	53
Ems-Chemie	69	13	7.6%	18	22.0%	7	6.9%	6	44	8
ESEC	43	16	32.0%	1	51.4%	1	11.2%	4	22	3
Feldschlösschen	-25	57	-1.7%	57	-8.2%	62	-2.7%	61	237	59
Forbo	16	36	1.5%	42	2.7%	44	0.9%	39	161	43
Fuchs Petrolub	9	42	1.8%	38	6.1%	34	1.4%	35	149	37
Fust	5	47	1.9%	37	4.0%	38	0.9%	40	162	44
Georg Fischer	27	28	1.6%	41	3.0%	43	1.2%	37	149	39
Globus	-36	61	-4.1%	63	-8.9%	63	-2.0%	59	246	63
Gurit-Heberlein	21	31	5.2%	26	11.0%	22	3.4%	20	99	23
Hero	28	26	2.5%	36	8.6%	27	1.5%	32	121	32
Hilti	107	11	9.3%	11	11.7%	21	4.9%	13	56	13
Holderbank	281	8	2.5%	34	15.3%	16	2.8%	23	81	19
Interdiscount	19	32	2.5%	35	5.3%	36	0.7%	44	147	36
Intershop	-6	53	-0.6%	54	-7.9%	61	-5.0%	63	231	58
Jelmoli	-30	59	-3.1%	61	-7.6%	60	-1.7%	58	238	60
Kaba	11	41	6.7%	20	9.5%	25	4.4%	16	102	26
Keramik Laufen	28	25	2.8%	30	7.6%	30	3.2%	22	107	29
Kuoni	28	24	9.0%	15	6.8%	32	0.9%	41	112	31

Unternehmen	EVA		value spread		relEVA		EVA-ROS		EVA-Gesamt-performance	
	(CHFm)								Rangsumme	Gesamt-
	1996	Rang	1996	Rang	1996	Rang	1996	Rang	1996	rang
Landis & Gyr	n/a	n/a	n/a	n/a	n/a	n/a	n/a	n/a	n/a	64
Lindt & Sprüngli	33	19	5.0%	27	5.6%	35	3.3%	21	102	25
Loeb	1	49	0.2%	49	0.8%	48	0.2%	48	194	49
Logitech	13	40	10.6%	8	10.5%	23	2.8%	25	96	22
Merkur	25	29	1.8%	39	3.2%	41	0.8%	42	151	41
Motor-Columbus	29	23	0.6%	47	7.3%	31	1.8%	30	131	34
Mövenpick	-7	54	-1.2%	56	-1.7%	54	-0.7%	55	219	54
Nestlé	2386	1	7.2%	19	20.4%	10	3.9%	19	49	10
Oerlikon-Bührle	-35	60	-0.9%	55	-2.3%	56	-1.0%	56	227	56
Phoenix Mecano	34	18	16.9%	5	33.1%	4	9.5%	5	32	4
Phonak	21	30	21.2%	3	36.1%	3	12.7%	1	37	5
Prodega	7	44	2.6%	32	8.2%	29	0.7%	45	150	40
Publicitas	5	46	0.8%	46	1.9%	46	0.2%	47	185	47
Richemont	500	6	5.6%	25	25.1%	6	5.8%	11	48	9
Rieter	29	22	3.0%	29	4.0%	39	1.4%	33	123	33
Roche	1882	2	10.3%	10	31.6%	5	12.2%	2	19	2
Sandoz	1783	3	19.5%	4	46.0%	2	11.9%	3	12	1
Sarna	16	37	6.2%	21	8.9%	26	2.8%	24	108	30
Saurer	-48	62	-3.9%	62	-6.8%	59	-2.8%	62	245	62
Schindler	8	43	0.5%	48	0.3%	49	0.2%	49	189	48
Schweizerhall	14	39	5.8%	24	20.5%	9	1.7%	31	103	27
SIG	37	17	3.8%	28	6.4%	33	2.2%	28	106	28
Sika	19	33	2.6%	33	4.1%	37	1.3%	36	139	35
SMH	125	10	6.0%	23	15.0%	17	4.5%	15	65	18
Sulzer	32	20	0.9%	45	1.4%	47	0.6%	46	158	42
Surveillance	189	9	26.0%	2	12.1%	20	6.4%	9	40	7
Swissair	-156	63	-1.9%	58	-5.0%	58	-2.2%	60	239	61
Zehnder	17	34	8.9%	16	13.3%	19	4.6%	14	83	20
Zellweger Luwa	-1	52	-0.1%	52	-0.2%	51	-0.1%	51	206	52
Zürcher Ziegeleien	6	45	0.9%	44	2.4%	45	0.8%	43	177	46

Abb. 10-27: EVA-Gesamtperformance 1996

h) EVA-Gesamtperformance 1997

Unternehmen	EVA (CHFm) 1997	Rang	value spread 19967	Rang	relEVA 1997	Rang	EVA-ROS 1997	Rang	EVA-Gesamt-performance Rangsumme 1997	Gesamt-rang
ABB AG	1101	5	11.6%	9	15.5%	19	4.8%	16	49	11
Adia	82	14	18.4%	6	17.3%	14	2.1%	30	64	15
Affichage	16	41	10.5%	14	21.3%	10	6.2%	12	77	18
Alusuisse-Lonza	402	7	9.7%	17	18.4%	13	4.6%	18	55	14
Arbonia-Forster	7	51	1.5%	47	4.5%	40	1.6%	34	172	45
Ares-Serono	107	12	11.3%	10	32.1%	6	9.7%	6	34	4
Ascom	8	48	0.5%	52	0.6%	54	0.2%	54	208	53
Bobst	18	39	1.8%	45	3.6%	45	1.5%	36	165	43
Bucher	32	30	10.6%	13	10.9%	29	2.9%	26	98	22
Ciba-Geigy	1643	4	8.3%	19	18.5%	12	7.3%	8	43	7
Clariant	91	13	4.4%	31	14.2%	21	3.9%	20	85	21
Danzas	15	42	1.9%	44	1.4%	51	0.3%	52	189	49
Dätwyler	-1	55	-0.1%	55	-0.2%	55	-0.1%	55	220	55
Edipresse	34	29	9.7%	16	17.2%	15	6.9%	9	69	16
Elco Looser	-1	56	-0.3%	57	-0.4%	57	-0.2%	56	226	56
Elektrowatt	39	25	0.4%	54	1.3%	52	0.5%	50	181	48
Ems-Chemie	81	15	8.7%	18	24.3%	8	7.6%	7	48	9
ESEC	55	18	29.2%	1	54.9%	1	11.0%	4	24	3
Feldschlösschen	-22	61	-1.5%	62	-7.2%	63	-2.4%	62	248	62
Forbo	23	36	2.1%	42	3.8%	44	1.2%	43	165	44
Fuchs Petrolub	10	46	2.0%	43	6.6%	35	1.5%	38	162	42
Fust	6	52	2.3%	39	5.0%	39	1.1%	45	175	46
Georg Fischer	37	26	2.3%	40	4.1%	42	1.5%	37	145	39
Globus	-30	62	-3.3%	63	-7.1%	62	-1.6%	61	248	63
Gurit-Heberlein	24	35	5.9%	26	12.2%	22	3.8%	21	104	23
Hero	30	32	2.6%	37	8.9%	31	1.5%	35	135	35
Hilti	139	11	11.8%	8	14.4%	20	6.0%	13	52	12
Holderbank	317	8	2.8%	36	16.9%	16	3.1%	25	85	20
Interdiscount	42	22	5.5%	28	11.1%	26	1.5%	39	115	30
Intershop	-6	58	-0.5%	58	-6.5%	61	-4.0%	63	240	60
Jelmoli	4	53	0.5%	53	1.1%	53	0.2%	53	212	54
Kaba	14	44	8.0%	21	10.9%	28	5.1%	15	108	27
Keramik Laufen	32	31	3.2%	34	8.3%	32	3.5%	24	121	31
Kuoni	34	28	9.9%	15	7.8%	33	1.0%	46	122	33

346

Unternehmen	EVA		value spread		relEVA		EVA-ROS		EVA-Gesamt-performance	
	(CHFm) 1997	Rang	19967	Rang	1997	Rang	1997	Rang	Rangsumme 1997	Gesamt-rang
Landis & Gyr	n/a	n/a	n/a	n/a	n/a	n/a	n/a	n/a	n/a	64
Lindt & Sprüngli	40	24	5.9%	27	6.4%	36	3.7%	22	109	28
Loeb	1	54	0.6%	51	2.3%	49	0.6%	48	202	52
Logitech	15	43	11.2%	11	11.1%	27	2.9%	27	108	26
Merkur	36	27	2.5%	38	4.5%	41	1.2%	44	150	40
Motor-Columbus	46	19	0.9%	49	11.1%	25	2.6%	29	122	34
Mövenpick	-5	57	-0.9%	60	-1.3%	59	-0.5%	59	235	58
Nestlé	2579	1	7.2%	22	20.6%	11	3.9%	19	53	13
Oerlikon-Bührle	-6	59	-0.2%	56	-0.4%	56	-0.2%	57	228	57
Phoenix Mecano	41	23	19.2%	5	36.0%	5	10.2%	5	38	5
Phonak	28	33	24.6%	3	40.5%	3	14.0%	1	40	6
Prodega	8	47	3.1%	35	9.8%	30	0.8%	47	159	41
Publicitas	7	50	1.2%	48	2.7%	48	0.3%	51	197	50
Richemont	565	6	6.3%	24	27.5%	7	6.3%	11	48	10
Rieter	44	21	4.3%	32	5.8%	37	2.0%	31	121	32
Roche	2264	2	12.1%	7	38.4%	4	13.6%	2	15	2
Sandoz	2064	3	22.7%	4	52.8%	2	12.8%	3	12	1
Sarna	21	38	8.2%	20	11.5%	24	3.5%	23	105	25
Saurer	-9	60	-0.7%	59	-1.2%	58	-0.5%	58	235	59
Schindler	72	17	4.7%	29	2.8%	47	1.2%	42	135	36
Schweizerhall	16	40	6.6%	23	23.2%	9	1.9%	32	104	24
SIG	45	20	4.6%	30	7.7%	34	2.6%	28	112	29
Sika	27	34	3.6%	33	5.7%	38	1.9%	33	138	37
SMH	140	10	6.2%	25	15.8%	18	4.7%	17	70	17
Sulzer	79	16	2.2%	41	3.2%	46	1.3%	40	143	38
Surveillance	205	9	26.5%	2	12.0%	23	6.4%	10	44	8
Swissair	-89	63	-1.0%	61	-2.8%	60	-1.2%	60	244	61
Zehnder	21	37	10.6%	12	16.9%	17	5.6%	14	80	19
Zellweger Luwa	7	49	0.9%	50	1.5%	50	0.6%	49	198	51
Zürcher Ziegeleien	11	45	1.6%	46	3.9%	43	1.3%	41	175	47

Abb. 10-28: EVA-Gesamtperformance 1997

11. Verzeichnisse

11.1. Interviewverzeichnis

Thomas P. Jones	Senior Vice President, Stern Stewart Management Services, Inc., New York.
Dr. Daniel Knüsel	Senior, Revisuisse Price Waterhouse, Zug.
Dr. Peter Koberg	KMPG Deutsche Treuhand-Gesellschaft (Leaseurope), Brüssel.
Hans-Jürg Matter	Matter & Partners, Zürich.
Lukas Monn	Senior, Revisuisse Price Waterhouse, Zürich.
Anton Schwegler	Leiter Ressort Verkauf und Marketing, Industrie-Leasing AG, Zürich.
Thomas Stenz	Partner Arthur Andersen AG, Fachsekretär der FER, Zürich.
Andreas Vogler	Head of Swiss Equity Research, SBC Warburg, Zürich.
Peter Wick	Leiter Abteilung institutionelle Anleger, Darier Hentsch & Cie., Zürich.
Dr. Markus Zenhäusern	Leiter Finanzen und Administration, Habasit AG, Reinach.

11.2. Abbildungsverzeichnis

351

353

11.3. Abkürzungsverzeichnis

a.a.O.	am angegebenen Ort
Abb.	Abbildung
Abs.	Absatz
Abschr.	Abschreibungen
Abzügl.	Abzüglich
ADR	American Depository Receipts
AG	Aktiengesellschaft
AK	Anfangskurs
APT	Arbitrage Pricing Theory
Art.	Artikel
AV	Anlagevermögen
b(n)	Beta des Faktors n
BCG	The Boston Consulting Group
BEHG	Bundesgesetz über die Börsen und den Effektenhandel vom 24. März, 1995.
BIP	Bruttoinlandsprodukt
Bsp.	Beispiel
BVG	Bundesgesetz über die berufliche Alters-, Hinterlassenen- und Invalidenvorsorge
BVV	Vollziehungsordnung zum BVG
bzw.	beziehungsweise
c*	Gesamtkapitalkostensatz
ca.	circa
CAPM	Capital Asset Pricing Model
CEO	Chief Executive Officer
CFO	Chief Financial Officer
CFROI	Cash Flow Return On Investment
CHF	Schweizer Franken
CHFm	in Millionen Schweizer Franken
COT	Cash Operating Taxes
CTR	Cash Tax Rate
CVA	Cash Value Added
D*	Dividendenzahlungen (adjustiert)
d.h.	das heisst
DCF	Discounted Free Cash Flow
ders.	derselbe
Diff.	Differenz
DVFA/SG	Deutsche Vereinigung für Finanzanalyse/Schmalenbachgesellschaft
EBIT	Earnings Before Interest and Taxes
EBS	Elektronische Börse Schweiz
EE	Equity Equivalents
EFFAS	European Federation of Financial Analyst Service

EG	Europäische Gemeinschaft
Eidg.	Eidgenössische(r)
EK	Eigenkapital
etc.	et cetera
EU	Europäische Union
EURL	Richtlinien der Europäischen Union
EVA	Economic Value Added
evtl.	eventuell
F+E	Forschung und Entwicklung
FASB	Financial Accounting Standards Board
FCF	(Operating) Free Cash Flow
FER	Fachempfehlungen zur Rechnungslegung; FER 0-9, 11, 12, 14 (Stand: 1995); FER 10 (Ausserbilanzgeschäfte; verabschiedet 1996; gültig ab 1. Januar 1997): FER 13 (Darstellung der Leasinggeschäfte durch Leasingnehmer, Entwurf vom Januar 1996)
ff.	und fortfolgende
FIFO	First In First Out
FK	Fremdkapital
FTSE100	Aktienmarkt London, Index der Financial Times
GAAP	Generally Accepted Accounting Principles
GoR	Grundsätze ordnungsgemässer Rechnungslegung
GS	Genussschein
GuV	Gewinn und Verlustrechnung
i.d.R.	in der Regel
IAS	International Accounting Standards. London: IASC, 1994.
IASC	International Accounting Standards Committee
insb.	insbesondere
IOSCO	International Organization Of Securities Commissions
ISO	International Standards Organisation
ke	Eigenkapitalkosten
kf	Fremdkapitalkosten
KK	Kapitalkosten
KTR	Kotierungsreglement der Schweizer Börse. Zürich: Zulassungsstelle der Schweizer Börse, 1996
LBO	Leveraged Buyout
LBS	London Business School
LIBOR	London Interbank Offered Rate
LIFO	Last In First Out
LOCM	Lower Of Cost Or Market
m	Million
m.a.W.	mit anderen Worten
m.E.	meines Erachtens
M/B	Market-To-Book-Ratio
MBO	Management Buyout
MbO	Management by Objectives
MVA	Market Value Added

MW	Marktwert
n/a	not available
NOA	Net Operating Assets
NOPAT	Net Operating Profit After Taxes
NOPBT	Net Operating Profit Before Taxes
NOPLAT	Net Operating Profit Less Adjusted Taxes
NRV	Net Realizable Value
NUV	Nettoumlaufvermögen
o.Nr.	ohne Nummer
o.S.	ohne Seite
OPM	Operating Profit Margin
OR	Schweizerisches Obligationenrecht
p.a.	per annum
par.	Paragraph
P/B	Price-To-Book-Ratio
P/CF	Price-To-Cash-Flow-Ratio
P/E	Price/Earnings-Ratio
P/CF	Price-Cash Flow-Ratio
PC	Personal Computer
POC	Percentage Of Completion
PV	Present Value
r	Internal Rate of Return
R&D	Research and Development
rAV	relativer Added Value
resp.	respektive
relEVA	relativer Economic Added Value
Rf	Risikofreier Zinssatz
RHB	Revisionshandbuch
ROA	Return On Assets
ROCE	Return On Capital Employed
ROE	Return On Equity
ROI	Return On Investment
ROS	Return On Sales
S.	Seite
SARP	Stock Appreciation Rights Plan
SAV	Sachanlagevermögen
SBC	Swiss Bank Corporation
SBG	Schweizerische Bankgesellschaft
SBV	Schweizerischer Bankverein
SEC	Security and Exchange Commission
SHAB	Schweizerisches Handelsamtsblatt
SK	Schlusskurs
SKA	Schweizerische Kreditanstalt
SMI	Swiss Market Index
SNB	Schweizerische Nationalbank
sog.	sogenannte(r)

356

SPI	Swiss Performance Index
StGB	Strafgesetzbuch
SVFV	Schweizerische Vereinigung für Finanzanalyse und Vermögensverwaltung
t	Steuerrate
TO	Turnover of Net Operating Assets
UEC-Methode	Von der Union Européen des Experts Comptables Economiques et Financiers (UEC) seit 1961 entwickelte Methode zur Ermittlung des Gesamtwertes der Unternehmung nach dem Prinzip der Übergewinnverrentung
u.U.	unter Umständen
UK	United Kingdom
UNO	United Nations Organization
US-GAAP	United States Generally Accepted Accounting Principles
USA	United States of America
USD	US-Dollar
VBM	Value-Based Management
vgl.	vergleiche
VR	Verwaltungsrat
WACC	Weighted Average Cost of Capital
z.B.	zum Beispiel
Ziff.	Ziffer
zit.	zitiert

11.4. Literaturverzeichnis

Abt, H. (1995): Auf der Suche nach einer neuen Balance der Macht. In: Der Schweizer Treuhänder, 12, 1995, S. 1021-1028.

Achleitner, A.-K. (1993): Tohuwabohu im Normendschungel. In: Geschäftsbericht Attisholz, 92/93, 1993, S. 7.

Achleitner, A.-K. (1995): Going Concern-Prinzip vor dem Hintergrund der Corporate Governance-Debatte. In: Der Schweizer Treuhänder, 10, 1995, S. 881-889.

Ackermann, J. (1995): Wieviel Gewinn für wen? Unternehmen zwischen Aktionären und Öffentlichkeit. In: Neue Zürcher Zeitung, Nr. 11, 14./15. Januar, 1995, S. 27.

Altorfer, J. B. (1992): Abschreibungen auf Aktiven des Anlagevermögens aus steuerlicher Sicht. Zürich: Treuhand-Kammer, Band 105, 1992.

Amacher, C. (1996): Der Aktionär ist der König, der Manager sein Diener. In: FACTS, Nr. 4, 1996, S. 54-57.

Arnold, K. (1994): Alternativen zur Ausschüttung von Dividenden - Verrechnungssteuer als Stolperstein. In: Neue Zürcher Zeitung, Nr. 118, 24. Mai, 1994, S. 35.

Arthur Andersen/Institut für Rechnungswesen und Controlling der Universität Zürich (1995): Arthur Andersen Analyse 1995. Zürich: Arthur Andersen & Co., SC, 1995.

Auckenthaler, Ch. (1994): Finanzmathematische Grundlagen des Investment Banking. Bern, Stuttgart, Wien: Paul Haupt, 1994.

Baladi, A. (1994): Weisser Ritter der Aktionäre. In: Handelszeitung, Nr. 19, 11. Mai, 1994, S. 7.

Ball, R. (1995): The Theory of Stock Market Efficiency: Accomplishments and Limitations. In: Bank of America - Journal of Applied Corporate Finance, Volume 8 No 1, Spring, 1995, S. 4-17.

Bank Julius Bär (1995): Marktübersicht Schweiz. Dezember, 1995.

Bär, J. (1995): Wertsicherung und Restrukturierung. In: Der Schweizer Treuhänder, 4, 1995, S. 301-306.

Bauer, C. (1991): Volatilitäten und Betafaktoren - geeignete Risikomasse? In: Die Bank, 3, 1991, S. 172-175.

Baumgartner, H. (1992): Anforderungen an die Gestaltung eines mehrdimensionalen strategischen Anreiz- und Belohnungssystems für Führungskräfte (Dissertation HSG). Bamberg: Difo-Druck, 1992.

Bay, W. (1994): Daimler-Benz unter amerikanischen Publizitätsvorschriften. In: Der Schweizer Treuhänder, 5, 1994, S. 352-359.

Beatge, J. Ross, H.-P. (1995): Was bedeutet "fair presentation"? In: US-amerkanische Rechnungslegung, Ballwieser, W. (Hrsg.). Stuttgart: Schäffer-Poeschel, 1995, S. 27-43.

Behm, U. (1994): Shareholder-Value und Eigenkapitalkosten von Banken. Bern, Stuttgart, Wien: Paul Haupt, 1994.

Behr, G. (1983): Auswirkungen der 4. und 7. EG-Richtlinien zum Gesellschaftsrecht auf die Schweiz. Zürich: Schweizer Treuhand- und Revisionskammer, 1983.

Behr, G. (1985): Auswirkungen der 7. EG-Richtlinie auf schweizerische Konzerne mit Konzerngesellschaften in EG-Staaten. In: Konzernrechnungslegung und Konzernrevision, Seminar der HSG-Weiterbildungsstufe. Zürich: Treuhand-Kammer, Band 64, 1985.

Behr, G. (1987): Konzernrechnung (FER 2). Zürich: Schweizer Treuhand- und Revisionskammer, 1987.

Behr, G. (1992a): Die Bilanznebel lichten sich. In: Neue Zürcher Zeitung, Nr. 25, 31. Januar, 1992, S. 39.

Behr, G. (1992b): Rechnungslegung als Thema von UNO und OECD. In: Der Schweizer Treuhänder, 7-8, 1992, S. 405-410.

Behr, G. (1993): Transparente Rechnungslegung nach internationalen Richtlinien. In: Der Schweizer Treuhänder, 3, 1993, S. 109-111.

Behr, G. (1994a): Entwicklung und Trends in der Rechnungslegung. In: Der Schweizer Treuhänder, Nr. 5, 1994, S. 323-330.

Behr, G. (1994b): Swiss GAAP oder das Schweizer Konzept der Fachempfehlungen zur Rechnungslegung FER. In: Die Wirtschaftsprüfung, 24, 1994, S. 832-836.

Behr, G. (1994c): Rechnungslegung nach neuem Aktienrecht - Erste Erfahrungen. In: Der Schweizer Treuhänder, 11, 1994, S. 889-894.

Behr, G. (1994d): Megatrends der Rechnungslegung. In: Der Schweizer Treuhänder, 9, 1994, S. 635-644.

Behr, G. (1995a): Finanzielle Rechnungslegung 4, Vorlesungsunterlagen 8. Semester. St. Gallen: HSG, 1995.

Behr, G. (1995b): Corporate Governance - Schlagwort oder Trendwende? In: Der Schweizer Treuhänder, 12, 1995, S. 1017-1020.

Bellinger, B., Vahl, G. (1984): Unternehmensbewertung in Theorie und Praxis. Wiesbaden: Gabler, 1984.

Bennett, L. (1995): Economic Value Added defined. In: HR Focus, Vol. 72, No. 7, 1995, S. 5.

Bernath, E., Weber, B. (1995): Die Reize des Shareholder Value-Konzeptes. In: Neue Zürcher Zeitung, Nr. 289, 12. Dezember, 1995, S. 25.

Bertschinger, P. (1989): Goodwill-Behandlung in der Konzernrechnung. In: Der Schweizer Treuhänder, 9, 1989, S. 403-405.

Bertschinger, P. (1992a): Praktische Probleme bei der Bewertung von ganzen Konzernen. In: Bewertung, Prüfung und Beratung in Theorie und Praxis - Festschrift Carl Helbling, Zünd, A. et al (Hrsg.). Zürich: Treuhand-Kammer, 1992, S. 77-90.

Bertschinger, P. (1992b): BiRiLiG (Zusammenfassung der Richtlinien). Zürich: KPMG Fides, 1992.

Bertschinger, P. (1993): Internationale Entwicklung der Rechnungslegung. Montreux: Vortrag zum Kongress der Treuhand-Kammer 1993 in Montreux, 1993.

Bertschinger, P. (1994a): Die Aussagefähigkeit der Konzernrechnung aus internationaler Sicht. In: Der Schweizer Treuhänder, Nr. 5, 1994, S. 332-339.

Bertschinger, P. (1994b): Methoden, Praxisfragen, Lösungsansätze und der Discounted Cash-flow. In: Index, 1, 1994, S. 32-36.

Bertschinger, P. (1995): Die US-Rechnungslegungsstandards im Ueberblick. In: Der Schweizer Treuhänder, 4, 1995, S. 269-280.

Bhide, A. (1993): The hidden costs of stock market liquidity. In: Journal of Financial Economics, 34, 1993, S. 31-51.

Bhide, A. (1994): Efficient Markets, Deficient Governance. In: Harvard Business Review, November-December, 1994, S. 129-139.

Bilanz (1996): The Cola of Money. Mai, 1996, S. 74-86.

Birchler, U.W. (1995): Aktionärsstruktur und Unternehmenspolitik - Bedeutung für die Sicherheit des Bankensystems. In: Schweizerische Nationalbank: Geld, Währung und Konjunktur, Quartalsheft Nr. 3 (September), 1995, S. 265-277.

Blair, M.M. (1991): Who's in charge here? How Changes in Corporate Finance Are Shaping Corporate Governance. In: The Brookings Review, Fall, 1991, S. 9-13.

Bleicher, K. (1991): Das Konzept Integriertes Management. Frankfurt: Campus, 1991.

Bleicher, K. (1992): Strategische Anreizsysteme. Stuttgart, Zürich: Schäffer-Poeschel/NZZ, 1992.

Blyth, M.L., Friskey, E.A., Rappaport, A. (1985): Implementing the Shareholder Value Approach. In: The Journal of Business Strategy, Winter, 1985, S. 48-58.

Böckli, P. (1991): Rechtliche Rahmenbedingungen für einen effizienten Schweizer Kapitalmarkt. In: Economic Value and Market Capitalization in Switzerland, McKinsey (Hrsg.). Zürich: McKinsey&Company, Inc., 1991, S. 36-44.

Böckli, P. (1994): Die unentziehbaren Kernkompetenzen des Verwaltungsrates. Zürich: Manuskript eines Vortrages gehalten in Zürich im Rahmen der HSG-Weiterbildungsstufe, 7. Juni, 1994.

Böckli, P. (1995): Rechtsfolgen der Genehmigung der Konzernrechnung. In: Der Schweizer Treuhänder, 7-8, 1995, S. 637-642.

Böckli, P. (1996): Schweizer Aktienrecht (2. Auflage). Zürich: Schulthess, 1996.

Boemle, M. (1994): Standards schützen Investoren und erhöhen die Glaubwürdigkeit. In: Invest - Investor Relations (Finanz und Wirtschaft), August, 1994, S. 10-11.

Boemle, M. (1995): Unternehmensfinanzierung (11. Auflage). Zürich: Schweizerischer Kaufmännischer Verband, 1995.

Börsig, C., Grünewald, H., Mirow, M., Siegert, Th. (1991): Shareholder Value als Zielgrösse der Unternehmensführung. In: Betriebswirtschaftliche Forschung und Praxis, 3, 1991, S. 241-253.

Brady, N. (1993): Corporate Governance: boardroom buzzword. In: Accounting Ireland, August, 1993, S. 14-15.

Brand, M., Bruppacher P. (1990): M&A-Probleme aus der Sicht des Unternehmensberaters. In: Der Schweizer Treuhänder, 11, 1990, S. 587-593.

Braun, Th. (1994): Verbesserte Aktionärsinformation in der Schweiz. In: Der Schweizer Treuhänder, 4, 1994, S. 281-286.

Brealey, R., Myers, St. (1996): Principles of Corporate Finance, Fifth Edition. New York: McGraw-Hill, 1996.

Brindisi, L.J. (1985): Shareholder Value and Executive Compensation. In: Planning Review, September, 1985, S. 14-17.

Brossy, R., Balkcom, J.E. (1994): Getting executives to create value. In: The Journal of Business Strategy, Jan/Feb, 1994, S. 18-21.

Brunner, Ch., Casal, Ch. (1995): Wertsteigerung bei Banken. In: Shareholder Value Management - Informations- und Arbeitstagung 1995, Volkart, R. Tagungsleitung (Hrsg.). Zürich: Universität Zürich, 1995.

Buffet, W. (1995): Chairman's Letter. In: Berkshire Hathaway, Annual Report 1994, 1995, S. 2-20.

Bühner, R. (1990): Das Management-Wert-Konzept: Strategien zur Schaffung von mehr Wert im Unternehmen. Stuttgart: Schäffer, 1990.

Bühner, R., Weinberger, H.-J. (1991): Cash-Flow und Shareholder Value. In: Betriebswirtschaftliche Forschung und Praxis, 3, 1991, S. 187-207.

Bürge, A., Keck, W. (1991): Information der Aktionäre - Rechnungslegung und Berichterstattung (Kapitel 2,3,4). Zürich: Schweizerische Vereinigung für Finanzanalyse und Vermögensverwaltung, Arthur Andersen AG, 1991.

Burger, A., Schellberg, B. (1995): Internationale Jahresabschlussanalyse. In: Der Schweizer Treuhänder, 6, 1995, S. 561-568.

Burritt, R.L. (1985): Corporate Governance - Can Accounting Reduce Uncertainty? In: Management International Review (MIR), Vol. 25, 1985, S. 34-44.

Busse von Colbe, W. (1995a): Deutsche Kapitalgesellschaften auf dem Wege zur Internationalisierung ihrer Rechnungslegung. In: Der Schweizer Treuhänder, 6, 1995, S. 551-560.

Busse von Colbe, W. (1995b): Rechnungslegungsziele und Ansätze zur internationalen Harmonisierung der Rechnungslegung deutscher Unternehmen. In: US-amerikanische Rechnungslegung, Ballwieser, W. (Hrsg.). Stuttgart: Schäffer-Poeschel, 1995, S. 221-238.

Busse von Colbe, W. et al (1994): Lexikon des Rechnungswesens (3. Auflage). München, Wien: Oldenburg, 1994.

Byrne, H.S. (1994): Harnishfeger Industries. In: Barron's, Jan 24, 1994, S. 51-52.

Callard, Ch. G. (1988): Managing today's stock price. In: Planning Review, März/April, 1988, S. 34-44.

Chen, N., Roll, R., Ross, St. (1986): Economic Forces and the Stock Market. In: Journal of Business, 3, 1986, S. 383-403.

Clarke, T. (1993): Corporate Governance: The State of the Art. In: Managerial Accounting Journal, Vol. 8 No. 3, 1993, S. 3-7.

Collins, D., DeAngelo, L. (1990): Accounting Information and Corporate Governance. In: Journal of Accounting and Economics, 13, 1990, S. 213-247.

Committee on the Financial Aspects of Corporate Governance (1992): Corporate Governance. London: The Commitee on the Financial Aspects of Corporate Governance and Gee and Co. Ltd., 1992.

Copeland, T., Koller, T., Murrin, J. (1994): Valuation - Measuring and Managing the Value of Companies, 2nd Edition. New York, Chichester, Brisbane, Toronto, Singapore: John Wiley & Sons, Inc., 1994.

Copeland, T., Weston, J. (1988): Financial Theory and Corporate Policy, Third Edition. Reading, Massachusetts: Addison-Wesley Publishing Company, 1988.

CS Research (1996a): Economic Value Added (EVA) und Schweizer Blue Chips. Zürich: Schweizerische Kreditanstalt, 1996.

CS Research (1996b): Economic Value Added (EVA) und Schweizer Mid-Caps. Zürich: Schweizerische Kreditanstalt, 1996.

Cusatis, P., Miles, J., Woolridge, J. (1994): Some new Evidence that Spinoffs Create Value. In: Journal of Applied Corporate Finance, 2, 1994, S. 100-107.

Davis, E., Flanders, St., Star, J. (1991): Who are the world's most successful companies? In: Business Strategy Review, Summer, 1991, S. 1-33.

Davis, E., Kay, J. (1990): Assessing corporate performance. In: Business Strategy Review, Summer, 1990, S. 1-16.

Day, G. S., Fahey, L. (1990): Putting Strategy into Shareholder Value Analysis. In: Harvard Business Review, März-April, 1990, S. 156-162.

De Pury, D. (1995): Corporate Governance - Herausforderung für die Unternehmensführung. In: Der Schweizer Treuhänder, 12, 1995, S. 1029-1036.

Deschwanden, E. (1993): Werte mehren oder vernichten. In: Handelszeitung, o.Nr., 1993.

Dhrymes, P., Friend, I., Gultekin, N. (1984): A Critical Reexamination of the Empirical Evidence on the Arbitrage Pricing Theory. In: The Journal of Finance, 2, 1984, S. 323-346.

Distribution (1993): Brace yourself for talk about EVA. Oct, 1993, S. 12-14.

Doerig, H.U. (1991): Increasing the competitiveness of the Swiss capital market. In: Economic Value and Market Capitalization in Switzerland, McKinsey (Hrsg.). Zürich: McKinsey&Company, Inc., 1991, S. 27-35.

Domeniconi, R.F. (1991): Enhancing economic value through long-term integrated resource allocation. In: Economic Value and Market Capitalization in Switzerland, McKinsey (Hrsg.). Zürich: McKinsey&Company, Inc., 1991, S. 18-26.

Drill, M. (1994): Transparenz auf dem Prüfstand - die Vorteile überwiegen. In: Invest - Investor Relations (Finanz und Wirtschaft), August, 1994, S. 14-15.

Drill, M. (1995): Investor Relations. Bern, Stuttgart, Wien: Paul Haupt, 1995.

Drucker, P.F. (1995): The Information Executives Truly Need. In: Harvard Business Review, January-February, 1995, S. 54-62.

Edey, H.C. (1962): Business Valuation, Goodwill and the Super-Profit Method. In: Studies in Accounting Theory. 2nd Edition, Baxter/Davidson (Hrsg.). London: Sweet&Maxwell, 1962, S. 201-217.

Egginton, D.A. (1990): Towards Some Principles for Intangible Asset Accounting. In: Accounting and Business Research, Vol. 20, No. 79, 1990, S. 193-205.

Egon Zehnder International, Finanz und Wirtschaft (1994): Professionalisierung und Effizienzsteigerung von Verwaltungsräten. Zürich, Genf: Finanz und Wirtschaft, 1994.

Ehrhardt, M.C. (1994): The search for value: measuring the company's cost of capital. Boston: Harvard College, 1994.

Elschen, R. (1991): Shareholder Value und Agency-Theorie - Anreiz- und Kontrollsysteme für Zielsetzungen der Anteilseigner. In: Betriebswirtschaftliche Forschung und Praxis, 3, 1991, S. 209-219.

England, J.D. (1992): Don't be afraid of Phantom Stock. In: Compensation and Benefits Review, Sep/Oct, 1992, S. 39-46.

Fama, E., French, K. (1990): The Effects of a Firm's Investment and Financing Decisions on the Welfare of Its Security Holders. In: The Modern Theory of Corporate Finance, Smith, Clifford W. Jr. (Hrsg.). Washington: McGraw-Hill, 1990, S. 27-43.

Fama, E., French, K. (1992): The Cross-Section of Expected Stock Returns. In: The Journal of Finance, 2, 1992, S. 427-465.

Fickert, R. (1983): Inflation Accounting. Zürich: Schulthess Polygraphischer Verlag, 1983.

Fickert, R. (1985): Oekonomischer Wert und Unternehmensrechnung. In: Die Unternehmung, 2, 1985, S. 132-161.

Fickert, R. (1986): Unternehmungsbewertung auf "Kapitalwert"-Basis. In: Der Schweizer Treuhänder, 2, 3, 4, 1986, S. 47-50, 109-111, 124-130.

Fickert, R. (1991): Shareholder Value - Ansatz zur Bewertung von Strategien. In: Strategie-Controlling in Theorie und Praxis, Weilenmann, P., Fickert, R. (Hrsg.). Bern, Stuttgart, Wien: Paul Haupt, 1991, S. 47-92.

Financial Executive (1992): Double-Duty CFO. Juli/August, 1992, S. 15-19.

Financial Times (1996a): New approaches to executive pay. June 7, 1996, S. 12.

Financial Times (1996b): How EVA measures up. October 7, 1996, S. 12.

Finanz und Wirtschaft (1994): Dividendensegen begeistert nur wenige Anleger. Nr. 31, 20. April, 1994, S. 15/19.

Finanz und Wirtschaft (1995a): Holvis, MAM und die Aufgabe der Institutionellen. Nr. 34, 3. Mai, 1995, S. 33.

Finanz und Wirtschaft (1995b): Zunehmender Kampf um Kapital und Macht an der GV. Nr. 34, 3. Mai, 1995, S. 17.

Finanz und Wirtschaft (1995c): Was bringen Grossaktionäre? Nr. 81, 14. Oktober, 1995, S. 36.

Finanz und Wirtschaft (1995d): Swiss Stock Guide 95/96. Zürich: Finanz und Wirtschaft, 1995.

Finanz und Wirtschaft (1996a): Die Einzelteile der Swissair wiegen 6,8 Mrd. Fr. Nr. 13, 1996, S. 15/18.

Finanz und Wirtschaft (1996b): Georg Fischer, Lynch und Buffet. Nr. 14, 21. Februar, 1996, S. 20.

Finanz und Wirtschaft (1996c): IAS trägt den Investoreninteressen mehr Rechnung. Nr. 21, 16. März, 1996, S. 23.

Finanz und Wirtschaft (1996d): Stillhalter Vision beantragt Opting out. Nr. 11, 10. Februar, 1996, S. 3.

Finanz und Wirtschaft (1996e): BBC heissen ab 9. Mai ABB. Nr. 34, 4. Mai, 1996, S. 3.

Finanz und Wirtschaft (1996f): EVA bezirzt nun auch die Schweizer Analysten. Nr. 43, 5. Juni, 1996, S. 17/43.

Finanz und Wirtschaft (1996g): An der Börse herrscht der Klassenkampf. Nr. 52, 6. Juli, 1996, S. 17.

Finanz und Wirtschaft (1996h): Mittlere Unternehmen haben Mühe mit „EVA". Nr. 64, 17. August, 1996, S. 17.

Fischer, E. O. (1988): Dynamische Kapitalstrukturoptimierung unter Unsicherheit: Theorie und Empirie. Wien: Verband der wissenschaftlichen Gesellschaft Oesterreichs, 1988.

Fischer, E. (1990a): Bahn frei zum Bonus. In: Bilanz, Nr. 5, 1990, S. 251-258.

Fischer, E. (1990b): Geist sucht Geld. In: Bilanz, Nr. 10, 1990, S. 276-280.

Forker, J.J. (1992): Corporate Governance and Disclosure Quality. In: Accounting and Business Research, Vol. 22, No. 86, 1992, S. 111-124.

Forstmoser, P., Meier-Hayoz, A., Nobel, P. (1996): Schweizerisches Aktienrecht. Bern: Stämpfli, 1996.

Freafel, U. (1994): IR-Spezialist - ein Pionierberuf mit Perspektiven. In: Invest - Investor Relations (Finanz und Wirtschaft), August, 1994, S. 43.

Freygang, W. (1993): Kapitalallokation in diversifizierten Unternehmen. Wiesbaden: Deutscher Universitäts-Verlag, 1993.

Frings (1994): Die Handelsbilanz II. Stuttgart: Schäffer-Poeschel, 1994.

Fruhan, W. E. (1984): How fast should your company grow? In: Harvard Business Review, Januar/Februar, 1984, S. 84-93.

Gallati, R. (1994): Multifaktor-Modell für den Schweizer Aktienmarkt. Bern, Stuttgart, Wien: Paul Haupt, 1994.

Garfinkel, M. R. (1989): The Causes and Consequences of Leveraged Buyouts. In: Federal Reserve Bank of St. Louis, September/Oktober, 1989, S. 23-34.

Gastineau, G. (1992): Dictionary of Financial Risk Management. Chicago: Probus Publishing Company, 1992.

Gerling, C. (1985): Unternehmensbewertung in den USA. Belgisch Gladbach, Köln: Josef Eul, 1985.

Giger, E. (1996): Eigene Aktien - Bilanzierung, Berichterstattung und Revision. In: Der Schweizer Treuhänder, 3, 1996, S. 147-154.

Gomez, P. (1990): Wertorientierte Strategieplanung. In: Der Schweizer Treuhänder, 11, 1990, S. 557-562.

Gomez, P., Weber, B. (1989): Akquisitionsstrategie. Zürich: Verlag Neue Zürcher Zeitung, 1989.

Gottschlich, K., Meier-Scherling, Ph. (1995): Wer kontrolliert denn nun die Unternehmen? In: Finanz und Wirtschaft, 23, 1995, S. 25.

Guthof, P. (1994): Strategische Anreizsysteme - Gestaltungsoptionen im Rahmen der Unternehmensentwicklung (Dissertation HSG). Bamberg: Difo-Druck, 1994.

Haerri, H.J.M. (1991): Generating economic value through corporate restructering: The Alusuisse-Lonza case. In: Economic Value and Market Capitalization in Switzerland, McKinsey (Hrsg.). Zürich: McKinsey&Company, Inc., 1991, S. 10-17.

Hagstrom, R.G.jr. (1995): The Warren Buffet Way. New York, Chichester, Brisbane, Toronto, Singapore: John Wiley & Sons, Inc., 1995.

Haller, A. (1995): Wesentliche Ziele und Merkmale US-amerikanischer Rechnungslegung. In: US-amerkanische Rechnungslegung, Ballwieser, W. (Hrsg.). Stuttgart: Schäffer-Poeschel, 1995, S. 1-26.

Hanke, S.H., Walters, A. (1994): Governance. In: Forbes, April 11, 1994, S. 87.

Harvard Business School (1976): Diversification, the Capital Asset Pricing Model, and the Cost of Equity Capital. Case 276-183, 1976, S. 320-335.

Harvard Business School (1979): Note on the Theory of Optimal Capital Structure. Case 279-069, 1979, S. 101-109.

Hawawini, G. (1994a): Equity Price Behavior: Some Evidence from Markets around the World. In: Journal of Banking and Finance, 18, 1994, S. 603-620.

Hawawini, G. (1994b): Corporate Financial Analysis and Management. Thun: Seminar des Schweizerischen Bankvereins, gehalten vom 19.-23. September, 1994.

Hax, A., Majluf, N. (1990): Strategy Concept and Process: a pragmatic approach. Englewood Cliffs: Prentice-Hall, 1990.

Hector, G. (1988): Yes, you can manage long term. In: Fortune, November 21, 1988, S. 30-34.

Heinimann, F., Imboden, C. (1994): Hat Ihr Bonussystem den Wandel mitgemacht? In: Organisator, 11, 1994, S. 16-20.

Helbling, C. (1987): Bilanz- und Erfolgsanalyse. Bern, Stuttgart, Wien: Paul Haupt, 1987.

Helbling, C. (1989): Unternehmensbewertung in der Praxis - Ergebnisse einer Umfrage. In: Der Schweizer Treuhänder, 12, 1989, S. 561-565.

Helbling, C. (1990a): Wert und Preis eines Unternehmens. In: Index, 2, 1990, S. 14-18.

Helbling, C. (1990b): Unternehmensbewertung auf der Basis von Einnahmen, Ausschüttungen, Cash-Flows oder Gewinnen? In: Der Schweizer Treuhänder, 11, 1990, S. 533-538.

Helbling, C. (1990c): Unternehmensbewertung und Mergers & Acquisitions. In: Der Schweizer Treuhänder, 11, 1990, S. 531-532.

Helbling, C. (1992): Der Anhang - neuer Teil der Jahresrechnung und des Konzernabschlusses. In: Der Schweizer Treuhänder, 7-8, 1992, S. 391-396.

Helbling, C. (1995a): Unternehmensbewertung und Steuern (8. Auflage). Düsseldorf: IDW, 1995.

Helbling, C. (1995b): Die Öffentlichkeit besser informieren. In: Handelszeitung, Nr. 35, 31. August, 1995, S. 13-14.

Heri, E. W. (1991): Was Anleger eigentlich wissen sollten. Basel und Frankfurt am Main: Helbling & Lichtenhahn Verlag AG, 1991.

Hesse, Th. (1996): Periodischer Unternehmenserfolg zwischen Realisations- und Antizipationsprinzip. Bern, Stuttgart, Wien: Haupt, 1996.

Hilton, R. W. (1991): Managerial Accounting. New York: McGraw-Hill, 1991.

Höhn, E. (1988): Steuerrecht (6. Auflage). Bern, Stuttgart, Wien: Paul Haupt, 1988.

Horngren, C.T., Sundem, G.L. (1987): Introduction to Financial Accounting (Third Edition). Englewood Cliffs: Prentice-Hall, 1987.

Hörnstein, E. (1990): Arbitage- und Gleichgewichtsmodelle in der Kapitalmarkttheorie (Europäische Hochschulschriften, Reihe V, Bd. 1096). Frankfurt: Peter Lang, 1990.

Hostettler, St. (1995): "Economic Value Added" als neues Führungsinstrument. In: Der Schweizer Treuhänder, 4, 1995, S. 307-315.

Hostettler, St. (1996): Führen mit EVA! In: Organisator, März, 1996, S. 36-38.

Hunsicker, J.Q. (1991): Concluding remarks. In: Economic Value and Market Capitalization in Switzerland, McKinsey (Hrsg.). Zürich: McKinsey&Company, Inc., 1991, S. 45-46.

IASC (1995a): Bridging the GAAP in Europe? In: IASC Insight, June, 1995, S. 5-6.

IASC (1995b): Target 1999: Global Approval. In: IASC Insight, September, 1995, S. 1-4.

Jacob, E. (1996): Aus Mitarbeitern werden Aktionäre. In: Sonntags Zeitung, 25. Februar, 1996, S. 93.

Jaensch, G. (1966): Wert und Preis der ganzen Unternehmung. Köln: Westdeutscher Verlag, 1966.

Janisch, M. (1992): Das strategische Anspruchsgruppenmanagement. Bamberg: Difo-Druck, 1992.

Jarell, G.A., Brickley, J.A., Netter, J.M. (1990): The Market for Corporate Control: The Empirical Evidence Since 1980. In: The Modern Theory of Corporate Finance, Smith, Clifford W. Jr. (Hrsg.). Washington: McGraw-Hill, 1990, S. 639-658.

Jensen, M.C. (1986): Agency Costs of Free Cash Flow, Corporate Finance, and Takeovers. In: American Economic Review, Mai, 1986, S. 323-329.

Jensen, M.C., Meckling, W. (1976): Theory of the Firm: Managerial Behavior, Agency Costs and Ownership Structure. In: Journal of Financial Economics, 3, 1976, S. 305-360.

Jensen, M.C., Ruback, R.S. (1983): The Market for Corporate Control. In: Journal of Financial Economics, 11, 1983, S. 5-50.

Johnson, B., Natarajan, A., Rappaport, A. (1985): Shareholder Returns and Corporate Excellence. In: The Journal of Business Strategy, Fall, 1985, S. 52-62.

Jones, Th.P. (1995): Corporate Financial Decision Making and Equity Analysis. In: Proceedings of the AIMR seminar, January 18th. Washington: AIMR, 1995, S. 12-19.

Jung, W. (1981a): Was ist beim Erwerb einer US-Unternehmung zu klären? 1. Teil. In: Management-Zeitschrift io, 9, 1981, S. 436-441.

Jung, W. (1981b): Was ist beim Erwerb einer US-Unternehmung zu klären? 2. Teil und Schluss. In: Management-Zeitschrift io, 10, 1981, S. 510-513.

Jung, C., Lustenberger, D. (1993): Das neue Aktienrecht. Zürich: Schweizerischer Treuhänderverband, 1993.

Käfer, K. (1946): Zur Bewertung der Unternehmung als Ganzes. In: Rechnungsführung in Unternehmung und Staatsverwaltung, Festgabe für Otto Juzi. Zürich: Schulthess, 1946, S. 71-98.

Käfer, K. (1967): Probleme der Unternehmensbewertung. In: Die Unternehmung, 3, 1967, S. 148-156.

Käfer, K. (1969): Substanz und Ertrag bei der Unternehmensbewertung. In: Festschrift Hans Münstermann, Busse von Colbe, W., Sieben, G. (Hrsg.). Wiesbaden: Gabler, 1969, S. 297-357.

Kaplan, R.S., Atkinson, A.A. (1992): Advanced Management Accounting, 2nd Edition. Englewood Cliffs: Prentice-Hall, 1992.

Keppler, M. (1990): Risiko ist nicht gleich Volatilität. In: Die Bank, 11, 1990, S. 610-614.

Kern, H. (1994): Kleinere und mittlere Unternehmen brauchen besondere Unterstützung. In: Invest - Investor Relations (Finanz und Wirtschaft), August, 1994, S. 30-31.

Kiechel, W. (1981): Oh where, oh where has my little dog gone? Or my Cash Cow? Or my Star? In: Fortune, November 2, 1981, S. 148-154.

King, A., Cook, J. (1990): Brand Names: The Invisible Assets. In: Management Accounting, November, 1990, S. 41-45.

Kleeberg, J.M. (1992): Der Einsatz von fundamentalen Betas im modernen Portfoliomanagement. In: Die Bank, 8, 1992, S. 474-478.

Kleekämper, H. (1995): IASC - Das Trojanische Pferd der SEC? In: US-amerkanische Rechnungslegung, Ballwieser, W. (Hrsg.). Stuttgart: Schäffer-Poeschel, 1995, S. 207-220.

Knüsel, D. (1994): Die Anwendung der Discounted Cash Flow-Methode zur Unternehmensbewertung. Zürich: Treuhand-Kammer, Band 130, 1994.

Knüsel, D. (1995): Die Anwendung der Discounted Cash Flow-Methode zur Unternehmensbewertung. In: Der Schweizer Treuhänder, 7-8, 1995, S. 621-628.

Krneta, G. (1995): Wem ist der Verwaltungsrat was schuldig? In: Neue Zürcher Zeitung, Nr. 263, 11./12. November, 1995, S. 29.

Kunz, R.M. (1994): Alternativen zur Ausschüttung von Dividenden. In: Neue Zürcher Zeitung, Nr. 108, 10. Mai, 1994, S. 37.

Kunz, R.M. (1995): Die Vorteile der Einheitsaktie. In: Neue Zürcher Zeitung, Nr. 284, 6. Dezember, 1995, S. 27.

Kupsch, P. (1995): Ansatz und Bewertung von Rückstellungen im amerikanischen Jahresabschluss - eine vergleichende Betrachtung aus deutscher Sicht. In: US-amerikanische Rechnungslegung, Ballwieser, W. (Hrsg.). Stuttgart: Schäffer-Poeschel, 1995, S. 99-124.

Labbe, M. (1994): How to best use taxes. In: Fleet Owner, January, 1994, S. 18.

Ladner, T.F. (1995): Die Aktionäre haben das Nachsehen. In: Neue Zürcher Zeitung, Nr. 294, 18. Dezember, 1995, S. 11.

Ladner, T.F. (1996): Das Vorwegzeichnungsrecht des Aktionärs unter Berücksichtigung von Corporate Governance-Aspekten. Zürich: Schulthess, 1996.

Langenauer, P. (1994): Die Beratung von Verwaltungsräten von KMU. In: Der Schweizer Treuhänder, 1-2, 1994, S. 9-14.

Leaseurope (1994): Jahresbericht. Brüssel: Leaseurope, 1994.

Levy, H., Sarnat, M. (1990): Capital Investment and Financial Decisions. Englewood Cliffs: Prentice-Hall, 1990.

Lewis, T.G. (1994): Steigerung des Unternehmenswertes. Landsberg: Moderne Industrie, 1994.

Lewis, T.G., Lehmann, S. (1992): Überlegene Investitionsentscheidungen durch CFROI. München: The Boston Consulting Group, 1992.

Lewis, T.G., Stelter, D. (1993): Mehrwert schaffen mit finanziellen Rsssourcen. In: Harvard Business Manager, Heft 4, IV. Quartal, 1993, S. 107-114.

Lücke, W. (1955): Investitionsrechnung auf der Grundlage von Ausgaben oder Kosten? In: Zeitschrift für betriebswirtschaftliche Forschung, Neue Folge, 1955, S. 310-324.

Lücke, W. (1965): Die Kalkulatorischen Zinsen im betrieblichen Rechnungswesen. In: Zeitschrift für Betriebswirtschaft, Ergänzungsheft, 1965, S. 3-28.

Lüscher, St. (1994): Wo Billionen sich erheben. In: Bilanz (Sondernummer), 10, 1994, S. 48ff.

Macdonald, N. (1995): The Cadbury Report - Corporate Governance from an institutional perspective. In: Der Schweizer Treuhänder, 12, 1995, S. 1051-1056.

Mahari, J.I. (1988): Rückkehr zur Aktionärsherrschaft als unternehmerische Chance und rechtspolitischer Impuls. In: Die Schweizerische Aktiengesellschaft, Zürich (SAG), 1, 1988, S. 14-29.

Maier, G. (1989): Leveraged Buy Outs - eine neue Dimension der Kapitalmärkte. In: Sparkasse, 6, 1989, S. 283-285.

Martin, S., Saliba, Ch. (1994): Accounting and Credit Analysis. New York: CS First Boston, 1994.

Marty, L. (1995): Rechnungslegung für Pensionsverpflichtungen nach US GAAP. In: Der Schweizer Treuhänder, 4, 1995, S. 281-288.

Matter, H.J. (1992): Der Weg zur integrierten Konzernrechnung. In: Der Schweizer Treuhänder, 7-8, 1992.

Matter, H.J. (1995): Abstract: The Information Puzzle. Zürich: Matter & Partner, 1995.

McConville, D.J. (1994): All About EVA. In: Industry Week, April 18, 1994, S. 55-58.

McGregor, W. (1992): Accounting for Leases - A new Framework. In: Australian Accountant, 2, 1992, S. 17-20.

McMillan, J.D. (1993): It pays to perform. In: Financial Executive, Nov/Dec, 1993, S. 48-51.

McWilliams, B. (1993): Creating Value. In: Enterprise, April, 1993.

Meier-Schatz, C.J. (1985): Managermacht und Marktkontrolle. In: Zeitschrift für das gesamte Handels- und Wirtschaftsrecht, Heidelberg (ZHR), 149, 1985, S. 76-108.

Meier-Schatz, C.J. (1988): Über die Notwendigkeit gesellschaftsrechtlicher Aufsichtsregeln. In: Zeitschrift für Schweizerisches Recht, Basel (ZSR), I, 1988, S. 191-241.

Meier-Schatz, C.J. (1993): Legal Aspects and Institutional Realities of Corporate Governance in Switzerland. In: Finanzmarkt und Portfolio Management, 3, 1993, S. 309-321.

Meier-Schatz, C.J. (1995a): Holvis muss die Auktionsregeln einhalten. In: Finanz und Wirtschaft, 7. Juni, Nr. 44, 1995, S. 19.

Meier-Schatz, C.J. (1995b): Über die Zusammenarbeit des Verwaltungsrates mit der Generalversammlung. In: Der Schweizer Treuhänder, 10, 1995, S. 823-837.

Meyer, T. (1993): Management versus Aktionäre. In: Handelszeitung, 27. Mai, 1993, S. 9.

Meyersiek, D. (1991): Unternehmenswert und Branchendynamik. In: Betriebswirtschaftliche Forschung und Praxis, 3, 1991, S. 233-240.

Milde, H. (1990a): Leveraged Buyout. In: WiSt, 1, 1990, S. 7-12.

Milde, H. (1990b): Uebernahme und LBO-Transaktionen. In: Zeitschrift für Betriebswirtschaft, 7, 1990, S. 647-664.

Miller, M. (1977): Debt and Taxes. In: The Journal of Finance, 2, 1977, S. 261-275.

Miller, P., O'Leary, T. (1993): Accounting Expertise and the Politics of the Product: Economic Citizenship and Modes of Corporate Governance. In: Accounting, Organizations and Society, Vol. 18, No. 2/3, 1993, S. 187-206.

Millman, G.J. (1991): CSX makes managers into owners. In: Corporate Finance, Dec 10, 1991.

Mills, R., Print, C. (1995): Strategic Value Analysis. In: Management Accounting-London, Vol. 73, No. 2, 1995, S. 35-37.

Millstein, I.M. (1995): Corporate Governance. In: Harvard Business Review, May-June, 1995, S. 168.

Mintz, S.L. (1993): Forced into fast turnarounds. In: CFO The Magazine for Senior Financial Executives, Nov, 1993, S. 25.

Modigliani, F., Miller, M. (1958): The Cost of Capital, Corporation Finance and the Theory of Investment. In: The American Economic Review, Volume XLVIII, 1958, S. 261-297.

Modigliani, F., Miller, M. (1961): Dividend Policy, Growth, and the Valuation of Shares. In: The Journal of Business, No. 4, Vol. XXXIV, October, 1961, S. 411-433.

Modigliani, F., Miller, M. (1963): Corporate Income Taxes and the Cost of Capital: A Correction. In: The American Economic Review, Volume LIII, 1963, S. 433-443.

Modigliani, F., Pogue, G. (1974): An Introduction to Risk and Return. In: Financial Analysts Journal, März-April, 1974, S. 68-80.

Moxter, A. (1976): Grundsätze ordnungsmässiger Unternehmbensbewertung (2. Auflage). Wiesbaden: Gabler, 1976.

Moynes, K. (1995): Enterprise Values: A new Approach to Insurance Sector Valuation. London: SBC Warburg Research, 1995.

Muehlhauser, G.R. (1995): Putting Performance Measures To Work. In: Bank of America - Journal of Applied Corporate Finance, Volume 8 No 2, Summer, 1995, S. 47-54.

Mühlemann, L. (1991): Economic value and market capitalization in Switzerland. In: Economic Value and Market Capitalization in Switzerland, McKinsey (Hrsg.). Zürich: McKinsey&Company, Inc., 1991, S. 7-9.

Mühlemann, L. (1995): Wertsteigerungskonzepte zur Performance-Beurteilung des Managements. In: Der Schweizer Treuhänder, 12, 1995, S. 1047-1050.

Mullen, M. (1990): How to Value Business Enterprises by Reference to Stock Market Comparisons. In: Der Schweizer Treuhänder, 11, 1990, S. 571-574.

Müller-Möhl, E. (1995): Corporate Governance - Chancen für institutionelle Investoren. In: Der Schweizer Treuhänder, 12, 1995, S. 1043-1046.

Müller, R. (1995): Rechte und Pflichten des Verwaltungsrates. In: Der Schweizer Treuhänder, 10, 1995, S. 807-822.

Münstermann, H. (1966): Wert und Bewertung der Unternehmung. Wiesbaden: Betriebswirtschaftlicher Verlag Dr. Th. Gabler, 1966.

Murray, L. (1994): Internationaler Wettlauf um begrenzte Kapitalressourcen. In: Invest - Investor Relations (Finanz und Wirtschaft), August, 1994, S. 55.

Myers, St. C., Majluf, N. S. (1984): Corporate Finance and Investment Decisions when Firms have Informations that Investors do not have. In: Journal of Financial Economics, 13, 1984, S. 187-221.

Naser, K.H.M. (1993): Creative Financial Accounting: its nature and use. Hertfordshire: Prentice-Hall, 1993.

Neish, S. (1994): Building The Best Balance Sheet. In: Corporate Finance, March, 1994, S. 26-31.

Nobel, P. (1991): Klare Aufgaben für den Verwaltungsrat. In: Der Schweizer Treuhänder, 11, 1991, S. 531-534.

Nobel, P. (1995): Corporate Governance - Möglichkeiten und Schranken gesellschaftsrechtlicher Gestaltung. In: Der Schweizer Treuhänder, 12, 1995, S. 1057-1063.

Noble, C.M. (1994): The EVA Controversy. In: Alcar Software Review, Oktober, 1994, S. 3-4.

Nolmans, E. (1996): Die eigenwilligen Herrscher der Milliarden. In: FACTS, Nr. 9, 1996, S. 64-69.

NZZ (1994a): Gestaltungsverantwortung des Verwaltungsrates. In: Neue Zürcher Zeitung, Nr. 131, 8. Juni, 1994.

NZZ (1994b): Portfolio-Theorie für den Hausgebrauch? In: Neue Zürcher Zeitung, Nr. 133, 10. Juni, 1994, S. 33.

NZZ (1995a): Optische Aufheller in den Pharmabilanzen. In: Neue Zürcher Zeitung, Nr. 87, 13. April, 1995, S. 21.

NZZ (1995b): Corporate Governance im Wandel der Zeit. In: Neue Zürcher Zeitung, Nr. 218, 20. September, 1995, S. 27.

NZZ (1995c): Elektronische Börse Schweiz (Beilage). In: Neue Zürcher Zeitung, Nr. 283, 5. Dezember, 1995, S. B1-B25.

NZZ (1995d): Grossaktionäre steigern den Firmenwert. In: Neue Zürcher Zeitung, Nr. 256, 11. Oktober, 1995, S. 25.

NZZ (1996a): Alusuisse-Lonza im Momentum des Erfolgs. In: Neue Zürcher Zeitung, Nr. 48, 27. Februar, 1996, S. 27.

NZZ (1996b): Das Shareholder-value-Konzept in der Praxis. In: Neue Zürcher Zeitung, Nr. 248, 24. Oktober, 1996, S. 33.

O'Byrne, S.F. (1995): Total Compensation Strategy. In: Bank of America - Journal of Applied Corporate Finance, Volume 8 No 2, Summer, 1995, S. 77-86.

Pare, T.P. (1994): GE monkeys with its money machine. In: Fortune, Feb 21, 1994, S. 43-47.

Perridon, L., Steiner, M. (1993): Finanzwirtschaft der Unternehmung. München: Vahlen, 1993.

Peters, T.J., Waterman, R.H. jr. (1982): In Search for Excellence. Lessons from America's Best-Run Companies. London: Harper&Row, 1982.

Philipp, B.C. (1995a): Informationspolitik und Shareholder Value. In: Shareholder Value Management - Informations- und Arbeitstagung 1995, Volkart, R. Tagungsleitung (Hrsg.). Zürich: Universität Zürich, 1995.

Philipp, B.C. (1995b): Bereits ein Modewort? In: Finanz und Wirtschaft, Nr. 69, 2. September, 1995, S. 23.

Plishner, E.S. (1994): Shareholder value added is low. In: Chemical-Week, Jan 26, 1994, S. 20.

Porter, M. E. (1989): Wettbewerbsvorteile. Frankfurt: Campus, 1989.

Pound, J. (1995): The Promise of the Governed Corporation. In: Harvard Business Review, March-April, 1995, S. 89-98.

Preinreich, G. (1939): Economic Theories of Goodwill. In: The Journal of Accountancy, September, 1939, S. 169-180.

Price Waterhouse (EEC Services Groupes) (1983): Special Supplement on the EEC Seventh Directive. Brussels: Price Waterhouse, 1983.

Price Waterhouse (1993): Improving Audit Committee Performance: What works best. Altamonte Springs (Florida): The Institute of Internal Auditors Research Foundation, 1993.

Price Waterhouse (1994a): An Introduction to International Accounting Standards. New York, 1994.

Price Waterhouse (1994b): An Introduction to US GAAP. New York, 1994.

Price Waterhouse (1994c): A Comparative Presentation of US and Swiss Accounting Principles. New York: Price Waterhouse, 1994.

Pümpin, C. (1990): Strategische Unternehmensbewertung. In: Der Schweizer Treuhänder, 11, 1990, S. 553-556.

Pümpin, C., Prange, J. (1991): Management der Unternehmensentwicklung. Frankfurt: Campus, 1991.

Rapp, H.W. (1993): Psychologie ist alles. In: Finanz und Wirtschaft, 2. Juni, 1993.

Rappaport, A. (1978): Executive incentives vs. corporate growth. In: Harvard Business Review, Juli/August, 1978, S. 81-88.

Rappaport, A. (1979): Strategic analysis for more profitable acquisitions. In: Harvard Business Review, Juli-August, 1979, S. 99-109.

Rappaport, A. (1981): Selecting strategies that create shareholder value. In: Harvard Business Review, Mai-Juni, 1981, S. 139-149.

Rappaport, A. (1983): Corporate Performance Standards and Shareholder Value. In: The Journal of Business Strategy, Spring, 1983, S. 28-38.

Rappaport, A. (1986): Creating shareholder value. New York: Free Press, 1986.

Rechsteiner, U. (1994): Desinvestitionen zur Unternehmenswertsteigerung (Dissertation HSG). Bamberg: Difo-Druck, 1994.

Reimann, B.C. (1987): Stock Price and Business Success: What is the Relationship? In: The Journal of Business Strategy, o.Nr., 1987, S. 38-49.

Reimann, B.C. (1990): Why Bother with Risk Adjusted Hurdle Rates? In: Long Range Planning, 3, 1990, S. 57-65.

Reimann, B.C. (1992): The 1992 Strategic Management Conference: The new agenda for Corporate Leadership. In: Planning Review, Juli/August, 1992, S. 38-46.

Reinholz, St. (1995): Stand und internationale Entwicklungen in der Leasingbilanzierung. In: Der Schweizer Treuhänder, 3, 1995, S. 125-134.

Revisuisse Price Waterhouse (1993a): Der Verwaltungsrat im neuen Aktienrecht. Zürich: Revisuisse Price Waterhouse, 1993.

Revisuisse Price Waterhouse (1993b): Das neue Aktienrecht und die Umsetzung im Unternehmen. Zürich: Revisuisse Price Waterhouse, 1993.

Revisuisse Price Waterhouse (1993c): Die Konsolidierung nach dem neuen Aktienrecht. Zürich: Revisuisse Price Waterhouse, 1993.

Revisuisse Price Waterhouse (1994): Das Audit Committee. In: Reflections, Nr. 3, 1994.

RHB I (1992): Revisionshandbuch der Schweiz. Band I. Zürich: Treuhand-Kammer, Schweizerische Kammer der Bücher-, Steuer- und Treuhandkammer, 1992.

Rosen, C. (1989): Employee Stock Ownership Plans: Myths, Magic, and Measures. In: Employment Relations Today, Autumn, 1989, S. 189-195.

Ross, St. (1973): The Economic Theory of Agency: The Principal's Problem. In: The American Economic Review, Mai, 1973, S. 134-139.

Ross, St. (1976): An Empirical Investigation on the Arbitrage Pricing Theory. In: Journal of Finance, 13, 1976, S. 341-360.

Ross, St. (1985): Debt and Taces and Uncertainty. In: The Journal of Finance, 3, 1985, S. 637-658.

Röttger, B. (1994): Das Konzept des Added Value als Massstab für finanzielle Performance. Kiel: Vauk, 1994.

Rudolph, B. (1979): Grundlagen, Erweiterungen und Anwendungsbereiche des Capital Asset Pricing Model (CAPM). In: ZfB-Enzyklopädie, 11, 1979, S. 1034-1067.

Ruffner, M. (1995): Aktive Grossaktionäre: Neue Herausforderungen für das Aktienrecht? In: Aktuelle Fragen zum Wirtschaftsrecht - Festschrift Walter R. Schluep, Kellerhans, A. (Hrsg.). Zürich: Schulthess, 1995, S. 233-286.

Ruhl, J., Cowen, S. (1992): Breaking the Barriers to Value Creation. In: Management Accounting, März, 1992, S. 44-47.

Rühli, E. (1995): Zielvorstellungen im Spannungsfeld von Shareholder- und Stakeholderinteressen. In: Shareholder Value Management - Informations- und Arbeitstagung 1995, Volkart, R. Tagungsleitung (Hrsg.). Zürich: Universität Zürich, 1995.

Rumpf, B.-M. (1994): Die Mehrung des Shareholder Value als Aufgabe des betrieblichen Finanzwesens unter besonderer Berücksichtigung des Wandels auf den Produkt-, Finanz- und Unternehmungskontrollmärkten. Hallstadt: Rosch, 1994.

Rupp, A.J. (1989): Leveraged Buyouts / LBOs. In: Index, Nr. 1, 1989, S. 37-39.

Rutledge, J. (1993): De-jargoning EVA. In: Forbes, Oct 25, 1993, S. 148-149.

Sach, A. (1993): Kapitalkosten der Unternehmung und ihre Einflussfaktoren (Dissertation HSG). Hallstadt: Rosch, 1993.

SBC (1996): SBC Index of Swiss Shares (1st Quarter). Basel: Schweizerischer Bankverein, 1996.

SBC Warburg (1995): Geographic Review (Europe). December, 1995.

SBC Warburg (1996): Swiss Market Review. January, 1996.

SBG (1994): Aktien- und Obligationenindizes. Zürich: Schweizerische Bankgesellschaft, 1994.

Schäfer, R. (1982): Konzernrechnungslegung; Leitfaden für die Praxis, Lehrmittel für höhere Fachprüfungen. Zürich: Treuhand-Kammer, Band 52, 1982.

Schellenberg, A.C. (1995): Rechnungswesen (Grundlagen, Zusammenhänge, Interpretationen). Zürich: Versus, 1995.

Schildbach, T. (1995): Ansatz und Bewertung immaterieller Anlagewerte. In: US-amerkanische Rechnungslegung, Ballwieser, W. (Hrsg.). Stuttgart: Schäffer-Poeschel, 1995, S. 85-98.

Schiltknecht, K. (1994): Vermögensverwaltung: Zahlenspiele versus gesunder Menschenverstand. Zürich: BZ Trust, 1994.

Schlösser, J., Samsinger, B. (1995): Aussagekräftige Kennziffern für den Blick nach vorn. In: Invest - Investor Relations (Finanz und Wirtschaft), August, 1995, S. 10-11.

Schoppig, F. (1996): Der Leistungslohn in der Vermögensverwaltung. In: Finanz und Wirtschaft, Nr. 12, 14. Februar, 1996, S. 15.

Schuppli, P. (1994): Stich gegen Kleinanleger. In: Finanz und Wirtschaft, Nr. 56, 1994, S. 19.

Schweizerische Zulassungsstelle (1995): Bericht zur Totalrevision des Kotierungsreglementes - Vernehmlassung Januar 1995. Zürich: Schweizer Börse, 1995.

Schweizer Börse (1995a): Die Schweizer Börse auf Zukunftskurs. Zürich: Schweizer Börse, 1995.

Schweizer Börse (1995b): Monatsbericht. Dezember, 1995.

SHAB (1996): Schweizerisches Handelsamtsblatt. No 12 (18.1.96), 1996, S. 347-374.

Shapiro, A.C. (1983): Guidelines for Long-Term Corporate Financing Strategy. In: Midland Corporate Finance Journal, Spring, 1983, S. 6-19.

Sharpe, W., Alexander, G. (1990): Investments, Fourth Edition. Englewood Cliffs: Prentice-Hall, 1990.

Sheehan, T.J. (1994): To EVA or not to EVA: Is that the Question? In: Journal of Applied Corporate Finance, Volume 7 Number 2, 1994, S. 85-87.

SKA (1991): Handbuch über das Devisen- und Geldmarktgeschäft. Zürich: Schweizerische Kreditanstalt, 1991.

Smith, T. (1992): Accounting for Growth. London, 1992.

Smith, C.W.Jr., Wakemann, L.M. (1990): Determinants of Corporate Leasing Policy. In: The Modern Theory of Corporate Finance, Smith, Clifford W. Jr. (Hrsg.). Washington: McGraw-Hill, 1990, S. 305-318.

SNB (1996): Schweizerische Nationalbank. Monatsbericht. Januar, 1996.

Solenthaler, E. (1995): Vor einer Free-Cash-flow-Explosion. In: Finanz und Wirtschaft, Nr. 69, 2. September, 1995, S. 23.

Solenthaler, E. (1996): IAS-Vorbehalt für Elektrowatt/EW widersetzt sich der IAS-Vorschrift. In: Finanz und Wirtschaft, Nr. 18, 6. März, 1996, S. 2 und 21.

Sommerhalder, Ch. (1989): Das Bilanzrichtlinien-Gesetz. Zürich: KPMG Fides, 1989.

Spremann, K. (1991): Investition und Finanzierung. München, Wien: Oldenburg, 1991.

Spremann, K. (1992): Abschied von Beta. In: Schweizer Bank, 12, 1992, S. 54-57.

Staehelin, E. (1992): Investitionsrechnung (7. Auflage). Chur/Zürich: Rüegger, 1992.

Stalder, P. (1995): 180 Schweizer Aktien im Test. In: Bilanz - Geld, 12, 1995, S. 39-47.

Steiger, W. (1995): Der Verwaltungsrat braucht fünf Schlüsselkompetenzen. In: Finanz und Wirtschaft, 29, 1995, S. 29.

Stenz, T. (1995): FER - Jahresrechnung mit erhöhter Aussagekraft. In: Finanzen, November, 1995, S. 10-11.

Sterchi, W. (1995): Der neue Käfer - Neuer Kontenrahmen für Schweizer Unternehmen. In: Finanzen, November, 1995, S. 24-27.

Stern, J.M. (1980): Analytical Methods in Financial Planning. New York: Stern Stewart & Co., 1980.

Stern, J.M. (1990): One way to build value in your firm, a la executive compensation. In: Financial Executive, November/December, 1990, S. 51-54.

Stern, J.M. (1993a): E.V.A. share options that maximize value. In: Corporate Finance, August, 1993, S. 31-32.

Stern, J.M. (1993b): Value and People Management. In: Corporate Finance, July, 1993, S. 35-37.

Stern, J.M. (1994a): EVA Roundtable. In: Journal of Applied Corporate Finance, Volume 7 Number 2, 1994, S. 46-70.

Stern, J.M. (1994b): No Incentive for Bad Management. In: Corporate Finance, März, 1994, S. 43-44.

Stern Stewart & Co. (1993): EVA Financial Management. New York: Stern Stewart & Co., 1993.

Stern Stewart & Co. (1994): Scott's "Roadmapp" is EVA. New York: Stern Stewart & Co., 1994.

Stern, J.M., Stewart, G.B., Chew, D.H. (1995): The EVA Financial Management System. In: Bank of America - Journal of Applied Corporate Finance, Volume 8 No 2, Summer, 1995, S. 32-46.

Stewart, G.B. (1991): The Quest for Value. New York: HarperCollins, 1991.

Stewart, G.B. (1993): Reform your governance from within. In: Directors & Boards, Spring, 1993, S. 48-54.

Stewart, G.B. (1994): EVA: Fact and Fantasy. In: Journal of Applied Corporate Finance, Volume 7 Number 2, 1994, S. 71-84.

Stewart, G.B. (1995): EVA works - but not if you make these common mistakes. In: Fortune, May, 1995, S. 81-82.

STG-C&L, Schweizerische Treuhandgesellschaft-Coopers & Lybrand (1995a): Checkliste zu den Fachempfehlungen zur Rechnungslegung (FER). Basel: STG-Coopers & Lybrand AG, 1995.

STG-C&L, Schweizerische Treuhandgesellschaft-Coopers & Lybrand (1995b): Checkliste zu den International Accounting Standards (IAS). Basel: STG-Coopers & Lybrand AG, 1995.

STG-C&L, Schweizerische Treuhandgesellschaft-Coopers & Lybrand (1995c): Checklisten zur Vierten und Siebenten EU-Richtlinie. Basel: STG-Coopers & Lybrand AG, 1995.

Stöckli, E. (1990): Die Bewertung ausländischer Unternehmen. In: Der Schweizer Treuhänder, 11, 1990, S. 563-566.

Stöckli, H.j. (1995): Streitobjekt Stille Reserven. In: Finanzen, November, 1995, S. 21-23.

Studer, T. (1992): Unternehmensbewertung im Umbruch? In: Der Schweizer Treuhänder, 6, 1992, S. 303-308.

Stulz, R.M. (1990): Managerial Control of Voting Rights. In: The Modern Theory of Corporate Finance, Smith, Clifford W. Jr. (Hrsg.). Washington: McGraw-Hill, 1990, S. 666-692.

Süchting, J. (1989): Finanzmanagement, Theorie und Politik der Unternehmensfinanzierung (5. Auflage). Wiesbaden: Gabler, 1989.

Suter, D. (1995): Pensionsverpflichtungen gemäss IAS. In: Der Schweizer Treuhänder, 4, 1995, S. 289-296.

SVFV (Schweizerische Vereinigung für Finanzanalyse und Vermögensverwaltung) (1991): Information der Aktionäre - Rechnungslegung und Berichterstattung (Kapitel 1,5,6,7). Zürich: SVFV, Arthur Andersen AG, 1991.

SVFV (Schweizerische Vereinigung für Finanzanalyse und Vermögensverwaltung) (1996): Informationspolitik börsenkotierter Unternehmen im Jahre 1995. Basel: SVFV, 1996.

Syre, R. (1994): Kapitalbedarf zwingt die Unternehmen zum Umdenken. In: Invest - Investor Relations (Finanz und Wirtschaft), August, 1994, S. 66-67.

The Economist (1994): A Survey of Corporate Governance. Jan 29, 1994, S. 2-18.

Theisen, M.R. (1987): Die Überwachung der Unternehmensführung: betriebswirtschaftliche Ansätze zur Entwicklung erster Grundsätze ordnungsmässiger Überwachung. Stuttgart: Poeschel, 1987.

Trechsel, St. (1989): Schweizerisches Strafgesetzbuch - Kurzkommentar. Zürich: Schulthess, 1989.

Tully, S. (1993): Creating Wealth. In: Fortune, Sep 20, 1993, S. 24-32.

Tully, S. (1994): America's best Wealth Creators. In: Fortune, November 28, 1994, S. 77-91.

United Nations Conference on Trade and Development (1994): International Accounting and Reporting Issues: 1993 Review. New York, Geneva: United Nations, 1994.

United Nations Conference on Trade and Development (1995): International Accounting and Reporting Issues: 1994 Review. New York, Geneva: United Nations, 1995.

Viel, J., Bredt, O., Renard, M. (1975): Die Bewertung von Unternehmen und Unternehmungsanteilen. Zürich: Verlag des Schweizerischen Kaufmännischen Verbandes, 1975.

Viscione, J. A. (1986): How long should you borrow short terms? In: Growing Concerns, o.Nr., 1986, S. 57-60.

Volkart, R. (1990): Unternehmensbewertung und Kapitalstruktur. In: Der Schweizer Treuhänder, 11, 1990, S. 543-552.

Volkart, R. (1992): Unternehmensbewertung, Strategieevaluation und Discounted Cash Flow. In: Der Schweizer Treuhänder, 12, 1992, S. 815-821.

Volkart, R. (1993): Beiträge zur Theorie und Praxis des Finanzmanagements. Zürich: Treuhand-Kammer, Band 73, 1993.

Volkart, R. (1994): Begriff und Informationsgehalt des Cash-Flow. In: Der Schweizer Treuhänder, 1-2, 1994, S. 23-32.

Volkart, R. (1995a): Free Cash Flow und Shareholder Value. In: Schweizer Bank, 3, 1995.

Volkart, R. (1995b): Shareholder Value Management. In: Der Schweizer Treuhänder, 12, 1995, S. 1064-1067.

Volkart, R. (1996): Auf gutem Weg. In: Finanz und Wirtschaft, Nr. 94, 30. November 1996, S. 30.

Volkart, R., Nadig, L. (1995): DCF-Analysen, Investitionsrechnung und Marktzinsmethode. In: Der Schweizer Treuhänder, 9, 1995, S. 713-720.

Von der Crone, H.C. (1994): Kontrolltransaktionen im Entwurf zu einem Bundesgesetz über die Börsen und den Effektenhandel. In: Aspekte des Wirtschaftsrechts, Festgabe zum Schweizerischen Juristentag. Zürich: Schulthess, 1994, S. 29-50.

Von Rütte, M., Hoenes, R.C. (1995): Rechnungslegung immaterieller Werte (Dissertation HSG). Bamberg: Difo-Druck, 1995.

Walbert, L. (1993a): America's best wealth creators. In: Fortune, Dec 27, 1993, S. 64-76.

Walbert, L. (1993b): The Stern Stewart Performance 1000: Using EVA To Build Market Value. New York: Stern Stewart & Co., 1993.

Wälchli, A. (1995): Strategische Anreizgestaltung. Bern, Stuttgart, Wien: Paul Haupt, 1995.

Walter, I.S. (1992a): Using Incentive Compensation To Create Shareholder Value. In: Journal of Compensation and Benefits, Jan/Feb, 1992, S. 40-45.

Walter, I.S. (1992b): Pay Executives For Their Real Performance. In: Journal of Compensation and Benefits, July/August, 1992, S. 5-9.

Weber-Thedy, W. (1994): Warum man die Privatanleger nicht vernachlässigen darf. In: Invest - Investor Relations (Finanz und Wirtschaft), August, 1994, S. 22-23.

Weber, B. (1990): Wertsteigerung durch Restrukturierung. In: Der Schweizer Treuhänder, 11, 1990, S. 575-580.

Weber, B. (1991): Beurteilung von Akquisitionen auf der Grundlage des Shareholder Value. In: Betriebswirtschaftliche Forschung und Praxis, 3, 1991, S. 221-232.

Wenner, D., LeBer, R. (1989): Managing for Shareholder Value - From Top to Bottom. In: Harvard Business Review, November-Dezember, 1989, S. 52-65.

Williams, S.W. (1995): Die Rechnungslegung kotierter Gesellschaften. In: Der Schweizer Treuhänder, 11, 1995, S. 973-978.

Wittmann, B. (1994): Was der institutionelle Investor von der IR-Abteilung verlangt. In: Invest - Investor Relations (Finanz und Wirtschaft), August, 1994, S. 45-46.

Woll, A., et al (1992): Wirtschaftslexikon (6. Auflage). München, Wien: Oldenburg, 1992.

Wuffli, P. (1995): Einblicke in die finanzielle Führung eines Bankkonzerns - Das Beispiel des SBV's. In: Shareholder Value Management - Informations- und Arbeitstagung 1995, Volkart, R. Tagungsleitung (Hrsg.). Zürich: Universität Zürich, 1995.

Wunderer, F. (1995): Der Verwaltungsrats-Präsident. Zürich: Schulthess, 1995.

Wunderer, R., Grunwald, W. (1980): Führungslehre. Berlin, New York: de Gruyter, 1980.

Zehnder, E.P.S. (1996): Der Verwaltungsrat - Leader oder Sheriff? In: Neue Zürcher Zeitung, Nr. 39, 16 Februar, 1996, S. 30.

Zenhäusern, M., Bertschinger, P (1993): Konzernrechnungslegung. Zürich: Schweizerischer Kaufmännischer Verband, 1993.

Zent, C.H. (1988): Using Shareholder Value to design business-unit manager incentive plans. In: Planning Review, März/April, 1988, S. 40-44.

Zimmermann, H. (1994): Die Steuerung der Risiken im Bankgeschäft. In: Der Schweizer Treuhänder, 7-8, 1994, S. 539-547.

Zimmermann, H. et al (1992): Pensionskassen Schweiz: Neue Strategien für wachsende Leistungsansprüche. Zürich: Zürcher Kantonalbank (ZKB), 1992.

Zünd, A. (1992): Expectations Gap - Die Revisoren im Clinch von Erwartung und Auftrag. In: Der Schweizer Treuhänder, 7-8, 1992, S. 371-379.

Zündorf, H. (1987): Quotenkonsolidierung versus Equity-Methode. Stuttgart: Schäffer-Poeschel, 1987.